KB188360

개 정 판

도시, 공간, 생활세계

계급과 국가 권력의 텍스트 해석

이 도서의 국립중앙도서관 출판예정도서목록(CIP)은 서지정보유통지원시스템 홈페이지(http://seoji. nl.go.kr)와 국가자료공동목록시스템(http://www.nl.go.kr/kolisnet)에서 이용하실 수 있습니다. CIP제어번호: CIP2018025583(양장), CIP2018025584(반양장)

개정판

도시,
공간,
생활세계

계급과
국가 권력의
텍스트 해석

김왕배 지음

한울
아카데미

2판에 부쳐

　대(大)사건을 경험한 사회가 그 '이전/이후'로 변동의 변곡점이 나뉘듯, 이른바 금융환란이라 불리는 'IMF 사태'를 겪은 한국사회는 '그 이후' 급속한 변화를 경험하게 되었다. 위기의 주범으로 지목받은 금융권과 재벌들의 외형적 개혁, 긴축 재정으로 인한 중산층의 불안과 부동산 가격의 급등, 신용카드의 남발과 투기적 벤처 및 주식시장의 급팽창과 급몰락 등 사회는 한 때 변화의 소용돌이에 빠져들었다. 그러나 무엇보다도 노동시장의 유연화가 현실화되면서 그 이전에는 생경스러웠던 구조조정이라는 용어가 일상화되었고, 다양한 유형의 비정규직들이 저임금과 삶의 불안정을 호소하게 되었다. 역설적으로 이전 정부의 경제위기의 탓으로 탄생했다고 해도 과언이 아닐 민주정부는 분배와 성장의 균형추를 달고자 했지만 글로벌 자본의 거센 파고를 견디기 힘들었다. 세계를 선도하는 일부 재벌 대기업의 위세와 엄청난 부의 확장에도 불구하고 자원의 분배는 더욱 악화되어 불평등의 기호(sign)가 되어버린 '양극화' 현상을 곳곳에서 실감하게 되었다.

　금모으기를 통해 국가의 대란을 극복하고자 했던 민족주의 집합 열정이 정점에 이른 후 집단에 대한 몰입 문화는 급속히 엷어졌다. 위기의 혼돈 속에서 태어난 세대가 오늘날 불안 사회, 절벽 사회, 청년 실업 사회의 주축이 되었다. 무한 경쟁, 무한 시장, 무한 효율을 추구하는 신자유주의 원리가 구조 속에 체계(system)화되자 생존을 위한 개개인들은 신자유주의가 요구하는 인간으로 '계발'

되기에 박차를 가하기 시작했다. 생산과 노동의 가치보다는 소비와 여가의 가치가 지배적인 삶의 원리로 채택되고, 국가와 민족, 조직과 가족에 대한 집단적인 헌신적 태도는 개개인의 생존과 번영의 방식인 '각자도생(各自圖生)'으로 급속히 변하기 시작했다. 한편 산업화의 결과물로 인해 소비 주체로 변신하고 있던 한국인들은 유행과 욕망의 파도를 타기 위한 노력을 아끼지 않았다. 양극화의 선언에도 불구하고 2000년 중반 한국인들의 해외여행은 천만을 넘어선다. 포스트모던한 도시의 풍경이 여기저기에서 등장하고 시골은 낭만적인 전원주택의 공간으로 변하기 시작했다. 계층 간 장벽이 없는 소비 이미지는 시각의 풍부함을 통해 한국인들은 '불안한, 그러나 풍요로운 민주주의 시대'에 살고 있다는 착각을 가지게 되었다.

세계의 중심인 미국발로 시작된 글로벌 금융위기가 전 지구를 덮치자 이 파국의 징조는 20세기 초 발생한 세계 대공황을 능가할 것이라는 경제 예언가들의 우려와 함께 트라우마가 있었던 한국인들은 혼비백산했지만 용케도 위기는 유예되었다. 불안으로부터의 해방, 더 큰 욕망의 달성을 위해 성장을 갈구하던 사람들은 정치와 경제의 민주화보다는 '성장의 신화를 달성할 기업가적 정치인의 탄생을 요구했고, 마침 잃어버린 권력을 되찾기 위해 안간 힘을 쓰던 보수주의 정당과 언론, 종교 집단들이 연합하여 새 정권을 선택했다. 시민들은 '자유로부터의 도피를 선택했다!' '재개발과 뉴타운 건설을 통해 부를 가져다주리라'는 전근대적 정치 메시아들이 국회의원과 지방자치단체의 장들로 한국사회 전면에 다시 등장했고, 온 국토 공간을 토건화하기 위한 이른바 4대강 사업이 '녹색의 이름'으로 진행되었다.

서울 용산 한복판에는 초대형 개발사업의 계획이 수립되었고, 이에 저항하는 시민들은 '백주의 테러리스트'로 비난을 받으며 과감히 '청산'되었다. 지역 정치는 개발연합세력에 의해 장악되어가고, 농촌의 들과 산은 전원주택 건설의 나대지로 급격히 재구성되었다. 한반도 지역의 곳곳은 삶의 흔적에 대한 두터운 서사가 빈약하기 짝이 없는 테마파크의 축제 공간으로 바뀌고, 역사의 아픔을 고스란히 간직한 제주는 평화의 섬으로 부활되기보다는 대규모의 중국인 관광객을 맞이하기 위한 놀이의 공간으로 치장하고 있다.

다른 한편 이전에 보기 힘들었던 공간의 재구조화 현상도 목격되고 있다. 일부 농촌에는 귀향한 도시인들의 공동체가 형성되기 시작했다. 가난의 때를 벗지 못하고 있던 일부 도시지역은 도시 재생의 과정을 통해 상대적으로 쾌적한 삶의 터로 전환되기도 한다(물론 도시젠트리피케이션 현상으로 공간의 주체들이 퇴출되는 현상이 벌어지고 있음에도 불구하고). 대안적 삶으로 제기된 협동조합이나 마을경제 등을 통해 파편화된 근린 관계를 공동체로 회복하려는 대안운동들, 공공의 장소를 역사의 장소, 인간의 장소로 재생하고 회복하려는 움직임들이 여러 곳에서 나타나고 있다. 시민의 공간을 국가나 지자체와 같은 관료체계, 건설 자본과 같은 재벌 기업의 경제체계에 의해 침식당하지 않기 위한 도시 커먼즈운동(urban commons movement)도 실험적으로 발생하고 있다. 환경과 생태에 대한 인식도 더욱 높아져 일부 지역은 시민사회의 개입과 노력으로 '보존되는 공간'으로 태어나기도 했다. 물의 흐름을 가로막은 거대한 토목사업으로 인한 적조의 반격을 인지하게 되었으며, CO_2의 배출로 인한 미세먼지의 고통도 인식하게 되었다.

재개발로 인한 이익을 얻고자 많은 토지소유자들이 무임승차의 기회를 노리고 있지만 일부 시민들은 공간을 자본과 국가권력으로부터 '자신들의 것'으로 쟁취하는 힘을 결집시키기도 했다. 시민들은 공화주의의 헌법적 가치와 개인의 권리를 반추하게 되었으며 복종과 질서를 강조하던 기존 국가의 통치성에 다시 한번 정면으로 도전하기 시작했다. 도시의 광장은 국가의 것이 아니라 시민의 것이 되었다. 시민들은 광화문의 거대한 촛불집회를 통해 이른바 '국정농단을 일삼은 유아스러운 정권'을 몰아냄으로써 새로운 방식으로 집합 열정을 발현시켰으며 위대한 광장 정치의 힘을 보여주었다.

그러나 여전히 '으스스한 불안'은 사라지지 않는다. 특히 스마트한 기계의 출현과 무한대적인 사이버 공간의 확장은 질주 사회의 속도를 더욱 가속화시키고 있다. 가상화폐와 디지털 시장의 출현, 현실보다 더 현실적인 시뮬라크르, 이미지와 영상, 정보(때로는 허위로 가공된 페이크 정보들)로 가득한 사이버 공간의 출현은 도시 일상의 시공간 경험을 더욱 예측 불가능한 것으로 만들고 있다. 사회는 상대적으로 배경적 신뢰를 통해 우리들에게 실존의 안정을 주고 있다. 하지만 오늘날 노동시장의 유연화, 비(非)가역적 시공간의 거리화, 사회 이동의 질주화, 전(全)지구적인 위험화는 '존재론적 불안'을 가중시키고 있다. 특히 도시 한복판을 질주하는 오토바이 배달 노동자의 풍경은 질주 사회의 또 한 면을 실감하게 한다. 계급의 파편화와 개인화, 다중의 등장, 사회노동자의 출현, 기본소득과 같은 보다 급진적인 분배 정치에 대한 관심이 도시공간의 삶과 함께 더욱 높아지고 있다. '도시, 공간, 생활세계에 대한 고민'은 계속될 수밖에 없을 것 같다.

강산도 변한다는 십년의 시간을 거의 두 배 가까이 넘겨버린 시간, '다소 흐린 날 오후, 길거리를 오가며' 쓴 책을 다시 엮어내게 된 것은 내게 큰 행운이다. 이 책의 부제는 계급과 국가권력의 텍스트 해석으로 되어 있다. 도시 공유지, 공동체, 환경과 생태를 위한 시민사회의 도전과 응전 등 여러 변화의 조짐에도 불구하고 공간과 삶을 지배하고 주도하는 '자본'과 국가의 권력은 크게 변화된 것이 없다. 아니 더욱 강화되고 집중되었다고 말하는 편이 적확한지도 모른다.

초판의 책의 내용에 몇 가지를 더 했다. 최근 논쟁이 되고 있는 한국사회의 도시 재생과 젠트리피케이션, 그리고 정치 생태학적 시각에서 본 환경에 관한 장을 새로 첨부했고, 기존 책 내용의 일부를 보완했으며 자료를 비교적 최근의 것으로 대체했다. 이 책의 출간이 있기까지 현재 연세대학교 대학원생인 김준수 군의 절대적인 도움이 있었다. 천성적인 게으름도 한 몫 했지만 어깨의 통증으로 출판을 아예 포기하고 있던 때 그는 나를 채근해 대었고, 나와의 토론을 통해 일부 장을 쓰기도 했다. 도시공간론과 정치 생태학을 전공하고 있는 그의 도움과 노력이 없었다면 이 책의 출간은 불가능했다. 그때에도 그랬듯 열악한 전공 서적의 판매 상황에도 불구하고 기꺼이 이 책의 출판을 허락한 한울 관계자 여러분들께 심심한 감사의 말씀을 전한다.

2018 년 오월,
다소 맑은 날 오후, 신촌의 연구실에서
김왕배 씀

책머리에

내가 처음으로 삶의 근대성을 느낀 것은 보릿고개가 채 가시지도 않았던 초등학교 때의 일이었을 것이다. 서울에 오르기 위해 읍(邑)으로 나가 그림으로만 보던 기차를 기다리고 있을 때였다. 이윽고 기차가 멀리서 나타나, 그 거대하고도 단단한 무쇠 덩어리가 나의 눈앞으로 점점 가까이 다가왔을 때 나의 손은 가늘게 떨렸고, 급기야 아버지의 손을 꽉 움켜쥐고 말았다. 주홍빛 문양이 새겨진 검은 무쇠 덩이 형상의 기차는 나에겐 경외스럽고도 무서운 존재였다. 아마 내가 느낀 전율은 19세기 말 '서구'가 이 땅에 들어왔을 때 한국사회가 경험했던 그 '근대'의 단면이었는지도 모른다. 전깃줄이 바람에 윙윙거리는 소리를 듣고 귀신이 들어 있다고 화들짝 놀란 구한말 우리네 조상들이 가졌던 두려움 같은 것이 아니었을까. 조선시대의 그 모든 전통과 너무나 다른, 그리고 너무나 빨리 변해가는 모습들에 경황없어 하면서 그들은 새로운 근대 도시의 이미지와 삶의 경험에 휩쓸렸을 것이다.

초등학교 시절 전기도 없던 시골에서 갓 올라온 소년의 눈에 비친 서울은 별천지였다. 생전 처음 맛보는 아이스크림과 단팥빵 그리고 흑백 텔레비전, 전차와 한강철교, 서울역, 중앙청, 그리고 남산의 케이블카……. 고향으로 내려가 친구들에게 '서울의 근대성'을 설파해주는 전도사가 되기 위하여 나는 이 모든 것을 하나도 놓치지 않고 바라보았다. 그리고 이 색다른 삶의 경험을 이야기했을 때 시골의 아이들은 입맛을 다시며 넋을 잃고 서울 쪽을 바라보았다. 서울은 근대 문명과 진보가 담긴, 가난의 족쇄를 풀어주는 희망의 상징이었다.

1970년대 나는 서울의 남쪽 변두리에 살았다. 곧 도시의 어두운 구석들이 체감되기 시작했다. 복개가 되어 있지 않은 개천을 따라 수많은 판잣집들이 즐비하게 들어섰고, 저녁이 되면 여인네들은 시장 바닥을 뒤적이며 시래기 국거리를 주웠다. 어느 날인가 초등학교 뒤 야산에 늙은 노인과 젊은 청년이 목을 매달았고, 그 언덕배기 길들로 빽빽이 들어선 판잣집들에선 가끔 불이 나기도 했다. 그들은 행상과 노점상, 막일꾼으로 생계를 꾸리고 있었다. 제3세계 발전론자들은 이를 도시 비공식 부분이라 불렀고 당시의 한 통계에 의하면 서울 인구의 5할 이상이 이 부문에 종사하고 있었다고 한다. 그러나 학교엔 늘 자가용을 타고 오는 한두 명의 급우가 있었고, 그들의 '포드 자동차'가 나타날 때마다 우리는 창가로 달려가 목을 빼들고 정신없이 쳐다보느라 북새통을 이루기도 했다. 미술시간에 그 급우는 미국에서 사왔다는 '크레용'을 사용하기도 했다.

한강변의 철길을 따라 걷노라면 서빙고 쪽으로 부자촌이 있었다. 부촌은 내가 살던 서울 변두리 그 아우성의 공간과는 너무나 달랐다. 냄새와 빛깔, 그리고 사람들의 숨소리가 달랐다.

서울, 그 거대한 생활세계는 모자이크처럼 갈라져 윤전기처럼 서서히 배영(背泳)하는 공간/ 뱃살의 고뇌와 시린 무릎이 공존하는 공간/ 빈곤이 부도덕을 불러 낙태한 생명이 하늘을 노려보는 공간/ 그리고 개량조차 될 것 같지 않은 폐쇄회로의 공간이었다.

그 거대도시는 너무나 다양한 삶들이 너무나 바쁘게 돌아가는 공장 기계였다. 아마 김승옥이 묘사한 『서울, 1964년 겨울』에서 시인 김수영이 침을 뱉었던 이유들이 많이 있었으리라. 한편 나의 고향은 늘 정적이 흐르는 곳이었다. 파출소장과 면장, 동네 유지들의 가부장적 위엄은 몇 십 년 동안 고착되어 있었다. 젊은 이들은 하나 둘씩 도시로 사라지고, 남아 있는 이들은 아무 말 없이 예비군 훈련과 새마을운동에 순종했다. 청년지도위원회의 박춘배가 난동을 부려도 아무도 말리는 자가 없었다.

어느 날 그 고향에 대 역사(役事)가 일어났다. 마을 포구(浦口)에 중동에서 왔다는 커다란 화물선이 도착했고, 굴착기며 불도저, 트럭 등이 쏟아져 내리기 시작했다. 중동의 건설 경기가 막을 내릴 즈음 그곳에 진출해 있던 주식회사 '현대'의 자본이 들어온 것이다. 만(灣)과 만을 잇는 간척사업이 진행되면서 동네엔 아스팔트 도로가 깔렸고, 읍내엔 외지인들의 발길이 잦아지면서 가라오케와 고급 살롱이 들어섰다. 부동산 값이 하늘로 치솟고, 실제와 상관없이 사람들은 다만 명목상 억대 부자가 되었다고 비명을 질렀다. 읍은 급속한 도시화를 경험했다. 모든 것은 순식간에 변했다. 지난 수십 년간에 걸쳐 이루어진 우리 사회의 경제 성장의 모습이 이러지 않았을까. 이 급속하고도 과격한 변화를 두고 우리는 미증유의 산업화를 이룬, 시공간의 압축 성장이라고 부르고 있다. 그렇다면 이 변화의 힘은 무엇이었을까?

내가 본 '자본'의 힘은 실로 위대했다. 카를 마르크스(Karl Marx)가 말한 대로 그 힘은 피라미드를 쌓은 위업보다도 컸으며, 마침내 "모든 것을 허공에 녹아내는" 거대한 세력이었다. 바다가 육지로 변하면서, 신라의 고승 의상대사를 사모하여 돌섬이 되었다는 천 년 세월의 「검은 여」 전설이 하루아침에 사라지고, 바다와 개펄을 생산수단으로 하던 사람들의 삶의 조건들이 하루아침에 변하고 말았다. 이렇게 짧은 시간에 큰 변화를 이루게 하는 힘이 자본 이외에 또 있을까? 그러나 우리 사회에서 자본가 계급에게 실행 명령을 내려준 것은 거대한 국가권력이었다. 서구학자들은 동아시아 신흥 공업국을 '아시아의 작은 용'으로 이름짓고 그 산업화의 특징을 국가 주도라고 보았다. 한국의 국가는 거대한 산업화의 프로젝트를 기획했고, 조국 근대화의 사명을 달성한다는 명목으로 생활세계의 일거수일투족을 그 권력의 모세관을 통해 통제하고 있었다. 국가는 우리 사유와 행위를 조정하는 사령탑이었다. 국가는 머리와 치마의 길이까지 간섭을 했고, 우리의 시공간적인 이동과 그 지점들을 낱낱이 감시했다.

우리의 생활세계는 이런 국가와 계급 권력의 교차점들로 구성되어 있고, 국가와 계급 권력은 도시 경험으로서의 근/현대성을 규정하는 핵심 요소들이었다(물론 여기엔 국가와 지배계급의 권력에 도전하는 저항 담론과 저항 행동이 있었다). 나는 계급과 국가 권력이 어떻게 생활세계에 교차되어, 삶의 경험으로서의 근/현대성을 주조하고 있는가를 밝히고 싶었다. 어린 시절의 도시 경험과 기억들(memories)을 사회변동의 흐름 속으로 꿰는 작업은 늘 나에게 숙제로 남아 있었다. 물론 이 책 각각의 장과 절들이 도막 나 있기도 하고, 한두 절은 기존의 서구 학자들의 논의들을 정리하고 소개하는 것으로 그치고 있지만 이 책의 행간을 관통하고 있는 의도는 바로 "계급과 국가 권력, 생활세계로서의 도시공간의 삶에 대한 성찰"이라고 할 수 있다.

이 책은 모두 10장으로 구성되어 있고, 각 장은 두세 개의 절들로 채워져 있다. 먼저 제1장 「서론」에서는 생활세계로서의 도시공간을 바라보기 위한 인식론적이고 방법론적 논의를 하고 있다. 정치경제학과 문화이론을 접맥한 총제적 인식의 필요성을 역설하면서 기존의 다양한 사회이론들로부터 방법론의 자원을 구해보고 있다.

제2장은 시공간과 도시 문화에 관련된 것으로, 전통의 그것과 대비되는 근대적 시공간의 경험을 추적해보고 있다. 행위와 구조의 전제 조건인 시공간은 물리적이고 절대 불변적인 것이 아니라, 인간의 다양한 실천을 통해 생성되고 변화하는 사회적이고 가변적인 것이다. 근/현대성으로서의 삶의 경험은 곧 근대적인 시공간의 경험이다. '전이성(轉移性), 유동성(流動性), 불확정성'의 특징을 안고 있는 근대성은 모두 시공간 경험의 변화와 관련되어 있다. 이 장의 제1절에서는 시공간이 어떻게 사회성을 지니는지를 설명해본다. 동양과 서양 사회의 다양한 시공간 개념이 종교나 권력 체계에 의해 어떻게 생성되었으며, 자본주의 발달 과정에서 어떻게 조직되어왔는지를 살핀 후 시공간에 대한 인식의 전환과 분석의 필요성을 강변해본다. 제2절에서는 보다 구체적으로 개화기 이래 오늘날에 이르는 근/현대성의 모습을 시공간 경험의 변화 과정을 통해 추적하고 있다. 예컨대 식민지 시대 본격적으로 등장한 새로운 서구식 건물과 교통수단은 전통적인 시공간의 경험을 급속히 바꾸어놓았다. 오늘날 통신기술과 인터넷 등은 '시공간의 거리화와 즉각성'을 더욱 확장시켜놓고 있다.

제3장은 일상생활세계와 소비에 관련된 것이다. 일상생활세계를 논하는 이유

와 일상생활세계에 대한 인식 및 구성 요소들을 살핀 후, 노동과 소비의 재생산 행위에 초점을 맞추어보고 있다. 사회변혁과 혁명, 계급, 국가 등 이른바 '거대한 현상'들도 따지고 보면 모두 일상생활에서 비롯되고 다시 일상으로 되돌아온다. 당연하고 견고하게 보이는 일상생활세계는 과학자들의 이론적 지식에 의해 만들어진 가공의 세계가 아니라 세인들이 '그들의 언어와 지식'을 통해 재생산하는 바로 그 세계이다. 이론은 이러한 일상생활세계로부터 출발해야 한다. 제1절과 제2절에서는 현상학이나 민속방법론 등의 유용성을 제시한 후, 시공간의 요소, 노동과 소비 실천에 의한 재생산 과정들을 논의하고 있다. 아울러 국가가 어떻게 일상생활을 조직하고 있는지, 전통의 억압적 측면이 어떻게 일상생활세계에 각인되어 있는지를 간단히 논한 후, 생활 조건에 대한 문제 해결 과정으로서의 생활 정치를 설명한다. 이어 제3절에서는 세계자본주의 과정과 소비 그리고 일상성의 문제를 다루고 있다. 한국사회는 서구사회가 몇 십 년 전 이미 돌입했던, 그리하여 많은 학자들이 새로운 사회체계로 주목했던 '소비 자본주의' 시대에 들어와 있고, 세계화와 함께 '세계시장'에 매우 밀접한 소비 연관을 맺고 있다. 우리의 국지적 일상이 소비 실천을 통해 세계 차원의 일상생활세계로 광역화되고 있는 것이다.

제4장은 도시공간의 다양한 표현체들(건축, 거리, 광장 등)에 대한 해석학적 분석을 다루고 있다. '계급과 국가 권력의 텍스트'라는 제목이 암시하듯 도시공간에 투영된 여러 권력들에 대한 의미를 비판적으로 독해하는 작업에 관련되어 있다. 근/현대성은 여러 정치, 경제, 문화 등의 제도는 물론 도시의 물리적 표현체들을 통해서도 재현된다. 우리 도시공간은 조악하고, 다급하게 만들어진 빌딩과 거리, 광고판 등의 표현체들로 가득 차 있다. 오로지 효율성만을 강조한 상자 같은 콘크리트 건물, 건물의 몸뚱이를 모두 가린 난잡한 간판들, 간판을 덮고 있는 현수막들 그 어디에서도 절제되고 정제된 모습은 찾아볼 수 없다. 해석학은 이러한 독해 작업을 위한 방법론적 유용성을 제공한다. 제1절에서는 텍스트 분석의 방법론으로 해석학적 분석 틀을 점검하고, 국가자본주의의 표현체들에 대한 논의를 전개하고 있다. 제2절은 그 사례로 '여의도 공간' 읽기를 시도하고 있다. 여

의도는 '왕도의 유산'과 '자본의 미학'이 교차된 한국 근·현대성의 표상이다. 특히 이 절은 연세대학교 비교문학과 박사과정에 재학 중인 한보희 군과 함께 썼다. 그와 내용에 대한 평가와 정보 등을 교환했으나 전적으로 그의 작업이라 해도 과언이 아니다.

제5장은 도시정치경제학에 대한 내용으로, 마르크스의 『자본론』에 기초하여 자본축적 과정과 도시공간의 상관성을 논의한 마누엘 카스텔(Manuel Castells)과 데이비드 하비(David Harvey) 등의 논의를 중점적으로 소개하고 있다. 제1절과 제2절에서는 집합적 소비 수단, 잉여, 자본순환, 국가 개입 등의 관점에서 도시공간의 생성과 다계급 갈등 등의 내용을 정리하고 있다. 비록 역사적 맥락과 사회과정의 차이들이 명백히 존재하지만 기본적으로 정치경제학적 분석 틀은 서구 선진국과 같은 자본주의의 길을 따라가고 있는 신흥 공업국의 도시공간 분석에 많은 암시를 주고 있다. 제3절에서는 한국 국가 주도 자본축적 과정에서의 도시 및 지역 구조의 변화 과정을 정리해보고, 포드주의(Fordism)과 유연적 축적 체계에서의 공간 구조의 변화에 대한 기존 논의를 보론으로 소개하고 있다.

제6장에서는 정치생태학의 범주에 묶인 다양한 이론적 논의를 소개할 것이다. 서로 중첩되기도 하고, 강조하는 측면에 차이가 있기도 하며, 실천적 대안 역시 차이를 갖기도 하지만 현대 사회의 환경과 생태 문제를 진단해보기 위한 모종의 시사점을 끌어낼 수 있을 것으로 기대한다. 보론으로 충청도 태안군의 사구지역인 신두리의 개발에 대한 기호학적 분석을 싣고 있다.

제7장은 계급과 도시생활세계의 불평등을 논하고 있다. 제1절은 생활 방식으로서의 소비 과정이 계급을 어떻게 재생산하고 있는지를 간략히 논한 후, 계급에 따른 주거 공간의 분할 과정과 주택의 특징에 초점을 두고 있다. 계급과 소비 행위와의 상관성을 논한 후 '서울의 베버리힐즈와 쪽방'이라는 제목이 보여주듯 상류계급과 하류계급의 거주 공간을 대비시켜본다. 제2절은 계급과 지역 불균등 발전에 관련된 것이다. 특히 서울과 영남 동해안 일대의 공업지역 간의 불균등 발전의 사례를 통해 결국 지역 불균등 발전이 계급 문제와 불가분의 관계로 엮여 있음을 보여주려 하고 있다. 기업조직과 노동 기능의 공간 분화, 그리고 이로부터 파

생되는 계급의 공간 분화가 결국 지역 불균등 발전을 유발하는 메커니즘이다.

　제8장에서는 영국의 학자들을 중심으로 개념화되었던 젠트리피케이션 개념과 최근 한국에서 제기되고 있는 도시재생의 개념들 및 사례들을 소개하기로 한다. 최근 도심재활성화의 과정에서 지가나 임대료의 상승으로 인해 기존 도심 거주자들이 축출당하는 갈등 상황을 진단하고 대안을 마련하는 데 기여할 것이다. 또한 다양한 도시재생을 통해 단순히 경제적 가치로서가 아니라 '사회적 가치'를 생산하는 공간을 창출함으로써 미학적이고, 서사적이며, 공동체적 삶의 가능성을 탐색해보기로 한다.

　그러나 새로 첨부한 6장과 8장 이 두 장의 내용은 교과서처럼 매우 개괄적인 소개에 머물러 있다. 스스로의 이론적이고 경험적이며 실천적인 분석 틀로 농익혀들지 않은 상태에서 기술한 것이 아닌지 매우 조심스럽다.

　제9장은 도시(지방) 정부 및 지역사회의 권력 구조, 그리고 공동체 운동으로서의 주민운동의 사례들을 소개한다. 도시 정치를 단순히 행정적이고 정치적 과정으로만 이해하려는 기존의 시각들과 달리 보다 총체적인 과정 예컨대, 산업화와 자본축적, 계급구조의 변화와 시민사회의 성장, 국가와의 관계망들 속에서 총체적으로 보아야 한다는 점을 주문하고 있다. 이어 도시지역 주민운동은 시민사회 운동의 기초 단위이면서 생활권이라는 공간적 의미를 강하게 갖고 있는 운동임을 말하고, 그 사례들을 소개하고 있다. 이 사례들은 한국도시연구소의 조사 보고를 참조했다.

　마지막으로 결론에서는 공동체의 이념과 현대사회에서의 그 의의를 논한다. 이상적 공동체란 타자 지향적 의식을 지닌 도덕적 개인들로 구성된 집단으로 '근린성, 친밀감과 깊은 정서적, 도덕적 헌신, 그리고 연속적인 사회적 응집력' 등으로 결합된 '코뮌(commune)'이다. 체계의 힘으로 구조화되고 있는 복잡다단한 현대사회에서 공동체의 존재 가능성과 그 의의가 매우 희박한 듯 들릴지 모르지만, 원심력에 대한 구심력의 역설처럼 도시공동체는 여전히 사회문제를 해소하는 하나의 대안이 될 수 있다. 이 글에서는 특히 공동체를 지향한 원리로 예(禮)의 수용 가능성을 제시한다. 예는 절제의 덕을 바탕으로 타자와의 조화를 추구하는 사상을 담고 있다. 아울러 공동체를 지향한 작은 생활 정치와 능동적인 소규모 실험 행위의 가능성과 의의를 강조하고 있다.

이 책의 몇 개 절의 부분들은 간간이 다른 지면을 통해서 발표된 것들도 있지만 대부분은 새로이 집필된 것들이다. 지난 3년간의 외유 그중에서도 시카고 대학 사회학과의 조교수 생활을 하면서 가르치고, 느끼고, 배운 것들을 옮기고 싶기도 했다. 시장이 모든 것을 해결해줄 것이라고 믿는 '시장 우상주의'자들에 대해 한 마디 던지고 싶기도 하고, 학계와 종교계에서 비일비재 발생하는 천민적인 미시 폭력과 죽음의 현상들을 논의하고 싶기도 하다. 그러나 무엇보다도 이제 지리적 개념이라기보다는 문명과 우월이라는 사회적 의미를 담고 있는 '서구'의 실체, 그리고 이 서구에 기대어 다른 집단들과 구별 짓기의 특권을 누려온 한국 지식인들의 정체를 파헤치고 싶다. 이 모두가 한국 근·현대성의 모습들로 재현되고 있으리라. 이 책은 그중의 하나를 매듭짓는 작업에 불과하다. 마음은 앞섰으나, 재주와 역량의 부족을 뼈저리게 느끼고 있다. 어수선하기 그지없는 글로 독자들의 눈살을 찌푸리게 하지 않을까 염려스럽다. 아무 이문도 없을 것을 알면서도 졸고의 출판을 기꺼이 허락해주신 도서출판 한울의 김종수 대표와 한울 식구들에게 심심한 감사의 말씀을 전한다. 반(半)실업 생활의 불안함 속에서도 늘 버팀목이 되고 있는 아내 혜경, 그리고 천진난만한 웃음으로 삶의 소중함과 기쁨을 하루하루 일깨워주고 있는 네 살배기 아들 종서에게 고마울 뿐이다.

부모님과 그 이웃들에게 이 책을 드립니다.

이천년 사월, 다소 흐린 날 오후, 거리를 오가며
김왕배 씀.

차 례

제1장 서론

제1절 정치경제학과 문화이론의 접맥

모든 사회이론이 궁극적으로 지향하는 대상은 사람들이 살아가는 생활세계이다. 사람들이 태어나고, 다양한 방식으로 살아가며, 마침내 종말을 맞이하는 생활세계야말로 이론가들은 물론 세인들의 존재의 기반을 이루는 공간이다. 생활세계는 시간과 공간 그리고 행위와 구조가 얽혀 있는 망으로 전통, 제도와 규범, 습성 등 모든 사회현상들은 이러한 네 요소의 상호 교차 속에 이루어진 실천의 산물이다.

도시는 다양한 사회적 실천을 통해 '생성'된 생활세계의 공간이다. 사람들이 일정한 장소에 집중하면서 잉여를 집적시키고, 정치, 법률, 문화 등의 제도와 규범을 형성시킨 사회적 공간으로서 도시는 농촌과 대비되는 삶의 장소였던 것이다. 서구 근대도시의 출현은 사회 분업의 공간적 표현이었고, 그 안에서의 삶의 경험이 곧 '근대성'이었다. 근대성의 산실로서 도시는 역동적이며 스펙터클한, '전이성(轉移性)과 유동성(流動性), 우연성'이 특징인 근대적 경험이 지배적인 곳이었다. 그뿐만 아니라 범죄, 혼잡과 경쟁, 생태 환경의 파괴, 그리고 소외 등 사회병리와 교란 현상이 치열하게 전개되는 곳이 또한 도시공간이었다. 도시가 사회이론가들의 지시 대상이 되었던 까닭은 바로 이러한 근대성의 총체적 모습들이 농축적으로 투영되고 있는 장소였기 때문이었다.

오늘날 한국을 비롯한 선진 국가의 경우 대부분의 인구가 도시에 살고 있다. 도시현상이라고 지칭되는 모든 것들은 따지고 보면 일반적인 사회현상이 되었고, 그렇기 때문에 도시사회학자들이 그 고유한 연구 대상을 찾는 데 어려움이 있다. 도시 생태학이나 정치경제학 그리고 제3세계 사회 발전론 영역에서 다루고 있는 도시현상은 더 이상 도시사회학의 고유한 연구 대상이라고 말할 수 없다. 도시의 경제 체계는 경제학 일반, 도시 정치 구조는 정치학 일반에서 다루고 있는 대상이 되었고 도시 문화는 이미 현대 산업사회에서 일반화된 문화 현상을 지칭한다. 도시현상은 이제 너무나 많은 것을 포괄하고 있기 때문에 역설적으로 도시사회학은 더 이상 존재하지 않는다고도 할 수 있다.

그럼에도 불구하고 '도시'는 '차이'를 내포하는 언술로서 여전히 학문 담론의 한 영역을 차지고 있다. 각 도시의 공간은 특정한 삶의 환경과 사회관계로 구성되어 있기 때문에 도시현상은 단순히 산업사회의 일반적인 현상이라기보다는 구체적인 생활세계의 단면인 것이며 사회이론으로서의 도시이론은 이러한 구체적이고 총체적인 현상을 다루는 것이다. 서울의 삶은 지방 도시나 농촌과 다르며, 뉴욕이나 도쿄와 다르다. 메트로폴리탄(metropolitan)의 생활 조건과 대도시, 중소도시, 반농반도(半農半都)의 생활 조건에는 많은 부분에서 차이가 있다. 동일한 노동계급의 구성원이라 하더라도 영남과 호남, 수도권의 계급 구성원 사이에는 차별적인 삶의 조건과 의식의 '차이들'이 존재한다. 사회이론의 궁극적 목표가 현실을 구체적으로 풍부하게 설명하는 것이라면 오늘날 도시사회학은 바로 그러한 역할을 선도하는 영역인 것이다.

일반적으로 도시현상은 미시적이고, 정태적인 것으로 간주되고 있다. 그러나 도시는 세계 체계, 국가, 계급, 인종 등 이른바 거시적 힘들이 미시적인 생활의 장소에 중층적으로 응집되어 나타나는 공간이다. 도시는 또한 주어진 것이 아니라 시공간을 따라 인간의 실천에 의해 끊임없이 생성되는 역동적 공간이다.[1] 사회이론가들은 도시의 형태 그 자체가 아니라 도시공간이 형성되는 사회적 과정과 삶의 경험에 주목한다. 따라서 도시사회학은 종합 학문적 접근을 요구하고 있다.[2] 도시사회학은 미시와 거시, 행위와 구조, 시간과 공간 등에 관련된 방법론적 논의들과 정치경제학에서부터 문화이론에 이르기까지 기존에 단절되어 있던 접근들에 대하여 유기적이고 총체적인 시각으로 접근할 것을 요청한다. 기존의 사회이론과 도시현상과의 연계고리들을 몇 가지 측면에서 추적해보도록 하자.

첫째 시공간과 도시현상과의 관계이다. 도시는 시공간을 따라 구체적인 삶의 실천들이 벌어지는 생활세계로서 모든 일상적 행위는 시공간의 배열 속에서 이루어지고 있다.

시공간은 동서고금을 막론하고 철학과 물리학, 인류학 등의 영역에서 수많은 학자들이 고뇌해온 핵심적인 사유 대상이었다. 시공간은 사물과 독립적으로 존재하는가 아니면 사물들의 관계 속에서만 존재하는가? 즉 시공간은 사물과 상관없이 존재하는 절대적인 것인가, 아니면 사물 간의 관계 속에서만 존재하는 상대적인 것인가? 시공간은 물리적인 개념인가, 사회적인 개념인가? 시공간은 인간의 경험에 선험(先驗)하는 것인가, 아니면 인간 간 행위(사회적 관계)의 산물인가?

사회이론 분야에서 시공간 개념이 복원된 것은 비교적 최근의 일이다. 통시성(通時性)과 공시성(空時性), 장기적으로 형성된 구조의 문제를 제기한 브로델(F. Braudel)의 역사 이론이나 시공간의 거리화(distanciation)로 사회변동을 설명하려 했던 앤서니 기든스(Anthony Giddens)의 구조화 이론에 적극 수용되고 있었지만, 존 어리(John Urry)의 말대로 시공간은 사회이론 영역에서 오랫동안 간과

---

[1] 도시사회학을 정태적인 학문으로 만든 데에는 도시 연구가들의 책임이 크다. 특히 한국의 많은 도시 이론가들은 도시를 흔히 주어진 영역으로 전제하고 그 물리적 형태(인구, 도시화 등)를 밝히는 데에 치중하고 있다. 도시는 주어진 물리적 공간이 아니라 인간들의 다양한 실천을 통해 만들어진 사회적 공간이다.

[2] 인구 이동과 집적은 도시 연구의 주요 대상이었다. '인구'는 사회를 구성하고 변화시키는 일차적 요인으로서 모든 사회이론의 출발이라고 해도 과언이 아니다(뒤르켐이나 마르크스 등의 이론을 보라). 오늘날 미국과 서구에서 인구학이 별도의 전담 영역으로 대치되었음에도 불구하고 한국에서는 여전히 도시사회학 연구의 중심을 차지하고 있다.

되어왔던 요소들이다.[3] 그러나 도시사회학의 대명사로 간주되는 시카고학파(Chicago School)는 생태학적 모델을 동원하여 공간의 분할 과정을 논의함으로써 '공간' 개념을 적극적으로 사회이론에 접맥시킨 공로가 있었다. 시카고학파에 속한 일군의 학자들은 다양한 기능의 경쟁으로 인한 집중, 분산, 침식, 계승의 생태학적 과정과 그 과정을 통한 도시공간의 분할을 설명함으로써 공간의 중요성을 일깨웠던 것이다.[4] 공간의 문제를 소홀히 했던 마르크스주의자들도 1970년대 이후 공간 개념을 사적유물론의 차원에서 논의하기 시작했다. 즉 그들은 공간을 물질 생산과정의 산물이며 동시에 물질 생산과정에 관여하는 매개 요인이나 인과 요인으로 보고, 공간을 둘러싼 계급 갈등에 주목한다.[5]

시간지리학자들은 시공간 속에 펼쳐지는 일상적 행위들의 경로와 시공간의 제약 관계를 논의함으로써 시공간을 보다 구체적인 사회 행위 차원에 결부시켰다. 아침에 일어나 출근을 하고 일을 하고, 또 여러 사람들을 만나는 일상적 행위와 상호작용은 시공간 속에서 이루어진다. 매일, 매주, 매년 전개되는 이러한 시공간 행로를 따라 사회관계들이 지속되고 재생산되는 것이다.

둘째, 도시공간의 하부구조인 정치경제의 질서를 어떤 이론으로 조명해볼 것인가? 도시공간의 하부구조에 대한 논의들, 예를 들어 생산과 소비, 위기, 국가 개입과 모순, 노동시장, 계급 관계 등에 대한 논의는 정치경제학자들의 주된 몫이었다. 도시 정치경제학은 그동안 '생산영역'에 비해 상대적으로 소홀히 다루었던 교환, 유통, 소비 등의 측면에 더 큰 관심을 두었다. 주택, 교육, 의료, 환경 등 생활 조건의 결핍은 도시가 안고 있는 만성적인 병이다. 체제 관리자로서의 국가는 다양한 정책을 통해 도시공간의 갈등과 문제를 해소해나가려 한다. 그러나 많

---

[3] 어리는 사회학자들은 공간의 개념을, 지리학자들은 시간의 개념을 상대적으로 소홀히 다루었다고 말한다(Urry, 1989: 295).

[4] 물론 '생태학'이 시카고학파의 모든 것은 아니다. 시카고학파의 학자들은 당시 빠르게 진행되고 있던 산업화와 그에 따른 갈등 및 문제들, 문화 현상 등을 두루 연구하고자 했다. 생태학은 그들이 차용한 하나의 분석 틀일 뿐이었다. 시카고학파에 대한 평가로는 Saunders(1981) 제2장과 새비지·와드(1996) 제2장을 볼 것.

[5] 자세한 내용은 이 책의 제5장 「정채경제학과 도시공간」을 볼 것.

은 학자들이 지적하고 있는 것처럼 기본적으로 시민들의 세금에 의존하는 국가의 조절 역량은 항상 시민사회의 도전으로부터 제약을 받고 있다. 그러나 현대 자본주의의 생산과 소비, 교환은 한 국가 차원이 아니라 전 세계 차원에서 이루어지고 있다. 세계 정치경제의 '재구조화'가 도시의 정치경제는 물론, 일상생활에 직접적인 영향을 미치고 있다. 예컨대 오늘날 서울에서의 삶은 세계 금융자본과 문화 자본주의의 영향력 아래 놓여 있다.

이 같은 현대 자본주의 도시의 제도적 기반을 설명하기 위해서는 '자본'과 '국가'의 동학에 대한 이해가 필수적이다. 그러나 자본주의가 모두 균등하게 진행되고 있는 것은 아니다. 제3세계의 도시에서 볼 수 있는 것처럼 주변부 국가들은 산업화를 진행시키지 못한 채 거대한 인구를 도시공간으로 집적시켰고 그 결과 과잉 도시화와 지역 간 격차, 도시빈곤 및 실업 등의 문제가 광범위하게 노출되었다.[6] 근대화론자들이나 종속이론가들은 모두 이러한 현상에 집착했다. 그들은 빈곤의 원인과 후진성(저발전)의 문제, 과잉 도시화 현상과 농촌의 낙후성에 주목했지만 그들의 시각과 처방은 매우 달랐다. 근대화론자들은 주로 후진성의 원인을 저발전국가의 내부에서 찾고, 그 대안으로 비교우위의 입각한 자유무역, 선진국의 원조, 제도와 문화의 서구화 등을 내놓았다. 그러나 종속이론가들은 저발전의 원인이 국제분업 관계에서의 잉여의 유출, 즉 주변부에 대한 중심부의 잉여 착취에 있다고 보고, 그 고리를 끊을 때 저발전의 극복이 가능하다고 보았다. 특히 그들은 저발전국의 과잉 도시화는 잉여 수탈의 결과로서 생겨나는 현상으로서, 도시는 잉여 수탈을 위한 전초기지라고 주장했다.[7]

생산과 소비의 정치경제학, 국가론, 세계 체계론과 근대화론 및 종속이론 등 모두가 현대 자본주의 도시의 하부구조를 설명하는 주요 일반이론이 될 것이다.

---

[6] 물론 지역 간 격차나 도시 빈곤의 문제가 제3세계 도시만의 현상은 아니다. 이 현상은 선진 자본주의사회에서도 나타나는 범세계적 현상이다. 그러나 그 현상을 낳는 사회적 맥락은 매우 다르다.

[7] 물론 근대화론이나 종속이론 안에도 다양한 분파가 있다. 이에 대해서는 So(1990). 또 제3세계의 도시화에 대해 Abu-Lughod(1977). 그리고 세계 체계론과 도시화에 대해 Timberlake (1985).

그러나 무엇보다도 도시의 물적 토대(생산과 유통, 교환과 소비)와 국가 및 계급 간의 갈등과 모순 등을 설명하기 위한 이론적 자원은 마르크스의 『자본론』에 있다. 그의 논의가 기존의 정치경제학과 다른 점은 그가 항상 사회관계를 겨냥하고 있다는 것이다. 기존의 정치경제학자들이 상품 그 자체를 분석 단위로 삼고 시장에서의 수요 공급과 가격 등의 법칙을 끌어내려 했다면, 마르크스는 상품 속에 응결되어 있는 사회적 관계(자본과 노동의 관계)에 주목했다. 오늘날 도시의 하부 구조를 설명하고 있는 많은 이론들이 기본적으로 마르크스의 분석을 비판적으로 재해석하고 있다는 점에서 그의 『자본론』이야말로 도시정치경제학적 원천이 되고 있는 것이다.

셋째, 근대성으로서의 도시 경험은 문화 일반 이론과 어떻게 연계되는가? 문화란 간단히 말해 삶의 양식을 의미한다. '삶의 방식으로서의 도시성'은 도시에서 경험하는 생활양식으로서 곧 근대성을 의미한다. 서구 근대사회의 출현과 함께 샤를 보들레르(Charles Baudelaire)가 칭송했던 요소들 (전이성, 유동성, 우연성) 그리고 게오르크 지멜(Georg Simmel)이나 발터 베냐민(Walter Benjamin) 등이 베를린과 파리에서 토로했던 삶의 방식들이 도시 경험의 특징들이다. 이러한 도시의 경험이 일어나는 곳은 일상생활의 세계이다. 일상생활세계란 세인들이 여러 방식의 상호작용과 의미 교환을 통해 만든 삶의 공간이다. 세인들의 의식이 지향되어 있고, 세인들에 의해 당연시되는 생활세계를 체계화한 알프레드 쉬츠(Alfred Schütz)의 현상학적 사회학이나, 미시적 상호작용에 초점을 두었던 민속방법론과 상징적 상호작용론 등은 도시공간에서의 일상적 행위를 연구하기 위해 매우 좋은 이론적 배경을 제시하고 있다.

도시 문화이론의 또 하나의 주제는 도시경관 읽기이다. 건축물이나 거리, 간판 심지어 주유소 등 모든 도시공간의 표현체들에는 예술 작품과 마찬가지로 다양한 '의미'들이 숨어 있다. 도시공간은 정치, 경제, 문화 등 총체적 과정의 산물인 의미들로 구성된 텍스트이다. 그러나 의미는 고정된 것이 아니다. '의미의 이동성'이라는 말이 있듯이 의미 해석은 시공간에 따라 매우 가변적이다.[8] 또한 의미 구조는 사회 전체 혹은 특정한 권력 집단이나 계급들의 세계관과 이데올로기

〈그림 1-1〉 사회이론과 도시현상과의 연계

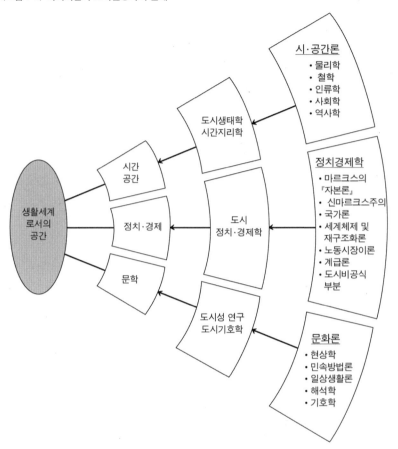

를 반영하기도 한다. 그렇다면 시공간적으로 다양하게 변해오는 도시공간의 의미를 어떻게 포착해낼 것인가? 해석학이나 기호학 등의 일반이론은 도시공간의 텍스트에 숨겨진 의미를 끄집어내는 유용한 방법론이다.[9] 도시 건축에 대한 해석학적 접근이나 기호론적 접근들은 도시경관 분석에 한 걸음 더 근접한 것들이다.

---

[8] 텍스트를 읽는 독자는 저자가 부여한 의미와 다른 의미체계를 삽입한다. 의미는 '형성'되는 것이다.

[9] 이에 대한 상세한 내용은 제4장의 제1절을 볼 것.

제2절 도시공간의 인식과 방법론

과학의 목적은 '과학적 지식'을 세우는 것이다. 그러나 그 지식을 추구하는 방법을 둘러싸고 무수히 많은 논쟁들이 이어지고 있고 그 논쟁은 어느 하나로 귀착될 것 같지 않다.[10] 그러나 나는 인문·사회과학의 출발이 추상적 개념이나 과학자들이 세워놓은 공리에 있는 것이 아니라 사회를 구성하고 재생산하는 일반 사람들의 행위, 그들이 만든 구조, 제도라고 하는 점을 강조하고자 한다. 행위자들은 스스로 기지(奇智)와 지식을 지니고 세계를 해석하며 세계를 만들어간다. 과학자는 세인들의 삶의 이야기를 직접 옮길 수 있어야 한다. 왜냐하면 그들의 담론과 생활 방식 속에 세상을 해석하는 의미가 숨어 있고, 또 생활세계는 그들의 의사소통의 장으로 구성되어 있기 때문이다.[11] 그러나 과학의 작업이 거기에서 끝나는 것은 아니다. 예를 들어 "김종서가 빵을 샀다"라고 하는 한 개인의 행위를 기술하는 것만으로는 충분치 않다. 사회의 한 구성원인 "김종서가 빵을 산 행위"를 관찰하고 기술하는 것 역시 사실을 밝히는 데 중요하지만 과학의 작업은 그 행위 안에서 개념으로 설명될 어떤 요소들을 발견해야 한다. 즉 "김종서가 빵을 사는 행위"를 시장과 교환, 화폐, 상품 등의 개념으로 설명할 수 있어야 한다.

사회과학 방법론에서 논의되고 있는 쟁점들은 과학과 철학의 관계, 사회의 실재론 여부, 행위와 구조, 미시와 거시, 총체성, 인과관계, 시간과 공간, 그리고 방법론에 따른 정치적 입장 등에 이르기까지 매우 다양하다. 도시현상의 분석과 관련하여 거시와 미시의 문제, 행위와 구조, 그리고 구체적 총체성의 개념을 간단하나마 개괄해보기로 한다.

세계는 어떻게 구성되어 있는가? 다른 말로 말해 연구 대상인 사회는 과연 실

---

10) 이에 대해 필자가 쓴 두 편의 글을 참고할 것. 김왕배(1994; 1997).

11) 나는 기본적으로 '생활사적 접근'의 중요성을 강조하고자 한다. 따라서 민속지학적 방법과 같이 참여와 인터뷰를 통한 자료의 수집은 매우 의미 있는 일이다. 초기 도시 이론가들이 행했던 많은 현장 기술지들 – 예를 들어 『황금해안과 갱(The Gold coast and the Slum)』 –을 다시 한 번 되새겨볼 만하다(Zorbaugh, 1929).

재하는가? 이 질문은 전통적인 의미에서 방법론적 논의에 해당하기보다는 존재론에 가까운 것으로서 매우 오래 전부터 내려온 명목론(nominalism)과 실재론(realism) 싸움의 대상이었다. 예컨대 사회구조는 '개인들의 합 이상의 무엇'으로 실재한다고 하는 에밀 뒤르켐(Émile Durkheim)이나, 개인들의 의식이나 의지와 상관없이 초월하여 존재한다고 하는 선험적 실재론 그리고 기본적으로 인식과 지식은 실체의 반영이라고 하는 유물론적 전통에 이르기까지 광범위한 실재론의 흐름이 있다.[12] 그런가 하면 사회는 단지 개인들로 구성되어 있다는 주장에서부터, 사회는 개인들의 의미 구조일 뿐(상징적인 구성물)이라는 주장까지 명목론의 전통에 가까운 시각들이 실재론과 맞서고 있다.[13]

이러한 존재론적 인식은 사회과학 분야에서 전형적인 '구조-행위 논쟁'과 연결된다. 이미 진부한 주제가 되었지만 구조와 행위론은 양자 중 하나를 강조하는 극단적 입장에서부터 이 양자를 조합하고자 하는 논의까지 매우 다양하게 진행되어왔다. 개인의 행위나 의미와 상관없이 구조의 존재를 인정하는 학자들은 구조 그 자체를 연구 대상으로 삼을 것을 주장하고 있고, 초구조주의 입장에서는 아예 개인들의 행위를 문제 삼지 않는다.[14]

---

[12] 흔히 유물주의를 실재론의 대표적인 것으로 보고 있으나 경험주의로부터 합리주의, 유물주의 등 실재론의 개념은 매우 다양하다. 그 하나의 형태가 유물론적 리얼리즘일 뿐이다. 반영론도 반드시 마르크스주의자들의 전통은 아니다. 관념과 사물, 정신적 영역과 물질적 영역, 주관적 외양과 객관적 실체 등을 이분법적으로 보려는 견해들 (예컨대 로크) 속에 반영론의 전통이 있다. 참고로 Sayer(1983), 그리고 세이어(1999).

[13] 개인들의 합리성이나 의지를 주장한다고 해서 반드시 실재론을 거부하는 것은 아니다. 그러나 일반적으로 상호작용론적 입장이나 민속지학 등에서는 사회나 구조 그 자체의 존재보다 인간들 상호 간의 교류에 의해 형성된 의미를 강조하며, 보다 극단적인 입장은 의식 외부에 존재하는 사회나 구조는 존재하지 않는다고 주장한다.

[14] 뒤르켐의 말을 보자. "사회적 사실이란 개인에 대해 외적 제약을 행사할 수 있는 모든 행위의 방법이며 의식의 외부에 존재한다"(Durkheim, 1964: 13). 루이 알튀세르(L. Althusser)와 같은 초구조주의자들은 인간은 무대 위에서 구조의 시나리오에 의해 움직이는 대행자일 뿐이며 행위자는 구조의 관계를 지지하는 존재일 뿐으로, 항상 궁극적인 것은 인간이 아니라 구조라는 입장을 보이고 있다(Althusser, 1977). 선험적 실재론자인 바스카는 "사회는 사람들로 환원될 수 없고, 사회는 모든 행위의 필수조건이며, 전존재(pre-existence)이다. 사회(구조)는 과학적 탐구의 대상으로서 자율성을 가지고 있고, 단순히 개인들로 환원할 수 없는 복잡한 실체로

그런가 하면 방법론적 개인주의자들은 구조보다는 개인의 합리적 행위를 기본적인 연구 분석 단위로 삼고 있다. 물론 방법론적 개인주의는 구조의 현상을 개인으로 환원시키는, 속류적 의미의 개인 환원주의를 거부하고 보다 세련된 분석 틀을 주장하고 있다는 점도 간과해서는 안 된다. 방법론적 개인주의는 창조적 소수의 행위로부터 사회의 현상을 설명하려는 영웅 이론을 받아들이는 것이 아니라 수많은 개인들의 행위로부터 집합적인 결과를 산출하는 과정에 대해 설명하려고 한다(김용학, 1992).[15] 특히 제도적 개인주의의 틀은 "구조를, 개인의 행위를 강압하는 총체로 상정하되, 행위자를 구조의 담지자, 즉 구조를 수동적으로 받아들이는 피동체로 보지 않고 인간의 목적 추구적 의도에 의해 유발된 인간행위라는 매개를 통하여 구조의 변천 과정을 설명하려는 것이다"(김용학, 1992: 47). 즉 방법론적 개인주의는 '거시적 현상의 미시적 기초'를 발견하려는 문제의식을 갖고 있다.[16]

극단적인 경우를 제외하고는 구조주의자나 방법론적 개인주의 모두 구조와 행위의 상관성을 인정하고 있다. 다만 분석의 출발과 강조점에서 큰 차이를 보이는데, 또한 이 양자를 종합하려는 시도들이 있어 왔다. 기든스의 '구조화'론은 개인의 행위를 통해 재생산되고 있는 구조를 강조함으로써 양자의 정립을 시도하고 있다. 구조는 인간의 행위를 규제하지만 또한 인간의 행위(시공간상에서 발생하는 일상생활의 행위)를 통해 형성된다.[17] 구조는 사회체계의 역할과 규범들로 구성되며 사회생활을 통해 행위자들은 그러한 역할과 자원을 끌어들이고(그럼으

되어 있으며, '발현적 특징'이라는 관점에서……(사회를 보아야 한다)"고 주장한다(Bhaskar, 1989: 20). 구조주의의 흐름은 매우 다양해서 하나의 입장으로 대변하기는 어렵다. 그 줄기들을 소개한 글로, Bottomore and Nisbet(1979)의 "Structuralism" 그리고 Blau(1975)를 참고할 것.

15) 이 책에서 저자는 방법론적 개인주의의 많은 갈래들을 소개하고 그 유의미성을 제시한다.

16) 그리고 방법론적 개인주의가 이른바 '부르주아 학파'에서만 체계화된 것이 아니다. 분석 마르크스주의는 신고전경제학 모델이나 논리실증주의의 분석 기법을 이용하여 기존 마르크스주의를 재구성하려고 시도하는 방법론적 개인주의를 근간으로 하고 있다. 이에 대한 자세한 내용은 김용학(1992) 제2부 "마르크스주의와 분석마르크스주의"를 볼 것. 그리고 Roemer(1986) 참조.

17) Giddens(1984) 1장을 참고.

로서 개인의 행위를 규정하고), 동시에 사회 행위를 유발시키는 구조적 속성들은 바로 그 행위에 의해 끊임없이 재생산된다. 예를 들어 문법구조를 따라 개인들은 말을 하고, 개인들이 말을 함으로서 그 문법구조가 재생산된다는 논리와도 같다(Giddens, 1981). 피에르 부르디외(Pierre Bourdieu)가 내세운 '아비투스(habitus)'도 주체와 객체, 즉 행위와 구조를 접합시키고자 한 결과이다. 아비투스란 역사를 통해 형성된 일정한 습성, 즉 사회적으로 구성된 인식 및 행위구조 체계로서 그 안에는 다양한 구조와 행위들이 응결되어 있다(Bourdieu, 1990).

구조와 행위론은 종종 '거시(macro)-미시(micro)'의 방법론적 쟁점과 직결된다. 반드시 일치하는 것은 아니지만 구조의 분석은 거시적 접근으로, 행위론적 접근은 미시적 접근으로 등치시키는 경향이 강하다. 전체는 개인주의의 원리로 환원될 수 없다고 하는 방법론적 전체주의는 거시적 접근의 대표적인 경우이고, 개인들의 상황, 신념, 행위 등을 강조하는 방법론적 개인주의는 미시적 접근의 전형적인 경우이다. 집합적 질서나 개인에 대한 집단(국가, 사회)의 우월성을 강조하려는, 따라서 사회명목론보다는 실재론을 주장하는 전통이 거시적 접근의 배경을 이루고 있다면 그에 반(反)하여 개인의 합리성이나 인지적 태도, 자연권과 자유주의 등을 주장하는 입장들이 미시 접근의 배경을 이루고 있다. 그러나 거시 미시를 구분하는 이분법적 사고는 다만 분석적 차원의 구분에 지나지 않으며 실제 많은 사회과학자들은 양자를 '연계(linkage)'시키는 노력을 해왔다.

당시 계몽주의와 자유주의의 전통에 영향을 받아 반(反)유기체론적 사고를 갖고 있었던 막스 베버(Max Weber)는 개인의 '사회적 행위'를 분석 단위로 보았지만, 질서화하고 규칙성(uniformity)을 지닌 개인의 행위에 주목함으로써 반(反)개인주의적 입장을 취하고 있었다. 또한 구조의 발현적 속성이나 총체성을 강조하는 구조주의 전통이나 개인의 성찰, 주관성, 담론 구조 등을 강조하는 비판 이론에서도 역시 미시와 거시를 연계해보고자 했던 노력들을 볼 수 있다.[18]

---

18) 거시와 미시를 연계시키려는 기존의 논의들을 망라하고 그 전망을 논의한 책으로 Alexander (1987). 일부 일상생활세계론자들의 시각에서도 그러한 노력을 엿볼 수 있다. "사회적 사실은 그냥 주어지는 것이 아니다. 거시적 사회현상은 조직적이고 상호작용의 과정을 통해 미시적

다음으로 앞의 논의들과 밀접히 관련되어 있는 '총체성(totality)'에 관련된 방법론적 쟁점이다. 총체성의 개념은 마르크스주의자들의 징표인 것처럼 간주되고 있다. 하지만 서구 지성사에서 총체성의 개념은 비단 마르크스주의자뿐 아니라 비마르크스주의의 지적 전통에서도 나타나고 있다.[19] 독일 낭만주의나 뒤르켐의 유기체론적 사고, 카를 만하임(Karl Mannheim)의 지식사회학, 구조주의나 체계이론, 인지학파 등이 모두 총체성의 개념을 존중하고 있다. 그러나 여전히 총체성의 개념은 유물변증법의 핵심적 개념이다. 최근 포스트-마르크스주의자들에 의해 심한 도전을 받고 있지만 총체성의 개념은 오랫동안 유물 변증법의 핵심적 내용으로 쓰이고 있다.[20]

마르크스주의를 부르주아 과학과 결정적으로 구분 짓는 점은 역사를 설명할 때 경제적 동인에 우의를 둔다는 것이 아니라 총체성의 관점을 취한다는 것이다(Lukács, 1971: 27).

이와 같은 방법론의 쟁점들을 염두에 두면서 도시현상의 분석을 위한 몇 가지 함의를 이끌어보고자 한다. 도시공간은 시공간의 경로를 따라 구조와 행위가 복잡하게 얽힌 생활세계이다. 도시현상의 궁극적 대상은 사람들의 행위와 의미이다. 그러나 행위는 구조를 재생산시키는 동시에 또한 변형시키는 잠재력을 갖는다. 기든스의 시공간, 구조와 행위를 엮는 구조화 이론이나, 주체와 객체의 이분법을 구분하려는 시도들, 예컨대 피에르 부르디외의 아비투스의 개념은 도시공간의 생활세계를 이해하는 데 매우 유용한 암시를 주고 있다.

사건들이 변형된 것이다. 일상적인 추론이나 해석, 종합의 과정들이 거시 현상을 만들어내는 것이다"(Cicourel, 1981: 42).
[19] 따라서 '총체성'의 개념을 기준으로 마르크스주의와 비마르크스주의를 구분하는 것은 옳지 않다. 총체성의 개념은 독일 낭만주의나 뒤르켐의 유기체론 그리고 바로 헤겔의 사상에서 잘 나타나고 있다. 총체성에 관하여 포괄적이고 심도 있게 정리한 책으로 Jay(1984)가 있다.
[20] 부분성, 해체, 다양한 사회운동의 등가성 원리를 추구하는 포스트마르크스주의자들이 집중적으로 공략하는 것이 바로 이 '총체성' 개념이다.

한국의 사회과학계에는 미시와 거시의 이분법적 사고가 만연되어 있는 듯 하다. 그리고 그 구분은 주로 대상의 범주에 있다. 즉 세계 체계, 국가, 계급 등 메타성 이론은 곧 '거시'이며 인간의 상호작용, 사회심리, 그리고 도시 연구 등은 미시 영역에 속한다는 것이다. 개인의 행위는 세계 정치·경제나 국가, 계급 등의 소위 거시 구조의 영향력을 '담지'하고 있다. 그렇기 때문에 개인의 행위를 이해하기 위해서는 거시적인 '바탕'에 대한 이해가 선행되어야 한다. 도시의 일상생활세계에서 일어나는 많은 미시적 사건들은 직간접적으로 거시 구조와 뗄 수 없는 불가분의 관계에 있다. 나는 이러한 점에서 '구체적 총체성'의 개념에 주목하고자 한다. 도시현상을 구체적이면서 총체적으로 인식한다고 하는 것은 개별 현상 속에 다양한 연관성들이 서로 영향력을 미치며 존재한다고 하는 것이다.[21] 예컨대 오늘날 서울의 도시적 경험은 세계 금융자본은 물론 국가와 계급 그리고 지난 오랜 기간 동안 우리의 의식과 행위를 조정하고 있는 문화에 영향을 받고 있다.

여전히 힘든 작업이지만 실체에 대한 보다 구체적이며 풍요로운 설명을 위해서는 정치경제학과 문화이론의 접맥을 시도하고자 하는 노력을 접어둘 수 없다. 엥겔스(F. Engels)는 정치경제학을 "가장 넓은 의미에서 물질적 생활 재료의 생산과 교환을 지배하는 법칙들에 관한 과학"으로 명쾌하게 정의하고 있다(엥겔스, 1987: 157). 그러나 오늘날 정치경제학은 한 걸음 더 나아가 삶의 양식으로서의 문화를 설명하기 위한 유용한 틀이 되고 있다. 하부구조와 상부구조의 이분법적 사유는 더 이상 의미가 없다. 알튀세르(L. Althusser)의 말대로 사회를 구성하고 있는 경제와 정치, 이데올로기(문화)는 서로 상대적 자율성을 지닌 채 구조적 인과력을 지닌다.[22] 자본주의 정치경제의 변화와 문화적 현상들(생활양식, 규범, 소

---

21) 물론 구체적 총체성에 대한 개념 역시 간단히 정리할 수 없을 정도로 다양하다. 예를 들어 유기체론적 전체주의와 변증법적 총체성 사이에는 큰 인식의 차이가 있다. 마르크스주의자들 내에서도 총체성에 대해서는 '말'이 많다. 이에 대해 김왕배(1997).

22) 탤컷 파슨스(Talcott Parsons)의 AGIL 모델도 마찬가지이다. A(adaptation): 적응기능, 경제체계, G(goal attainment): 목표설정기능, 정치체계, I(Intergration): 통합기능, 규범체계, L(Latency): 잠재적 유형유지, 가치체계.

비, 도시경관 등)을 총체적으로 바라본 제임슨(F. Jameson)이나 하비 등의 논의들이 각별한 관심을 끄는 이유도 여기에 있다. 예컨대 제임슨은 포스트포디즘 문화현상은 후기자본주의의 산물이라고 주장하고 있고, 하비는 포스트모던이란 유연적 축적 체계의 바탕 위에서 생겨난 문화적 증상임을 보여주고 있다(제임슨, 1994; 하비, 1994).

제2장 시공간의 사회성과 도시 문화

제1절 시공간과 사회관계

1. 시공간 개념의 사회적 기초

개인들이 시간과 공간을 따라 기억을 채워가듯 역사는 시공간의 맥락 속에서 구체적인 역사성을 획득한다. 탄생과 죽음, 자연의 주기와 순환, 직선과 곡선 등 동서양의 모든 철학자들이 사유의 첫 출발점으로 삼은 것은 바로 이 시간과 공간의 '흐름'과 '머무름'이었다. 그러나 우주불변의 원리를 찾아내기 위한 철학자들의 시공간 개념은 동서양이 달랐다. 예를 들어 기하학적 공간이 자연에 고유한 것이라는 고대 그리스의 철학자들은 이후 시공간에 대한 서양의 철학에 깊은 영향을 미쳤다. 더 이상 의심할 수 없는 공리(公理)에서 출발하여 연역적인 추리를 통해 정리(定理)를 도출해내는 기하학적 방법은 그리스 철학의 특징으로서 기하학은 모든 지성적 활동의 중심이 되었고, 철학의 기초가 되었다.[1] 그러나 그리

---

[1] "플라톤은 신은 기하학자다라고 했다. 많은 서양의 철학자들은 유클리드 기하학의 공간은 '진리'를 표현한다고 믿었다. 공간이 자연에 고유한 것이 아니라 인간 정신이 산물이라는 사실을 깨닫게 한 사람은 아인슈타인이었다"(카프라, 1989: 182).

스 철학자들과 달리 동양철학자들은 시간과 공간이 자연에 내재된 불변의 것이 아니라 마음의 구성물이라고 주장했다.

> 동양의 신비주의는 공간과 시간을 상대적, 제한적, 환상적인 것으로 취급했다. 예를 들어 부처는 다음과 같이 가르치셨다. 오, 비구들이여 (…) 과거, 미래, 물리적 공간은 (…) 그리고 개별적인 것 등은 다만 이름뿐이요, 사유의 형상이요, 일상적인 관용이요, 피상적인 실재들에 불과하다는 것을 알아라. 동양의 신비가들은 공간과 시간 개념들을 의식의 특수한 상태와 연관 짓는다. 공간과 시간에 대한 직관적 관념은 아마도 불교에서 특히 대승 불교의 화엄종에서 가장 명료하고도 정교하게 표현되었다. 일상생활에서 시공간을 초월하는 이 같은 의식은 어떤 인과적 의식도 초월하는 것이다 (Capra, 1989: 183).

시공간의 개념은 태어날 때부터 의식 속에 '주어진 것'이 아니다. 시공간 개념은 종교적 의례나 일, 여가 등의 실천을 통해 '형성'된 것으로 여러 민족들의 신화와 전설, 세계관 속에 다양한 형태로 반영되어 나타났다. 예를 들어 기독교 세계관 속에는 이 세상과 완전히 단절된 공간과 종말을 향한 직선적 시간관이 발견되고, 불교나 힌두교의 종교관 속에는 윤회(輪回)를 통해 연계된 저승과 이승의 공간 그리고 순환적인 시간의식이 나타나고 있다. 이처럼 시공간의 개념은 시대와 장소에 따라 달랐던 것이다.[2]

중국과 한국의 지식층은 전통적 과학관인 주역(周易)의 논리에 의해 시간과 공간의 순환을 논의했다. 우주 삼라만상의 변화와 질서를 인지하고 해석하는 원리로서의 주역은 시공간의 '순환성'을 전제로 하고 있다. 역(易)은 연쇄적인 시간을 따라 움직이고 정지하는 개별자들의 순환과정을 해석하는 원리이다.

> 분할된 시간, 시간은 고리를 이어 연쇄 선을 이루고 또 다시 연쇄 고리를 만든다.

---

[2] "인간은 모든 시대, 모든 곳에서 상이한 시간과 공간의 경험을 갖는다"(Kern, 1983: 64). "개인들의 시간 개념은 사회제도의 발전상태와 개인들의 경험에 의존한다"(Elias, 1992: 13).

역이란 개개의 순환하는 동정(動靜)을 말하는 것이요, 도(道)는 동정이 딛고 가는 선을 두고 말한 것이다. 만물은 아무렇게나 동하고 정하는 것이 아니며 아무렇게나 오고 가는 것이 아니다. 꼭 이 점점의 선을 딛고 가야 한다(한국주역학회 편, 1992: 8).

무궁한 시간을 무수하게 분할하여 생멸의 계기로 하고 무한한 공간을 점할 수 없다는 것은 진리이다. 만일 같은 공간을 동시에 점하려고 한다면 여기에 생겨나는 현상을 충돌이라고 하여 어느 하나 또는 둘 다 존재하지 못한다.

역(易)의 사고에 의하면 모든 존재자는 (시공간의) X와 Y축의 좌표축에 존재한다. 시공간의 좌표 위에 있는 것만이 실존하는 존재자의 실상(象)이라는 것이다. 동양의 철학자들이 시간과 공간의 문제를 해석의 범주안으로 끌고 들어와 체계적으로 기호화한 것이 음(--) 양(-)이며, 이 음양의 기호로서 우주의 순환원리를 논하는 것이 상학(象學)으로서의 역철학이다(송환용, 1992: 142).[3]

천지 안에서 일어나는 변화에 의하여 시간의식이 성립한다. 역에서 말하는 시는 소식잉허(消息盈虛)를 뜻한다. 줄어들고, 늘어나고, 차고, 기움을 변화라 하는데 이러한 변화를 통하여 시간을 의식한다. 천지 일월이 끊임없이 바뀌므로 춘하추동 네 계절의 운행이 이루어진다(天地革而四時成). 낮의 길이가 늘어나거나 줄어들며, 달의 모양이 찼다가 이지러지는 등의 변화로 말미암아 계절에 대한 의식이 생겨났다(곽신환, 1990: 247).

그리고 이러한 시간은 언제나 절기 행위로 채워졌다.[4] 농업 생산활동과 일상생활의 유희 및 놀이 등이 이러한 월력에 따른 절기에 의해 이루어졌고, 민간신

---

[3] "경험은 사진기와 같고, 경험 속에 잡힌 존재자는 필름 속의 사실과 같다. 필름 속의 사실은 머무름으로 있고 고정되어 있으며, 시간성을 탈각한 불변의 공간성적인 의미만을 갖고 있는 것이다"(송환용, 1992: 142).
[4] 역(易)에서 공간의 개념은 상하위계질서를 나타내는 위(位)이다. 위는 바른 자리와 바르지 못한 자리(正位와 不正位)가 있어 공간의 구분이 필연적으로 존재하여야만 한다.

앙이나 제례가 맞물려 있었다. 주기적으로 반복되는 절기 행위가 시간적 지표로 작용했던 것이다.

한국과 중국인들은 또한 천체에 대한 관찰과 해석을 통해 그들의 시간과 공간 관을 발달시켰다. 일기, 천체의 흐름, 우주, 성좌, 달과 태양의 현상, 기상현상 등을 음양오행의 원리를 통해 사유하고 관찰함으로서 우주론과 천문학, 기상학 등을 발달시켜왔다(山田慶兒, 1991). 천문과 방위, 지리에 대한 지식 그리고 이를 바탕으로 한 지도제작을 통해서 거리, 크기, 공간의 절대성과 방위의 상대성에 대한 사고가 형성되고 발달했다. 물론 지리적 사유는 단순히 물리적인 위치에 국한된 것이 아니라 종교적이고 사회문화적이며, 정치적 요소(타 지역, 타국가와의 위계관계) 등 여러 요인들로부터 영향을 받고 있었다. 예컨대 기독교적 세계관이 반영되어 있던 15~16세기 지도에는 유럽의 땅이 대부분을 차지하고 있었고, 또한 중국인들은 언제나 자신들을 세계의 중앙에 위치시키고 있었다. 당시의 지도에는 그들의 종교관이나 세계의 중심부와 주변부에 대한 위계적 사고 등이 반영되어 있었던 것이다.[5]

이러한 시공간의 개념은 권력 집단의 제도정비와 통치행위를 통해 더욱 체계화되었다. 통치자들에게 가장 중요한 지식은 시간과 공간에 관련된 것이었고 시공간은 전(前)근대사회로부터 현대사회에 이르기까지 권력자에게 통치와 관리의 대상이었다. 통치자들은 천문을 살펴 백성들이 일할 때를 가르친다는 이른바 '역상수시(曆象授時)'가 가장 중요하다고 인식하고 있었다.[6] 통치 집단은 질서를 유지하고 백성을 통제하며, 토지측량과 조세 수취를 위해 정확한 척도를 마련할 필요가 있었다.[7] 통치 집단은 시공간의 배열과 통제를 통해 사회구성원들을 일

---

5) 17세기 말경 제작된 것으로 보이는 세계지도를 보면 불교의 세계관이 그대로 나타나 있다. 서역에 무려 38개국, 중심 대륙의 남부에 15개국의 국명을 적었다(노대환, 1996: 235의 지도). 남부 독일의 울룸에서 15세기 말에 인쇄된 프톨레마이오스 세계지도는 성서의 신학에 기초하고 있다(이진경, 1997: 47쪽의 두 지도를 볼 것).

6) 조선을 개국한 이태조는 천문도를 만들고 이를 돌에 새기도록 하였는데 이것이 천상열차분야지도(天象列次分野之圖)이다. 이는 당시 천문학의 기본 개념인 3원 12차, 28수를 중심으로 1,463개의 별을 표시하고 있다.

정한 지점 속에 배치시킴으로서 사회질서를 수립하려 했고, 보다 정확하게 시간을 측정하는 기구와 공간적 방위를 나타내는 지도를 만들기 위해 아낌없는 노력을 기울였다. 중국 청나라의 강희제(康熙帝)가 서양 종교의 포교를 고려할 만큼 선교사들을 통해 소개된 시헌력(時憲曆)과 자명종(自鳴鐘)에 관심을 보였던 사실이 이를 잘 반영하고 있다.[8] 점성술과 지도 제작의 기법이 발달되면서 시간과 공간에 대한 개념 역시 보다 엄밀하게 체계화되었다. 이처럼 시간과 공간은 서로 다른 사회의 삶의 경험과 세계관이 반영됨으로써 달리 인식되었으며, 사회의 필요성에 의해 체계화되고 있었던 것이다.

2. 근대적 시공간의 사회성

모든 현상에 대한 '계산 가능성'은 수학화를 통해 성립한 근대 과학의 가장 중요한 특징이다. 갈릴레이나 뉴턴이 가정하고 있는 시간은 동질적이고 분할 가능한, 시계적 시간이라는 척도에 의해 균분될 수 있는 시간이었다. 시간은 단지 양(量)으로, 혹은 대수적인 수(數)로 환원될 수 있는 것으로 간주되었고, 모든 부분 부분의 시간에는 어떠한 질적 차이도 존재하지 않는 것으로 인식되기 시작했다.

공간의 경우도 마찬가지였다. 모든 공간은 양적으로 분할 가능한 균질한 것이다. 수학적이고 동질적인 절대시간과 절대공간의 개념은, 시간과 공간이 갖고 있는 중요한 차이들을 사상(捨象)시킨 채, 자연현상이 일률적으로 계산 가능하다는 인식의 대전환을 가져다주었다.

시간과 공간은 모든 사회적 관계로부터 탈각되어 그 자체로서 불변적이고 절대적인 개념을 획득했다. 철학의 영역에서는 칸트(I. Kant)에 의해 절대적 시공간 개념이 정립되었다. 칸트는 시공간이 모든 사물의 존재로부터 독립되어 그 자체의 실체를 지니는 것으로 보고 있다.[9] 시공간은 개인들의 경험과 판단을 규정하

---

[7] 유클리드기하학이 토지측량과 개량을 위해 출현했다고 사실은 이미 잘 알려져 있다.

[8] 자명종은 밤낮을 가리지 않고 매시각마다 자동적으로 종을 치는 시계로, 궁정 내뿐 아니라 북경 시민들을 놀라게 했다(강재언, 1990: 20).

고 제약하는 선험적(a priori) 조건으로서 불변의 형식으로 모든 경험 이전에 존재한다. 잘 알려진 바와 같이 뉴튼은 물리학에서 절대적 시공간의 개념을 체계화시켜 근대자연과학의 초석을 놓았다.[10] 물론 시공간의 절대성에 대한 사고는 멀리 그리스 철학자들에게로 올라간다. 스미스(N. Smith)는 공간 개념이 어떻게 사물과 분리되는가를 다음과 같이 설명하고 있다.

> 원시사회에서 땅은 쪼가리로 분할될 수도 없고, 팔릴 수도 없었다. 사람들은 자연의 일부로서 땅과 관계를 맺고 있었다. 땅은 물론 개인적으로 소유되지 않았다. 원주민들은 강의 진로를 정확히 알고있었지만 그 앎은 추상적이고, 이론적인 지식이라 불릴 수 없었다. 그러나 초기 그리스 철학자들, 예컨대 피타고라스는 공간을 추상적인 개념으로 보았고 아리스토텔레스와 플라토는 공간을 더욱 사물과 분리된 것으로 취급했다. 기하학은 실제 물리적 형태로부터 완전히 독립적인 공간을 만들어내었다(스미스, 2017: 142~143).

시공간이 사물과 분리되어 독립적이고 절대적으로 존재한다고 하는 사고는 마침내 n차원의 수학적 공간과 상대성 원리를 고안해낸 아인슈타인에 의해 깨지기 시작했다. 예를 들어 관찰자가 관찰되는 현상에 대하여 빠른 속도로 움직이면서 관찰할 때 시공간은 상대화된다. 이러한 시공간의 상대성에 대한 인식을 바탕으로 시공간이 사회적 관계들의 산물이라고 하는 인식이 부각되기 시작했다. 즉 시공간의 사회성에 대한 논의들이 전개되면서 사회체제와 시공간의 관계들이 본격적으로 논의되기 시작했다. 이제 시공간은 단순히 물리적이고 자연적인 것이 아니라 사회제도의 산물이며 사회 실천의 생성물로 인식된다.

---

9) "공간과 시간은 다만 감성적 직관의 형식에 지나지 않으며 따라서 현상으로서의 사물의 존재를 성립시키는 조건에 불과하다는 것……"(Kant, 1978: 42).

10) 물론 뉴튼 역시 상대적 시공간을 논했다. 그리고 예술 작품 특히 미술 영역에서 근대적인 공간에 대한 개념 예컨대 투시법 등이 발달한다. 근대적 시공간의 탄생과 발전에 대해 이진경(1997).

사회를 구성하는 두 기본적인 요소, 행위와 구조의 조건은 시간과 공간이다. 다시 말해 구조와 행위들은 시간과 공간의 범주 속에서, 시간과 공간을 변형시키면서 형성되는 것이다. 그럼에도 불구하고 어리의 말대로 사회과학계에서는 "이상할 정도로 시간과 공간에 대한 인식이 희박"해서 시간과 공간을 사회관계의 분석 수준에 접맥시키는 관심이 지극히 드물었다.[11] 시간과 공간은 사회적 관계나 구조와 무관한 절대적이고 물리적인 것으로만 인식되고 있었던 것이다. 그러나 절대적이고 물리적인, 인식의 선험적 범주로 간주되던 시공간은 사회의 물적 토대가 바뀜에 따라 상대화되고 사회적인 것으로 변해왔다.[12] 특히 생산수단 및 교통, 통신, 기술의 발달은 시공간 자체를 상대화시킨다. 사회관계와 상관없이 독자적으로 존재하는 시간과 공간의 개념은 무의미하다.

　　만약 (시간과) 공간을 절대적인 것으로 간주한다면 그것은 물질과 독립된 존재로서 '실체 자체'가 된다. (…) (시)공간은 그 자체로서 절대적 상대적이 될 수 없으며, (…) (시)공간의 개념은 그와 관련된 인간의 실천을 통해 이해된다. (즉 시간과 공간은 인간의 사회적 행위와 관련되어 인식된다) 그러므로 (시)공간이 무엇인가? 하는 질문은 '인간들의 행위들이 어떻게 (시)공간을 이용하고, 특정한 (시)공간 개념을 만들어가는가' 하는 질문으로 대치되어야 한다(하비, 1983: v. 괄호는 인용자)

　시간과 공간은 사회제도와 실천들로부터 독립하여 절대적으로 존재하는 것이 아니라 사회관계에 의해 변화되고 생성되는 산물이다. 나는 이러한 측면을 '시공간의 사회성(sociation)'으로 부르고자 한다. 그러나 시간과 공간은 사회관계의 산물이면서 동시에 사회관계를 규정하고 변화시킴으로서, 사회관계와 변증법적

---

11) "기존의 사회과학은 공간을 단지 행위의 환경으로 이해하거나 시간을 '시계'의 시간으로 받아들임으로서 사회체계가 시간과 공간 속에서 형성된다고 하는 사실을 망각하고 있다. 시간-공간은 사회체계를 구성하는 본질적 요소들이다"(Urry, 1985: 20).

12) 시공간 개념을 선험적 범주로 보지 않고, 주기적인 의례와 부족 간 관계로부터 도출된 개념으로 설명한 뒤르켐의 지식사회학적 논의는 시공간 개념이 사회적 토대로부터 발생하기 때문에 매우 상대적이고 사회적인 개념이라는 것을 암시하고 있다.

으로 존재한다.[13] 어리에 의하면 시간과 공간은 그 자체가 내용(실체)을 갖는 것은 아니다. 시간과 공간은 오직 그 속에 실체(entities)들이 존재할 때 존재하는 것이다. 그 실체는 시간과 공간 그 자체가 아니라 그 안에 존재하는 사회이다. 그러나 시공간은 어떤 사건을 일으키는 '인과력'으로 작용한다.[14] 구조와 행위는 시간과 공간 속에 위치하면서 지속적으로 재생산된다. 파편적으로 발생하는 모든 경험적 사건들은 시공간 속에서(시공간에 의해) 조직화된다. 그러므로 이들은(시간/공간, 실체로서의 사회)는 변증법적 관계 속에 존재하는 것이다.

일군의 지리학자들과 사회학자들은 '공간' 개념의 재정립을 위해 이른바 사회학적 상상력과 지리학적 상상력을 동원했다. 사물은 공간과 시간 속에서 발생하고 존재한다.[15] 물리학에서 미학, 신화 그리고 일상생활에 이르기까지 공간은 모든 사고형식의 근본이다. 그러나 공간의 범주는 매우 다양하다. 자연과학적인, 사회과학적인, 미학적인, 신화적인 공간과 그 이미지가 존재한다. 예컨대 미학(美學)에서 원(圓)은 완전무결의 상징이며, 신화에서는 신비함을 의미하고, 과학에서는 2차원의 세계가 가장 응축되어 나타난 형태를 의미한다.[16] 공간은 물리적인 공간(자연과학에서의 공간), 종교적인 공간, 주관적인 이미지의 공간, 예술형태의 공간, 그리고 사회 행위에 의해 생성된 공간 등 다양한 범주로 존재하고 있는 것이다.[17]

과학의 공간이 사회적 행위와 사건으로부터 완전히 추상된 공간이라면, 사회

---

13) 시공간은 인간이 상호 관계를 맺고, 조직하는 사회적 행위와 구조 속에서 진정한 의미를 갖는다. 그러나 소자(Soja)는 시간과 공간이 사회구조의 변화에 영향력을 미치는 자체의 힘을 갖는다고 주장한다. 즉 양자의 관계는 일방적이기 보다 상호 변증적이다(Soja, 1985).

14) "시간이 없었기 때문에 (…)된 결과를 낳았다. 공간이 모자라기 때문에 (…)된 결과를 낳았다"라고 하는 진술문을 생각해보라. 시간 T와 공간 S는 사건의 결과 R에 대해 인과적인 요소로 작용한다.

15) "모든 사회의 행위는 시간과 공간 속에 위치한다. 만약 공간이 사회이론에 핵심적이라면 다양한 사회 공간적 배열—마을, 읍, 도시 등—은 기본적인 사회분석의 연구 대상이다"(Saunders, 1985b: 67).

16) 참고로 원의 현상학을 논의한 바슐라르의 '안과 밖'의 변증법적 논의도 흥미롭다(바슐라르, 1990).

17) 객관적으로 존재하는 공간과 주관적인 이미지로서의 공간에 대해서는 Sack(1980).

공간은 사회 행위의 영역으로서 다양한 사회적 실천을 통해 만들어진 공간이다. 사회적 공간은 절대적 공간(물리적 공간) 속에 존재하는 상대적 공간이다. 절대적이고 물리적인 공간을 자연의 공간, 또는 '제1의 자연(first nature)'이라 한다면 사회적 공간은 그 위에 만들어진 '제2의 자연(second nature)'인 것이다. 소자(Soja)는 사회적으로 생성된 공간, 다시 말해 특정한 사회적 내용을 지닌 공간을 '공간성(spatiality)'이라 부르고 있다.

공간성이란 사회적 산물로서의 공간이 사회관계에서부터 떨어져 이해될 수 없고, 이론화될 수 없음을 의미한다. 역으로 사회이론은 공간적 차원을 포함해야 한다. 물론 사회적 공간은 물리적이고 인지적인 공간으로부터 분리될 수 없다. 삶은 결코 물리적인 거리(자연적인 공간적 거리)들로부터 자유로울 수 없다. 그러므로 공간은 사회 행위의 중매자이며 또한 사회 행위에 의해 발생하는 결과물이다. 모든 공간(space)이 사회적으로 생성된 것은 아니지만 모든 공간성(spatiality)은 사회적으로 생성된 것이다(Soja, 1985: 92. 괄호는 필자).[18]

앙리 르페브르(Henri Lefebvre) 역시 그의 책 이름『공간의 생산』이 함축하고 있듯 사회적 실천에 의해 생산된 공간에 초점을 두고 있다. 그 역시 공간에는 자연적 공간, 정신적 공간, 그리고 사회적 공간 등 다양한 범주가 있음을 주장하고, 인간 주체들의 실천(가족에서의 생물학적 재생산, 노동력 재생산, 사회관계의 재생산)이 어떻게 2차적 특성을 지니는 사회 공간을 만들어내는가를 설명해가고 있다.[19] 그리고 그는 자본주의사회에서 공간은 교환가치로서 추상화되고 있는 반

---

[18] "① 공간성은 실체화된 사회적 생산물이다. 물리적 공간과 인지적 공간을 변형시키고 사회화시킨 이차적 공간을 말한다. ② 사회적 산물로서 공간성은 사회 행위와 관계들의 중재자이며 결과물이다. ③ 공간적-시간적 구조화(노동과정)는 사회 행위와 관계들이 어떻게 구조화되고 구체화되는지를 규정한다. ④ 시공간의 구성적 과정/구체화 과정 속에 갈등과 모순, 투쟁이 발생한다"(Soja, 1985: 98~99).

[19] 그는 푸코와 같은 구조주의자들 자크 데리다(Jacques Derrida) 및 바르트(R. Barthes)와 같은 기호학자들이 공간이 인간 행위의 산물이라는 점을 무시하고 있을 뿐 아니라 공간을 '물상

〈그림 2-1〉 시공간과 사회관계

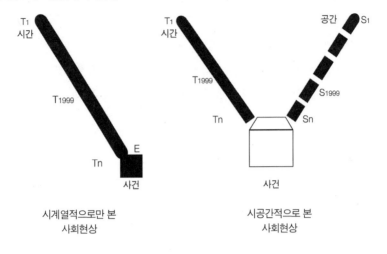

시계열적으로만 본
사회현상

시공간적으로 본
사회현상

면, 끊임없이 다양한 기능을 위해, 즉 사용가치를 위해 파편화되고 있어 모순(교환가치와 사용가치의 대립)이 발생하고 있다고 보고 있다.[20] 또한 권력과 부, 정보 등의 역량에 따라 공간이 위계화되고 있으며, 도시계획 등을 통해 국가가 공간에 개입함으로써 공간은 더욱 정치의 대상이 되고 있다고 주장한다(Lefevre, 1979).

나는 공간의 '사회적 생산' 과정을 〈그림 2-1〉과 같이 도식화해 보고자 한다.

우리는 흔히 공간적 개념을 사상한 채 시계열적으로 사회현상을 다루는 경향이 있다.[21] 그러나 사회관계들에 공간성을 삽입한다면 사회의 모습을 보다 구체적이고 총체적으로 볼 수 있다. 〈그림 2-1〉에서 보는 것처럼 사회현상은 평면적 그림에서 입체적 그림으로 나타날 것이다. 즉, 〈그림 2-1〉는 시간 축과 공간 축 그리고 사회적인 실체를 결합하면 사회현상을 보다 입체적으로 볼 수 있다는 것

화'시키고 있다고 주장한다. 사회 공간은 다양한 대상들과 실천을 포함한다. 그의 핵심 개념은 공간적 실천, 공간의 표상(representation of space), 표상적 공간(representational space)이라는 3범주 속에 잘 나타나 있다(Lefebvre, 1991).

[20] 예를 들어 어떤 특정한 장소가 상품으로 교환되려면, 즉 교환가치를 가지려면 모든 질적 차이(사용가치)가 사상되어야 한다. 마르크스의 상품(교환가치와 사용가치)을 상기해보라.

[21] 예컨대 1960년대, 1970년대, 1980년대, 1990년대 사회구조는 '시간을 따라 이러이러하게 변해왔다'는 식이다.

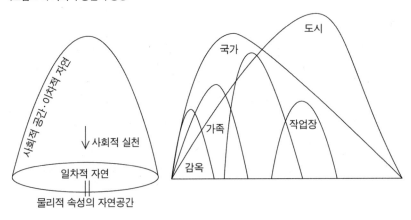

〈그림 2-2〉 사회적 공간의 생성

을 의미한다.

　공간은 자연적 성격을 갖는다. 제1의 성질은 물리적이라는 것이다. 이러한 물
리적 속성을 바탕으로 다양한 사회적 공간들, 예를 들면 가족 국가 감옥 병원 등
의 사회적 공간들이 생산된다. 푸코(Foucault)가 묘사한 감옥, 병원 등은 근대사
회의 독특한 규율(권력)이 행사되는 공간이다.[22] 최근 사이버 공간(cyber space)
은 텔레커뮤니케이션의 발달에 의해 생성된 또 하나의 전형적인 사회적 공간이
다. 도시공간 역시 자원과 정보, 위계적인 권력관계와 소비, 자본축적 등과 관련
된 다양한 실천을 통해 만들어진 '사회적 공간'이다(〈그림 2-2〉).[23]

　앞서 말한 바와 같이 공간의 유형은 정신적 공간, 물리적 공간, 그리고 사회 공
간 등 다양하다. 그러나 사회 공간의 생성과정에는 권력관계가 개입하게 된다.
사회적 산물로서의 시공간은 또한 집단 간, 계급 간 갈등과 권력의 산물이다. 누
가 시공간의 자원을 분배하는가?[24] 시공간의 분할은 권력관계에 의해 규정되고,

---

[22] 정신병원의 출현은 근대 자본주의의 합리성의 결과이다(푸코, 1991).

[23] 따라서 다시 한 번 강조하건대 도시는 만들어진 것이 아니라 만드는 것이고, 자연 공간이 아
　니라 사회 공간이다.

[24] 시간이 사회관계로부터 독립적이 되는 순간 시간은 자원이 되고, 그 자원은 권력관계에 의해
　분배된다(Lash and Urry, 1996: 234).

분할된 시공간은 다시 사회의 권력관계를 재생산한다. 예를 들어 주거의 공간분할은 기능과 위계질서를 나타내고자 하는 인간행위의 산물로서 사회적 현상이다.[25] 사람들은 거처와 관련된 실천(즉 집짓기)을 통해 주거 공간을 만들고, 다시 주거 공간 속에 특정한 기능을 담당하는 하위 공간을 만든다. '낮'에 일어나는 행위들과 손님맞이를 위해 거실을, '밤'의 행위와 수면 등을 위해 침실을 만든다. 그리고 이러한 기능은 권력과 접합된다. 어른과 아이, 남녀의 권력관계에 의해 공간의 배치가 구분된다. 안방과 사랑방이 구분되고, 방에서도 윗목, 아랫목 등 공간의 분할이 위계관계에 위해 규정된다. 도시에서 계급이나 인종 등에 의한 공간의 거주지 분할이 생겨나는 경우도 이와 마찬가지 원리이다.

3. 자본주의의 발달과 시공간의 조직화

근대 과학의 출현은 시공간의 개념을 추상적이고 계산 가능한 것으로 바꾸어 놓았고, 그에 기초한 근대적인 삶의 양식들이 나타나게 되었다. 근대 자본주의 사회에서 등장한 시계의 시간, 즉 추상적이고, 분할 가능하고, 측정 가능한 시간은 근대 사회조직과 사회 행위에 큰 변화를 가져왔다. 근대사회의 특징 중의 하나는 '시계-시간(clock time)'을 통해 '규칙성과 조직성'이 노동 영역과 생활 영역에 스며들었다는 것이다.[26] 16세기까지 영국사회에서 일상의 행위는 규격화된 시간에 의존하기보다는 직무 중심적이었다. 다시 말해 오늘날 일상의 주기인 주(週)는 당시에는 일반적으로 통용되는 시간 단위가 아니었다. 주(週)보다는 계절과 한 해의 리듬이 보다 지배적이었고, 경작 및 시장 행위, 교회와 다양한 의례들 그 자체가 중요했다. 그러나 16~18세기 공공 시계와 벨이 등장하고 가정에 시계가 점차 보급되면서 시간 중심의 생활 유형이 발달하게 되었다. 특히 학교는 일상생활의 시간표를 규정하는 중요한 요소였다.[27] 화폐 경제의 출현과 함께 노동

---

25) 공간의 배열은 이데올로기, 정치, 경제 등 사회에 근거한 것이다(Hiller and Hanson, 1988: 198).

26) 근대 자본주의에서는 노동에 대한 시간적 강제가 중차대한 일이다(Thompson, 1982).

시간의 계산, 지급비율, 그리고 이와 관련된 새로운 담론들이 등장했는데, 18세기 말 19세기 초에 이르러 사회적 행위로부터 '탈각(disembedded)'된 시계의 시간이 더욱 보편화되었다. 마침내 그리니치 표준시간이 만들어져 서로 다른 지역의 시간들이 조정되면서 지역 간 균열이 제거되었다.[28] 아울러 시간은 더욱 더 미세한 단위, 즉 분과 초단위로 분할되고 이에 기초한 시간 규율이 생겨나기 시작했다. 사회생활은 시간표에 따라 조정되고 또한 수량화, 계산화되기 시작했다.[29]

시장의 교환경제를 목적으로 하는 자본주의의 등장과 함께 자본가들은 시간과 공간을 보다 더 용의주도하게 조직화했다. 정확한 시간의 측정과 정확한 공간적 척도는 자본 이윤에 직접적인 영향을 미치기 때문이다. '자본'이 일차적으로 축적의 강령을 극대화하기 위한 공간은 작업장이다. 잉여가치는 노동시간에 의해 규정되기 때문에 작업장에서는 보다 철저하게 노동을 통제, 관리하기 위한 전략들이 생겨났다. 작업장에서의 노동에 대한 다양한 통제 전략은 주어진 시간에 최대의 생산성을 얻기 위한 목적을 갖고 있다. 자본가들은 노동일을 연장함으로서 절대적 잉여가치를 추출하고, 노동자들의 생존과 재생산에 필요한 필요 노동시간을 줄임으로서 상대적 잉여가치를 추출한다.[30] 자본가의 상징인 테일러(F. Taylor)가 작업의 미세한 분할과 표준 시간 동작의 적용을 통해 생산성을 최대로 높이고자 했던 시도가 대표적이다. 테일러리즘의 원리를 더욱 세련화시킨 포드주의(Fordism) 역시 그렇다.

자본은 또한 작업장뿐 아니라 일상 영역에 걸쳐 새로운 시간 규율을 만들어냈다. 출퇴근 시간의 기록, 엄밀한 시간 측정과 통제, 노동시간, 노동시간의 연장 등 직접적인 노동 현장에서의 시간 규율 등이 노동자들 일상의 궤적을 규정한다.

---

[27] 이진경(1997), 제6장을 볼 것.

[28] 그리니치의 표준시간은 우편과 철도의 발달과 때를 같이 하고 있다.

[29] 이러한 변화 과정에 대해 Thrift(1990).

[30] "노동일의 연장에 의해 생산된 잉여가치를 필자는 절대적 잉여가치라 부른다. 이에 반해 필요노동시간의 단축과 그에 상응하는 노동일의 구성 요소 사이의 크기 비율의 변화로부터 생겨나는 잉여가치를 상대적 잉여가치라고 부른다"(마르크스, 1987: 366).

매일, 매주, 매년에 걸친 일상생활의 주기는 일차적으로 작업시간에 의해 결정된다. 사람들은 출근시간에 늦지 않기 위해 그 전날의 행위를 조정하며, 노동시간을 채우고 난 후에야 자유 시간을 갖는다. 휴가와 여가, 소비, 가족생활 등 일상생활을 위한 시간 모두가 노동시간 이후에 배열된다. 작업장에서의 시간의 조직화가 삶의 방식을 규정하는 것은 이미 당연한 일이 되었고, 노동자들은 꽉 짜인 노동일정표에 대항하여 "분과 초, 작업일정의 속도와 강도, 노동생활, 주 노동시간과 일 노동시간(자유시간에 대한 권리와 함께, 연 노동시간, 및 유급휴가권)을 둘러싼 투쟁을 벌여"온 사실이 이를 잘 반영한다(하비, 1994: 282~283).

자본의 회전 시간 역시 이윤의 크기를 결정하는 데 매우 중요하다. 자본가 입장에서 보면 유통기간과 유통비용은 잉여의 낭비에 지나지 않기 때문에 가능한 한 자본의 회전율을 증대시킴으로써 보다 많은 잉여를 끌어내려 한다. 이윤을 추구하기 위해 시간을 조직화하는 중요한 이유 중의 하나는 이윤 추구의 활동을 가로막는 공간적 장벽 때문이다. 자본의 회전율을 빠르게 하기 위해서는 시간을 지체시키는 공간적 거리가 소멸되어야 하며 물리적이고 환경적인 공간장벽을 극복하는 방법 중의 하나는 공간을 시간적으로 상대화시키는 것이다. '시간에 의한 공간의 소멸(the annihilation of space by time)'은 다름 아닌 공간적 장애를 극복하기 위한 자본가들의 핵심 전략이었다.

시간에 의해 공간을 소멸시키기 위해 자본가들은 끊임없이 공간의 '효율적 조직화'를 꾀하여왔다. 세계시장을 창조하려는, 공간적 장벽을 줄이려는, 시간을 통하여 공간을 줄이려는 자본가들의 동기는 상존한다. 자본가들은 생산(미세한 분업, 공장체계, 조립라인, 영역의 분업, 대도시 집적을 통한 일련의 조직), 유통 네트워크(교통 및 통신체계), 소비(가구 및 내수 계획, 지역사회조직, 도시에서의 거주지 분화, 집합적 소비)의 효율적인 구도를 통해 공간을 합리적으로 조직해오고 있다(하비, 1994: 284). 도시공간에 의료시설, 통신시설, 항만, 주택 등의 이른바 '집합적 소비 수단'을 집중시키는 것은 집합적 소비 수단이 노동력 재생산뿐 아니라 자본의 회전 속도를 증가시켜 '자본'의 확대 재생산에 기여하기 때문이다. 규모의 경제, 집적의 효과를 꾀하기 위해 일정한 공간에 생산수단을 집중시킨 거대한 '산업단지(industrial complex)'는 축적을 위해 의도적으로 만들어진 대표적인 공간이다.

신용과 화폐 역시 시간과 공간의 압착을 가속화시키는 요소들이다. 돈의 역사는 국지적 시장에서 세계시장에 이르는 자본주의 발달의 역사를 반영한다고 해도 과언이 아니다. 전근대사회와 달리 근대사회에서 화폐는 교환수단, 가치저장, 회계단위, 지불수단 등 다양한 기능을 갖고 있다. 서구의 경우 상업과 사유시장의 발달하면서 회계 화폐가 등장했고, 국제무역이 발달하면서 어음제도가 생겨났다.[31] 또 동시에 상업은행이 등장했다. 어음의 등장과 함께 신용경제 (credit economy)가 급속히 발달하고 드디어 국제 자본시장이 형성되었다.[32] 국가는 또한 개인 은행들을 규제하기 위해 많은 노력을 기울였다. 17세기경만 해도 사(私)은행들은 국가 규제로부터 자유롭지 않았다. 국가는 중앙은행을 통해 새로운 형태의 화폐를 발행했는데 이것이 존 메이너드 케인스(John Maynard Keynes)가 말한 '국가 신용화폐'이다. 국가가 화폐를 발행함으로서 공공 빚을 보증하게 된 것이다. 국가신용화폐제도는 제2차 세계대전 이후 국제제도로 체계화되어 드디어 브렌튼우드(1944) 협의에 이르게 된다. 오늘날 세계은행이나 IMF 체제와 같은 국제통화의 기구들 역시 이러한 맥락에서 출현했다.

오늘날에는 금, 은 그리고 지폐에서부터 '가상화폐(virtual money)'가 등장하고 있다. "오로지 기호(sign)와 시뮬레이션(simulation)"으로 되어 있는 가상화폐는 "부분적으로 허구이고, 장차의 꿈을 이루게 할 물건이다(Leyshon and Thrift, 1997)" 가상화폐는 탈물질화된 화폐로서 더 이상 종이를 필요로 하지 않게 되었다. 전자기계의 발달과 함께 현금의 이용이 시공간의 장벽을 넘어 사용되게 된 것이다. 이렇게 기호화된 화폐는 시간과 공간의 압착화를 더욱 가속화시키고 있다.[33]

---

31) 영국의 경우 11세기초부터 새로운 화폐가 출현하는데, 바로 '회계 돈'이다. 상품화폐의 공급은 금, 은의 양에 의해 제약을 받았기 때문에 화폐의 공급을 늘리기 위해 '회계화폐'가 나오게 되었다(Leyshon and Thrift, 1997: 11).

32) 영국에서는 1680년에 보험회사가 출현한다. 또한 화폐의 출현은 세력을 넓히고 있던 상인층들이 군주나 귀족의 권력에 도전할 수 있는 배경을 조성시켜 주었다. 국제금융시장의 형성과 함께 금융위기의 가능성이 더욱 높아지고(과도한 투기), 점차 돈은 의제자본(fictious capital)화했다(Leyshon and Thrift, 1997: 51~55).

제2절 근대의 시공간과 도시 경험

1. 서구 근대사회의 출현과 도시 경험

서구 유럽사회의 '계몽'의 세계관을 반영하면서 등장한 근대성은 오늘날 전 지구적인 확산과정을 걷고 있다. 그 출발지점에서의 위력, 즉 버먼(M. Berman)이 묘사한 바대로 "모든 것을 허공으로 녹아내는" 요소들은 분명 유럽의 산물이었지만, 오늘날 근대성은 전 지구적 확산 과정을 통해 다양한 형태의 궤적을 거치고 있다.[34] 즉 근대성은 그 태생지인 유럽은 물론이고, 아시아, 라틴아메리카, 아프리카 등 오대양 육대주에 존재하는 수많은 민족들의 '전통'들과 어우러져 매우 복합적이고 다양한 모습으로 전 지구상에 나타나고 있다.

시간과 공간의 맥락 속에서 근대성은 그 구체적인 내용 즉 역사성을 획득한다. 개개인의 삶의 전기들이 시공간의 기억들로 채워지고 현재에서 소생되듯이 집단과 민족 역시 시공간의 기억들을 갖고 있다. 한국사회는 '서구(The West)'를 경험하는 19세기 이래 제국주의와 식민지, 해방과 전쟁, 급속한 산업화와 사회 이동, 반란과 혁명 등으로 점철된 근대성의 내용들이 '지금/여기(Now/Here)'라는 시공간적 착지점에서 나타나고 있다.

---

33) 부채신용카드(Debit Card)의 발달과 함께 화폐는 '탈물질화(dematerialization)'한다. 우리는 미국이나 유럽, 일본에서 그 나라의 화폐 없이도 신용카드를 쓸 수 있다. 이는 시공간의 장벽이 무의미해졌음을 나타내는 것이다(Leyshon and Thrift, 1997: 22).

34) "오늘날에는 전 세계의 모든 사람들이 함께 하는 생생한 경험 ─공간과 시간의 경험, 자아와 타자의 경험, 삶의 가능성과 모험의 경험─ 방식이 존재한다. 필자는 이러한 경험의 실체를 현대성이라 부르고자 한다. 현대화한다는 것은 우리에게 모험, 권력, 쾌락, 발전, 우리 자신의 변화 및 세계의 변화를 보장해주는 동시에 우리가 가지고 있는 모든 것, 우리가 알고 있는 모든 것, 지금 우리의 모든 모습을 파괴하도록 위협하는 환경 속에 자리 잡고 있는 우리 자신을 발견하는 것이다. 현대적인 환경과 경험은 지역과 인종, 계층과 국적, 종교와 이데올로기가 지니고 있는 모든 장벽을 무너뜨린다. 그러나 그것은 역설적인 통합, 즉 분산된 통합을 의미한다. 그 것은 또 영원한 해체와 갱신, 투쟁과 대립, 애매모호성과 고통이라는 커다란 소용돌이 속에 우리 자신을 밀어 넣는다. 현대화된다는 것은 마르크스가 '견고한 모든 것은 대기 속에 녹아버린다'라고 말한 바 있는 세계의 일부분이 되는 것이다"(버만, 1995: 12).

삶의 양식으로서 근대성은 중세 사회와 대비되는 시공간의 형식과 내용을 갖고 있다. 서구인들이 일찍이 경험한 근대적 삶의 특징들은 모두 시공간의 경험양식과 관련되어 있다. 근대성의 특징은 '전이성(transitory), 유동성(fleeting) 그리고 우연성(contingency)'으로 정리된다.[35] 시간적으로 변화하고, 공간적으로 유동적이며, 인과론적으로 우연적인 삶의 경험양식이 곧 근대성의 특징인 것이다. 다시 말해 근대성이란 속도감, 성급함, 사회적인 거리감각의 확대, 공간적 유동성의 확대, 그리고 가변적이고 우연적인 인과관계성 등의 특징들을 안고 있다.

이러한 근대적 시공간의 경험 속엔 역사에 대한 희망과 좌절, 진보와 퇴보의 야누스적 측면들이 동시적으로 존재했다. 근대화 초기 서구학자들은 이와 같은 근대성의 이면을 날카롭게 들여다보고 있었다. 보들레르는 "시민성의 와중에 숨어 있는 야만성과 살아 있는 괴물성"을 드러냄으로서 근대 세계의 미학(美學)을 표현하고자 했고, 니체 역시 가속화되고 파편화 되는 근대성의 퇴폐적 측면을 응시했다.[36]

마르크스가 자본주의 노동의 소외에, 베버가 관료제화에 초점을 두면서 근대성의 부정적 이면을 들여다보았다면 지멜은 문화의 물신적 측면과 소외 그리고 때로 긍정적 측면을 낳는 문화 과정들이 도시인에 의해 어떻게 경험되고 있는지를 보았다. 즉, 초기 사회이론가들이 제도적인 변화의 측면에서 근대성의 문제를 다루었다면, 지멜은 그러한 근대성을 도시인들이 어떻게 경험하고 있는지를 다루었다.

---

[35] 보들레르에게 근대성이란 또한 부수적이고, 우연적이고(휘발성의), 임의적인 반면 한편으로 영원하고, 불사신의 그 무엇이다. 전이적이고, 순간적이고, 또한 임의적(transitory, momentary and contingent)인 것은 동시에 무시간적(timeless)이고, 불변적이고, 보편적인 것들을 요구한다. 예술가는 불변성 속에 이러한 전이성, 휘발성 등을 포착해야 한다(Baudelaire, 1996).

[36] "성급함과 다급함이 이제 보편화되었다. 점차 증대하는 삶의 속도감, 모든 관조와 단순성을 정지시키는 (…) 근대인은 문화가 완전히 박멸되는 증후를 느끼고 있다. (…) 종교의 물은 늪 속으로 빠져들고, 혹은 정체된 풀 속에 남아 있다. 국가는 적대적인 파당들로 조각조각 부서지고, (…) 과학은 어떤 제한도 없이, 눈먼 자유방임의 정신 속에서 발달하고, 모든 단단한 신념을 부숴 버린다. 교육받은 계급들과 국가는 거대한 화폐경제 속으로 사라져 버리고 (…) 현대의 예술과 과학은 야만성에 봉사한다"(니체, Frisby, 1985: 30에서 재인용).

3자의 관계(triad relation)을 모든 사회관계의 기초로 보았던 지멜은 인간의 상호작용의 형식성에 각별한 관심을 두었다. 사회적 상호작용의 형식으로서의 사회성(sociation)은 규모, 분업 관계 그리고 화폐에 의해 규정된다.[37] 그리고 문화란 개인들의 창의성의 산물이지만 일단 만들어지고 나면 그 자체가 '자율성'을 지니는 실체가 된다. 마르크스가 상품의 물신성을 이야기했듯이 지멜은 바로 문화의 물신성을 말했던 것이다. 창조된 문화는 창조주인 개인들에게 적대적으로 맞선다. 창조자로서의 개인과 체계로서의 문화는 마치 생산력과 생산관계의 모순처럼 나타나 문화적 병리현상이 발생한다. 지멜은 도시의 삶이 '일반성'과 '개별성'의 양극이 서로 다투는 전쟁터라고 본다. 그는 공예품과 예술 작품의 구분이 사라지고 있는 현상을 날카롭게 비판하고 있다. 예술 작품은 독창적인, 그 자체를 위한 개별성과 미학의 원리에 입각한 것이다. 그리고 응용물(응용예술, 응용작품 등)은 일상생활에서의 일반적 기능성과 효용의 원리 즉 '스타일(style)'의 원리에 기초한 것이다. 그러나 오늘날 과잉 주관주의로 인하여 공예품들이 마치 예술 작품인 양 등장하고, 역으로 예술 작품은 공예품처럼 나타난다. 다시 말하면 공예품들이 미학화됨으로써 그 양식을 잃어버리고(styless), 반대로 예술 작품은 일반 공예품들처럼 양식화된다(예를 들면 안경, 의자, 보석 공예품 등이 마치 예술인 양 등장하여 마침내 그 효용가치를 상실한다).[38] 이것은 지나치게 개별적 창의성이 넘쳐나는 과잉 주관주의의 결과인 것이다. 그는 문화가 객체로서의 자신만을 위한 자율 세계로 빠져듦으로써 개인들에 대한 '양육과 교양(cultivation)'의 기능을 상실하고, 개인들은 더욱 무능해지고 소외된다고 주장한다.[39]

문화에 관한 지멜의 논의는 매우 다양하게 전개되었다. 그는 유행, 전람회, 공간과 생활, 소비, 여가 및 오늘날 자본주의의 핵을 이루는 문화양식 등을 두루 논의했다.[40] 표준화하고, 광범위하게 준비된 경관으로의 관광(tourism)은 개인적

---

37) 지멜의 사회학에 대해 Wolff(1965).
38) 일반 공예품들의 미학화는 상식적인 스타일을 상실하고, 역으로 예술은 스타일화함으로서 그의 독특한 미학 원리를 상실한다.
39) Simmel(1991). 그리고 이 특집호에 실린 다양한 글들을 참고할 것.

탐사와는 전혀 다른 소비양태이다. 한편 자본주의 소비문화는 진부한 일상성으로부터 해방을 자극하고 흥분을 가져다준다. 유행은 새로운 상품의 회전 시간을 가속화시키기 위해 끊임없이 나타나고 사라진다. 거대도시는 이러한 상품의 순환과 차별, 인지, 정체성을 위한 상품의 미학적 영역을 재생산하는 공간인 것이다. 과거를 붕괴시키고 현재 의식을 강화시키며 순간과 변화를 강조하는 유행은 바로 전이성과 유동성의 근대성을 대변한다.

　지멜은 '돈의 철학'과 '메트로폴리스의 정신적 삶'에서 '파편화하고, 유동적이며, 전이적인', '반복적인 유행'의, '물신화된 문화'의 근대성이 어떻게 경험되고 있는지를 설명하고자 했다.[41] 돈은 모든 사회적 관계의 질적 차이를 무시한 채 추상화시키고, 계량화시키며, 계산화시킨다. 돈의 관계에서는 오로지 몰인간화된 관계만이 존재할 뿐이다. 그러나 또한 돈은 개인을 전인격적 결속 관계로부터 해방시켜 개인의 독립성과 자율성을 증대시키기도 한다.[42] 거대도시는 이러한 화폐경제의 온상이다. 정확성과 계산성, 엄밀함 등을 요구하는 도시적 삶은 순간 순간의 변화에 대처할 수 있는 지식을 요구한다. 즉 지성적 삶을 요구하는 것이다. 그러나 너무 재빠르게 변화하는 도시 문화는 개인들의 심리적 부하감을 증대시켜 마침내 그들은 '될 대로 되라'식의 게으른 태도(blasé)를 보이게 된다. 도시는 비인격화한 영혼의 전체이다. 도시인들은 심장 대신 머리로 반응하며, 계산적이고, 지쳐 있고 싫증이 나 있다. 도시 거주자들은 다른 사람들에게 좀처럼 감정을 보이거나 자신을 표현하지 않으며, 침묵의 보호막 뒤로 숨어버린다(새비지·와드, 1996: 143~144). 지멜에게 화폐경제가 근대성을 확장시키는 매개 영역이

---

40) 특히 지멜의 다양한 논의들에 대해서는 Simmel(1997).

41) 이 두 저작이야말로 지멜의 시각이 집대성된 것이다. Simmel(1965) 그리고 Simmel(1990).

42) 지멜의 특징 중의 하나는 그가 항상 현상의 부정적 측면과 동시에 긍정적 측면을 보았다는 점이다. 예를 들면 돈이 그렇듯 도시 문화 역시 비인격적 관계성과 동시에 자유로움을 제공한다. 지멜은 생산영역보다는 교환의 영역에 관심을 두었다. 그래서 마르크스보다는 뵘바베르크(Eugen von Böhm-Bawerk)류의 시장교환경제에 주목했던 한계효용학파들과 밀접한 관련을 맺었다. 전시회, 유행, 스타일 모두가 소비와 관련된 행위이다. 그는 노동자들이 생산의 영역에서는 철저히 소외를 당하고 있지만 소비 영역에서는 다양한 선택 및 즐거움의 기회를 갖는다고 주장한다. Frisby(1985)제2장 "Simmel"을 볼 것.

라면 거대도시는 근대성의 특징들이 강화되는 영역인 것이다.

발터 베냐민(Walter Benjamin) 역시 개인들이 도시경관을 어떻게 해석하고 있는지, 도시경관이 일상적 경험 속에 어떻게 각인되고 있는지를 주목한 학자였다. 그는 「베를린 연대기」에서 그의 어린 시절의 기억을 추적해내고 「파리 아케이드」에서 도시의 근대적 삶을 논의하고 있다. 도시는 과거 (그러나 현재에도 지속되어 순간순간 나타나는 전통) 기억들의 창고, 즉 문화적 전통과 가치의 저장소이다. 이러한 기억들은 지성적 행위로 포착할 수 없고 "어떤 신비한 꿈의 해석" 과정을 통해 감지되는 것이다. 도시는 신화의 장소이며, 건축물과 여러 행위 속에 상품과 소비 욕망이 관통하고 있다. 파리는 그와 같은 행위들로 가득 찬 대표적 공간으로 "상품의 고향이자, 상품의 건망증, 물신화의 고향"이다(Gilloch, 1996: 124). 아케이드와 백화점은 상품의 '전당(shrine)'이며 상품의 집이고 산업제국주의의 환상적인 기념비이지만 "곧 지저분하고 더러워지며 죽음과 삶 속에서 파괴될" 근대성의 유령인 것이다.[43]

각 도시는 공간적으로 독특하고 그 자신의 전통과 가치를 지니고 있으며, 도시의 문화는 유명한 장소(중심부, 기념관, 문화 유적지)뿐 아니라 도시 생활의 틈새들(황폐한 지하철, 어린이 공원, 쇼핑센터) 등에도 기반을 두고 있다. 도시는 개인적 경험과 문화적 표현이 공유되는 영역으로, 순순히 지적인 과정에 의해 포착되는 것이 아니라 환상이나 꿈의 과정을 통해 파악된다(새비지·와드, 1996: 176~177). 사람들은 도시를 예술 작품을 대할 때와는 달리 "산만하고 분산된" 형식으로 감상하는데, 거리를 어슬렁대는 만보객(漫步客, flâneur)이 그 대표적이다. 만보객은 자신의 일에 만족하지 못하고, 무계획적이고 관음(觀音)적인 도시생활의 일면을 대변하는 사람들이다.

---

43) 베냐민의 논의도 지멜과 마찬가지로 보들레르에게 큰 영향을 받고 있다. 그러나 많은 이들이 지적하고 있듯이 베냐민의 세계를 논한다는 것은 실로 지난한 작업이 아닐 수 없다. 그의 문학 세계관은 유태교 신비주의와 마르크스주의의 유물론 그리고 브레히트의 무정부주의적인 사고에 큰 영향을 받고 있다. 참고로 발터 벤야민, 『발터 벤야민의 문예이론』, 반성완 옮김(민음사, 1983).

전통 사회학에서 도시 문화의 대명사는 워스(L. Wirth)의 '생활양식으로서의 도시성(urbanism as a way of life)'이다(Wirth, 1938). 그는 도시의 생활양식이 농촌의 생활양식과 어떻게 다른지를 보이려 했는데, 인구의 크기, 밀도, 이질성이 익명적이고 피상적이며, 다양하고 전문화된 사회관계 그리고 불안정한 관계들을 생성한다고 묘사하고 있다. 지멜이나 뒤르켐, 다윈(Charles Darwin)의 진화론 등에 영향을 받아 생태학적 요소와 문화적 요소를 결합하고자 했던 그의 기본 주장은 인구의 요인에 의해 도시생활은 고립과 사회적 해체의 특징을 갖고 있다는 것이다.

2. 전통적 시공간의 의식과 서구 근대성의 부딪힘

한국사회에서 근대성으로서의 도시 경험은 서구와 일본의 식민지를 통해서 유입된 것이었다. 전통사회의 시공간 의식과 생활경험은 '서구'와의 강압적인 조우를 통해 접맥되거나 변형되기 시작했다. 전근대사회의 시공간 개념은 자연의 법칙에 순응하는 자연 의존적인 것이었다. 태양과 달, 별, 그림자 등의 변화에 따라 시간과 공간의 방위가 가늠되었고, 자연물의 흐름에 따라 행위의 형태가 규정되었다. 자(子) 축(丑) 인(寅) 묘(卯) 진(辰) 사(巳) 오(午) 미(未) 신(申) 유(酉) 술(戌) 해(亥)의 십이지는 시간의 근간이었다. 즉, 하루는 두 시간 단위 열두 간격으로 구분되었다.[44] 1년은 봄, 여름, 가을, 겨울 그리고 입춘(立春)에서 대한(大寒)에 이르기까지 각 계절 당 6개 씩 총 24개의 절기로 분할되었다.[45] 농사와 자연의 주기를 결합시킴으로써 한국인들은 순환적 시간관을 갖게 되었고, 절기 중심의

---

44) 밤 11시에서 1시의 사이의 자(子)시를 시작으로 순서대로 두 시간을 단위로 매김되었다. 그리고 12지에는 각 각을 대표하는 동물들이 시간의 순환을 규정하는 상징적 역할을 했다. 흔히 '띠'를 말한다.

45) 절기는 봄 여름 가을 겨울에 걸쳐 각 여섯 씩 24절기가 있다. 봄: 입춘(立春) 우수(憂愁) 경칩(驚蟄) 춘분(春分) 청명(淸明) 곡우(穀雨), 여름: 입하(立夏) 소만(小滿) 망종(亡種) 하지(夏至) 소서(小暑) 대서(大暑), 가을: 입추(立秋) 처서(處暑) 백로(白露) 추분(秋分) 한로(寒露) 상강(霜降), 겨울: 입동(立冬) 소설(小雪) 대설(大雪) 동지(冬至) 소한(小寒) 대한(大寒).

사회적 행위인 축제와 무속신앙 등을 발달시켜왔다. '시계-시간(clock-time)'이 출현하기 전까지는 태양과 그림자는 매우 중요한 시간 척도의 기능을 담당했다. 집의 일부분과 태양 그리고 그림자가 서로 교차하는 지점을 통해 하루의 시간이 가늠되기도 했다.[46]

공간에 대한 개념은 풍수지리나 주역, 무속신앙 및 유교의 세계관 등이 반영되어 형성되었다. 원래 경세학(經世學)으로 자연과 인간의 조화와 교감을 통하여 건강한 삶과 안민을 추구하려는 풍수(風水)사상은 도읍이나 마을, 가택이나 묫자리를 정하는 공간적 해석 원리로 작용했다.[47] 또한 남녀유별(男女有別)의 가부장주의는 안과 밖의 공간 개념을 발달시켰다.

유교주의는 기본적으로 풍수사상을 부정했으나 효(孝)의 원리는 조상의 기운을 감응하고자 하는 구복 원리와 결합, 택묘(擇墓)하는 방법과 강한 친화력을 갖게 되었다. 한편 조선시대의 주거 공간은 유교 원리와 무속신앙 등에 큰 영향을 받고 있었다. 조상숭배의 원리를 따라 조상을 모시는 사당(祠堂) 터를 가장 먼저 잡고, 높은 자리에 지었으며 해가 뜨는 방향으로 동북쪽을 지향하도록 했다.[48] 또한 남녀의 구분을 명확히 하여 사랑채는 동남쪽, 사당채는 동북쪽, 안채는 서북쪽에 배치하도록 했다.[49] 동과 서를 좌우의 개념으로 대치시키면, 동은 오른

---

46) 1946년 농촌에서 결혼한 박씨는 "닭이 세 번 울 때가 곧 새벽이니 일어나 남자들은 쇠죽을 끓이고 여인네들은 밥물을 덥혔으며, 해가 지붕 추녀에 걸릴 즈음 점심을 준비하였다"고 회고한다.

47) 풍수에는 남향, 명당과 좌청룡(左靑龍), 우백호(右白虎) 등의 방위 개념이 발달되었다. 참고로 최창조(1984); 무라야마 지준(1991).

48) "산자락에서 산천 정기가 뻗어난다면 사는 집에서 제일 먼저 산천 정기가 도달하는 자리에 돌아가신 조상을 모신 사당이 있다. 산천 정기가 산 사람의 인격함양에 지대한 자극을 공여하는 것이라면 살고 있는 사람들에게 먼저 끼쳐야 할 터인데, 그것을 돌아가신 조상들의 영령에 먼저 누리고 있다. 이런 배설(排設)은 산 사람이 의도한 것이므로 사당 자리 설정에는 그만한 생각이 있었을 것으로 짐작된다"(신영훈, 1998: 64).

49) "서양집은 완전히 사유화한 공간인 데 반해 한국집은 완전히 공간을 공유한다. 서양집은 물질적으로 사유하는데 비해 한국집은 정신적으로 공유한다. 서양집은 도어를 닫고 자물쇠를 잠그면 소리까지도 밀폐된 공간이 완벽하게 형성되는데 한국집의 장지문이나 미닫이에는 자물쇠도 없고, 밀폐가 불가능하다. 그러기에 서양집의 방을 나오면 바로 대문을 나온 것과 같이 외계와 통하는데 한국의 집을 나오면 외계도 아니요, 내계도 아닌 완충의 공간에 나가는 것이 된다. 곧 흑도 아니요, 백도 아닌 회색 공간이 형성된다"(이규태, 1992: 268).

쪽이 되고, 서는 왼쪽이 되며, 오른쪽은 남성, 정의, 선, 밝음, 길조, 생명을 상징하고, 왼쪽은 여성, 불의, 악, 어둠, 불길, 죽음을 상징한다. 전통사회의 한국인들은 장유유서(長幼有序)의 원리에 따라 아버지가 거주하는 방을 큰 사랑방, 아들이 쓰는 방을 작은 사랑방으로 부르며, 안채에도 시어머니 방을 안방, 며느리 방을 건넌방 등으로 묘사했다.

또한 전통사회에서는 서구의 기독교적인 공간관과는 다른 개념이 존재했다. 기독교에서는 천국은 이생의 현실과 철저히 분리된 공간이며 시간은 종말을 향해 직진할 뿐이다. 그러나 한국인의 불교나 무속신앙에서는 영혼 세계의 공간과 현세의 공간이 기독교에서처럼 명확하게 구분되어 있는 것이 아니다. 다시 말해 영혼/육체의 이분법적 사고가 거부된다.[50] 영혼은 삶의 일부로 인식되어 죽은 자의 귀신이 다시 생활인으로 뒤돌아와 참견을 할 것이라고 믿고 있었다. 그렇기 때문에 제사를 지낼 때에는 죽은 자의 혼이 들어올 수 있도록 반드시 문을 열어놓아야 한다. 영혼은 또한 언젠가 다양한 동물로 환생할 것이다. 환생적 사고는 순환적 시공간의 의식을 의미한다. 한국인의 인연관은 전생(前生)과 환생(還生)의 마주침으로 이해된다.[51]

이처럼 한국 전통사회에서 사람들은 자연 의존적인 시공간의 개념과 삶의 양식을 보이고 있었다. 그러나 기계의 시계가 보급되고, 사회의 제도가 표준성을 요구하게 되면서 시공간의 경험 양식은 급격한 변화를 겪는다. 서구인들이 겪었던 근대적 형태의 시공간 규율은 제국주의 침략을 통해 식민지 한국에 유입되었다. 하루는 12 간격에서 24 간격으로 세분화되고, 분과 초의 시간이 등장하면서

---

50) 일부 학자들은 이러한 한국인만의 특성을 한(韓)주의라고 부른다. 한이즘(Hanism)은 그리스의 로고스, 불교의 공(空), 중국철학의 상징인 도(道)와 같이 한국인의 독특한 심성을 대변하는 것으로서 영혼과 육체의 이분법적 사유가 완전히 극복되어 있는 사유체계이다. 이에 대해 Kim and Ro(1984).

51) 또한 각 장소에는 길과 흉의 원리가 있고, 자연 신이 존재한다. "집에 구렁이가 나타나면 그것이 곧 집주인이라고 했다. 절대 죽여서는 안 된다. (…) 모든 곳엔 신이 있다. 굴뚝엔 굴뚝 귀신이 있고, 땅에는 땅신(地神)이 있다. 아버님은 마당터 앞에 삼살이 끼었으니 돼지를 키우지 말라 하셨다." 김현형 씨와의 면담.

더욱 미세하게 분할되었다. 근대과학의 도입과 함께 균질화한 시공간이 자연의 존적이고 질적인 차이를 보였던 시공간의 의식을 깨고 있었다.

　　자연의 수학화가 이념성에로의 고양, 정밀화되기 시작할 때 맨 먼저 드러나는 국면이 시간, 공간의 균질화이다. 밤과 낮이 엄연한 이원적 시간이며, 밤이란 귀신들의 세계라는 생각이 이 기하학으로 말미암아 여지없이 무너져 밤, 낮의 기능적 차이가 소멸되었으며 성스러운 공간과 요정들이 사는 숲의 구별도 일거에 소멸되었다. 측정술에서 발달된 수량화되고, 순수화되고, 이념화된 세계의 출현, 다시 말해 시간공간이 균질화되었다는 것은 이 기준에 의해 자연이 수량가치로 환원되었음에 해당되는 것(…) 근대의 자연과학은 모든 자연 사상이 원인, 결과의 계보로 묶여 있다는 가설을 설정, 이에 따라 새로운 기준을 만들어내었다(김윤식, 1994: 237).

　　일제는 서구의 근대적인 시공간 규율을 이식했다. 그들은 동양의 전통적 시공간의 행위를 전근대인 것으로 규정하고 말소하려 했다. 일제는 우선 양력 시(時)와 명치유신의 시(時)를 도입하면서 사회통제의 기초가 되는 호적과 법령 등을 재정비했다. 새로 도입된 시간 개념과 전통의 시간 개념 사이에는 갈등이 발생하기도 하고, 가끔 판단의 혼돈과 함께 저항이 일어나기도 했다.[52]

3. 식민지 근대성과 도시 경험

　　메이지(明治) 이후 일본은 근대화의 기치 아래 '서구의 제도와 문화'를 급속히 도입했다. 도시계획에서도 그들은 서구를 재빠르게 모방했다. 19세기 말부터 '시계 탑'이 일본의 전통 건물 위에 솟기 시작하고, 1920년대 유행했던 시카고(Chicago)식의 학교 공원이 등장한다.[53] 편평했던 도쿄의 도시경관은 유럽형의

---

[52] 조선인들은 신정(新正)을 일본설이라 해서 거부하기도 했다. 아직도 많은 이들이 음력설을 쇠고, 음력 나이(한국 나이)와 만 나이가 혼용된다. 이것이 전통과 혼재된 한국사회의 근대적 시공간의 긴장의 한 단면이다.

정부청사, 대학, 학교 건물이 들어서면서 수직형 경관으로 바뀌고 이들 경관은 곧 근대화의 상징으로 간주되기 시작했다. 메이지 시대에 서구식 빌딩이 유입되면서 도시의 거리나 모퉁이 등이 유럽식으로 개조된다. 유럽 도시의 경우 돔과 타워가 그 도시의 상징물로 등장한 반면 일본인들은 유럽에 대한 단순한 동경심으로 돔이나 탑을 모방했다. 즉, 유럽 도시의 돔과 타워는 일본인들에게 문명의 상징으로 해석되었던 것이다. 원래 유럽 도시가 매우 인위적으로 조성되었다면 도쿄는 자연친화적인 도시였다.54) 그러던 것이 유럽식 모델이 도입되면서 에도(江戸) 시대의 도시 건축물과 서구식 건축물이 '잡종'처럼 뒤섞이게 되었다. 1910년경에는 도시 광장(square)의 형식이 도입되고 서구 도시의 모더니즘의 상징인 인공 호수(watersite)도 도입된다. 그리고 산업화와 함께 교각 근처의 빈 부지에 화려한 쇼핑센터(Plaza)가 들어서게 된다. 일본인들은 처음에는 유럽의 건축물을 모방하다가, 전체 빌딩을 그 다음엔 부지 안의 빌딩의 배열을, 그 다음엔 빌딩들 간의 관계를 모방하고 마침내 도시 공간 그 전체를 모방했다(Hidenobu, 1995: 140).55) 물론 모방의 과정이 전통과 접맥되기도 했고, 불협화음을 낳기도 했다. 예를 들어 유럽의 경우에는 도시환경과 개별 건축 간의 조화가 잘 어우러진 반면 일본은 개별 건축물들이 현란하게 들어서 있어 주변 환경과의 조화를 상실하고 있었다.56)

영화잡지에는 서구 배우들의 사진이 실리고, 1932년 찰리 채플린의 방문을 계기로 서구식 삶의 이미지들이 점차 확산되어 간다. 할리우드 영화배우의 사진은 물론 영화가 소개되고, '채플린 아저씨(Uncle Chapline)'는 온갖 광고물에 등장하게 된

---

53) 시카고식의 학교 건물이란 초등학교의 자투리땅에 작은 공원을 만드는 것이다. 일본 도쿄의 변화 과정에 대해, Hidenobu(1995).

54) 예를 들어 서구 도시의 경우 궁전과 광장, 거주지 등이 서로 마주보고 있게끔 설계되었지만 도쿄는 산과 강의 지형을 따라 마을이 조성되었다.

55) 이 점이 다른 아시아 국가나 아랍 국가와 다르다. 적극적으로 서구를 모방했던 일본의 도시가 점차 유럽식으로 변해가는 반면 다른 아시아 국가의 식민지 도시는 전통적 형태와 서구식 형태의 도시 공간의 분할이 극명하게 나타났다.

56) 히데노부는 일본 건축가들이나 도시계획가들이 일본의 전통을 철저히 무시했다고 비판한다.

다.57) 물론 일본의 근대화 과정은 '서구의 모방과 혁신'의 과정이었다. 일본인들은 제도에서 대중문화에 이르기까지 서구의 것들을 그대로 모방하면서도 한편 그들의 역량을 통해 효율성을 배가시켰다.58)

일본의 식민지 시대 이후 한국은 본격적으로 '서구 근대성'의 증상들을 경험하게 되었다. 외부로부터 들이닥친 '모던'은 한국인에게 경외의 대상이었고 한편으로는 열등감을 유발시키는 것이기도 했다. 일본 제국주의 세력은 식민지 통치를 위한 법령과 제도 정비는 물론 도시계획을 통해 공간 구조를 변화시켰다. 구한말 한성부(漢城府)는 이미 인구 10만 명을 육박하는 도시로 성장해 있었고, 여전히 조선 건국의 이념과 토지 사상 그리고 지배층의 이데올로기를 드러내는 세계관을 표현하고 있었으며, '깨끗하고 질서정연한 진열장' 같은 유럽 도시와는 사뭇 다른 형태를 보이고 있었다.59) 일본 제국주의 세력이 맨 먼저 시작한 것은 우선 대한제국의 정통성과 정기(精氣)를 부정하기 위한 상징을 만드는 일이었다. 그들은 광화문을 헐고 그 자리에 일본의 권력과 문명을 상징하는 '조선총독부' 건물을 지었다. 조선총독부 건물은 일본의 국기를 상징하는 것이었지만 아이러니하게도 조선총독부 건물은 일본의 교토나 도쿄에서 볼 수 있는 고전 형태의 건축이 아니라 그들이 문명의 상징으로 모방했던 유럽식 건축물이었다.60) 총독부 앞의 태평로 길을 따라 경기도청 체신국 등의 관청 건물과 동아일보 조선일보 경성일보 등의 사옥 등 서구 근대식 건물들이 들어서게 되었다. 그리고 근대성의 상징물인 시계탑이 선을 보이게 된다.61)

이어 교회와 학교, 영사관 등 첨탑 형태의 건물들이 들어서면서 자연(북한산,

---

57) 당시 일본인들이 얼마나 서구 배우들에 열광하고 있었는가를 다음과 같은 시(詩)에서도 볼 수 있다. "행복 ─ 채플린이 도착하다. 너무 큰 즐거움이여"(Silverberg, 1997: 267).

58) 이러한 일본의 근대화 과정을 잘 묘사한 글로, Westney(1987).

59) 조선시대의 도시인구 구성 및 체계에 대해서 손정목(1977).

60) 지상 4층의 르네상스식 조선총독부 건물은 재료나 양식에서 볼 때 위압적 성격을 띠는 것이었다.

61) 당시의 건축양식은 르네상스, 고전주의, 고딕, 절충주의 등 서양의 스타일을 직접 베낀 것이었다(윤일주, 1966). 경성부민관(京城府民館: 현재 서울시 의회건물)의 45미터의 시계탑은 당시 명동성당의 높이와도 같았다.

남산)을 등지고, 순응하면서 지어진 건축 경관이, 자연을 마주하는 (고지대 첨탑의 전형적 스카이라인) 모습으로 바뀐다. 또한 조선은행에서 출발하여 황금정 입구와 종로 네거리에 이르는 금융 회사와 상업의 공간이 등장하게 되어, 백화점, 은행, 보험회사, 광공업 관련 일본회사 지부들 등이 밀집된다(김영근, 1999: 129). 비잔틴 풍의 돔을 올린 경성역, 용산역 그리고 새롭게 형성되는 상업지구와 건물들이 조선의 도시 외양을 이른바 '근대적' 형태로 급변시켰다.

식민지하 서울이었던 '경성(京城)'의 모습은 일본에 의해 이식된 서구 근대 풍으로 급속히 변모해갔다. 교통 통신의 변화는 또한 조선인들에게 새로운 시공간의 경험을 가져다주기 시작했다. 인력거와 자전거가 등장하면서 "가경(可驚)할 사(事) 십일지정(十日之程)을 일일행진하는" 속도감이 생겨났고(김영근, 1999: 93),[62] 조선인들은 전차가 등장하면서 대중교통의 수단을 접하게 된다.[63]

교통의 발달로 인하여 많은 인구가 서울로 집중되었다. 조선 개국 초 10만 명 정도였던 서울의 인구는 근대적인 교통수단인 철도와 전차가 운행되던 조선 후기는 약 20만 명 정도가 되었다. 새로운 교통수단이 등장하기 전 사람들은 주로 보행을 통해 이동했고 보행의 보조수단으로 기마(騎馬)나 교자(轎子) 그리고 수레의 일종으로 볼 수 있는 초헌(招軒)을 이용하기도 했다.[64] 조선시대 화물의 이동수단으로는 일반적으로 배나 소, 말 그리고 지게 등이 이용되었다. 지게는 부족국가 시대에도 널리 사용된 것으로 조선시대에는 보부상에 의해 널리 사용되었고 도심의 짐꾼이나 농사 일꾼들에게 중요한 운반수단이었다.[65] 그러나 새로

---

[62] 물론 1926년대 당시 자전거 소유를 보면 일본인 소유가 6119대, 조선인은 2027대이다.

[63] 사람들은 길 위를 빠르게 달리는 새로운 교통수단의 등장에 대해 매우 놀랍게 생각했다. 그래서 개통 직후에는 각지에서 구경온 사람들로 연일 만원이었고, 한번 타면 하루 종일 타는 등 필요에 의해 타는 사람보다 구경하기 위한 승객이 대부분이었다. 이에 대한 자세한 내용은 박경용(1995).

[64] 가마의 크기는 보통 한 변이 90cm, 다른 한 변과 높이는 120cm이며, 승용 가마의 특징은 천정이 정자(亭子)의 지붕 모양으로 가운데가 솟고, 네 귀를 밖으로 내밀도록 되어 있다. 가마의 삯은 십리마다 지불하도록 되어 있었다(이은숙, 1992: 219).

[65] 지게를 이용하여 짐을 운반하는 데에 숙달된 사람들은 대체로 110Kg 내지 180kg 의 짐을 싣고 하루에 50km를 이동할 수 있었다고 한다(이은숙, 1992).

운 교통수단은 기존의 보행과 가마, 지게 등에 의존했던 속도감을 급속히 바꾸어 놓았다. 1899년 첫 운행을 개시한 전차는 서울의 도시 내 대중교통수단으로 가장 중요한 위치를 차지하게 되어 1915년에는 79대, 1945년에는 257대로 그 보급이 매우 빨랐다.[66) 그 이용자 수도 급증하여 1930년대 서울 인구의 이용자비는 31.2%에 이르고, 해방 직후엔 49.0%에 이루로 명실공히 서울의 대중교통수단으로 자리 잡게 되었다(이은숙, 1992: 227).

전차는 단순히 교통수단뿐 아니라 호기심의 대상이었다. 경성 상권의 새로운 중심지인 조선은행 앞에는 어느 때든지 사오십 명 내지 백여 명 가량의 승객이 기다리고 있어 보통 때에는 타지 못하는 사람도 있었다.[67) 또한 전차를 이용하는 사람이 늘어난 이유는 단순히 인구의 증가가 아니라 "세상이 점차 분주하게 되어 교통기관을 이용하려는 마음이 늘어가며, 따라서 시간을 절약한다는 느낌이 깊어진 까닭"이기도 하다. 1929년 신형 보기(bogie)차가 운행되면서 속도도 빨라졌고 정류장에서의 정차 시간도 종래의 절반인 15초로 단축되는 등 많은 승객을 보다 빠르게 실어 날랐다. 그리고 예전과 달리 노선이 많아졌기 때문에 전차의 전방에 붙어 있는 노선번호표를 잘 보고 정류장에서 전차가 서 있는 시간에 타고 내려야 했다. 이른바 시간의 표준성과 계산성이 서울사람들의 일상의 삶에 유포되기 시작했던 것이다. 자동차와 버스의 등장도 시간의 경험에 큰 영향을 미쳤다. 물론 자동차는 가격이 비싸 극히 일부의 특수층에서만 직접 사용할 수 있었지만 자동차를 바라보는 일반인들의 인지 구조에는 '빠른' 속도감을 주었던 것이다(김영근, 1999: 109).[68) 그리고 제한적이었지만 전화와 우편 역시 시공간의

---

66) 전차는 미국인 콜브란(A. Collbran)과 보스트윅(H. Bostwick)이 1898년 '한성전기회사(漢城電氣會社)'를 설립하여 서울에 전기를 보급하면서 운행하게 되었다. 1898년 10월에 전차의 궤도건설을 시작해서 1898년 12월에 서대문에서 종로를 거쳐 청량리에 이르는 약 5마일의 궤도가 완성되어 1899년 5월에 개통식을 갖게 되었다(경성전기주식회사, 1958).

67) 1939년 중반기 이후는 많은 승객이 전차로 몰려 차내의 만원 상태는 극에 달했으며, 마침내 '사바세계의 아수라'니 '교통 지옥'이니 하는 낱말이 사용되게 되었다(손정목, 1996: 367).

68) 당시 신문에는 이미 자동차 홍수 시대라는 기사가 실려 있었다. "전 세계에는 자동차 황금 시대가 돌아왔다. 이 덕인지 몰라도 조선에도 웬만한 시골만 가보면 대개 비러먹을 당나구 같은 낡은 포드차가 몇 대씩은 털털거리고 다니고 (…) 요즈음은 자동차의 삼촌쯤 되는 버스라는 큼

인지와 경험에 큰 변화를 가져다주었다.[69]

시공간적 변화를 겪고 있던 서울은 새로운 서구 근대성의 경험의 산실이었다. 네거리와 전차 버스 자동차 교차로 우편 샐러리맨 노동자 점원 모던 보이(걸) 유행 소비와 상품 등 조선시대의 풍경 속에서 발견할 수 없었던 요소들이 차츰 도회의 지배적인 형태로 드러나고 있었다. 새로운 도시적 감성, 도시의 경험이 생겨나고 있었던 것이다. 서구의 문물과 생활양식을 총칭하던 '모던'이란 단어는 일부 조선 사람들에게 '진보의 표현'으로 비추어지기도 했고 도시에 등장하기 시작한 새로운 기술과 건축은 '문명의 상징'으로 간주되었다.[70]

> 차가 남대문에 닿았다. 아직 다 어둡지는 아니하였으나 사방에 반짝반짝 전기등이 켜졌다. 전차 소리, 인력거 소리, 이 모든 소리를 합한 도회의 소리와 넓은 플랫폼에 울리는 나막신 소리가 합하여 지금까지 고요한 자연 속에 있던 사람의 귀에는 퍽 소요하게 들린다. 도회의 소리? 그러나 그것은 문명이 소리이다. 그 소리가 요란할수록 나라가 잘된다. 수레바퀴 소리, 증기와 전기기관소리, 쇠마차 소리 (…) 이러한 소리가 합해져 비로소 찬란한 문명을 낳는다.[71]

일부 지식인들은 지멜이 간파했던 신경을 과도하게 자극하는 도시 문화의 '흥분성'과 '익명성' 등을 잘 묘사하고 있었다. 특히 당시 모더니즘 작가들은 식민지 하의 도시 군중에 나타나는 익명성, 피상성, 고독감 등을 주제로 삼고 있었다. 김기림의 표현처럼 도시 군중들은 서로 부딪쳐서 물끄러미 시선을 마주치고 그리

직한 친구가 나타나서 경성전기회사의 수입을 나누어 먹고 있다. (…) 그뿐 아니라 도락꾸라는 큼직한 친구가 있어(…)"(《중앙일보》, 1931.12.18, 김영근, 1999: 109에서 재인용).

[69] 전화는 1893년 처음 도입되어 덕수궁을 중심으로 정부 각 아문과 인천까지 개통되었다. 우편제도는 고종 21년 도입, 우정국 사건을 일으킨 후 1897년 만국우편연합에 가맹하여 본격적으로 그 업무가 시작된다(서울특별시, 1984).

[70] "네 부디 영국의 런던처럼 되어라, 너 서울로 말미암아 조선을 영국처럼 되게 하여라. 그를 문명과 자유와 평화로 뒤덮게 하여라"(추호, 1999, 김진송, 1999: 140에서 재인용).

[71] 이광수의 『무정』, 김영근, 1999: 140에서 재인용.

고는 아무 일도 일어나지 아니한 듯이 지나가고는 다시 다른 사람에도 부딪치며 "거기는 아무 도덕관념도, 공통의 어떠한 문제도 생각되지 않고 다만 흥분과 신경의 전연(戰煙)이 의식과 육체의 모든 부분을 적시고" 있었던 것이다(김기림, 1988: 324).

박팔양의 「도회정조(都會情調)」(1927)에는 현대문명과 군중들의 집합소로 성장하고 있던 당시 서울의 풍경이 잘 나타나고 있다(박팔양, 1998).

> 도회는 강렬한 음향과 색채
>
> (…)
>
> 문명기관의 총신경이 이곳에 집중되어
>
> 오오! 현대문명이 이곳에 있어
>
> 아침에는 수없는 사람의 무리가 머리를 동이고
>
> 일터로! 일터로! 밥 먹을 자리로
>
> 저녁에는 맥이 풀려 몰려나오는 사람의 무리가
>
> 위안을 구하료, 향락장으로, 향락장으로!
>
> (…)
>
> 거미새끼들 같이 모였다 헤어지는
>
> 상·중·하층의 생활군을 향하여(…)

이와 함께 근대성의 징표들로 거론되던 유행과 상품의 물신화에 대한 논의가 일찍이 진행되고 있었다. 레코드 전람회, 음악회, 유람단 등의 대중문화가 등장하고 신문에는 외국의 배우들이 광고로 등장한다. 그리고 이미 상품화된 스포츠에 대한 비판도 나오고 있다. 돈에 의해 지배받고 있는 스포츠는 "고기 덩어리의 부딪힘에 불과"하며,[72] 유행은 무적의 힘처럼 퍼진다.[73]

---

[72] "운동경기의 영업주의화—스풋츠 맨의 노예화—상품이다. 고기덩이와 고기덩이와의 부딪침의 상품화 이 현실에서만 볼 수 있는 것이다"(승일, 1926: 107).

[73] "대체 유행이라는 것은 그 일홈과 마찬가지로 일종의 전염병가튼 것이니 한번 미균이 발생만

그러나 도시생활의 근대적 경험이 조선사람들에게 경외와 흥분으로만 다가온 것은 아니었다. 근대성은 일본을 통해 유입된 서구생활의 방식이었고 또 새로운 도시 문화의 헤게모니는 자신들이 아닌 타자, 즉 일본인이 쥐고 있었다. '모던'에 대한 부정적 의식, 즉 '모던 보이' '모던 걸' 등을 퇴폐적인 룸펜으로 인식하거나 주체성 없는 자신들의 모습이라는 보는 고뇌들이 이를 잘 반영한다. 이는 식민지 상황에서 도시 문화의 주체가 될 수 없었던 조선인들의 처지를 나타나고 있었다. 새로운 교통수단이 도입되고, 건축물들이 들어섰지만 과연 이것이 식민지 조선 사람들에게 역사의 문명과 진보로 받아들여지고 있었는가?

아, 기막힐 노릇이다. 50년 전보다 변한 것이 무엇이요, 진보한 것이 무엇이냐? 기차가 생겼으니 변하였느냐. 전차 자동차가 생겼으니 변하였느냐. 3, 4층 벽돌집이 생기고 좁은 길이 넓어졌으니 진보하였는가? 그것들이 비록 천만 가지로 생기고 변하였더라도 조선 사람에게 상관이 무엇이며 조선 사람의 알 바가 무엇이냐(추호, 1920; 김진송, 1999: 52).

그런가 하면 즉흥적 만남과 헤어짐의 근대성의 퇴폐적 측면이 냉소적으로 묘사되기도 한다.[74] 외국의 조류를 그대로 받아들이는 조선의 모더니즘은 단순히 병적인 것을 뛰어넘어 기형적인 것이다.

조선에도 모더니즘이 있는가? (…) 외국의 모더니즘이 병적인 것이라면 조선의 것

___

하면 엇더한 힘으로도 막을 내야 막을 수 없시 일사천리의 세로 쭉— 퍼지고야 마는 것이다"(권구현, 1928; 김진송, 1999: 170~171).

[74] "모보, 모거의 근거지는 유한계급의 지역이다. 그들의 출산자는 현대자본벌이다. 모보, 모거의 생활환경은 기계문명이다. 모보, 모거의 지도원리는 '나리긴'(成金, 졸부) 근성, 속악적 취미, 제일주의로써 도장한 아메리카니즘이다. (…) 스피드, 기차, 자동차, 비행기 이것은 에로 그로의 발산장소를 이동하며 변환하는 기관이다. 타서 시작하고 내려서 마친다. 모던 도덕은 의지의 통제가 없이 다만 감각의 쾌, 불쾌가 그들의 모든 행동기준이다"(오석천, 1931, 김진송, 1999: 61에 수록).

은 기형적인 것이다. 그러나 기형적인 그것이 조선으로서는 필연의 과정이다. 무슨 현상이든지 스스로 그것을 움직일 만한 기초 조건이 빈약한 조선에 있어서는 외래의 조류에 움직여짐이 더 크다. 앞으로도 물론 그럴 것이다. 조선이 모던 보이, 모던 걸이 외국의 그것과 비교해서 배 속에서 꼬르륵 소리나는 것을 보아라(임인생, 1930).

갑오 이래 전개되는 개화의 과정은 구문화의 개조와 유산의 정리 위에 새 문화를 섭취하는 과정이기보다 오로지 구미 문화의 일방적인 모방의 과정이 되는 것이다. 이 불행이 어디서 왔느냐 하면, 그것은 결코 우리 문화전통이나 유산이 저질의 것이기 때문이 아니다. 단지 근대문명의 성립에 있어 그것으로 새 문화 형성에 도움이 되도록 개조하고 변혁해놓지 못했기 때문이다. 그것은 우리 자주정신이 미약하고 철저하지 못했기 때문이다.[75]

따라서 식민지 한국사회의 근대성의 정체는 서구사회의 그것보다 더욱 복합적이다. 식민지성이란 외압의 원리가 작용하고 있었기 때문에 근대성의 이면에는 '주체의 상실과 혼돈'이 강하게 자리 잡고 있었다. 한국인들은 이방인과 주변인으로서 급격한 시공간적 전이성과 유동성 그리고 파편성 등 근대성의 요소들을 경험할 수밖에 없었던 것이다. 보행과 가마 등에 의존하던 교통이 자전거 전차 자동차 등의 출현으로 속도가 배가되는 경험을 하게 된다. 서울의 중심부엔 유럽 스타일의 건물들과 신상권 지역이 형성되면서 새로운 형태의 공간의식이 생겨나게 된다. 그리고 무리를 지어 다니는 군중이 생겨나게 된다.[76] 그러나 이 모든 변화는 한국인에겐 생경하고 때때로 다른 세계처럼 보이는 것이었다. 속도 감과 불확실성, 그리고 근대성의 환희스러운 측면은 조선인 스스로가 아닌 타자에 의해 도입되었고 강요되기도 했다. 도시공간의 중심부엔 조선인이 아닌 일본

---

75) 임화, 「개설신문학사」 17회분, 김윤식, 1994: 241에서 재인용.
76) "지금도 거리는 수많은 사람들을 맞고 보내며/ 전차도 자동차도/ 이루 어디를 가고 어디서 오
    는지 심히 분주하다. (…) 낯선 건물들이 보신각을 저 위에서 굽어본다. (…) 붉고 푸른 네온이
    지렁이처럼/ 지붕위 벽돌담에 기고 있구나"(임화, 1991).

인이 있었다. 대기업가나 대지주는 일본인들이었고, 따라서 근대적 소비의 주체도 그들이었다. 정작 조선인은 '주변인적 부정의식' 속에 근대성으로서의 도시경험을 하고 있었던 것이다(김영근, 1999).

박태원의 소설 속에는 이러한 식민지 도시 경험이 잘 나타나 있다. 『소설가 구보씨의 일일』에서 박태원은 조선의 실업 지식인의 방황과 고뇌를 다음과 같이 묘사한다.

전차가 왔다. 사람들은 내리고 또 탔다. 구보는 잠깐 멍하니 그곳에 서 있었다. 그러나 자기와 더불어 그에 있던 온갖 사람들이 모두 저 차에 오른다 보았을 때 그는 저혼자 그곳에 남아 있는 것에, 외로움과 애달픔을 맛본다. 구보는, 움직이는 전차에 뛰어 올랐다. (…) 장충단으로, 청량리로, 혹은 성북동으로 (…) 그러나 요사이 구보는 교외를 즐기지 않는다. 한적(閑寂)이 있었다. 그리고 고독조차 그곳에는 준비되어 있었다. 요사이 구보는 고독을 두려워한다. (…) 다방의 오후 두 시, 일을 가지지 못한 사람들이 그곳 등의자에 앉아, 차를 마시고, 담배를 태우고, 이야기를 하고, 또 레코드를 들었다. 그들은 거의 다 젊은이들이었고 그리고 그 젊은이들은 그 젊음에도 불구하고, 이미 자기네들은 인생에 피로한 것 같이 느꼈다. 그들의 눈은 그 광성이 부족하고 또 불균등한 속에서 쉴 사이 없이 제 각각의 우울과 고달픔을 하소연한다.[77]

---

77) 박태원(1998: 22~23, 33). "오전 2시의 종로네거리 ─ 가는 비 내리고 있어도, 사람들은 그곳에 끊임없다. 그들은 그렇게도 밤을 사랑하여 마지않았는지 모른다. 그들은 그렇게도 용이하게 이 밤에 즐거움을 구하여 얻을 수 있었는지도 모른다. (…) 그러나 그들의 얼굴에, 그들의 걸음걸이에 역시 피로가 있었다. 그들은 결코 위안 받지 못한 슬픔을, 고달픔을 그대로 지닌 채 그들이 잠시 잊었던 혹은 잊으려 노력하였던 그들의 집으로 그들의 방으로 돌아가지 않으면 안 된다"(박태원, 1998: 87). 최혜실은 박태원의 소설세계를 다음과 같이 평하고 있다. "경성역은 르네상스식 건축으로 웅장함과 우아함을 자랑하던 당시 대표적 건물이자 하루 일만 명의 승객을 수송하여 도시 교통의 상징적인 존재로 군림하고 있었다. 일제 강점기의 철도역은 근대화의 식민통치의 양면적 의미를 띠고 있는 곳이다. 이곳은 물자와 문명이 들어오는 통로이자 몰락한 농민과 도시 실업자들의 집합소이다. 작가는 이곳을 배회하는 지게꾼과 유랑하는 무리, 시골 노파의 굳은 표정, 중년 시골신사의 거만함 등으로 이 양면성을 형상화하고 있다"(박태원, 1998: 186, 아울러 최혜실, 1998).

4. 생산력(교통/통신)의 발달과 시공간의 변화

자본주의는 기계의 출현을 전제로 한다. 마르크스는 공장제 수공업에서 기계제 공업체계로의 이행을 통해 명실공히 자본주의가 완성되었다고 말한다. 기계는 절대적 잉여가치로부터 상대적 잉여가치의 추출을 가능케 했고, 노동자들에 대한 자본가들의 '형식적 포섭'에서 '실질적 포섭'을 가능케 한 요인이다.[78]

기계가 생산 분야에서 자본주의 체제를 완결시켰다면 소비와 유통 등의 생활 영역에서는 바로 '교통/통신의 기술'이 그 역할을 담당했다. 교통, 통신의 발달 역시 상품순환의 공간적 장벽을 줄임으로서 잉여의 순환을 가속화시키고(시간에 의한 공간의 소멸) 시장을 확대시키는가 하면, 생산과 소비에 필요한 다양한 정보를 축적시킴으로써 이윤 확대에 기여했다. 그러나 무엇보다도 교통, 통신기술은 시공간의 일상적 경험에 가장 직접적인 영향과 충격을 미치는 요소였다. 교통, 통신은 시공간을 급격히 상대화하고, 또한 '시공간의 거리화'를 촉진시키는 매개자이다. 속도와 유동성으로 특징짓는 근대적 시공간의 경험은 교통, 통신의 발달과 함께 양/질적으로 급속히 변화해오고 있는 것이다.

초기 근대사회에서 방직기계가 생산영역을 대변하는 기술의 총아였다면 기차는 교통, 통신기술의 발달을 대변하는 것이었다. 기차와 철도는 근대사회의 상징물로서 그 사회적 충격이 매우 광범위하고 깊었다. 철도는 산업화와 도시화를 촉진시켜 대가족제도를 핵가족화하고, 새로운 사회정보와 유행, 생활양식 등을 보급시켜 전통적인 마을을 급격히 해체시키기도 했다. 거대 기업체의 출현과 함께 신흥 부르주아지가 등장했는가 하면, 조세와 철도의 통제권을 둘러싼 국가와의 갈등이 야기되기도 했다.[79] 그런가 하면 철도를 건설하기 위해서 대규모의 해외

---

78) 생산양식의 변혁은, 매뉴팩처에서는 노동력을 출발점으로 하고 대공업에서는 노동수단을 출발점으로 한다. 그러므로 무엇보다도 먼저 규명해야 하는 것은 무엇으로 인하여 노동수단이 도구로부터 기계로 전화되는가, 또는 무엇 때문에 기계가 수공업 용구와 구별되는가이다(마르크스, 1987: 427). 잉여가치의 생산을 위해서는 노동이 그저 형식적으로 자본에 포섭되기만 해도 충분했지만 다른 한편으로 상대적 잉여가치의 생산을 위한 방법들은 동시에 절대적 잉여가치의 생산을 위한 방법들이기도 하다는 것은 이미 밝혀졌다(마르크스, 1987: 576).

이민 노동자들을 끌어들임으로써 노동력의 국제적 공간이동을 촉진시켰다.[80]

기차의 출현은 공간의 실질적 정복을 가져왔다. 기계에 의한 첫 번째 공간의 정복은 교통 통신의 혁명에서 가능했다. 이는 자연에 대한 인간의 통제와 노동생산성의 거대한 성장, 협동과 조직의 규모가 증대되었음을 의미한다.[81]

19세기 영국에서 첫 등장한 기차와 철로는 바로 '시간에 의한 공간의 소멸' 현상을 가져왔다. 동일한 시간의 양으로 몇 배의 공간적 거리를 정복하게 된 것이다. 거리는 속도비에 의해 정확하게 분할, 측정되었다. 초기 영국에서 출현한 기차는 시간당 20 내지 30마일로 이전의 거리를 1/3 수준으로 단축시켰다. 공간이 단축되었다고 하는 것은 다른 한편으로 공간이 확장되었다는 것을 의미한다.[82]

철도여행은 또한 자연경관에 대한 '인지'에도 지대한 영향을 미쳤다. 속도로 인해 여행자의 시각적 인지는 감소되고 스스로의 통제를 상실하게 된다.[83] 그리고 속도는 다양한 스펙터클을 연출하는데 이는 지멜이 말한 도시인지의 경험과도 같은 것이다. 기차와 철도의 출현으로 기존의 시·공간과 생활 방식이 일시에 변하고 있었다.

기차 여행은 놀라울 만한 삶의 진보를 가져왔다. 사람들은 새가 되었다. 인간은 거

---

79) 국회는 철도법을 제정하여 운영을 통제하려 했고, 거대 자본가들은 그들의 이윤을 채우려 했다(Robbinson, 1965).

80) 코크란(Cochran)은 철도의 사회적 충격을 다음과 같이 요약하고 있다. 인구학적 효과: 공간적 이동을 촉진시켰다. 가족효과: 상호 유기적으로 존재하던 친족제도를 와해시켰다. 교육효과: 엔진 공학의 교육을 촉진시켰다. 철도는 대기업의 제도화를 가져왔고 전문 경영인들에 의해 조정되었다. 철도의 건설과 운용을 둘러싸고 정부가 직접 개입하기도 했는데 특히 연방정부는 우편제도와 관련하여 철도의 건설과 통제에 각별한 관심을 보였다(Cochran, 1965).

81) 아울러 많은 사람들이 표준화된 삶을 살게 되었다(Perkin, 1971: 12~13). 그리고 도시공간에 대한 기차의 영향에 대해, Kellet(1969).

82) 공간의 미분화(diminution)는 새로운 지역을 운송 연결망으로 포섭함으로써 (운송)공간을 확장시킨다. 하이네(Heine)는 "우리가 사물을 바라보는 방식에 변화가 일어나고 말았다. (…) 시간과 공간의 기본 개념조차 흔들리게 되었다. 공간은 철도에 의해 죽어버리고 말았다. 우리는 시간하고만 함께 남아 있을 뿐이다"라고 했다(Schivelbusch, 1986: 35~37).

83) "신체가 고도의 속도로 움직일 때 모든 의도와 목적이 사출(射出)된다. 사물에 대한 인지는 사출의 법칙에 종속된다"(Schivelbusch, 1986: 54).

위(solan goose)보다 더 빨리, 멀리 날게 되었다. (…) 스코틀랜드 사람은 북쪽의 아침 안개 속으로 들어가 해가 지기 전에 죽을 먹을 수 있게 되었다. (…) 모든 것이 가까이 있다. 모든 것은 즉각적이다─시간, 거리 그리고 연착은 사라져버렸다(Robbinson, 1965: 43).

철도여행은 환상적인 속도를 보여주었다. 기차의 등장과 함께 우편사무가 빨라지게 되었고, 철도와 우편의 타임 테이블을 만들기 위해 전 지역의 시간을 통일해야 할 필요가 생겼으며, 마침내 그리니치 표준시간이 등장하게 되었다. 철도는 또한 계급의 구분을 명확히 보여주고 있었다. 일등 칸, 이등 칸, 삼등 칸이 계급에 의해 구분되고, 계급에 따른 대기실, 식당 등이 생겨났다.[84]

우리에게 철도와 기차는 식민지 근대화의 상징이기도 했다. 최남선의 시 「경부철도가」에서도 알 수 있는 바와 같이 기차는 신세계를 알리는 유령과도 같은 거대한 힘의 결정체였다. 철도는 또한 식민지 인프라(infra)의 가장 기본적인 요소로 인식되고 있어 식민지 근대화론자들이 주장의 근거로 내세우는 것이 기차와 철로였다.[85] 기차는 또한 제국주의에 대한 저항을 상징하기도 했다. 철도공사에 강집된 노동자들이 일제의 가혹한 노동통제에 집단적으로 대항하는가 하면, 철도를 조선 혼(魂)의 수탈로 생각하고 저항함으로써 철도는 일본 제국주의의 침탈과 한국인의 민족주의를 연상케 하기도 했다.[86]

그러나 기차는 무엇보다도 시공간의 생활구조와 인지 경험을 급격히 바꾸어

---

84) 대중교통수단으로서의 기차는 높은 고지를 깎고, 낮은 지대를 높임으로서 평면의 원리(평등의 원리)를 강조했다. 그러나 또한 계급에 의해 칸과 이용시설이 뚜렷이 구분됨으로써 반드시 평등적인 결과만을 가져왔던 것은 아니었다.

85) 식민지 근대화론에 대해서는 Cumings(1997), 제3장, 'eclips'를 볼 것.

86) "양귀(洋鬼)는 화륜선 타고 오고 왜귀(倭鬼)는 철차 타고 몰려든다"라는 동요가 나돌았고, 철도를 만들어 맨 먼저 이등박문이 황태자 영친왕을 업어갔고, 미구에 순종황제도 업어간다는 소문에 그 철길에 누워 밤을 지새우는 시위가 벌어지기도 하였다. 민족 애사는 신고산타령에 잘 나타난다. 신고산이 우르르 기차 떠나는 소리에/ 지원병 보낸 어머니 가슴만 쥐어뜯고요. (…) 신고산이 우르르 기차 지나는 소리에 정신대 보낸 아버지 딸 생각에 가슴 찢고 울고요. (…) 신고산이 우르르 기차 지나는 소리에 금붙이 쇠붙이 숟가락마저 훑어가고요"(이규태, 1999).

놓았다. 백리 길 하루의 도보길로 인식되던 서울-인천 간의 거리는 1899년 첫 개통된 경인선(노량진-제물포 간 33.2km)을 따라 두 시간 정도의 거리로 좁혀들게 되었다.[87] 이후 그 기술력의 발달로 '시간에 의한 공간의 소멸(the annihilation of space by time)'은 가속화되었다. 1905년 경부선 개통 당시 서대문-초량 간은 30시간 걸렸지만 1957년에는 8시간 40분으로 단축되었고, 1990년 4시간 10분대가 되었다. 최고속도 역시 1899년 시속 60km에서 1960년 시속 95km, 1990년 시속 150km로 3배 이상으로 증가되었다.[88]

철도 및 기차는 인구이동을 급속히 증대시킴으로서 도시화를 촉진시켰다. 특히 철도의 교차 지점은 인적 자본 및 물류의 집산지로 급성장하게 되었다. 서구 유럽의 겨우 철도 역사(驛舍)는 새로운 건축양식(철골과 유리의 소재 이용)을 표현함으로서 도시경관의 변화를 주도하기도 했는데, 비잔틴 풍 돔을 올린 르네상스식의 서울역은 제국주의와 근대성의 위력을 과시하는 경관으로 등장했다.[89]

기차의 출현과 함께 사람들은 시간적 속도감과 함께 공간적 유동성, 다시 말해 근대성의 특징으로 간주되는 '전이성과 유동성'을 급속히 경험하게 되었다. 무엇보다도 기차는 보다 엄밀하고 표준화된 시간 의식(도착과 출발의 시간표)을 유포시켰다. 그리고 물리적 공간의 거리와 거리 의식이 상대화됨으로서 보다 많은 공간 영역이 생활권 속으로 그리고 생활의식 속으로 포섭되었다. 철도와 기차는 또한 공간의 스펙터클에도 큰 변화를 수반했다. 도보와 우마차에 의존하던 시대의 경관에 대한 시각적 인지는 자연 순응적이다. 그러나 차창을 통해 파노라마로 이어지는 경관 인지는 기계의 속도에 의존한다. 기차가 처음 등장했을 당시의

---

87) 경인선은 기존 육로로 12시간, 강로로 8시간 소요되던 서울과 인천 사이를 불과 1~2시간으로 단축시켜주었다.

88) 철로의 총연장 길이는 1899년 33km에서 현재 6682km로 전국토가 철도의 그물망으로 엮여 있다(≪동아일보≫, 1999.9.18; 철도청, 1974).

89) 당시 경성역을 1910년까지 남대문역이라 불렀다. 현재의 역사는 1922년 6월에 착공, 1925년 6월에 준공한 것이다. 2층에 있는 그릴은 당대 명사들(고급 관리, 친일파 거두, 지주 및 자본가) 등이 모이는 사교장으로 명성을 떨쳤다. 역사(驛舍)의 설계자는 총독부에 근무하는 독일인 기사 게오르그 데 라덴다였고, 역사의 처마에 직경 1m 가 넘는 대형 벽시계가 걸려 서울시민들에게 시간을 알려주었다(정재정 외, 1998: 251~252).

시공간 경험에 관련된 묘사를 보면 "산천초목이 활동"하는 듯한 경관 인지와 나는 새보다도 빠른 듯한 시간 속도감을 느끼고 있음을 알 수 있다.

화륜거(火輪車) 구르는 소리는 우레와 같아 천지가 진동하고 기관거의 굴뚝 연기는 반공에 솟아오르더라. 내다보니 산천초목이 모두 활동하여 닿는 것 같고 나는 새도 미처 따르지 못하더라(이규태, 1999 재인용).

당시의 선전문구 역시 기차의 속도감과 경관의 변화에 대한 인지를 다음과 같이 묘사하고 있다.

흥부 박 속에서 나온 귀신 미투리요, 신으면 눈 깜짝 새에 천리를 난다는 귀신 미투리요, 귀신들을 거느리며 몇 만 리씩 날아다니는 한나라 비장방의 조선 출도요.
차내는 삼등 구분이 있으되, 유리창이 바람을 막고 교의는 안좌에 편하고 대소변까지 별방을 차려보게 했으니 일단 문 열고 차 속에 들면 눈 비 큰 바람은 오불관이라. 유유히 안좌하야 사방 광경을 보면서 담소지간에 와 닿은 곳이 인천이니라. 노량진 철교를 타면 무지개를 타는 느낌이요(이규태, 1999).

교통, 통신 등의 생산력 발달이 시공간의 거리를 압축시키고, 동시에 확장시킴으로써 속도감과 유동성의 근대적 경험을 촉진시킨다는 것은 두말할 나위 없다. 기차는 한 예일 뿐이다. 자동차와 비행기 등은 물론이려니와 컴퓨터 등의 통신은 시공간의 기본 구조를 극히 상대화시키고 있다.

시간과 공간의 이동이 활발해지고, 압축화가 일어나는 것은 그것의 '속도'에서 원인을 찾을 수 있다. 이와 같은 속도와 가속화의 문제를 전면에 들고 나온 사람이 바로 폴 비릴리오(Paul Virilio)이다. 그는 기존의 문명의 역사들을 속도의 관점에서 다시 바라봐야 하며, 이것을 '질주학(dromology)'으로 명명했다. 비릴리오는 1970년대 질주학을 세계에 소개하면서 근대성의 빠름 혹은 시공간의 압축적 특징들을 예찬하는 것에 대한 비판으로, 질주와 속도의 폭력성에 주목하고 있다. 또한, 비릴리오의 속도는 근대 시간의 압축적 속성이 우리가 일상생활세계에서 도시의 삶의 리듬을 어떻게 바꾸게 했는지 설명한다. 특히 '속도전'이라는 군사적 특징들을 통해 또 국가 장치에 의해 진행되는 전 지구적 과잉 속도화의 파시즘적 성격과 폭력성을 비판적으로 보고 있다. 그럼에도 불구하고 비릴리오의 속도에 대한 본격적인 사회과학 연구가 부진한 것은 그의 추상적 개념과 속도의 개념에 대한 광범위한 적용 등을 이유로 여전히 많은 부분 빈 고리로 남아 있기 때문이다.[90]

비릴리오가 속도와 질주의 문제에 천착했다면, 본격적으로 이동에 대한 사회학적 탐구를 다루고 있는 학자는 존 어리일 것이다. 그는 근대성의 시공간적 압축성과 더불어 이동성 자체의 중요성을 강조한다. 특히 그의 '모빌리티 자본' 개념은 이동의 역량과 권리 등에 대한 논의를 함의하고 있으며 동시에 모빌리티를 중심으로 한 사회과학의 재구성 및 확장을 주장하고 있다. 즉 어리에게 모든 것은 "유동하는 것" 혹은 "이동하는 것"이며 모든 것은 연결된 네트워크로 구성된다는 것이다.[91] 특히 그가 강조하는 이동성은 '거주'의 개념도 포함하는 것이며, 거주 역시 이동의 한 부분으로 바라볼 수 있다는 것을 강조한다. 또한, 어리에게 중요한 점은 '물질성(materiality)'과 인간의 결합인데, 그에게 자동차나 기차, 비행기 등은 그 자체로 기계로만 존재하는 것이 아니라 인간의 육체적 경험과 긴밀하게 결부된 '복잡 적응계'로 인간과 물질이 '혼종체(hybrid)'로서 이동을 경험한다는 것을 강조한다.

5. 국가 주도의 산업화: 시공간의 압축 성장

저임금에 기초한 수출 대체 산업화로 규정되는 한국의 경제성장은 국가가 산

---

[90] 그러나 의외로 국내에 비릴리오의 저서들이 많이 번역되고 소개되었다. 『탈출속도』, 『속도와 정치』, 『전쟁과 영화: 지각의 병참학』, 『정보과학의 폭탄』, 『소멸의 미학』 등.

[91] 존 어리의 저서는 한국에도 많이 번역되어 소개되고 있다. 특히 『모빌리티』와 『사회를 넘어선 사회학』은 그의 이동과 물질성의 결합에 대한 정수를 보여준다.

업화의 프로젝트를 주도함으로서 일종의 국가 자본주의 성격을 띠고 있었다. 그러나 국가의 경제 관리는 생산의 장과 시장에서만 일어난 것이 아니었다. 국가는 일상생활세계의 규범과 행태를 관리하고 통제했다. 국가 주도의 자본주의하에서 노동에 대한 통제는 극히 폭력적인 원초적 테일러리즘(유혈적 테일러리즘)의 형식을 보이고 있었다.

압축 성장이란 말이 암시하듯 한국의 사회분화는 매우 빠른 속도로 진행되었다. 1960년대 불과 80달러 선에 머물던 일인당 총생산액은 1997년에 이르러 1만 달러에 육박하고 1974년 1535개이던 한국사회의 직업 수는 1986년 1만 2650개로 8배 이상 불어난다. 1963년 1차 산업종사자가 63.0%이던 것이 1980년에는 34.0%, 1997년에 11.0%로 급감하고, 제조업 인구수는 같은 해 각각 7.9%에서 21.6% 그리고 21.4%로 증가한다. 그런가 하면 서비스업 종사자는 각각 28.3%, 43.5% 그리고 67.6%로 급증하고 있다. 재정 규모 역시 1961년 996억 원이던 것이 1997년에 137조 4188억 원으로 대폭 늘어나고, 자동차의 수도 1962년 1800대에서 1997년 2818만 3000대로 늘어 가히 기하급수적 증가였다고 볼 수 있다(통계청, 1998a).

아울러 전 세계적으로도 유래 없는 도시화율에서 볼 수 있는 바와 같이 공간적인 사회이동이 폭발적으로 일어났다.[92] 해방 이후 도시화는 불과 반세기 만에 도시거주 인구비율을 13%에서 78.5%로 증가시켰다.[93] 인구의 도시집중은 비단 경제성장 요인뿐이 아니었다. 해방과 함께 재외 한인동포들이 대거 귀국하면

---

[92] 1960년대와 1985년 도시와 농촌의 인구비는 대략 3 : 7에서 7 : 3으로 역전된다. 전 세계의 도시화율이 1960~1975년의 경우 2.91, 1970~1975년의 경우 2.84, 1975~1980년의 경우 2.93인데 비해 한국은 각각 4.86, 6.45, 5.37, 4.89%로 배 이상의 성장률을 보여왔다(강대기, 1987: 103). 물론 한국의 도시화는 이미 개항기부터 급속히 진행된 것으로 추정된다. 서울은 17세기 이후로부터 외부로 유입된 인구에 의해 급속히 증가하게 되었다. 정부의 공식적 통계에 의하면 18세기 이후 대체로 인구 20만 명 내외, 가호는 3만~4만 호를 헤아리고 있었다. 누락된 호가 있는 것으로 보아 19세기 서울은 30만 이상이었다고 추정된다. 이들 유입 인구는 대부분 한강변인 마포나, 용산, 서강, 망원, 합정, 뚝섬 등지에 거주했다(손정목, 1977).

[93] 국가 주도의 산업화 기간 동안의 도시화율은 1960년 28.0%, 1980년 48.4%에서 1995년 78.5%로 증가하고 있다.

서 도시 인구가 크게 증가했다.[94] 이어 한국전쟁 동안 수많은 인구가 손실되면서 동시에 피난민들이 대도시에 집중하는 현상을 보였다.[95] 이와 같은 지표들은 한국사회의 이동이 그 어느 사회보다 높았다는 것을 의미한다. 그렇기 때문에 도시인들이 느끼는 시공간적인 압축의 경험 강도도 그 만큼 클 수밖에 없었다. 많은 사람들이 한 지점에 붙박이로 있지 못하고, '부평초(浮萍草)'의 인생으로 유동의 경험을 했던 것이다.[96]

오늘날 한국사회의 일상적 삶 속에서 볼 수 있는 '시공간의 거리화'와 '즉각성'은 가히 놀랄 만한 일이 아닐 수 없다. 정보, 기술 커뮤니케이션은 '시공간의 거리화(time-space distanciation)'뿐 아니라 '즉각성(instantiation)'을 동시적으로 촉진시키고 있다. 정보매체는 시공간의 지평을 급격히 확대시키는 데 세계화, 혹은 지구촌화는 바로 이러한 현상을 반영하는 것이다. 세계화와 함께 지역적인 시간과 공간을 바탕으로 한 일상(국지적 일상)도 전 지구적인(세계적인) 시간과 공간상의 일상으로 광역화되고 있다.

영남의 선비들이 과거 시험을 치르기 위하여 문경새재를 넘어 충주를 거쳐 한양에까지 올라오는 시간은 오늘날 서울에서 시험을 치르기 위해 버스나, 기차, 또는 비행기로 올라오는 시간에 차마 비교할 수 없게 되었다. (…) 케네디 대통령의 암살 소식을 미국 전체 인구의 4분의 3이 30분 안에 들었다고 추정되는 반면 그때로부터 150년을 거슬러 올라가 워싱턴 대통령이 버지니아에서 죽었을 때는 그 소식이 7일이 지나서야 뉴욕에서 처음 발표되었다고 한다. 시간과 공간의 거리가 그만큼 멀었던 것이다. (…) 오늘날 세계 도처에서 시간과 공간의 거리가 획기적으로 축소되었다고 하는

---

94) 1945년 해방 이후부터 1948년까지 200만 명가량의 인구가 귀환했는데 그중 백만 명이 일본에서 입국했다(김두섭, 1999). 한편 은기수의 자료에 의하면 1945년부터 1949년까지 약 250만 명이 귀국했고, 이 중 140만 정도가 일본에서 귀국한 것이라고 추정한다(은기수, 1997).
95) 권태환은 한국전쟁 동안 남한의 경우 약 195만의 인구 손실을 보았고, 북에서 남으로 이동한 사람을 약 65만으로 추정하고 있다(권태환·김두섭, 1990; 전광희, 1994).
96) 송복은 이렇게 빠른 사회이동과 공간이동을 경험한 한국사회를 부동형(浮動型) 사회로 묘사하고, 급속한 이동이 사회갈등의 근본 요인이 되고 있음을 주장한다(송복, 1994).

것은 이미 진부한 상식에 지나지 않는 것으로 여기게 되었다. 특정 지역의 일상적인 삶과 사건이 다른 지역의 삶과 사건과 시공간적으로 밀접하게 이어져 있는 것이다. 범세계화 과정은 특정 지역, 나아가 개별 국가사회를 시공간 적으로 더 이상 고립의 자리에 머물 수 없게 만들었다(박영신, 1994: 97~98).

정보통신의 발달과 함께 시공간의 경험 양식이 더욱 급속히 변하고 더 빠른 속도감과 유동성 그리고 불확실성의 인과관계들이 엇물리게 된다. 시공간은 더 이상 동일한 범주로 인식되지 않는다. 과거와 현재, 미래의 삼분법적 연속 개념이 파기되고, 공간은 무수히 많은 영역과 개념으로 분화된다.[97] 새로운 기술로 생성된 인터넷 공간은 상호작용의 양식을 획기적으로 변화시키고 있다. 소규모 마을 단위에서 지배적이던 '면식관계(face-to-face)'는 라디오, 텔레비전 등의 기술혁명의 시대에 이르러 '일방적 익명적' 관계로 변했다. 그러나 전자(電子)공간의 새로운 형태 속에서 '상호 익명적' 관계가 점차 지배적인 것으로 되고 있다. 익명적 대면의 폭(공간)이 넓어짐과 동시에 접촉이 더욱 빈번해지는(시간) 새로운 형태의 '의사소통의 행위'가 급속히 번지고 있는 것이다.[98] 이러한 새로운 형태의 의사소통이 왜곡된 것인지 혹은 '자기성찰적인' 것인지는 예단하기 어렵다. 그러나 분명한 것은 인터넷 공간을 통한 의사소통 행위는 근대성의 세 요소인 전이성과 유동성 그리고 불확실성의 강도를 더욱 높이고 있다는 것이다.

정보매체는 시공간을 수렴시킴으로서 일상에서의 시간과 공간적 장벽을 제거하는 이른바 '시간에 의한 공간의 소멸' 현상, 혹은 시공간 압착(time-space compression) 현상을 가속화시키고 있다. 20세기 문명의 최대 사건으로 많은 사

---

97) 새롭게 형성된 영역(예컨대 감옥, 병원 등) 혹은 가상공간과 같은 하이퍼 리얼리티의 영역, 종교세계의 시공간 개념 등이 중첩되어 나타난다.

98) 한국인의 컴퓨터 보급률은 1994년 20.7%에서 1999년 51.8%로 나타나고 있다. 1999년 한국인은 하루 평균 2시간 35분 정도 컴퓨터에 매달리고 있다. 가정에서는 1시간 25분, 직장에서는 2시간 30분 정도 쓴다. 한국인 중 인터넷을 사용하는 사람은 1999년 10월 말 현재 인구의 13.4%수준인 630만 명인데 이는 1993년 처음 인터넷 서비스가 시작된 지 5년 만에 1998년 300만을 넘어선 데 이어 10개월 만에 2배가 증가한 것이다.

람들은 컴퓨터 통신을 들고 있다. '월드 와이드 웹(www)' 사이트가 인류사의 한 획을 그었다는 것이다. 정보화사회의 담론과 구호가 당위 논제로 급속히 확산되고 있고, 일명 핸드폰이라 불리는 이동전화가 폭발적으로 보급되고 있다.[99] 전자기술의 확산은 삶의 경험들이 시공간적으로 더욱 밀도 있게 '압착'된다는 것을 의미한다. 타자에 대한 호출은 언제(시간) 어디서(공간)나 가능하다. 타자들의 관계가 비대칭적인 권력관계로 맺어 있을 경우, 호출을 당하는 쪽은 항상 감시와 통제의 시공간 반경 속에 놓이게 된다. 개개인들의 삶의 국지점들이 낱낱이 드러나고 통제되는 상황에 놓이게 되는 것이다.

6. 한국의 발전주의 도시화와 냉전 경관

발전주의와 냉전의 과정 속에서 형성되고, 변화하고 있는 한국사회의 모습들은 도시 경관의 구성과 도시화의 과정 속에서도 여실히 재현되어 나타나고 있다. 발전주의와 냉전의 과정들에 대해서는 이미 사회과학 전반에 걸쳐 탐구되어 왔다. 즉 한국의 발전주의가 가능했던 이유를 설명하고, 그 결과에 대한 긍정적, 부정적 효과에 대한 다양한 연구들이 이뤄져왔던 것이다.[100] 최근에 일련의 사회학자와 지리학자들은 한국의 발전국가와 냉전적 특성의 도시적 재현 과정에 주목하고 있다. 발전주의 도시화(developmental urbanization)와 냉전 경관(cold war landscape)의 형성 과정은 오늘날 한국 도시를 설명하는 중요한 개념이다.

도시화 과정을 한국의 발전주의 맥락에서 바라본 개념인 '발전주의 도시화(developmental urbanization)' 과정의 특징을 박배균(2017)은 크게 3가지로 정리한다. 첫째는 압축적 도시화의 특성으로서, 이는 한국사회가 시공간(time-space)

---

99) 1999년 9월 현재 한국인구의 46%에 해당하는 2156만 명이 이동전화에 가입해 있다. 특히 청소년층의 이용률이 높아 98.7%의 한국 대학생이 이동통신 기기를 사용해보았거나 사용하고 있으며 고교생은 75.8%이다.

100) 특히 사회학의 영역에서 이뤄진 한국의 발전주의 논의들은 주로 그 과정의 정치적, 사회적, 문화적 층위를 통해서 밝혀져 왔다(윤상우, 2006; 조희연, 2002, 왕혜숙·김준수, 2015).

적으로 압축된 형태의 도시화를 경험했음을 보여준다. 압축적 도시 발달의 경험은 오늘날에 한국사회가 직면하고 있는 부동산 및 땅 투기 문제의 근본적인 원인을 제공하고 있다. 또한 이는 단순히 물리적인 도시 형태뿐 아니라 중산층 만들기, 강남 만들기처럼 도시의 물리 경관과 사회적 요인들(계층, 젠더, 교육 등)이 상호 융합되는 과정을 포함한다.[101]

두 번째 발전주의 도시화의 특성은 '예외주의 공간(exceptional space)'의 형성이다. 예외적 공간은 아파트 단지, 공업단지, 수출자유지역 등과 같은 국가 영역에 의해 지정된 특수한 기능을 담당하는 공간들을 의미한다(박배균, 2017). 발전주의 과정 속에서 일어나는 예외적 공간은 이후에 불균등하게 분절화된 국가 영토를 불러오고, 한국의 지역 불균등 발전을 불러오는 결과를 초래했다.[102]

발전주의 도시화의 마지막 특징은 '위험경관(risk-scape)'의 형성이다. 한국의 발전주의 전략은 집약적이고, 많은 양의 에너지를 필요로 했고 이를 위해서 국가는 댐과 원자력 발전소 등 대규모 인프라를 건설해왔다. 대규모 인프라는 특정한 위험성을 지닌 위험경관을 '산출'해냈고, 다양한 생태학적, 사회적 위기들을 발생시켜왔다. 한국에서 원자력 발전소에 대한 위험, 미세먼지 위기, 수자원 관리 등의 문제는 발전주의 도시화의 과정 속에서 생산된 다양한 위험(경관)의 결과로 볼 수 있다.[103]

여기서 우리가 주목해야 할 또 하나의 한국 도시의 특성은 바로 냉전이라는 변수이다. 오늘날까지 이어지고 있는 냉전적 맥락성은 한국의 도시 공간 형성과정에서도 지대한 영향을 끼쳐왔다. 북한과의 대치 상황 속에서 형성되고 재조정

---

101) 이에 대해서는 박배균·황진태(2017)를 참조할 것. 이 연구는 한국의 발전주의 도시화의 맥락 속에서 형성된 강남이라는 공간의 사회적, 물리적 특성에 주목할 뿐만 아니라 지방 도시에서 일어나는 강남의 모사 과정들을 구체적으로 다루고 있다.

102) 발전주의 도시화 과정 속에서 예외적 공간의 탄생과 변화 과정을 추적한 연구는 박배균·이승욱·조성찬(2017)를 참조할 것. 이 연구는 한국을 넘어서 동아시아 맥락에서 진행된 발전주의 도시화의 경험과 예외 공간의 역사적 변화 과정을 추적하고 있다.

103) 위험경관의 생산과 위험의 일상화 과정을 한국의 발전주의 도시화의 맥락에서 바라본 연구로 이상헌·이보아·이정필·박배균(2014) 등이 있다.

된 한국 도시 공간의 연구는 전후 복구 기간 중 서울의 재건 과정에 주목해서 이뤄져왔다(오유석, 1998; 홍경희, 1979; 윤종주, 1991). 그러나 최근에 탈북자들을 통해 간접적인 자료 접근이 가능해지면서 북한 도시와의 비교 연구의 길이 열리고 있다. 최근 장세훈(2017)의 연구는 남한의 수도권 집중 문제, 그린벨트의 국방벨트화, 여의도 광장의 형성과 변화 과정을 한국의 냉전적 맥락 속에서 재해석함으로써 한국의 냉전도시화의 특징을 잘 보여주고 있다. 또한 전원근(2014)은 냉전 경관의 형성 과정을 서해 5도라는 스케일(scale)의 등장과 그 역학 과정을 통해 밝혀내고 있다. 그는 1970년대 시작된 서해 5도의 군사 요새화 과정을 국제사회, 남·북한, 남한 등의 다중 스케일적 접근을 통해 냉전 경관의 형성과 변화 과정을 설명한다.

한국의 도시화 과정 속에 나타난 두 가지 한국적 맥락성은 '발전주의'와 '냉전'으로 요약해볼 수 있다. 비교적 최근에서야 인문지리학자들과 도시사회학자들에 의해 시작된 논의이지만 냉전과 발전을 통한 도시연구의 이론적, 실증적 접근은 한국의 도시-사회의 맥락성에 대한 유의미한 함의를 가질 수 있다. 동시에 보다 많은 사례연구와 이론적 구성의 과정이 활발히 이뤄질 필요가 있다. 104)

---

104) 그러나 오늘날 도시공간에 대한 연구는 고정된 국민국가의 영토 속에서만 조명될 수 없다. 닐 브레넌(Neil Brenner)은 새로운 국가공간을 상정하기 위한 3가지 대안적 접근을 제시한다. 국가 영토의 재영토화(re-territorialization)를 통해 국민국가는 선험적으로 주어지거나 자기 완결적(self-enclosed)으로 구성된 것이 아니라 역사적으로 구성된 것이며, 다중 스케일 속에서 이해되어야 한다. 또한 국가 공간의 경계 역시 재편될 필요가 있음을 주장한다. 국가 경계의 재편(re-bordering)은 국민국가의 경계가 고정된 것이라는 사고에서 벗어나 다양한 층위의 지정학적 질서 메커니즘에 의해 언제든지 변화 가능한 것임을 가정하는 것이다. 즉 경제적 지배, 시민권과 이주, 국경지대, 군사적 충돌, 문화적 정체성과 같은 지정학적 질서의 변화가 국민국가의 경계 변화를 불러올 수 있다. 마지막으로 브레넌은 '국가'의 분석 단위에서 새로운 관점을 요구한다. 즉, 국가공간의 분석적 단위를 단순히 국가 스케일에 놓고 바라볼 때 놓칠 수밖에 없는 지점들을 간과해서는 안 된다는 것으로 국가 공간의 재-스케일화(re-scaling)를 이는 초국적 차원과 도시적 차원의 분석이 동반되어야만 국가공간의 다층적인 측면이 포착가능하다는 점을 지적하고 있는 것이다(Brenner, 2004).

7. 전망

 '근대성'은 시공간의 역사적 내용과 변화를 판별하는, 지난 수세기 동안 학술
담론의 중앙에 서 있는 언술이다. 구조와 행위의 총체적 산물로서, 복합적 사회
변화 속에 생성된 근대성(modernity)은 한 시대의 모습을 조망하고 그 무게를 저
울질하는 중심축이다. 근대성과 근대화는 특히 우리를 항상 긴장시키는 용어이
다. 서구학자들이 한 밀레니엄을 마감하면서 던지는 화두로서의 근대와 탈근대의
논쟁을 본떠가며 한국의 많은 학자들 역시 근대성과 각종의 포스티즘(포스트모더니
즘, 포스트마르크스주의, 포스트포드주의 등)의 내용과 편차를 들여다보고 있다.105)
 시공간의 변화를 통해 경험하는 한국의 근대성의 특징은 '외부 이식형'이란 이
유로 주변적이며 이중적이고(서구의 충격과 주체의 혼돈) 또한 압축적이란 이유로
극도로 긴장되고 거칠다. 물론 자명종과 기차 그리고 지구본은 더 이상 외경할
만한 충격이 아니다. 그러나 그 원리는 지속되고 있다. 커뮤니케이션과 기술의
발달로 인해 '시공간의 거리화'와 '즉각성'이 점점 가속화하고, 정보의 총량은 대
폭 증대되고 있다. 그러나 한편 일찍이 지멜이 메트로폴리탄적인 삶에서 지적했
듯 지나치게 과부하된 자극들은 오히려 무관심과 나태함을 불러일으킨다. 우리
는 총체적이고 유기적인 삶의 세계관보다는 매우 단편적인 자기 선택적 정보에
의존하고 있다. 유행과 반복의 속도감에 휩쓸림으로써 전통과 현재를 성찰할 여
유를 상실하고 있다. 그러나 무엇보다도 시공간의 배열과 분배에는 자본(계급)과
국가가 배후의 세력으로 남아 있다. 우리 삶의 경로인 시공간의 테이블은 푸코가
직시한 담론과 권력에서처럼 권력의 산물이며 동시에 우리의 행위와 제도를 규
제하는 권력의 수행자이다.

---

105) 식민지를 통해서 서구를 경험하기 시작했던 우리에게 근대성은 하나의 트라우마(상흔) 같
  은 것이다. '근대성의 콤플렉스'란 우리를 스스로 열등한 주체로 인정할 수밖에 없는 정신적 혼
  돈과 공백을 의미한다.

제3장 일상생활세계와 생활 정치

제1절 일상생활세계론

1. 왜 '일상생활'인가?

일상세계는 반복적으로 되풀이되는 삶의 세계이다. 우리가 "당연하다고 믿고" 살아가는 세계이며 그렇기에 별다른 관심이나 주의를 기울이지 않는 생활세계이다. 그러나 누구든 이 일상세계에서 태어나고 살아가고 죽어가는 삶의 연속적인 과정을 거치지 않을 수 없다. 진부하게조차 여겨지는 이 일상적 생활이야말로 우리 인간의 기본적인 존재 기반이며, 가장 근본적으로 인간과 사회를 재생산하는 행위 과정이기 때문이다. 간단히 말해 다양한 행위의 고리로 연결된 일상세계는 모든 삶의 에너지가 지향되는 공간이라고 할 수 있다. 우리가 주목하고 있는 국가, 자유, 정의, 혁명, 계급, 그리고 진보 등 이른바 거대한 개념들이나 거시적인 사건들도 따지고 보면 모두 이 일상생활의 연속선상에서 발생하며, 일상생활에서 분출되고 다시 일상으로 되돌아온다. 일상은 실천이며 일상세계는 바로 실천의 세계인 것이다.

비판 이론가들의 일상생활세계에 대한 논의는 자본주의의 위기가 총체적으로 진행되고 있다는 시각의 연장선에서 이루어지고 있다. 비판 이론가들은 비록 현실 사회주의가 역사의 뒷전으로 물러서긴 했지만 그러나 여전히 자본주의는 '위기' 국면으로 치닫고 있으며, 이 위기 상황이 체제 이행의 잠재력을 담고 있다는 계몽주의적 진보관을 곧추세우고 있다. 오늘날 자본주의의 위기는 경제 영역뿐 아니라 정치, 문화, 생활 등 모든 영역에서 매우 복합적이고 중층적으로 발생한다.

> 오늘날처럼 위기를 심하게 경험하는 시대도 없을 것이다. (…) 경제위기, 통화위기, 정통성 위기와 정당성 위기, 복지국가의 위기, 민주주의의 위기, 정당의 위기, 문화의 위기, 체제 위기, 환경 위기, 에너지 위기 등등이 그것이다. (…) 따라서 현대의 위기란 (…) 다층적이고 다면적인 위기이다. 그리고 이 위기는 우리들의 건강, 생활태도, 환경의 질, 사회적인 관계, 경제, 기술, 그리고 정치와 같은 우리들의 삶의 여러 측면을 엄습하고 있다. 그것은 인류역사에서도 그 예를 찾아 볼 수 없을 정도로 광범위하고도 시급한 위기이다(최종욱, 1994a: 11~12).

이들의 공통된 의견 중의 하나는 전 세계가 새로운 축적 체계로 재편되면서 정치체제가 보수화의 국면으로 치닫고 있다는 것이다. 초국적 자본의 세력이 지구를 하나의 활동무대로 삼고 있는 '전 지구 공간의 실질적 포섭' 현상이 가속화되고 있으며, 국가 간 경쟁력 싸움이 그 어느 때보다도 깊어지고 있다. 보수주의화하고 있는 국가는 거대 자본의 축적 조건을 위해 생활세계를 파괴하며 생활세계의 희생을 담보로 자본축적 조건을 제공하는 데 전력을 기울이고 있다는 것이다.

한국사회를 바라보는 시각도 예외는 아니다. 자본축적 과정이 어느 정도 궤도에 오른 한국사회의 곳곳에 이런 '위기'의 잠재력들이 나타나고 있다. 그리고 이들은 한국사회가 어느 정도의 실질적 민주화가 진행되면서 사회 전반이 보수화의 물결에 휩싸여 가고 있다는 진단을 내리고 있다. 정치의 역학이 여전히 기득권세력 층들과의 제휴로 이루어지고 있으며, 바야흐로 대량 소비의 시대를 맞이하여 탈정치화의 주역들인 '대중'들의 시대가 도래하고 있는 것처럼 보이고 있다. '세계화'라는 구호가 민족, 평등, 통일, 계급 등의 모순과 갈등을 슬며시 덮어

버리고 있고, 더 많은 물질적 풍요와 더 많은 생활의 욕구를 외치고 있는 대중들의 목소리들이 높아지고 있다.

이 같은 상황에서 일군의 학자들은 새로운 돌파구를 모색하고 있다. 그동안 그들 주장의 방패막이가 되었던 마르크스주의 이론상에 상당한 결함이 있음을 인정하면서 이른바 진보 진영은 새로운 시각과 운동방향을 제시하기 위해 분주하다. 그중 가장 두드러진 대안이 시민사회와 신사회운동에 관련된 것들이다. 한국사회에서 '시민사회'라는 담론이 글자 그대로 시민권을 획득한 것은 불과 몇 해 전의 일이다. 몇 년 전만 하더라도 '시민'이라는 용어는 민중이니 민족이니 하는 개념에 비해 매우 보수적이고 '정태적'인 것으로 인식되어왔다. 최근에 와서 그 개념이 아이러니하게도 진보 진영의 가장 핵심적인 주제로 부각되고 있는 것이다.[1]

그러나 시민사회의 연구가들은 한국의 학자들이 예의 그래왔듯 우선 좌파 이론 쪽의 시민사회론을 정리, 소개하면서, 한국 시민사회의 정체를 그려보고, 향후의 과제를 제시한다. 시민사회론자들은 시민사회 자체가 다원사회임을 인정하고 따라서 사회운동 역시 하나의 주체를 중심으로 전개되기보다 다양한 주체들이 다양한 이슈들을 쟁점으로, 새로운 사회운동을 전개할 것을 주문한다. 물론 '신사회운동론'의 내용이나 전략, 주장들이 매우 다양하기 때문에 어느 하나로 정리하기에는 무리가 있지만 최근의 환경운동이나 여성, 주택 등과 관련된 사회운동들은 새로운 실천의 분위기를 잘 대변해주고 있다.

한편 한국사회의 일각에서는 1990년대 초반부터 포스트모더니즘, 포스트포드주의, 포스트마르크스주의 등 이른바 '포스티즘(postism)'의 열기가 한 쪽에서 강력히 분출되고 있다. 부정하든 부정을 하지 않든, 시민사회론이나 신사회운동론 역시 그런 사조의 영향을 크게 받고 있는 것이 사실이다. 거대 이론, 총체성, 계급혁명과 투쟁, 자유, 정의, 진리 등 '큰 이야기'보다는 부분(국지성)과 다양성, 혹은 상대성 등 '작은 이야기'를 강조하는 포스트모더니즘의 사조가 신사회운동

---

[1] 대표적인 글로, 신광영, 1991; 유팔무, 1991; 조희연, 1993; 김호기, 1993; 한국산업사회연구회, 1993b.

을 옹호하는 하나의 철학적 배경이 되고 있다.[2] '변증법적 총체성'의 개념을 송두리째 거부하면서 헤게모니 전략을 통해 사회주의로의 이행을 촉구하는 포스트마르크스주의의 선언들이 진보 진영의 학자들로부터 큰 호응을 얻고 있다.[3] 노동연구 분야의 학자들은 포드주의적 생산체계의 위기와 이 위기의 대응체계로서의 포스트포드주의적, 혹은 유연적 생산방식에 주목하고 있다.[4] 이들 논의들이 현대 한국사회의 발전 방향과 실천 방향을 모색하고 연구 영역의 지평을 확산시키고 있다는 점에서 의의가 있다. 그 논의들은 한국사회의 총체적 구조를 조망해보는 데 이론적 통찰력과 유의미한 실천적 전략을 제시해주고 있음은 부인할 수 없다. 특히 최근의 주거, 환경 등 생활상의 이슈들을 중심으로 진행되고 있는 사회운동(론)은 분명 한국사회의 발전 과정에 하나의 초석을 마련하고 있다.[5]

시민사회론과 새로운 운동(론), 예컨대 환경, 주택, 소비, 여성, 인권 등을 지향한 운동들과 함께 생활세계에 대한 관심이 어느 정도 생겨나긴 했지만 그러나 일상과 일상세계 그 자체는 우리 학계의 관심에서 멀리 벗어나 있었다. 특히 국가, 계급, 혁명, 노동 등 거시 개념에 집착해 있던 학군(學群)에서는 일상이나 일상생

---

2) 푸코(Foucault), 리오타르(Lyotard), 데리다(Derrida) 등 생소했던 이름들이 전면에 등장하고 있다. "역사관에는 어떠한 불변적인 것도, 어떠한 본질도, 어떠한 연속적인 형식도 있을 수 없다"(사립, 1992: 61).

3) "이 새로운 정치는 과거의 전체론적 충동을 드러내었던 무기력한 전략에서처럼 부르주아 국가를 타도하거나 장악하려는 데 초점을 두기보다는 시민사회의 다중적 자리를 재발견하였다"(김성기, 1991: 262).

4) 대표적으로 이영희(1994). 물론 한국의 학자들은 '포스티즘'을 그대로 원용하지 않는다. 그들 이론이 지니는 강점들 혹은 유익한 통찰력을 채취하면서 동시에 "한국사회에 적용하기에는 이런 이런 편차가 있으며 제약이 있다"는 식의 기지를 발휘하고 있다.

5) 그러나 문제는 대부분의 논의들이 여전히 당위론적이며 수사학적이라는 것이다. 한국사회의 '실체'를 구체적으로 검증하고 경험하기보다 외국 이론을 소개한 후 편차 걸러내기식의 또 다른 유행의 분위기를 자아내고 있는 것이 아닌가 하는 우려와, '부분적인 현상'을 '전체화'하고 있지 않는가 하는 의구심을 불러일으키고 있다. 월러스틴(I. Wallerstein)의 다음 말을 한번쯤 되새겨 봄직하다. "우리는 심심찮게 들어왔듯 19세기적 사고가 속속들이 유럽 중심적이라는 점에서 필자는 그렇다고 대답하겠다. 한국이나 중국 또는 인도나 남아프리카공화국의 학자들이 그런 집단 작업에 뛰어드는 경우에도, 그들 자신의 사고가 오히려 지나치게 유럽 중심적인 예를 종종 볼 수 있다"(월러스틴, 1991, 한국어판 서문).

활세계는 무관심의 대상이었거나 심지어 냉소적인 주제이기까지 했다.

　일상생활연구가 주목을 받아야 하는 까닭은 학문이 더 이상 일부 학자들이나 운동가들의 학문적 혹은 전략적 담론을 위해 존재할 수 는 없기 때문이다. 모든 학문의 궁극적 지향점은 세인들의 삶이다. 세계는 바로 '별다른 의식 없이' '그러나 때때로 사건을 만들어내는' 세인들에 의해 구성되고 재생산된다. 그들이 살아가는 세계, 곧 생활세계가 시민사회 국가 '자본' 활동의 구조적 조건이다. 그들의 생활세계와 일상적 삶이 없다면 세계는 더 이상 존재하지 않는다.

　생활세계에서의 일상은 반복적이고 순환적인 삶의 형태이며, 그 세계는 '당연시'되면서 견고하게 자리 잡고 있는 세계이다. 어쩌면 너무나 '당연시'되기 때문에 국가와 자본 행태의 그늘에 가려 주목받고 있지 못했던 '실체'이다. 그러나 일상생활세계는 바로 모든 이론과 실천이 지향되는 곳이다. 사람들은 바로 그 생활세계 속에서 태어나고 살며, 사회를 총체적으로 재생산한다. 일상생활은 너무나 '진부하고, 사소로운 것'들의 순환이기 때문에 그 자체가 보수적이다. 그렇기 때문에 역설적으로 진보성을 되찾는 곳도, 되찾아야 할 곳도 바로 일상생활 공간이다. 생활 정치는 일상생활의 세계에서 그 진보성을 부활시키는 포괄적 정치이다. 일상생활을 무기력하게 만드는 거대한 '자본'과 '국가'의 힘으로부터, 대면적인 인간관계에서 나타나는 미세한 권력에 이르기까지, 그리고 우리의 생활양식을 규정하는 억압적 전통에 대항하는 정치이다. 우리가 지향할 마지막 종착역은 일상생활세계인 것이다!

2. 일상생활세계론의 이론적 흐름

　서구 학계에서 일상생활세계는 오래 전 이미 일군의 학자들에 의해 탐구의 주제가 되어 있었다. 실증주의 과학관이 학계를 지배할 즈음, 인간의 '의식' 소멸을 우려한 일군의 철학가들이 먼저 과학 이전에 존재하는 생활세계에 주목할 것을 요청한 후 비교적 다양하게 일상생활에 대한 연구가 진행되어왔다.[6] 현상학적 사회학의 창립자인 알프레드 슈츠(Alfred Schutz)는 인간의 상호 주관성으로 구성된 생활세계(Lebenswelt)에 연구의 초점을 둘 것을 주장했다. 생활세계는 과학자들에 의해 구축된 사회가 아니라 의식을 지닌 주체들이 일상적 경험을 통해 상호 의미를 교환하는 전(前)과학의 세계이다.[7] 사회과학자들의 지식과 논리, 이론 등은 실제 생활세계로부터 유리되어 있고, 추상화되어 있어 그들이 만든 이념화(idealization)와 수학화(mathematization)의 바탕이 일상생활의 실천에 있다는 사실을 무시하고 있다. 모든 과학적 분석은 생활세계에 닻을 내려야 한다. 생활세계는 '앎의 주체들(knowing subject)'의 의식이 지향된 곳으로서 객체는 주체와 독립하여 존재할 수 없다. 현상학은 사유하고 실천하는 그리고 '앎'을 지닌 주체에 눈길을 돌린다.

현상학자들이 강조하는 의식은 '의향성(intentionality)'을 지닌 의식이다. 즉 사유는 늘 어떤 대상을 지향한다.[8] 그리고 현존하는 의식은 그 이전의 경험된 인지와 연결된 복잡한 해석 과정의 산물로서 과거와 연계되어 있다. 사회를 구성하는 대상들의 객관적 의미는 이미 주어진 것이 아니라 상호작용하는 주체들에 의해 구성된 산물이다. 객관적 의미라고 하는 것은 공동적이고(communal), 주체들의 의식이 서로 연관되어 생성된 것으로 이를 바탕으로 세계에 대한 상호 주관적 합의가 가능하다. 그리고 사회화 과정을 통해 상호 주관적으로 세계를 해석하는 법을 배우는 데 여기서 핵심적인 것은 공통 언어의 학습이다.[9]

현상학적 관점에 의하면 생활세계는 상호 주관성(intersubjectivity)으로 구성된 세계이다. 일상생활 속에서 사람들의 경험 양식은 내부집단(inner-circle)의 빈번한 상호작용으로부터 매우 추상적이고 익명적인 상호작용에 이르기까지 매우

---

6) 후설(Husserl)이 바로 그 깃발을 들었다(Natanson, 1973: 38~44). 비트겐슈타인과 같은 철학자들 역시 언어가 구성되고 의미가 교환되는 장소로서의 생활세계에 각별한 관심을 두었다.
7) 슈츠는 베버의 행위론에 관심을 두고 있으며, 베버가 행위의 의미를 포착하기 위해 '이념형'이라는 분석 틀을 사용한 반면 그는 '유형화(typification)'라는 분석 틀을 사용했다. 이해사회학은 일상생활에서의 상호 주관적인 공통적 경험을 이해하는 것이다(Schutz, 1975, 또한 강수택, 1994).
8) 따라서 모든 사유, 기억, 상상 등을 지칭하는 동사는 '~'을 지칭하는 전치사 'of'가 붙는다. 예를 들어 think of, remember of, imagine of (object).
9) 실제의 대상은 기호와 상징을 통해 의식 속으로 전달된다(Werlen, 1993: 61).

다양하며, 일상생활에서의 상호작용은 지속적인 유형화(typication) 과정을 통해 이루어진다. 후대의 사람들은 이러한 유형화한 경험을 통해 선대와 만난다(Schutz, 1975). 일상생활에서 사람들은 상대방의 의도와 혹은 구조에 대한 해석을 통해 일상의 실체를 경험하거나(Berger and Luckmann, 1972) 사회적 과정의 산물인 '자아(self)'를 통해 상대방의 의도를 '해석'하며 반응함으로써 일상을 구성한다(Mead, 1962). 사회적 구조도 이런 상호작용의 산물이고 또한 해석과정의 산물이다(Blumer, 1969). 가핑클(Garfinkle)과 같은 민속방법론자들은 세인(世人)들이 갖고 있는 신념이나 지식은 단지 사회를 기술하는 것이 아니라 세계를 구성하는 기초라고 주장하면서 세인들이 세계를 이해하는 방법에 연구의 초점을 두었다. 민속학파들은 파슨스(Parsons)류의 추상화된 개념틀로서의 행위가 아니라, 구체적이고 현실적으로 일어나는 행위에 관심을 두었다.[10] 민속방법론자들은 일상세계가 '지극히 상식적이고 당연한 세계'임을 강조하기 위해 어떻게 사람들이 그런 당연한 상식을 만들어가는가에 초점을 두었다. 이 세상은 얼마나 상식적인 것인가, 세상을 살아가는 사람들이 얼마나 그 상식을 무의식적으로 당연하다고 받아들이면서 살아가는가? 그 당연한 상식의 세계가 바로 일상생활세계이다(Garfinkel, 1967: ch.3). 민속방법론은 일상생활에서 일어나는 의사소통 의사 결정 의미성을 어떻게 사회구성원들이 이해해나가는가를 연구한다(양창삼, 1985).

이와 같이 현상학, 상징적 상호작용론, 민속방법론에서 일상생활세계에 대한 풍부한 논의를 볼 수 있는데 이들은 기본적으로 생활세계를 '의미 구조'로 파악하고 있다는 것이다(Zaner, 1973). 그렇기 때문에 의미론은 일상생활세계의 주역들인 '세상사람들로부터' 논의를 진행할 것을 주문한다(Douglas, 1970). 즉, 과학자들의 세계관에 입각한 지식의 세계가 아니라 생활세계 속에서 의미를 지니고 살아가는 사람들의 세계에 초점을 맞출 것을 주장하는 것이다. 앞서 말한 바와 같이 생활세계는 과학 이전의 세계이며, 세인들에 의해 구성되고 재생산되는 공간이다. 이런 점에서 '의미 구성론자'들은 행위를 하나의 객체로 파악하고 과학

---

[10] 따라서 민속학파는 해석학을 일상세계의 존재론적 영역으로 끌어들였다(Giddens, 1976: 52).

자들이 고안한 구성물의 세계(곧 과학적 지식의 세계)에 우월성을 두려는 과학 중심주의적 사고는 극복되어야 한다고 주장한다.

현상학을 비롯한 일상생활론자들에게 문제는 세상 사람들에 의해 어떻게 구조가 형성되고 경험되면서 재생산되는가 하는 것이다. 그러나 현상학자들이 주장하는 바처럼 일상생활의 세계를 굳이 의미 구조로 한정지을 필요는 없을 것이다. 때때로 사회구조는 행위자들의 의식과 상관없이 존재하기도 하며 혹은 이데올로기에 휩싸인 행위자들이 구조를 잘못 인지하고 살아갈 수도 있기 때문이다. 일상생활의 세계는 주관적 의미들이 응축된 실체이며, 주체들이 삶의 지식을 통하여 실체를 경험하는 세계지만 일상생활세계의 실체가 모두 의식적 경험을 통해 표현되는 것은 아니다. 즉, 일상성의 구조가 세인들의 경험과 의식 속에 모두 포착되는 것이 아니기 때문에 사유와 경험, 의미 이전에 존재하는 세계, 다시 말해 구조의 세계가 존재한다. 그렇기 때문에 일상생활론이 아무리 주체들의 경험(의미) 세계에 초점을 맞춘다 하더라도 일상생활의 연구 대상을 의식적인 경험 세계에 국한시킬 필요는 없다.

그러나 일상생활세계론의 분석의 출발은 주체들이 의식하고 행위하는 경험에 있다는 점을 강조하고자 한다. 그리고 그들 주체들이 형성하고 소유하는 일상적 지식이 과학적 탐구의 전제가 될 것을 주장한다. 일상적 지식은 "사회적 상호작용 속에 실천적으로 몰입되어 있는 사회성원이면 누구나 구성, 생산할 수 있는 이론을 말하며", 이 경우의 이론은 결코 어떤 철학적, 사회과학적 연구자의 독점물이 아니다. 그것은 생활세계 속에서 의식하고 행동하고 의사소통 하는 구체적인 생활인들이 구성하는, 그 나름의 근거와 체계적 논리 전개를 보이는 이론들이다. 다시 말해서 일상생활의 이론은 학문적 추상화 작업의 독점적 산물이 아니라 삶을 살아가는 이들의 삶의 이야기 속에서 구성되고 체계화하는 이론을 말한다.[11]

---

11) 최재현(1985: 112). 또한 "일상적 지식은 사회성원들의 상호작용이 가능하도록 서로 암묵적으로 동의하는, 명백하고도 확실한 지식의 총체이다. 비록 그들이 경험하는 지식세계가 실체와 격리되어 있다 하더라도 일상적 사람들이 관습적으로 지니고 있는, 그리고 그들이 서로 상호 교통 하는 일상적 지식 혹은 그들의 상식적 서술이 사회과학의 출발점이 되어야 한다. 출발

일상생활에 대한 다양한 논의에도 불구하고 그러나 기존 대부분의 논의들은 일상생활세계의 존재론에 치중했다. 예컨대 민속방법론자들은 사람들이 살아가는 방식(의미를 공유하는 방식)에 초점을 두었다. 그렇다면 사람들은 왜 그런 식으로 살아가야 하는가? 그런 식으로 살게 하는 동인은 무엇인가? 사람들의 경험들과 인지구조를 규제하고 강제하는 '장치'는 무엇인가? 그 속에 억압과 투쟁, 갈등은 없는가?

우리의 관심은 일차적으로 우리가 살고 있는 거대한 체계로서의 자본주의사회이며, 자본주의사회의 일상생활이다. 일상이란 그 자체가 근대화의 부산물이다. 파편화되어 있으면서도 빈틈없이 연결되어 있는 시간과 공간의 궤적을 쳇바퀴처럼 돌아야 하는 일상적 순환이 과연 전자본주의 시대에도 존재했는가? 존재했다 하더라도 과연 문제투성이로 부각되었을 것인가? 따지고 보면 일상성이라는 문제가 정말 문제로 부각되는 것은 자연의 흐름에 맞추어 사는 시대가 아니라극도로 인위적으로 틀이 짜인 근대자본주의의 사회에서이다. 르페브르의 주장대로 일상은 화려한 근대성의 이면이다.[12]

이 근대성의 이면인 일상생활의 공간에는 체제의 강압과 소외가 존재한다. 일상생활세계의 갈등과 억압, 소외 등의 문제는 좌파 진영의 학자들에 의해 잘 묘사되고 있다.[13] 후기 자본주의의 정당성의 위기를 예리하게 파헤친 위르겐 하버마스(Jürgen Habermas)는 생활세계가 체계(국가와 경제)에 의해 어떻게 관리, 통제, 식민화되어 가는가를 잘 보여주고 있다.[14] 한편 일상에서의 소외 문제를 언

점이 되어야 하는 까닭은 그 서술이 아무리 불완전 하더라도 그것이 그 상황에 관련된 행위자들의 인식인 한 그 상황에 영향을 미칠 것이기 때문이다"(Outhwaite, 1975: 87~88).

[12] "일상생활 연구는 모더니티와 관련되어 있다. (…) 오늘날 일상성은 모더니티의 이면이며 우리 시대의 정신이다. 근대성이 새롭고 빛나는(brilliant)것이라면 일상생활은 무의미한 측면, 즉 견고하고 당연시 여겨지고, 규칙적이고 불변적인 것의 연속이다"(Lefevre, 1991b: 25).

[13] 물론 좌파의 이론가들만이 소외와 강압을 논의한 것은 아니며, 일부 이론가들은 일상생활의 '즐거운 측면'을 논의하기도 했다(박재환, 1984). 다양한 논의를 소개한 글로, Bovone(1989).

[14] 하버마스의 후기 관심은 국가와 대비되는 시민사회의 내부 분화문제였다. 그는 사회를 화폐와 권력을 조정매체로 하는 사적인 경제 체계 및 공적이 행정체계로 구성되는 체계와, 사회화를 담당하는 사적 영역 및 담론적 공론형성을 담당하는 공공 영역으로 구성되는 생활세계로

급한 몇몇 좌파 진영의 인물들 역시 체제가 가져다주는 일상 속의 소외와 위기를 잘 설명해주고 있다. 르페브르는 '노동'이 비로소 마르크스에 의해 과학의 주제로 자리 잡았고, '성(性)'이 프로이드에 의해 그렇게 되었듯 자신은 바로 '일상'을 탐구의 주제로 올려놓겠다고 선언한다. 그는 노동뿐 아니라 여가와 소비 행위로 구성되는 일상이 자본의 교묘한 술책에 의해 장악되고 있으며 오늘날 '소비 조작의 관료사회'에서 인간은 총체적으로 소외되어 있다고 주장한다. 총체적 인간의 회복이야말로 현대 과학의 임무임을 주장하는 그에게서 소외는 비단 작업 현장뿐 아니라 우리가 살아가는 바로 이 생활세계에서 진행되는 것이다(Lefevre, 1991b).

3. 일상생활세계의 총체성

일상생활세계는 모든 이가 태어나 살고 죽어가는 공간이다. 진부하기 짝이 없는 사소로운 일들로 가득 찬, 매우 반복적이고 단순하며 우리가 '당연하다(take for granted)'고 믿고 살아가는 생활세계이다. 일상생활은 매일 매주 매달 매년 등 주기적인 시공간 속에서 거의 비슷비슷한 행위들로 구성된다. "일상은 그 하찮음 속에서 반복들로 이루어진다. 즉 노동 안에서나 노동 밖에서의 행동들, 기계적인 운동들, 시간, 나날, 주, 달, 해, 선적인 반복, 또는 순환적인 반복, 자연의 시간, 혹은 합리성의 시간"이라는 표현이나 "일상이란 보잘 것 없으면서도 단단한 것이고 당연한 이야기이지만 부분과 단편들이 하나의 일과표 속에서 서로 연결되어 있는 어떤 것이다"라는 표현들이 이를 잘 나타내주고 있다(Lefevre, 1992: 51).

일상생활세계는 당연히 여겨지는 만큼 평소에 별다른 관심의 영역이 되지 못하지만 그렇기 때문에 오히려 우리의 삶을 안정적으로 지속시키는 매우 견고한 생활공간이다. 일상은 기본적으로 지루한 삶의 연속물이다. 그러므로 사람들은 무던히 이 일상에서 벗어나려고 시도한다. 사건을 추구하거나 일상의 궤적을 벗어나고자 여행을 떠나보거나 시간을 추구해보지만 그러나 다시 회귀하는 곳은

구분한다. 그가 말하는 생활세계의 식민화란 곧 체제에 의해 공공 영역의 비판적 잠재력이 약화되고 소멸되는 것을 의미한다(김호기, 1993).

바로 또 일상이다. 우리 인간은 이 일상과 함부로 결별할 수 없다. 왜냐면 일상에서 벗어나는 순간 '이방인'적 존재로 탈락하고 삶의 지반이 무너지는 듯한 두려움을 느끼기 때문이다. 다음의 언설은 우리를 귀속시키는 일상의 단단함을 잘 나타내주고 있다.

> 일상성은 현대인들이 가장 지겨워하면서도 동시에 그것을 놓칠까 봐 전전긍긍해하는 이상한 물건이다. 매일 쳇바퀴처럼 반복되는 출근 전쟁, 지루한 업무, 늘상 보는 얼굴들에 극도의 권태와 피로를 느끼면서도 도시의 샐러리맨들은 이 일상성에서 벗어날까 봐 두려워하고 있다. 왜냐하면 일상성에서 벗어난다는 것은 실직이나 퇴직을 의미하며 (…) 자신의 사회적 존재를 상실하는 것을 의미하기 때문이다.[15]

일상세계는 노동과 여가 생산 소비 가족 및 친구 이웃 관계 등으로 단편화되어 있으면서 또한 총합적으로 구성되어 있는 세계이다. 일상생활세계는 생산이 일어나는 장(場)인 동시에 또한 소비가 발생하는 공간이며 노동의 장소인 동시에 여가의 장소이다. 일상세계는 수많은 인간들의 상호작용이 이루어지는 곳으로서 가족 이웃 학교 직장동료 등 직접적 대면관계에서부터 매스미디어를 통한 간접적 대면에 이르기까지 무수하게 많은 사회적 상호작용이 형성되는 곳이다.

무수히 많은 인간관계가 교차되는 일상공간에서 인간은 전통과 관습을 만들어 간다. 즉, 사회적으로 틀 지워진 일정한 성향, '아비투스'가 형성되는 것이다. 아비투스는 가족 학교 직장생활 등을 통하여 만들어진 사고와 인지와 행동 그리고 습관의 무의식적 틀이다. 이러한 성향은 특정한 방식으로 구조화된 인식 판단 행동양식들의 혼합물이다. 다시 말해 아비투스는 '사회적으로 구성된 인식 및 행위 구조체계'인데 바로 일상적 삶을 통해 형성되고 재생산되는 것이다.[16]

---

[15] "사람들은 부단하게 일상성에서 벗어나려고 애쓴다. 주말에 고속도로를 가득 메우는 인파, 프로야구에 열광하는 관중, 밤을 새우며 고스톱에 몰두하는 모습들이 모두 그것이다. 끊임없이 벗어나고 싶어 하면서 그러나 거기서 벗어나게 될까 봐 두려움을 느끼고 있는 이 복잡한 감정의 대상물(…)"(Lefevre, 1992: 13).

이런 의미에서 일상생활세계는 총체적 사회관계의 기반 위에 서 있다. 즉, 일상생활세계는 모든 사회적 관계들이 복합적이며 중층적으로 얽혀 있는 공간으로서 그 안의 존재는 무의식적이든, 의식적이든 그런 복합적 사회관계 속에서 살아간다. 비록 일상 속의 일들이 사소하고 단편적이며 순환적인, 혹은 국지적인 상호작용 속에서 발생한다 하더라도 그 밑에는 다양한 관계들이 총체적으로 연계되어 있다. 그렇기 때문에 일상생활은 어느 한 요소로 환원되거나(예컨대 경제적 현상 혹은 문화적 현상 혹은 계급 요인으로) 표피적인 경험주의의 방법으로 분석될 수 없다.17) 마치 자본주의의 거대한 구조가 눈앞에 바로 보이는 '현존재(Das Sein)'로서의 구체적인 상품(예를 들면, 컵, 연필, 등)들 하나하나 속에 응결되어 있듯이 — 따라서 그 상품 하나하나를 추상화하고 구체화하는 방법을 통해 자본주의의 거대한 역학을 캐내듯 — 일상의 조그만 행위들 속에는 바로 그 거대한 사회구조가 숨어 있는 것이다.

개개인의 일상생활은 시공간 위에서의 삶의 경로를 통해 나타난다. 일상생활이란 다름 아닌 '시간·공간상의 인생 경로'라고 할 수 있는데 시간과 공간 속의 일상생활의 경로를 하나의 도해로 표시하면 몇 가지 영역으로 묶인다. 수면 식사 등 생리적으로 필요한 시간과 공간, 노동이나 업무 여가 가족생활 등이 이루어지는 시간·공간의 영역들 그리고 이동의 시공간이다. 정도의 차이는 있지만, 매일 매주 매년 벌어지는 삶의 행위는 이런 시공간의 일상화를 통해 전개된다.

일상적 삶은 시간과 공간의 경로에 따라 전개되며 시간과 공간에 대한 경험은 인간적 경험의 기본 범주로서 이 경험을 통해 일상적 생활양식이나 가치가 표현된다. 일상생활은 과거의 시공간에서 발생한 경험(부재, absence)과 현재의 시공간에서 발생하는 경험(현존, presence)이 교차하는 곳이다. '현존'은 직접 볼 수 있고

---

16) 부르디외는 주관주의와 객관주의를 극복하기 위해 아비투스의 개념을 발전시켰다(Bourdieu, 1980). Bourdieu(1980)의 제3장, "Structure, Habitus, Practices"를 볼 것. 이상호(1994).

17) 오랫동안 쟁점화하고 있는 '거시적', '미시적' 접근을 구분한다든가 혹은 '행위(의식)'와 '구조'를 각각 분리하여 생각하는 것은 일상생활의 총체성을 분석하는 데 무의미하다. 이 책의 제1장 제2절 도시공간의 인식과 방법론에 관한 부분을 참조할 것.

<그림 3-1> 일상적 시공간의 다이어그램

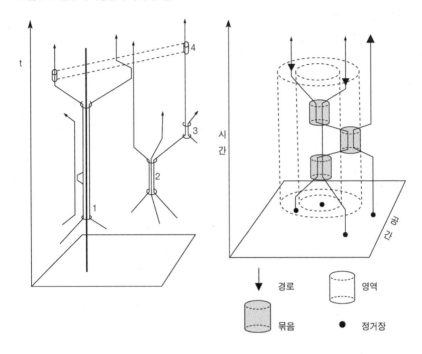

경로 영역

묶음 정거장

경험할 수 있는 것으로, '부재'는 축적된 과거의 경험으로 묘사된다. 일상생활은 장기적이고 지속적인 사회경험 속에 반복되는데, 현존 속에 부재가 상징적으로 삽입되어 독특한 사회생활의 속성을 이룬다(Giddens, 1985). 요약컨대 일상의 경험들은(혹은 일상의 행위와 구조는) 시간, 공간의 영역 속에서 형성된다는 것인데 문제는 이런 시공간의 제약 속에 전개되는 일상생활 속에 권력관계가 어떻게 작용하고 있는가 하는 것이다. 다시 말해 문제는 단지 시공간을 따라 일상생활이 영위되고 있다는 것이 아니라 그 일상생활을 파편화시키고 일상생활에서 '침묵' 과 '고통'을 강요하는 '힘'의 정체가 무엇인가를 밝히는 것이다.

일상생활의 세계에는 공식적이고 규범적인 통제의 영역이 있는가 하면, 개인의 자율적이고 비공식적인 인간관계가 형성되는 공간이 있다. 공적인 노동시간, 학업시간, 업무시간의 공간이 전자라면 후자는 여가시간, 방과 후 시간의 공간으로 특징지을 수 있다.[18] 국가, 자본의 영역이 또한 전자의 공간이라면 개개인의 일상생활 영역은 후자의 공간으로 확대시킬 수 도 있을 것이다. 사회의 권력은 감시의 범위를 확대, 점차 '후방 공간'을 권력의 종속적 지위로 포섭하려 한다. 국가, 자본(계급)의 '힘'은 그런 권력의 가장 핵심적 원천이며 생활세계의 식민화는 바로 자율적인 인간생활의 영역이 '국가와 자본'의 권력에 의해 침해당하는 과정이라고 볼 수 있다.

시공간의 경로를 따라 진행하는 일상의 미시적인 경험과 사회적 관계들은 거시적인 구조들로부터 파생되고 조직화되고 있다. 일상은 단편적인 생활 쪼가리들로 구성되어 있지만 그리고 세인들의 경험과 의식적 지향은 매우 국한된 것이지만 그 사소함은 총체적 사회구조와 연결고리를 맺고 있다. 일상적 행위와 일상세계는 단지 경험과 의식으로만 구성된 구성체도 아니며, 그렇다고 인간의 의식이나 행위와 동떨어진 구조에 의해 장악되어 있는 공간도 아니다. 일상의 장이야말로 주체와 객체가 총체적으로 교환되는 곳이다. 개별적인 행위로 구성되어 있는 일상생활의 이면에는 국가와 자본의 '강제'가 숨어 있다. 일상생활은 다양하고 분절화한 결절점들로 구성되어 있지만 '해체'된 고리가 아니다. 일상은 총체성이다!

제2절 일상생활의 재생산(노동/소비)과 국가

1. 일상생활의 재생산: 노동과 소비

일상생활세계에서의 다양한 실천은 곧 개인과 사회를 재생산하는 과정이다. 일상생활의 세계는 지속적이며 반복적이고 때때로 무의식적인 사회적 규칙의 실천들 속에서 인간과 사회가 총체적으로 재생산되는 공간이다. '먹고, 마시고, 일하고, 노는' 일상의 과정은 총체적 삶의 재생산 과정이다. 일상생활이란 자신

---

18) 민속방법론자인 고프만(Goffman)이 사용한 연극 공연의 '전방 지역'과 '후방 지역'의 개념이다. 고프만(1987) 제3장을 볼 것.

뿐 아니라 사회적 재생산도 동시에 가능하게 만드는 그러한 개인적 재생산요소들의 집합체를 일컫는다. 인간은 인간으로서 자기 자신을 재생산할 때만 사회를 재생산할 수 있다(헬러, 1994: 12).

생존수단을 생산하는 인간은 우선 그들이 존재 속에서 발견하고 재생산해야 하는 실질적 생존수단의 본성에 의존한다. 이러한 생산방식은 단지 물질적 존재의 생산으로만 생각할 수 없다. 오히려 재생산은 일정한 개인들의 행위 형태이며 그들의 삶을 표현하는 형태이고 생활양식의 형태이다(Marx, 1981: 42).

실천(praxis)은 많은 사회적 요인들을 포함한다. '욕구, 물적 대상, 지식, 일상생활, 정치적 삶' 등 모두를 생산하는 것이 실천이다(Lefebvre, 1982: 37). 실천(Praxis)은 단순히 어떤 행위나 과학자들의 당위론적 책임을 의미하는 것이 아니다. 실천의 용어에는 현실(reality)은 인간행동의 산물이라고 하는 따라서 주관과 객관이 통합되어 있다고 하는 존재론적 의미를 담고 있다. 실천은 물질적 자연과 관련된 행위뿐 아니라 상호 인간관계를 재생산하는 행위로서 사람들은 일상생활 속에서 다양한 실천을 통해 자신과 사회를 재생산한다. 가족을 통해 인구를 재생산하고 소비와 여가 행위를 통해 노동력을 재생산하며, 다양한 사회적 관계를 통해 기존의 조직과 체계를 재생산한다. 학교 가정생활 사회생활 직장생활 계급 등의 구조를 통해 사회적으로 구성된 인식 및 행위 성향인 '아비투스'가 일상적 삶의 다양한 실천 속에서 형성되고 재생산되는 것이다.

일상생활에서 노동은 재생산 활동의 가장 핵심적인 실천이다. 행위들 중에서 일이라는 행위가 가장 중요한 행위라고 파악한 슈츠도 노동이 일상생활의 재생산에 가장 중요한 행위라고 보았다. 그는, "일의 행위가 삶에의 온전한 주시 태도라는 가장 높은 수준의 의식 긴장, 실용적 내지 실제적 관심의 지배 등으로 특정 짓는 일상생활세계의 고유한 행위라는 점 (…) 그리고 이 세계에서 사람들이 자아를 총체적으로 경험하며 타인들과 소통하며 공간적 거리를 극복할 수 있는 것은 이 일을 통해서라는 점"을 강조했다(강수택, 1994: 102). 또한 원래 유적 활동이

자 동시에 일상적 활동이기도 한 이 노동을, 사람들은 일상생활 속에서 자신을 개별자로서 재생산하기 위해 실제로 수행하여야 한다. 그리고 이 노동의 수행을 중심으로 일상생활의 나머지 활동들이 배열되었다.

노동은 인간의 생존을 위한 물적 수단을 얻기 위해 근육, 두뇌 등을 움직여 자연을 변형시키는 행위이다. 노동은 유적 존재로서의 인간의 욕구를 만족시키는 합목적적 행위로서 곧 자신과 사회를 재생산하는 실천이다. 그러나 자본주의 체제의 노동은 철저하게 자본의 영역으로 편입되었다. 분업의 증대와 시간, 동작 연구로 특징짓는 인간 공학의 논리에 기초한 테일러리즘은 노동의 합목적적인 행위를 단순한 기계 작업으로 바꾸어 놓았다. 하루의 3분의 2를 차지하는 작업장에서의 일은 이미 노동하는 주체들의 의지와 상관없이 생존을 위한 실천으로 전락했다. 오늘날 노동은 자본의 관리와 통제하에 놓이게 됨으로서 일상생활에서의 핵심적 지위를 상실하는 경향을 보인다. 파편화되는 작업 과정, 지식의 독점화, 탈숙련화 등 이른바 '구상'과 '실행'의 분리로 특징짓는 포드주의 생산체계 하에서 노동은 강요된 실천으로 쇠락하고 있는 것이다(Braverman, 1974).[19]

소비 역시 노동과 함께 사회관계를 재생산하는 축이다. 르페브르가 말한 대로 생산의 개념 속에 삶의 생산이라는 의미가 강하게 포함되어 있다면 소비는 삶의 생산의 매개 작용을 담당한다.[20]

소비는 일상생활 속에서 먹고 마시는 일과성의 형태로부터 내구재와 같이 비교적 장기간에 걸쳐 소비되는 형태, 주택 의료 교육 공공서비스나 설비와 같이 장기적이고 집단적으로 발생하는 '집합적 소비'의 형태를 띠기도 한다(Castells, 1979; Preteceille, 1977). 특히 집합적 소비 수단은 일과성의 소비재와 마찬가지로 노동력 재생산을 위해 기능하며, 많은 부분이 국가나 도시 정부에 의해 제공되기

---

[19] 탈숙련화는 비단 노동과정 안에서만 발생하는 것이 아니다. 자동화된 기계의 도입과 함께 여성들이 노동 현장으로 차출되고, 가내 일은 표준화되고 규격화된 상품에 의해 대체된다. 상품 시장이 생활의 영역에 깊이 파고듦에 따라 생활의 탈숙련화가 발생한다.

[20] 생산과 소비, 구조와 상부구조, 인식과 이데올로기는 서로 순환관계를 맺고 있는데 일상생활은 이 피드백의 장이다(Lefevre, 1992: 68).

때문에 정치적 갈등의 대상이 된다. 집합적 소비 수단의 확장과 이를 둘러싼 갈등은 일상생활의 세계가 점차 정치화, 사회화되는 것을 의미한다. 집합적 소비 수단은 도시의 일상공간의 주요한 갈등의 원천으로서 정치적 갈등의 대상이 되기 때문에 오늘날 도시 및 지역정부는 생활세계 구성원들에게 집합적 소비 수단을 제공하는 '소비 정치'에 주력하게 된다.

개인적 차원의 노동력 재생산과 관련된 영역, 즉 주택, 의료, 그 밖의 집합적 소비 수단의 확충 등의 문제가 포함된다. 특히 독점자본의 축적양식이 관철됨에 따라 노동의 사회화뿐 아니라 소비생활의 사회화가 진전되기 때문에 노동력 재생산의 사회적 차원의 의미가 증대하고 이에 대한 국가의 개입이 증대한다. 이에는 노동조건의 결과로 인한 육체적 재생산과 관련하여 의료 및 건강의 문제가 노동력 재생산 수준에서 제기되고, 세대의 재생산 문제가 제기된다(백욱인, 1989: 86).

소비가 어떠한 형태를 띠든 가장 본질적인 기능은 노동력을 재생산하는 것이다. 그리고 이러한 노동력 재생산 과정은 생활영역에서 이루어지며 자본축적 과정과의 연계 고리 속에서 발생한다. 〈그림 3-2〉의 과정은 자본의 순환 도식과 노동력의 재생산 과정이 어떻게 연계되어 있는가를 보여주는 것이다(정건화, 1994).
(가)의 영역이 자본에 의해 직접 관리되는 자본의 순환과정이라면 (나)의 부분은 일상생활의 장에서 이루어지는 노동력 순환과정이다. 노동자들은 자본가들

〈그림 3-2〉

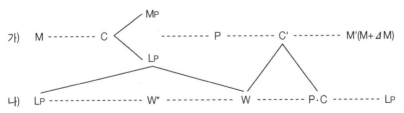

M: 화폐, C: 상품, MP: 생산수단, LP: 노동력, P: 생산과정,
C': 상품, ⊿M: 잉여, W*: 임금계약, W: 임금, P·C: 소비과정

로부터 임금을 받아(W) 소비 과정을 통해 다시 노동력(Lp)을 충원한다. 소비를 통한 노동력 재생산의 일상생활 영역을 생산양식과 비교한 이른바 생활양식론 (이때 생활양식은 소비재, 소비 수단, 소비 행위, 가족 등으로 구성된다)은 궁극적으로 생활세계가 노동력의 재생산 영역임을 강조하는 것이다. 자본의 입장에서 본다면 노동과정 속에서 어떻게 잉여가치를 최대한으로 산출할 것인가와 최종생산물인 상품(C')을 어떻게 '실현(realization)'시키는가 하는 것이 축적의 관건이다. 자본가들은 잉여가치를 최대한 산출하기 위해 생산과정으로 표식화된 P의 과정(노동과정)에서 노동을 통제하고 관리하는 다양한 전략들(테일러주의, 포드주의, 가부장적 통제 등)을 개발한다. 동시에 최종 생산물을 모두 소비시키기 위해 C' – M' 과정에서 다양한 전략을 실행한다. 그 전략은 일상생활세계를 상품소비의 공간으로 조직화하는 것이다. 예컨대 광고, 신용카드의 보급, 유통망의 확대 등을 통해 일상의 행태와 구조를 소비 지향으로 만들어버리는 것이다.

그러나 소비의 과정은 더욱 복잡하다. 소비는 좁은 의미에서 축적을 보장하고 노동력을 재생산하는 정치경제학적인 의미 이상의 것이다. 왜냐면 소비는 단순히 물적 욕구를 충족하는 행위를 넘어서, 즉 물질적 노동력의 재생산 과정을 넘어서서 사회적이고 문화적인 욕구를 충족시키는 행위이기 때문이며 이 과정에서 다양한 의미 구조와 생활태도 등이 형성되기 때문이다. 일상생활세계의 한 축이 의미 구조로 구성된 것이라면 의식을 구성하는 욕구는 일상생활의 의미 구조를 규정하는 매우 중요한 요소이다. 더구나 소비자들의 행위는 의식의 성찰 과정이다. 즉 소비 주체들은 부단한 '해석과 의미부여'를 통해 상품을 선택한다. 그렇기 때문에 소비 행위는 노동력뿐 아니라 의식과 문화, 이데올로기 등을 재생산한다. 일상생활의 세계가 총체적 재생산의 공간인 이유도 여기에 있다.

인간은 욕구를 해소하기 위해 생산을 한다. 그러나 동물과 달리 인간은 욕구를 해소하는 순간 더 큰 욕구를 갖게 되고, 그 욕구를 해결하기 위해 부단히 생산기술을 발달시켜왔다. 소비는 기본적으로 욕구의 충족 행위이다. 그리고 자본주의사회에서 욕구 충족 행위는 상품 소비를 통해 이루어진다. 교환가치와 사용가치는 상품이 소유하고 있는 이중적인 모순적 속성이다. 자본주의 생산물인 상품은 교환을 위해 태어났지만 궁극적으로는 "교환되어 욕구를 해소"하는 기능을 한다.

자본주의 생활세계에서 재생산 수단은 곧 상품이다. 인간의 욕구가 점점 더 시장 메커니즘에 종속될수록 일상적 행위는 더욱더 상품과 상품의 이미지에 밀접하게 접촉된다. 상품 자체의 신비화에 대해서는 마르크스가 이미 명쾌하게 논의한 바 있지만 오늘날 상품의 신비화는 더욱 복잡하고 다양하게 진행되고 있다. 상품은 단지 마르크스의 『자본론』에서 묘사된 물신화 과정뿐 아니라 상징적인 사회적 의미를 획득함으로써 더욱 신비화된다. 물질적 욕구뿐 아니라 문화적인 욕구가 덧붙여져 상품은 '욕구(need)'의 대상에서 '욕망(desire)'의 대상이 되는 것이다(Lee, 1993; 보드리야르, 1991; 미술비평연구회, 1992).[21] 따라서 노동력 재생산의 가치도 바뀐다. 노동력 재생산은 평균적인 생활수준을 유지하는 것이다. 이 평균성이 이제는 물질적 욕구(physical need)를 넘어서 문화적인 욕구(cultural need, 즉 욕망)를 채워야 하는 수준으로 상승하게 된다. 곧 소비의 고도화 혹은 노동력 재생산의 고도화가 수반되는 것이다.

한편 자본가들은 끊임없이 소비자들의 새로운 욕구를 창출하고 관리한다. 단순히 상품을 생산하여 일방적으로 소비자의 선택에 맡기는 것이 아니라 소비자의 소비를 조작, 관리함으로서 새로운 욕구를 불러일으켜 축적의 순환을 원만히 하려한다. '자본'의 욕구는 현존 소비 시장을 확대하기 위해 새로운 욕구를 부단히 창출하는 것이다. 즉 새로운 사용가치를 발견하고 창출하기 위해 생산방식뿐 아니라 인간의 욕구를 관리하고 창출하는 것이다.

선진 자본주의의 소비 행태의 변화에 대한 연구들이 잘 설명해주고 있듯이 소비의 변화는 자본주의의 정치경제적 변모에 따른 것이다. 포드주의는 비단 극도로 미세한 분업과 표준화된 대량생산체계뿐 아니라 대량생산에 걸맞은 대량 소비의 생활양식을 창출했다. 흔히 '미국식 생활 방식'으로 불리기도 하는 대량 소비 생활은 현대자본주의 일상생활의 대표적인 생활패턴이다.[22] 대량생산, 대량

---

21) 인간은 소비를 통해 물질적인 욕구를 채움과 동시에 그들의 비물질적 욕망을 충족한다. 때때로 비물질적 욕망은 광고가 심어준, 자본에 의해 창출된 욕망이며 이데올로기이며 환상이다.

소비라 일컫는 포드주의와 케인스적 국가체계에서는 엄격하고 합리적이며 기능적인 포드주의적 미학이 의식을 지배한다. 포드주의적 생산체계에서 새로운 생활규범은 그러한 '미학'을 대변한다. 포드주의하에서 케인스주의적인 거대 도시와 대량주택, 자동차의 보급에 따른 원거리 생활권, 교외화 등으로 특징짓는 생활양식이 출현하고 외식, 휴가, 새로운 레저 등 소비 패턴에 일대 변화가 발생했다.

포드주의의 위기와 함께 등장한 새로운 생산체계 이른바 '유연적 축적 체계'에서는 생산 및 소비의 회전시간을 빠르게 하기 위한 유연성이 도입된다. 제품 수명의 주기가 더욱 빨라지고 재빠른 패션의 변화가 발생하며 이는 "흥분과 불안, 유동적 미학과 차별성, 스펙터클, 순간성, 문화 및 여가의 상품화를 촉진"시킨다(하비, 1994: 202).

이와 같이 자본의 침투 영역은 이제 생산의 장만이 아니다. '축적의 강령'이 서는 곳이면 자본은 어디든 포섭하는 막강한 침투력을 보이고 있다.[23] 일상의 장역시 예외일 수 없다. 정신적 활동이나 서비스, 문화활동, 여가활동 모두가 상품으로 전환되고 있고 소비의 대상이 되고 있다. 정신적, 문화적 상품화는 우리들의 소비 의식과 소비 양식을 변화시키면서 현대 자본주의의 일상생활의 내용을 조건 짓고 있다.

2. 국가의 일상생활 통제

서구 자본주의 시장경제가 초기에 표방했던 '보이지 않는 손'의 원리는 자본주의가 발달함에 따라 그 의미가 퇴색되고 말았다. 적어도 전후 자본주의 체제는 국가의 보조를 받지 않고 지탱할 수 없게 되었다. 국가는 '보이는 주먹'으로 등장하면서 자본과 노동의 관계를 조직화하고 전체 사회체계를 응집시키는 막대한

---

[22] '아메리카 생활양식(American ways of life)'은 미국 독점자본의 대량생산/대량 소비 체제의 확립과 함께 형성된 소비생활양식이다(다쯔오 나루세, 1994).

[23] "축적할지어다. 축적할지어다! 이것이 곧 모세요, 예언자들의 말인 것이다!"(마르크스, 1987: 675).

짐을 맡게 되었다.

국가는 항만, 도로 등 생산에 필요한 조건들(사회 간접자본 혹은 일반적 생산조건)을 직접, 간접적으로 제공하는 한편 사회체계를 재생산하기 위해 물리적, 강제적 통제뿐 아니라(경찰, 군대, 교도소, 법체계의 운영) 사회복지나 사회 서비스 등은 물론 사회구성원들이 체제에 순응하도록 이데올로기적 기구들(교육, 언론, 문화 등)을 동원한다(O'Connor, 1974).

이와 함께 전반적인 사회체제의 재생산을 위해 국가는 일반 구성원들의 삶의 세계에 침투하게 된다. 다시 말해 국가는 축적을 보장하기 위해 사회구성원들의 생활을 조직화하는 광범위한 역할을 담당하게 된 것이다. 자본의 축적 조건을 제공하기 위해 국가는 단지 생산영역뿐 아니라 일상생활 영역에 관여하지 않으면 안 되게 되었다. 예를 들어 국가는 대량생산체계를 지속시키기 위해 대량 소비를 측면 지원하지 않을 수 없다. 포드주의 국가의 사회복지 원리는 바로 유효수요의 창출이라는 임무를 국가가 담당하고 있음을 대변하는 것이다.[24]

일상생활의 공간에서 국가가 직접 개입하는 활동 부분은 노동력 재생산이다. 노동자들의 노동력 재생산을 담당하는 주역은 일차적으로 자본가에게 있다. 자본가들이 고용계약을 실현하기 위해 부담하는 임금은 생활의 기본 조건이 된다. 그러나 노동력 재생산은 비단 자본가들이 지출하는 임금만으로 이루어지는 것이 아니기 때문에 임금의 부족분, 혹은 임금으로 해결할 수 없는 부분을 국가가 제공하지 않을 수 없다. 국가는 주택이나 의료, 공공시설 등과 같이 노동력 재생산과 관련된 '집합적 소비'의 제공이나 정책을 통해 체제를 유지해야 하는 것이다.[25] 국가는 단순히 자본축적 조건을 보장해주는 '생산의 정치'에서부터 노동력 재생산과 욕구의 충족을 위한 '소비의 정치'까지 광범위한 역할을 담당하게 되었다.

일상생활의 중요한 기능 중 하나가 '재생산'이라면 재생산을 담당하게 된 국가는 이제 명실공히 일상생활세계를 관리하고 조직화함으로써 '자본'과 동반자적

---

[24] 이는 항상 국가의 재정부담과 정당성 시비라는 중첩적인 문제를 야기시킨다. O'Connor(1974) 3장과 Offe(1993) 등의 국가론을 참조할 것, 그리고 김호기·김영범·김정훈(1995).
[25] 노동력 재생산과 관련된 집합적 소비의 논의는 이 책의 제5장 제1절을 참조할 것.

기능을 담당한다. 자본이 이윤의 추구를 위해 일상생활세계를 침투하고 조직화한다면 국가는 보다 광범위하게 체제의 존속을 위해 일상생활 영역을 관리하고 조직한다. 국가가 생활세계를 조직화하는 방법은 일상생활 영역에 대한 관료적 지배를 통해 그 도구적 합리성을 증대시키고, 생활영역을 '정치화'하는 것이다. 그리고 국가가 일상생활에 개입하면 할수록 생활영역은 정치화될 수밖에 없으며 생활영역상의 갈등은 정치적인 문제가 될 수밖에 없다. 기술적 합리성이 지배하는 경제 및 관료행정의 영역이 규범과 의사소통이 이루어지는 생활세계에 침투함으로써 생활세계가 더욱 기술적으로 합리화되어가는 과정을 '생활세계의 식민화'라고 묘사한 하버마스의 주장도 이와 맥락을 같이하는 것이다. 생활세계의 식민화는 사적인 삶의 영역이 경제와 국가의 체계 속으로 더욱 빠져 들어가는 것을 의미한다(Habermas, 1987). 르페브르가 오늘날 선진 자본주의사회를 '소비조작의 관료사회'라고 명명하는 것도 생활세계가 자본과 국가의 거대한 힘에 의해 쏠려가고 있음을 말하는 것이다.

한국사회도 상황적 편차는 있지만 생활세계에 대한 국가의 개입이 점차 체계화되고 있음을 볼 수 있다. 그러나 그 역사적 맥락에서 보자면 우리의 일상생활세계는 그 동안 국가로부터 '통제되어/방치된 공간'이었다. '압축 성장'이라는 표현이 말해주듯 국가는 근대화의 기치 아래 생산자원을 총동원하는 전략을 폈고, 생활세계는 생산영역에 부수적인, 혹은 동원체제로 종속되어 있었다. 즉, 국가는 강력한 통제를 통해 생활세계의 모두를 축적의 영역에 집중시켰다. 이를 생활세계에 대한 국가의 '전제적 지배'라고 할 수 있을 것이다. 그러나 그 전제성은 국가가 주동하는 근대화의 프로젝트를 위한 것이었으며 일상생활의 부분은 '스스로 알아서 해결하라는 식'으로 방치되었다. 생활 부분과 관련된 국가의 서비스나 사회복지, 교육, 주택, 교통, 환경 등에 대한 재정지출은 극히 미약했고, 생활의 구성원들은 축적의 대행자로 동원되었지만 동시에 일상생활의 재생산 부분을 스스로 해결해야만 했다.[26] 그런 점에서 일상생활세계는 국가로부터 방치된 부

---

[26] 정부 총세출 중 사회보장복지비 구성비를 보면 미국이 34.1%(1980년), 일본이 17.5%(1989년), 독일이 33.7%(1989년), 프랑스가 43.9%(1979년), 영국이 49.8%(1989년), 대만이 17.3%

분이었다.

그러나 근대화, 산업화는 필연적으로 사회의 분화와 갈등을 수반한다. 근대화의 결과 다양하게 계급 집단이 분화되고, 다양한 욕구와 가치 규범이 등장했다. 일상생활의 내용이 보다 복잡해지고 갈등 양상도 복합적이 되었지만 국가는 그동안 여전히 이 부분을 체계적으로 조절하지 못했다. 그렇기 때문에 국가의 정책과 일상생활세계에서 발생하는 갈등은 서로 부정합(不整合) 상태에 놓여 있었다. 즉 국가는 여전히 강제적 권력을 통해 생활세계 영역을 축적 영역으로만 지향시키면서 실질적인 생활세계의 욕구들을 방치해버렸고, 일상생활의 욕구들은 제도적으로 조절되지 못한 채 다양한 갈등으로 분출되고 있는 것이다.

이제 일상생활 영역에서 발생하는 많은 갈등은 국가에 대한 정당성의 문제로 증폭될 증후를 안고 있고, 자본축적 조건은 물론 사회 재생산에 걸림돌로 인식되고 있다. 환경 교통 교육 주택 등 생활상의 이슈들이 노동력 재생산의 문제, 사회 규범 및 통합의 문제, 불경제 효과 등은 물론 나아가 정당성의 문제로 비화되는 조짐을 보이고 있다. 좀 더 극단적으로 말해 일상생활이 해체되어가고 있는 가능성들이 표출되고 있는 것이다.

체제의 조정자로서, 관리자로서 국가는 더 이상 일상생활 영역의 갈등들을 간과할 수 없게 되었다. 최근 환경 교육 주택 교통 등 직접적으로 일상생활과 관련된 부분에 상대적으로 국가의 많은 정책적 관심이 이를 잘 반영해주고 있다. 이제 국가는 일상생활의 문제들을 보다 적극적으로 대처하지 않으면 안 되게 되었는데, 나는 이를 체제 재생산을 위해 국가가 '일상생활세계를 포섭해가는 과정'이라고 부를 것이다.

오늘날 한국사회에서 국가가 생활세계에 개입하는 과정은 서구 선진 자본주의사회처럼 그동안 자유적으로 성숙해온 생활세계를 기술 합리성으로 체계화시키기라기보다 오히려 그 동안 방기시켜온 생활세계의 영역들에 '관심'을 두지 않을 수밖에 없는 복합적 상황에서 전략적으로 실행되고 있는 것이라고 볼 수 있다.

(1990년)인데 비해 한국은 9.4%에 지나지 않는다.

그러나 일상생활에 대한 국가의 개입은 여전히 계급성의 한계를 안고 있다. 국가의 정책이 특정한 계급의 이해를 겨냥하지 않는다 하더라도 주택 환경 교통 공공설비 등의 정책적 결과는 계급에 따라 득과 실이 분배된다. 예컨대 도시 재개발과 신도시 건설은 부동산 자본가나 건축 자본, 그리고 주택의 수요가 가능한 일부 중산층들에게 득이 돌아간다.[27]

그리고 국가, 체제의 이데올로기는 사회구성원들의 자발적인 문제 해결 역량과 비판 의식을 마비시킴으로써 일상생활세계의 보수성을 강화한다. 예컨대 국가는 환경문제를 일으키는 가장 큰 요인이 기업에 있음을 은폐한다. 환경문제가 국가 기업 시민 모두에게 공통적인 문제점으로 인식되고 있다면 생활 쓰레기 줄이기, 재활용, 환경 인식 등 생활상의 운동은 문제 해결을 위한 필요조건이다. 그러나 국가의 정책은 거의 일방적으로 일상생활인들에게 책임을 떠맡기는 식으로 나타난다. 생활 쓰레기 문제는 결국 '무한대적 욕구'를 창출하는 자본의 소비 조작에 기인한다. 세탁기나 냉장고 등 대량생산체계에 의해 소비되는 내구재를 비롯한 생활 쓰레기는 결국 기업이 회수하여야 할 몫임에도 불구하고 일상의 구성원들에게 그 비용이 전가된다.[28]

교통 문제 역시 같은 맥락에서 인식된다. 자동차 산업은 1980년대 한국사회의 경제성장의 견인차 역할을 했다. 엄청난 대량생산체계는 거대기업의 자본이 획기적인 축적을 성황리에 진행할 수 있도록 했지만 그러나 생활세계에 대한 배려는 자본이나 국가 모두의 관심 밖이었다. 그 결과 엄청난 불경제 효과는 물론 교통 공간 설비의 미비로 말미암아 생활세계가 고통스럽게 되었고 사회심리적 태도마저 왜곡시키는 결과를 낳았다. 최근 일련의 정책들은 마비되어가는 일상생활을 재조직하려는 국가의 한 시도이다.[29] 그 필요성을 인정한다 하더라도 그러

---

[27] 도심재개발이나 지역개발과정에서 개발이익의 귀착점을 연구한 사례들을 참조할 것. 윤일성(1987), 박세훈(1994), 그리고 김정규(1990). 지연희(1993).

[28] 쓰레기 종량제의 범칙금, 회수 봉투의 구입은 일종의 '신조세'인 셈이다.

[29] 경쟁의 심화, 욕지거리, 주차난 시비와 살인, 짜증, 세계 최고의 교통사고율 등이 이를 반영한다. '10부제'의 운영은 이런 일상생활세계를 재조직화하려는 국가의 한 시도이다.

나 이것은 '국가의 새로운 명령'이며 생활세계에 대한 국가권력의 간섭을 강화하는 결과를 낳고 있고, 결국 생활세계의 문제들이 '정치화'되지 않을 수 없음을 나타낸다.

그러나 되돌아보면 국가의 '강압적 명령'은 매우 오래 전의 일들로서 국가는 각종 정책을 통해 일상생활세계의 행위들을 규제해오고 있었다. '주민등록증'은 국가권력이 개인을 점검하는 수단이다. 어느 나라나 신원을 밝히는 신분증(ID)은 존재한다. 그러나 한국사회의 주민등록증은 통제의 효과 면에서 엄청난 차이가 있었다. 개인들은 모두 국가기관에 대해 의무적으로 지문을 제공해야 하고, 항상 그 증(證)을 소지해야 한다. 거주지를 옮길 때에는 통반장의 날인을 받았으며 2주일 내 신고하게 되어 있었다.[30] 통행금지에 대한 법적 강제가 집행되었기 때문에 1980년 초까지 개인들은 밤 12시를 넘겨 집밖을 나가지 못했다. 개인들의 이동과 행동반경 그리고 정보들이 일일이 국가의 통제와 관리 아래 놓여 있었던 것이다. 국가는 또한 개인들의 의복과 머리의 길이까지 간섭했다. 1970년대 짧은 치마는 미풍양속을 해친다는 이유로, 긴 머리는 사회 안정을 해친다는 이유로 금지되었다.

> "내 스커트는 절대 미니가 아니다"고 주장하는 홍 모 양과 "틀림없는 미니"라는 경찰관들의 이색적인 실랑이가 종로경찰서에서 벌어졌는데 (…) 10일 자정이 넘어 홍 양을 통금 위반으로 적발, 경찰서로 연행한 보안과 권모 계장은 홍 양의 하얀 무릎에 눈이 미치자 (…) 홍 양의 스커트를 줄자로 재어본 결과 무릎 위 17Cm나 넘는 초미니임을 확인하고, '혐오감'을 조성했다는 이유로 통금 위반 혐의와 병행, 즉심에 돌린 것으로 (…) 홍 양은 3일간 구류 판결을 받고 경찰서 보호실로 (…) 장발도 안 되고 미니도 안 되고(…)(≪동아일보≫, 1970.9.11).

그뿐 아니라 국가는 남녀 캠핑, 부녀자 음주 난무, 장발과 누더기 옷 등의 히피

---

[30] 오늘날 주민등록신고는 매우 완화되었다. 통반장의 날인이 없어지고, 새 거주지의 사무소에서만 신고를 하게 되어 있다.

행위 등을 처벌 대상으로 하는 「풍속사범 단속법」을 제정하기도 했다.[31] 또한 서울시는 관광업소를 포함한 모든 유흥업소에 대해 고고 음악을 연주하거나 고고 춤을 추지 말도록 지시하기도 했다.[32] 1990년 초까지 한국사회의 길거리에선 경찰에 의한 '검문'이 일상적이었다. 검문의 불응은 곧 국가권력에 대한 도전으로 간주되었고, 불응자에 대한 폭력은 정당화되었다.[33] 시민운동과 학생운동 그리고 정치의 민주화는 많은 부분 일상생활에 대한 국가의 직접적인 간섭을 완화하거나 폐지시켰다. 그러나 국가의 힘은 더욱 교묘하고 강하게 생활세계의 영역으로 파고들고 있다. '벗겨진 사생활'이란 표현대로 개인들의 모든 정보는 국가에 의해 전산화되어 보관되어 있다. '도청' 현상은 사회에 어느 곳에서나 가능하고, 만연되어 있어 보이지 않는 통제체계가 더욱 강화되고 있는 것이다.[34] 더욱 중요한 것은 이와 같은 '병영적 국가통제의 유산'이 가부장적인 전통과 어우러져 우리들 일상의 의식과 태도를 지배하고 있다는 점이다. 일상생활에서의 권위주의가 모세관처럼 뻗어 있는 것이다.

---

31) 유흥지의 소란 행위, 또는 유흥지 자릿세, 주간지 외설 기사 등에 대한 처벌 내용을 포함하고 있는 이 법규는 죄질에 따라 1년 이하의 징역 또는 5천 원 이상의 벌금형에 처할 수 있도록 했다(≪동아일보≫, 1970.9.23).

32) 서울시장은 유흥업소에 공한을 보내 선정적이고 자극적인 음악 등으로 퇴폐적인 사회 풍조를 조성케 해 사회적 물의를 일으키고 있다고 지적하며 영업시간 엄수, 미성년 출입금지, 부녀자 단독 입장 금지, 환각 조명장치 철거 등을 지시했다(≪조선일보≫, 1972.10.13).

33) 영등포역 앞에서의 일이다. 전투경찰과 사복조 경관 두 명이 한 학생에게 명령을 하고 있었다. '책가방 내려놔, 앉아!' 그 학생이 불응하자 그들은 곧 그의 팔을 꺾어 닭장차라 불리는 호송용 버스에 태웠다.
"신촌 앞 연세대학교 앞에서의 일이었다. 검문에 불응했더니 경찰관이 다짜고짜로 멱살을 잡고는 버스 안으로 데리고 들어갔다. 들어서는 순간 여기저기서 주먹과 발길질이 날아왔다." 박 씨와의 인터뷰.

34) 국가는 거대한 '파놉티콘(panopticon)'이다. 정보통신의 발달이 죠지 오웰이 그의 소설 『1984년』에 묘사한 상황을 가능케 할 것이라고 하는 경고는 이미 오래전부터 있어왔다. 오늘날 한국사회도 예외는 아니다("당신은 언제 어디서나 노출상태", ≪조선일보≫, 1999.9.11).

3. 일상생활의 정치

1) 억압적 전통의 미시 권력

일상생활세계는 국가와 자본의 활동영역과 구분되면서도 국가와 자본의 힘에 의해 조직화되고 변형되는 공간이다. 자본가들은 보다 많은 이윤추구를 위해 끊임없이 새로운 기술을 도입함은 물론 시공간의 주기와 형태를 변화시킨다. 그리고 소비와 여가의 공간인 생활세계 또한 자신의 이윤 공간으로 포섭한다. 국가역시 방기된 일상생활 영역을 체제의 재생산을 위해 관료적으로 체계화시킨다. 일상생활세계에서 '권력의 원천'은 이들의 거대한 힘에 있다는 점을 다시 상기할 필요가 있다.

그러나 일상생활에서 전개되는 권력은 비단 이뿐이 아니다. 인간의 일상적 상호작용 속에는 무수히 많은 권력들이 거미줄처럼 얽혀 있다. 권력은 위계적인 사회 관계 예컨대 남녀 간의 성별관계에서, 어른과 아이의 관계에서, 조직의 상사, 부하 직원 사이에서, 선생과 제자들 사이에서 그리고 인간과 자연의 관계에서 광범위하게 나타난다.[35] 일상생활세계는 국가, 자본의 권력으로 대변되는 '수직 권력'과 일상생활 속에서 다양하게 전개되는 '수평 권력'의 교차 공간이다. 전자는 종종 생활현장에서 거시적 형태로 나타나거나 암묵적으로 나타나지만 후자는 인간의 상호작용 속에서 주로 미시적이면서 직접적으로 나타난다.

일상생활세계에서 '미시 권력'의 가장 큰 원천은 '전통'일 것이다. 지배-피지배의 억압적 사회관계는 전통으로 형성되어 우리 생활양식을 규정한다. 우리의 일상생활세계를 지탱시켜주는 골격으로서의 전통 속에는 미시 권력의 근원이 되는 억압적 측면이 존재한다.[36] 가부장주의의 논리는 성의 차별을, 가족주의와

---

35) 우리 사회에서는 이제 외국인 노동자들이 유입되면서 인종 간의 관계도 미시 권력의 한 형태로 점차 나타나고 있다. 1999년 현재 외국인 노동자 수는 거의 20만 명을 상회하고 있다.

36) 따라서 '탈전통화'할 부분이 존재한다. 물론 전통의 복원에 대해서도 깊이 고려해야 한다. 전통의 단절을 극렬하게 경험하고 있는 한국사회는 전통의 단절 때문에 겪어야 하는 혼란이 매우 크기 때문이다.

같은 집단 원리는 개인에 대한 집단의 우위성을 정당화한다. 이런 억압적 전통의 측면들이 일상생활의 공간에서 미시 권력으로 작용하면서 합리적 생활세계를 저해하고 있는 것이다.

경제적 효율성의 논리에 경도되었던 '근대화'의 논리는 이 전통과 더불어 '합리적 생활세계'의 확립을 위협해왔다. 극도로 권위주의적이었던 정권은 강제적인 자원 동원을 효과적으로 달성했지만 조직의 지배, 권력관계를 더욱 심화시켰고 국가의 '양육과 보호' 아래 성장한 기업은 노동자들에 대한 천민적인 지배관계를 더욱 강화시켰다. 한편으로 성(性)의 상품화를 촉진시키는 광고와 이미지를 통해 자본은 성별의 권력관계를 은밀히 고착화시키고 있고, 물질적 성장의 논리는 자연에 대한 인간의 지배를 더욱 강화시키고 있다. 생활세계에서 합리적 담론이나 규범체계가 성립될 겨를도 없이 물적 조건들만이 엄청나게 증가해온 것이다. 국가와 자본의 체계의 힘뿐 아니라 전통의 억압적 측면이 우리 일상생활에서 미시적 권력으로 작용하면서 자유롭고 합리적인 의사소통은 좌절되어왔다.

2) 생활 정치와 사회운동

일상생활의 정치란 바로 생활세계의 곳곳에서 나타나는 권력과 폭력에 대해 저하하는 정치이다. 국가와 자본의 거시적 폭력뿐 아니라 전통과 일상에서 나타나는 다양한 권력에 대해 '성찰적 인식'을 통해 대항하고, 새로운 규범체계와 조직을 만들어 나가는 운동이다. 따라서 일상생활의 정치는 국가에 의해 점차 관료화되고 자본에 의해 더욱 조직화되는, 그리고 억압적 전통에 의해 무기력해지는 일상생활의 보수성을 극복하는 진보적 정치이다. "좁은 의미의 정치 개념이 국가의 통치영역에서 벌어지는 의사 결정 과정을 말한다면 넓은 의미의 정치란 생활상의 이해관계나 가치문제에서 충돌이 있을 때 벌어지는 토론이나 갈등 해결을 위한 모든 형태의 의사 결정을 말한다. 생활의 정치에서 정치란 이 두 가지 의미를 다 가지고 있다"(기든스, 1993: 182~183). 그 정치의 행위는 개개인의 삶 그자체의 과정일 수도 있고 일정한 조직이나 집단에 참여를 통한 사회운동의 형식을 띨 수도 있다.

자발적인 참여를 통해 다양한 생활상의 이슈에 대항하는 '사회운동'은 생활 정치의 중요한 전략적 과정이다. 서구 선진 자본주의사회에서는 오랫동안 국가와 시민사회가 서로 대립되는 양상을 보여왔다. 행정체계가 비대해지면서 자율적인 시민사회의 영역이 좁아들고 그 자율적 영역이 침탈되는 현상에 대해 많은 학자들은 깊은 우려를 표명했다. 그래서 그들은 생활세계에서의 자율적인 공공성의 회복, 새로운 사회운동 등의 대안들을 제기하게 되었다.

하버마스는 새로운 사회운동이란 생활세계의 식민화를 저지하고 자율적이고 합리적인 의사소통의 세계를 방어하는 운동이라고 주장한다. 이런 운동은 기존의 노동운동과 성격을 달리하는 환경(녹색)운동, 반핵운동, 여성, 인종, 소수집단 운동, 대안운동 등이다(Habermas, 1987). 국가에 대항하는 지역운동, 반기술관료주의 운동들도 새로운 사회운동의 양상들이다.[37]

새로운 운동은 또한 신체적 조건이나 생활세계의 물리적 환경, 문화운동 등 매우 광범위한 차원에서 진행된다. "새로운 사회운동의 중심적인 이슈는 ① 신체, 건강, 성적인 정체성 등과 같은(신체적 영역) 행위 공간, 혹은 생활세계, ② 이웃, 도시 물리적 환경, ③ 문화적, 인종적, 민족적, 언어적 유산과 정체성, ④ 삶의 자연적 조건들과 인류의 생존 등에 관련된 것이다. 그리고 새로운 사회운동이 취하는 행위 양식은 매우 비공식적이고 독특하며, 불연속적이고, 상황적 맥락에 민감하고, 평등주의적이다"(오페, 1993). 또한 "새로운 사회운동은 생산의 물질적 구조를 재소유하기 위해서만 싸우는 것이 아니라 사회경제적 발전에 대한 집합적 통제, 다시 말해 개인의 일상적 존재에서의 시간, 공간, 대인관계의 재소유를 위해서도 싸우는 것이다"(멜루치, 1993: 152).

한 걸음 더 나아가 생활 정치는 삶의 존재 기반을 성찰해보는 철학적 의미를

---

[37] "이제 강의 반대쪽을 저항하고 항의하는 사람들과 함께 거슬러 올라가보자. 고통 그리고 산업사회의 가치관을 거부하고 또 다른 삶의 방식을 추구하면서 새로운 사회운동이 형성되는 것을 추적하자. 내부에 스스로 극복해야 할 한계를 지니면서도 새로운 사회운동을 탄생시키는 일차적 반응과 투쟁들에서 시작되는 사회운동의 형성은 세계의 중요 영역에서 이루어지고 있다. 여성운동, 지역운동, 반핵운동이 그것이다"(투렌, 1993: 44).

담고 있다. 도덕적이고 실존적인 문제가 '삶의 정치'에 포함되는 것이다.

　　해방의 정치란 개인이나 집단들을 그들이 삶의 기회에 불리하게 작용하는 구속들로부터 자유롭게 해방시키는 것과 관련된 일반적인 관점이며 ─ 위계적 권력 개념과 함께 작동되는 것으로 착취와 불평등 그리고 억압을 경감시키거나 제거하는 일에 관심을 기울인다. ─ 이에 반해 삶의 정치는 이미 선택의 정치로서 해방의 정치가 삶의 기회(life chance)라고 한다면 삶의 정치는 삶의 양식(life style)에 관련된 정치이다. 삶의 정치를 공식적으로 정의한다면 탈전통적(post-traditional) 맥락에서 일어나는 자아실현의 과정으로부터 흘러나오는 정치적 이슈에 관련된 정치이다. ─ 삶의 정치는 정확히 말해서 근대성의 핵심적 제도들에 의해 억압되어온 도덕적, 실존적 문제들을 다시 전면에 부각시키기 때문이다. 우리가 삶을 어떻게 살아야 되는가? ─ 삶의 정치의 이슈들은 사회생활의 재도덕화를 요구하며 근대성의 제도들이 체계적으로 해체시켰던 문제들에 대해 새로운 감수성을 가질 것을 요구한다.[38]

　　이들 선진 자본주의 국가의 맥락에서 제기되고 있는 새로운 사회운동론은 주로 기존 체제 이행을 둘러싼 노동운동과 달리 생활상의 다양한 문제들을 복합적 측면에서 이해하고, 국가와 자본의 지배로부터 인간의 자율성과 존재 기반을 회복하고자 한다. 환경, 인종, 문화, 소수집단 등 다양한 영역에서의 인간의 자기 회복이라고 하는 과제를 전해주고 있는 것이다. 새로운 사회운동은 "따라서 생활체계 자체의 재정치화이며 그것은 더 이상 계급 행동의 표출이 아니라 사회경제적 발전에 의해 가장 직접적으로 피해를 받는 사회적 범주와 집단들의 행동표현이다"(최종욱, 1994b: 88). 생활 정치는 매일 매일의 일상세계에서 구체적으로 드러나는 많은 모순과 갈등을 생활구성원 스스로가 해결해나가고, 그 존재성을 회복하려는 총체적이며 포괄적인 삶의 정치인 것이다.

---

[38] 기든스(1993: 162~180). 또한 Giddens(1994)의 서론과 제6장을 볼 것.

4. 요약

일상생활세계란 사소하고, 진부하기 짝이 없는 다양한 행위들로 이루어진 세계이다. 그러나 일상세계는 우리의 존재의 기반을 이루며, 사회를 총체적으로 재생산하는 생활공간이다. 일상생활의 구체적인 일들 속에 국가와 자본, 전통의 권력들이 교차되어 나타나고 이들 세력은 보다 합리적이고 자율적인 담론의 생활세계를 왜소화시킨다. 생활 정치란 생활상의 여러 복합적인 문제들을 생활인들 스스로의 참여를 통해 해결해나가고, 삶의 질과 존재성을 찾아가는 저항의 정치이며, 진보의 정치이다. 생활 정치는 평등 자유 억압 해방 등 거대하고 추상적인 개념으로부터 출발하는 것이 아니라 바로 생활상에서 경험하고 부딪히는 다양한 물적, 문화적, 제도적 사건들로부터 출발한다.

근대화의 산물이고 근대성의 이면인 일상생활은 다양한 계급 계층 세대 집단들의 복합적인 행위로 구성되어 있다. 근대화의 과정은 곧 '균등화(equalization)'와 '차별화(differentiation)'의 과정이기도 하다. 일상적 삶의 내용이 균일하게 진행되면서도 다른 한편에선 계급, 세대, 그리고 지역에 따라 차별화가 발생한다. 생활 정치의 현실적 동원 전략을 위해서는 바로 일상생활의 '공간적 조건'들을 고려할 필요가 있다. 일상적 삶이 일정한 시간과 공간의 궤적을 따라 움직이는 것인 만큼 생활 정치의 현장은 일차적으로 그가 속한 시간, 공간의 장소이다. 물리적 토대나 문화양식이 공간적으로 차별화되어 있기 때문에 모든 사람들의 일상적 삶이 균일한 것은 아니다. 공간적 조건은 구체적인 일상생활의 내용을 규정한다. 특히 환경 교통 주택 공공시설 등을 둘러싼 일상생활상의 갈등은 특정한 공간의 조건에 따라 매우 다양하게 나타난다. 일상생활의 정치가 이런 공간적으로 차별화된 생활상의 문제들을 생활인들 스스로의 참여에 의해 해결해간다고 하는 점에서 일상생활의 정치는 지역 정치와 매우 밀접한 관련을 맺는다. 지역은 시간과 공간의 축을 따라 일상적 행위 속에 형성되는 물리적, 사회적 영역으로서 인간의 상호작용이 가장 선명하고 빈도 높게 일어나는 생활현장이다. 지역 정치의 근본 원리는 "풀뿌리들의 주체적 참여와 책임"이다. 그리고 그 주요 이슈는 생산의 정치에 있다기보다 일상생활과 깊이 관련된 '소비의 정치'에 있다. 지역자치는 생활 정치의 임상 실험실이 되고 있는 것이다.

제3절 세계자본주의의 소비와 일상성

1. 세계화의 화두(話頭)

20세기를 마무리하면서 세계의 학계가 던진 화두 중의 하나는 '글로벌라이제이션(globalization)'이었다. 그러나 그 실체에 대해서는 합일점을 찾지 못한 채 많은 논쟁을 불러일으키고 있다. 과연 세계화라고 지칭하는 현상은 실재하는 것인가? 아니면 일부 학자들의 수사(修辭)에 지나지 않는가? 그 현상은 과연 기존의 세계질서와 질적으로 다른 것인가?(Hoogvolt, 1997)[39] 또한 세계화를 경제 질서의 변화만으로 보려는 입장에서 벗어나 정치 및 문화의 총체적 변화 과정으로 보려는 시각들이 주목을 받고 있다. 정치의 세계화를 주장하는 학자들은 전 세계를 대상으로 하는 통치기구들의 영향력이 커지고 있으며(예컨대, IMF, WTO, UN 등), 따라서 개별국가의 자율성이 쇠퇴하는 현상을 목도하고 있다고 주장한다.[40] 물론 이에 대한 반론도 만만치 않다. 국가는 결코 쇠퇴하지 않고 "영원할 것이며" 오히려 민족주의와 같은 강한 전통과 저항 때문에 세계화 과정은 주춤할 수밖에 없다는 것이다(Mittleman, 1997; Scott, 1997). 문화의 세계화 과정은 매우 복잡하고 따라서 더욱 상반된 견해들이 등장하고 있다. 기존 문화와 다른 제3의 독특한 '글로벌 문화'가 생겨나고 있다고 보는 시각과, 그 문화란 다름 아닌 '아메리카화(Americanization)'된 문화에 지나지 않기 때문에 세계화란 곧 문화의 동질화 과정

---

39) 고르돈(Gordon)은 글로벌 경제를 새로운 현상으로 보려는 입장에 대해 신경질적으로 반응하고 있다. 그것은 전혀 새로운 징표가 아니라 전후 자본주의 경제가 쇠락하는 과정이다. Gordon(1988).
40) "IMF 직원은 말한다. 우리는 미국의 액세서리가 아니다"(Castells, 1997a: 269).

을 의미한다는 시각이 팽팽하게 맞서고 있다.[41](Featherstone, 1990; Sklair, 1995)

한국에서도 마찬가지로 세계화는 선택이 아니라 당위이며 기업 경영의 주파수를 세계 공통의 채널에 맞추어야 하고, 과거 우리 선조들의 '척사(斥邪)'의 비극을 되풀이해서는 안 된다는 소리들이 높이 일고 있다. "인류의 보편적 가치를 적극 수용해야 하고" "과학기술의 발전은 물론 우리 문화에 대한 다양한 프로그램을 세계시장에 내놓아야 한다"는 지적들과 함께 한때 한국사회는 온통 세계화라는 수사어로 휩싸여 있기도 했다. 그러나 한국사회에서 '세계화'의 담론은 체계적이고 종합적인 학술적 검증을 거친 용어로 지칭된 것이 아니라 정치의 '슬로건'으로 등장했다. 그러던 중 불과 몇 년 후에 한국사회는 한국인들 스스로가 칭하는 이른바 'IMF 위기: 환란'의 시대를 맞이하게 되었다. 기존의 체제는 물론 일상과 의식이 송두리째 뒤바뀌는 듯한 급박함과 함께 세계 금융자본의 실체를 체험하게 되면서 일군의 연구가들은 세계화에 대해 재인식을 하게 되었다.[42]

그렇다면 무엇이 세계화이며 세계화의 동인인가? 간단히 말해 세계화란 각 국가나 민족의 '지역성'이 사상(捨象)된 채 지구 그 자체가 하나의 생활 단위가 되는 지구촌화를 의미한다. 반면 국제화란 다양한 지역적 특성들이 보존된 채, 국가 혹은 민족들의 상호교류가 더욱 밀접해지는, 따라서 다양한 국가들이 이러한 국제질서에 순응하면서 공존해가는 체제를 말한다. 오늘날 진행되고 있는 여러 증상들을 종합해 보면 그것은 엄밀히 말해 국제화라기보다는 세계화의 현상이며 보다 엄밀히 말하자면 세계의 자본주의화이다. 즉 세계(지구) 그 자체가 하나의 생활권으로 유기체화하는 일련의 과정이며 자본주의의 생산과 소비가 전 지구화하는 과정인 것이다.

근대화 과정도 넓게 보면 바로 세계화 과정이었지만 오늘날 정치 경제 문화

---

41) 이 밖에도 일부 학자들은 새 계급으로서의 '글로벌 부르주아'의 출현에 대해 주목할 것을 요청하고 있다(Sklair, 1995).

42) 그러나 여전히 학계 등에서는 세계화에 대한 체계적이고 종합적인 논의가 없다. 세계화는 단지 한 번의 유행처럼 왔다가 사라지는 용어처럼 되고 있다. 수많은 사람들에게 삶의 고통을 안겨준 '환란'조차도 무풍지대에 있던 한국의 지식인들에게는 단지 연구의 소재거리였을 뿐이었다.

등 전반의 구도가 양적 질적으로 변화면서 맞게 되는 세계화는 분명 다른 모습을 보이고 있다. 세계화 추세 속에 바로 노출되어 있는 우리의 일상생활도 하나의 '분기점'을 맞이하고 있다. 세계차원에서의 소비 규범, 소비 패턴과 생활양식이 기존 지역 차원을 바탕으로 형성되어온 기존의 일상 구조를 급속히 바꾸어놓고 있는 것이다. 그동안 한국사회는 정치 경제의 일부 영역이 세계체제와 연관 고리를 형성하고 있었으나 최근의 세계화 과정과 함께 우리의 생활영역 전반이 세계 질서의 사정권 안에 들어가게 되었다. 즉, 지난 30여 년 간의 미증유의 경제성장 기간 동안 한국사회는 생산 공정의 일부를 담당하는 것으로 세계자본주의와 국제분업의 고리를 형성하고 있었으나 최근 세계화의 바람과 함께 생산뿐 아니라 소비 시장으로서의 기능을 담당하면서 세계자본주의와 더욱 밀착된 연관을 맺고 있다. 소비 시장의 개방이 물적 재화뿐 아니라 자본 노동력 정신적 서비스 등 전반에 걸쳐 이루어져 우리가 하루하루 살아가는 평범한 생활세계로서의 '일상'이 바로 세계자본주의 체제 속에서 재생산되고 있는 것이다.

2. 세계화와 세계자본주의

세계화의 과정은 비단 어제 오늘의 일만도 아니다. 일찍이 '제국주의'라고 불리던 침략적 행위는 모두 세계화의 한 전략이었고 '범(凡)'자가 붙은 초민족 형태의 구호 역시 세계화의 한 현상이었다. 1960년대 이후 '세계체제(world-system)' 이론이 사회과학의 중요한 자리를 차지하고 있는 것도 따지고 보면 세계화가 이미 오래 전부터 정착되어 있었기 때문이었다.

이매뉴얼 월러스틴(Immanuel Wallerstein)은 적어도 세계자본주의 체제에서 세계화 현상으로 볼 수 있는 국제분업은 이미 16세기 현상으로서 서유럽과 동유럽 간의 분업체계에서 생겨나기 시작했고 오늘날 연구의 분석 단위는 국민 국가 단위가 아니라 통합된 '세계 체계' 그 자체가 되어야 한다고 주장하고 있다.43)

---

43) 그는 'world-economy'와 'world economy'의 개념을 구분한다. 후자는 각각 분리된 국민국가 차원의 경제 질서로서 일련의 결합을 통해 국제경제를 이룬다. 그러나 전자는 지속적으로

특히 전후 자본주의 진영의 국제 분업과 다국적 기업의 활동을 면밀히 분석했던 많은 이론들은 세계화의 현상을 이미 오래 전부터 목도하고 있었고 세계화의 추세에 대해 다양한 단서들을 제공해주고 있다. 세계화의 중요한 현상인 '국제 분업'을 설명하려는 패러다임들은 매우 다양한데 제품 수명 주기나 포드주의의 위기, 자본의 국제화 등에서 국제 분업의 원인을 찾으려는 견해들이 대표적이다. 이들 견해들은 분석 틀에서 어느 정도 차이는 있으나 세계를 무대로 이동하는 자본의 생래적 기질과 그로 발생하는 지구 차원의 분업 현상에 관심을 두고 있다.

1980년대 세계경제가 재구조화(restructuration)하는 과정을 주목하는 일군의 학자들은 오늘날 선진 자본주의의 위기를 극복하려는 자본의 전략이 재구조화의 동인이 되고 있다고 보면서, 그러나 그러한 재구조화는 경제적인 요인뿐 아니라 정치 사회 문화 등 광범위한 요인들에 의해 이루어지고 있다고 주장한다.[44]

특히 최근의 세계화는 과학기술의 발달을 기초로 이루어지고 있다. 기술경제가 세계화를 촉진시키는 이유는 정보통신기술 자체가 대기업들의 세계화 전략인 네트워크를 가능케 하기 때문이다. 기술혁신의 변화가 생산과정 뿐 아니라 정치 문화 제도 등으로 확산되는 과정을 세계화 과정으로 볼 수 있는 것이다.[45]

세계화와 함께 이제 기업의 생산 활동은 한 국가 내에서만 이루어지는 것이 아니며 또한 개별국가를 단위로 거래가 형성되는 무역 관행이 지속되고 있는 것도 아니다. 선진국으로부터 주변국까지 생산공정이 '분할-통합'되어 있는 이른바 '생산의 국제화' 그리고 생산을 지원하기 위한 '금융의 국제화'가 이미 세계자본주의 체계의 특징이 되어 있다. 금융의 국제화는 특히 최근의 통화위기와 함께

확대되고 있는, 통합된 체제 속의 세계 분업을 의미하는데, 이는 적어도 16세기 이후 시작된 것이다. 오늘날 전체 지구 차원의 자본주의적 세계경제는 하나의 단일 분업체제 속에 움직이고 있다. Wallerstein(1984), 제2장을 참고할 것.

[44] 예를 들면 1970년대 이후 세계경제의 불황을, 통화와 유통의 불일치(신고전학파), 오일 쇼크, 생산재 생산부문과 소비재 생산부문 간의 불일치, 계급투쟁, 유기적 구성의 상승(다양한 마르크스주의학파들) 등으로 보려는 기존 논의들은 단일 요소들만을 강조하고 있다. 보다 광범위한 분석이 요구된다는 것인데 자세한 내용은 Gottidiener and Komninos(eds.) 1989.

[45] 신슘페터주의자들의 견해를 말한다(김환석, 1993).

초미의 관심사로 떠오르고 있는 세계화의 '과정'이다. 초국적 금융자본은 그 투자의 위험성에도 불구하고 지난 몇 년간 급속히 세계를 떠돌며 그 위력을 더하고 있다. 제이피모간(JP Morgan), 골드만삭스(Goldman Sax), 리먼 브라더스(R. Brothers), 체이스 맨해튼(Chase Manhattan) 등의 금융회사들은 거대 초국적 자본을 대표한다. 1997년 하루에만도 1.5조의 미국 달러화가 외환시장에서 거래되고 있는데 이 중 85%가 환차(還差)를 노린 단기성 투기 자본으로 추정된다.[46]

한 가지 흥미로운 것은 개별 국가 단위의 경계선들이 무너지는 세계화의 그 이면에 재차 경계선들이 그어지고 있는 '지역화(regionalization)' 현상이 발생하고 있다는 점이다. 즉, 세계화의 추세 속에 EC, APECK, NAFTA 등의 블록화가 동전의 양면처럼 동시 진행되고 있다. 그러나 이러한 '지역화'는 세계화의 다른 모습에 불과할 뿐이다. 세계화라고 하는 것이 극소수의 선진 자본주의 국가들의 헤게모니 속에서 추진되는 것인 만큼 지역화란 것도 그들 선진국들이 서로 시장의 우위성을 확보하려는 세계화 전략의 결과에 지나지 않기 때문이다(박병규, 1992).

오늘날 세계자본주의는 크게 삼극 체계(triad)로 분할, 통합되어 있다. 전후 미국을 중심으로 한 일극체계의 정치, 경제 체제가 유럽 일본 등의 부상으로 다극화되어가고 있는 것이다. 미국 유럽(EC) 일본을 중심축으로 하고 세계자본주의의 동심원을 그려본다면, 미국의 축에는 남미 신흥 공업국가들(멕시코 등), EC 축에는 기타 유럽의 공업국가들(터키, 동유럽의 일부 공업국), 일본의 축에는 소위 아시아 NICs 등이 포진하고 있고, 다시 그들 주위에는 남미, 아프리카, 동남아시아 등의 주변국들이 하위 서열화되어 있다고 볼 수 있다.[47] 물론 오늘날 세계화는

---

[46] 금융자본의 국제화는 생산자본의 국제화와 마찬가지로 자본의 균등한 국제화가 결코 아니며, 금융기관의 급속한 집중을 동반했다. 일례로 국제금융시장 상품 중 가장 큰 시장 규모를 가진 유로 본드 시장의 경우 약 50개 기관이 대부분을 장악하고 있으며 최대 8사가 약 50%를 점유하고 있다(조원희, 1992: 27).

[47] 물론 세계자본주의가 분할·통합되는 과정에서 주변국들의 발전과 도전, 경쟁력을 간과할 수 없다. 리피에츠(Alain Lipietz)는 한국과 같은 신흥 공업국의 내부 산업화에 주목하고 있다. 이 책의 제5장 제2절을 참조할 것.

삼극 분할의 원심력보다는 미국을 중심으로 재통합되는 '구심력'의 추세가 강한 것처럼 보인다. 초국적 금융자본은 이미 모든 지역적 경계를 와해시키고 있는 것이다.

그렇다면 자본주의의 세계화 즉 세계자본주의를 분할하고 통합하는 주체는 누구인가? 그 핵심적인 주체로 다국적기업 혹은 초국적 기업을 손꼽는 데에는 이견이 없다. 글자 그대로 국적을 초월한다는 의미의 초국적기업(transnational corporation)은 세계시장에서 독점적 지위와 독점적 이윤을 확보하기 위하여 때때로 자기를 보호하고 부양하는 '국가'와의 충돌도 불사하는 거대 기업군이다(따라서 1968년 미국정부는 심각한 산업공동화를 막기 위해 자본수출 규제를 취한 바 있다). 초국적기업은 국적에 연연하기보다 경영 효율을 더 우선하고 현지화 전략을 통해 국제시장의 변동에 발 빠르게 대처하며, 필요하다면 본사도 해외로 이전하는, 그야말로 세계를 하나의 단위로 활동하는 세계화시대의 첨병인 것이다.

전후 GATT 체계가 상품의 자유로운 이동과 통화체계의 통일에 국한된 관세 및 무역에 관한 세계경제통합의 체계였다면 오늘날 초국적 기업군이 주도하는 세계화는 국민국가 단위의 자립성을 부정하고 모든 생산요소를 자유롭게 이전시키려고 한다는 점에서 예전의 그것과는 성격이 다르다.[48] 세계자본주의는 상품 무역의 자유화(자유무역체제)에 국한되지 않는 자본, 기술, 노동력까지 포함한 모든 생산요소의 이동을 보장하는 세계경제체계(즉, WTO체계)로 이행되고 있다. 세계 차원에서 자본과 기술과 노동력과 상품을 초국적 기업의 자유 의지대로 이동시킬 수 있고, 독점적 축적을 보장할 수 있는 세계체제가 편성되고 있는 것이다.

따라서 자유로운 기업 활동에 장애가 되는 관세장벽은 물론 비관세장벽들이 우선 제거의 대상이 되지 않을 수 없다. 세계경제가 파동을 겪거나 파동이 예상될 때마다 초국적 기업들은 국가의 정상들을 원탁회의로 몰아넣었고 이름도 다

---

[48] 몇 가지 지표들이 예전의 세계화와의 차이를 부각시켜주고 있다. 외국의 직접투자가 무역 성장을 앞지르고 있고, 미국, 일본, EC 상호 간의 투자가 집중하는 경향이 있으며 금융에 의한 시장의 세계화가 신장되고 있다.

양한 각종의 '라운드(Round)'들이 탄생하게 되었으며, 최근의 무차별 시장개방화는 바로 그 결실 중의 하나인 것이다.

특히 우리의 관심을 끌고 있는 것은 과학기술을 바탕으로 세계화 전략을 위해 초국적 기업들이 최근 적극적으로 도입하고 있는 네트워크화이다. 초국적 기업들은 현지 생산과 유통을 통해 시공간적 거리 비용을 삭감하고 세계시장 흐름에 원활하게 대처함으로서 더 많은 이윤을 획득하려 하고 있다. 기업 활동의 현지화(localization)를 적극 추진하고 각각 현지화된 기업들을 네트워크로 묶어둠으로써 지역 거점망을 확보, 시장의 우위를 점하고자 하는 것이다.

좀 더 구체적으로 말해 네트워크화란 "상호 의존, 신뢰관계 등을 바탕으로 공존공영의 길을 모색하고, 거래를 통해 상호 관계를 유지하기 때문에 위계구조가 가진 경직성을 최대한 회피하면서 기업이 가진 기술 및 지식을 축적할 수 있는 기업 간 정보통신망이다. 따라서 네트워크는 기술, 노하우, 생산스타일, 실험 정신, 경영 철학 등과 같이 객관적으로 가치를 측정할 수 없는 상품들을 거래하는 데 매우 유용한 조직 형태이다"(조동성, 1993: 81).

초국적 기업들은 이러한 네트워크 조직을 통해 본사에서 개발된 기술이나 지식을 제때에 현지 기업에 전파하기도 하고, 현지 자회사에서 수집된 정보를 본사로 적시에 보고함으로서 기업들을 통합 조정 관리하여 경영의 효율성을 극대화한다. 또한 현지의 기업이 구축한 외부 네트워크를 통해 "현지국의 정부, 경쟁자, 고객, 공급자 등과 연계관계를 구축할 수 있으며 이를 통해 정보를 수집하고 전략을 실행"해 시장의 변화에 신속하고 유연하게 대응한다. 각각의 자회사들이 전문성을 살리는 동시에 현지 국가 간의 정보 교류를 활발히 진행시킴으로서 하나의 통합된 세계화 전략을 실행할 수 있는 이른바 세계망 기업(GLO: 글로네트기업)이 등장하고 있는 것이다.[49] 결국 오늘날 세계화란 "한 마디로 정보통신기술이 열어준 새로운 가능성에 기초하여 기업의 조직 및 운용방식에서 범세계적 전략을 체화한 형태의 다국적 기업이 주도하고 있는 세계경제의 일련의 변화 과정

---

[49] 이와 같이 네트워크화를 통해 세계시장의 흐름에 유연하게 대처하고, 기업 경쟁력을 향상시키는 세계화의 전략을 '유연적 세계화 전략'이라고 부르고자 한다.

이라고 말할 수 있다"(김환석, 1993: 116).

3. 세계자본주의와 소비 시장의 변화

세계화와 세계자본주의에 대한 기존의 많은 논의들은 주로 '생산'의 측면에 초점이 모아졌다. 그러나 최근 세계자본주의에서는 소비 그 자체의 기능이 매우 중시되고 있다. 한국 소비 시장이 세계 시장화하고 있는 추세를 논의하기 앞서 자본축적과 소비 연관을 개괄해보기로 한다.

1) 자본축적과 소비

정치경제학적 의미에서 소비는 자본축적과 관련하여 크게 몇 가지 연구 대상으로 주목되어왔다. 그중 하나는 자본주의의 위기를 가치 실현의 문제로 설명하려고 하는 '과소 소비론'의 입장이다. 과소 소비론의 입장에서는 자본주의의 축적의 위기 혹은 적어도 자본주의 시장의 불안정성은 생산의 무정부성과 생산된 부가 모두 소모되지 않고 있기 때문에 발생한다는 것이다.[50]

둘째는 소비양식의 변화에 주목하여 보다 많은 잉여가치의 실현을 노동력 가치의 하락, 곧 소비재 부분의 생산성 증대(소비재 수단의 가치 하락)라는 측면에서 분석해보려는 입장이다. 자본주의가 발달하면서 더 많은 잉여가치를 생산해내기 위한 방법은 절대적인 노동시간의 연장을 통해서라기보다(절대적 잉여가치) 노동력 재생산에 필요한 노동시간(필요노동시간, 즉 노동자들의 생활을 위해 필요한 소비재 생산에 소요되는 시간)을 줄여 상대적으로 잉여를 높이는 방법으로 전환되고 있다. 바꾸어 말하면 노동력을 재생산하는 데 필요한 소비재 부분의 생산성을 높임으로서 노동력 가치를 하락시켜(필요노동의 감소 = 잉여노동의 증대) 잉여를 높인다는 것이다.[51]

---

[50] 대표적인 논객으로는 스위지(P. Sweezy)를 들 수 있다. 자본주의에서 도시화 과정을 설명하려는 하비의 입장도 그러한 연장선상에 있다. 자본주의의 위기론에 대한 소개의 글로는 Wright(1985), 제3장.

셋째는 두 번째의 잉여가치 증대와 관련하여 보다 넓은 의미에서 소비의 노동력 재생산 기능을 강조하는 것이다. 소비는 기본적으로 노동력을 재생산시키는 역할을 한다. 그런데 소비의 형태는 매우 다양하다. 우리는 일상생활을 통해 먹고, 마시는 일과성의 상품을 소비하기도 하고 비교적 장기간에 걸쳐 내구재와 같은 상품을 소비하기도 한다. 그뿐 아니라 주택이나 의료, 교육, 도로 및 공공설비와 같이 비교적 장기적이고 집단적으로 발생하는 '집합적 소비 수단'을 사용하기도 한다. 집합적 소비 수단은 노동력을 재생산하는 주요 수단으로서 오늘날 도시 공간 속에서 발생하는 다양한 갈등의 근원지가 되고 있다.[52]

소비는 이와 같이 생산과 경제순환을 구성하는 계기이다. 오늘날 생산체계가 대량생산, 대량 소비로 특징짓는 포드주의로 규정되고 있듯이 소비는 축적 방식을 규정하는 하나의 모멘트가 되고 있는 것이다. 그러나 소비는 단순히 축적의 계기로서만 역할 하는 것이 아니고, 소비의 대상 역시 물적 재화에만 국한된 것이 아니다. 정신적 활동이나 서비스, 문화활동 등 다양한 영역의 활동들이 상품으로 전환되고 있고 소비의 대상이 되고 있다.[53] 문화 자본이라는 말이 더 이상 생소하지 않듯이 자본은 여가 및 문화활동을 상품화하여 소비시킴으로서 막대한 이윤을 획득하고 있다. 이러한 정신적, 문화적 상품화는 소비 규범이나 소비양식을 변화시키고, 비판 이론가들이 지적하고 있는 것처럼 현대 자본주의 체제를 정당화하는 이데올로기의 역할을 하기도 한다.

2) 한국 소비 시장의 확대

한국의 경우 소비의 공간인 내수 시장은 1980년 후반에 이르러 급격히 팽창한

---

51) 조절이론가의 창시자격인 아글리에타(Aglietta)의 문제제기이다. 이에 대한 자세한 논의는 정건화(1994).

52) 도시공간을 바로 이러한 집합적 소비 수단의 단위로 인식한 구조주의 도시이론이 그 대표적인 입장이다. 이 책의 제5장 제1절을 참조할 것.

53) 기존 경제학적 관점에서는 소비는 효용의 측면에서, 사회학적 전통에서는 사회적 지위와 관련하여, 심리학에서는 삶의 질을 얻기 위한 반응으로, 인류학에서는 상징과 의례의 측면에서 다루어지고 있다(Fine and Lepord, 1993).

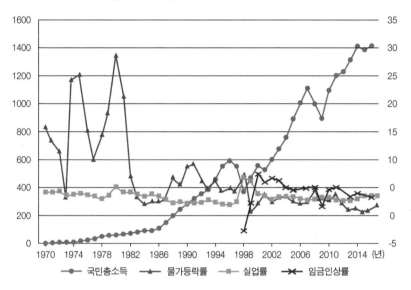

〈그림 3-3〉 거시경제지표들(1970~2016, 단위:%)

국민총소득 ─●─ 　물가등락률 ─▲─ 　실업률 ─■─ 　임금인상률 ─✕─

다. 한국은 그동안 미국과 일본을 연관 고리로 하는 국제 분업체계 속에서 수출 위주의 산업화 전략을 실행해왔다. 핵심 부품과 기술, 자본 등을 해외에서 구하고 값싼 노동력을 대량으로 동원, 단순 조립가공을 통해 물품을 수출해오는 방식으로 자본축적을 진행시켜왔고, 그 결과 '수출 대체 산업화'가 전형적으로 성공한 사례로 손꼽히고 있다. 그러나 저임금에 기초한 수출 위주의 산업화는 궁극적으로 가치의 실현을 외부 시장에 의존하는 것으로서 국내 소비 시장은 협소할 수밖에 없었다. 무엇보다도 중요한 것은 생산자이며 수요자인 노동자들의 저임금이 구매 역량의 미달을 낳았다는 것이다.[54]

그럼에도 불구하고 자본축적이 진행되고 있는 동안 내수 시장은 꾸준히 확산되어왔는데, ① 내구재를 소비할 수 있는 도시 중산층이 지난 산업화 기간 동안 쭉 증대되어왔다는 것이며 ② 실질임금이 꾸준하게 상승해왔다는 것이다. 특히

---

[54] 그래서 핵심 기술이나 부품, 디자인 등을 선진 자본주의에 의존하고, 대량 소비가 따르지 않는 한국의 대량생산체제를 '주변부 포드주의'로 부르기도 한다(Lipietz, 1982). 한국 포드주의의 성격에 대해서는 김형기(1988).

<그림 3-4> 수출과 내수 출하 동향 지수

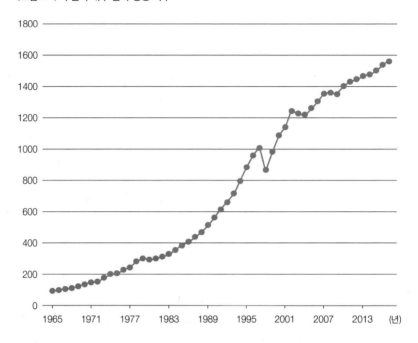

<그림 3-5> 도시근로자의 가구당 월평균 가계지수

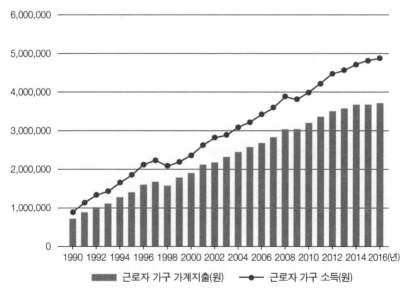

1987년 노동자 대투쟁 이후 구매 시장에서 배제되어왔던 생산직 노동자들이 급격한 임금 상승을 바탕으로 구매력을 급속히 증대시켜 내수 시장이 크게 확장되었다. 수출과 내수 출하의 동향지수가 이를 잘 대변해주고 있는데 내구 소비재의 경우에는 1989년, 비내구재의 경우에는 1988년 후반부터 내수의 비율이 수출보다 높아지고 있다.[55] 물론 여기에 1980년 후반 불어닥친 3저 호황의 종말과 해외시장의 장벽이 수출 침체로 이어져 기업이 내수 시장을 겨냥한 것도 하나의 원인이 된다.

1980년대 후반 급속히 확산된 내수 시장의 특징은 우선 자동차와 전자상품 등 내구재 소비가 두드러졌다는 점과 그동안 소비 영역에서 배제되어왔던 생산직 근로자층이 소비 부문에 적극적으로 편입되어 소비의 한 주체가 되었다는 점이다. 통계에 따르면 1997년 도시근로자 가구의 월평균 가계소득은 약 229만 원 정도이고, 이 중 170만 원 가량이 소비 지출로 구성되어 있는데 1980년에 비해 거의 8배로 증가하고 있다. 이 수치는 점차 증가하여, 2017년 소득은 488만 원, 지출은 268만 원으로 늘어났다.[56]

소비의 내용에 있어서도 재화에서 서비스 소비로의 변화 과정이 일고 있어 소비양식이 고도화되고 있는 추세를 보이고 있다. 식료품 등의 구성비가 줄어드는 한편 교통 의료 등과 함께 외식비 오락 등의 구성이 늘어나 소비패턴이 고급화하고 있는 것이다.[57] 예를 들어 1985년 엥겔계수를 나타내는 식료품비는 소비지

---

55) 자세한 지표는 통계청, 『산업활동동향』과 유철규(1992).

56) 통계청, 『도시가계연보』(1998c). 1963년 당시 도시근로자 가구의 월평균 소득은 5990원, 가계지출은 6330원이었다. 2016년에는 월평균소득이 약 488만 원, 가계지출은 약 268만 원으로 상승한다.

57) 우리나라 소비패턴의 변화에 관해서는 백욱인(1994). 한편 1987년 이후 한국은 잉여가치의 하락을 보이는데 이는 노동력 가치의 상승과 엇물리는 현상이다. 즉 소비양식이 고도화되고 소비 규모가 확대되고 있음에도 불구하고 소비재 생산성의 증대가 이루어지지 못하고 있기 때문이다. 1980년대 후반 특히 서비스 부분의 소비 증대가 확대, 소비 패턴이 고급화되는 경향을 보이고 있으며, 사회보장이 결여된 관계로 보건의료, 교육, 주거 등 사회 소비부문의 생산성이 낮은 상태에서 이들 부문에 대한 소비는 상대적으로 빠르게 증가하고 있기 때문이다(정건화, 1994).

<그림 3-6〉 신용카드 이용액 추이   〈그림 3-7〉 광고비 추이

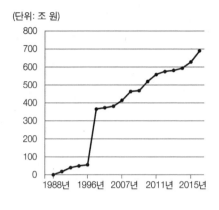

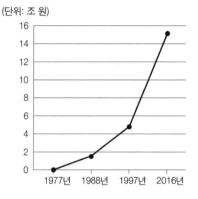

출의 37.7%를 차지하고 있었으나 1997년에는 28.7%, 2016년에는 13%로 감소하고, 교통통신과 교양오락비는 1985년 6.5%, 3.4%이던 것이 1996년에는 12.5%와 4.9%, 2016년에는 17.6%, 6%로 증가한다. 교육비 역시 1985년 5.4%에서 1996년 9.8%, 2016년 12.2%로 증대하고 있다.[58] 특히 1980년 후반부터 해외여행의 증가가 매우 두드러진다.[59]

한편 내수 시장의 확대와 함께 상품소비를 촉진시키는 광고, 마케팅, 유통 분야의 성장 역시 놀라울 만하다. 광고산업의 양적인 규모만 보더라도 1977년 1203억 원에 불과하던 것이 1988년에는 1조 5646억 4000만 원으로 거의 10배 이상의 확장을 보이다가 1997년도에는 무려 5조 원에 가까운 광고 지출을 보이고 있다(제일기획, 1992; 산업기술정보원, 1999). 한국사회의 광고는 이제 단순히 상품 판매를 직접적으로 촉구하는 수준을 떠나 이미지와 상징을 전달하는 상품미학의 개념으로 자리 잡고 있다.[60]

유통 분야의 확장 역시 매우 두드러져 매장은 점차 대형화 고급화 전문화하는

---

58) 통계청(1998b). 참고로 1963년 당시의 식료품 지출은 61.3%에 달했다.

59) 여행 지출비가 1989년 260만 1532달러이던 것이 1996년에는 8억 3696만 2847달러로 폭등했다(산업기술정보원, 1999).

60) 이에 대한 실증적 연구로는 강명구(1994).

추세를 보이고 있는가 하면 체인점과 편의점 등의 점포망식 유통 체계가 급속히 확산, 공간과 시간의 소비 장벽이 급격히 허물어지고 있다. 1994년까지 3개에 지나지 않던 할인점은 1998년 100여 개, 2017년 400여 곳으로 증가하고, 1990년 10개에 불과하던 편의점이 2년 새 518개로, 그리고 1997년 2000곳을 넘어, 2016년에는 3만 2000여 곳에 육박한다.[61]

시장판매 전략의 일환으로서 가장 파격적으로 신장하고 있는 것은 소비자 신용, 즉 신용카드의 대중적 확산일 것이다. 신용카드는 소비의 구매 활동을 신속하게 하여 자본의 판매와 회전을 촉진시키는데, 그 이용금액의 추세를 보면 1986년 한 해 불과 4600억 원에 지나지 않던 것이 1987년에는 2조 원, 1990년에는 무려 12조 원, 1992년에는 15조 8000억 원, 1996년에는 61조 원에 이르다, 2017년에는 700조 원에 이를 정도로 급신장하고 있다.

3) 한국 소비 시장의 개방: 소비 시장의 세계화

한국의 소비 시장은 위에서 개관한 바와 같이 지난 몇 년 기간에 급속히 팽창했고, 일련의 세계화 과정에서 세계자본주의의 시장으로 편입되고 있다. 한국사회는 수출을 위한 생산 기지로서 뿐 아니라 세계 소비 시장으로 주목받게 되었다. 대량생산과 대량 소비 체계가 어느 정도 자리를 잡은 이상 한국사회의 시장은 더 이상 소비의 볼모지가 아니며 소비의 형태도 다변화하여 물적 재화뿐 아니라 금융 통신 교육 광고 등 서비스 분야의 소비 기지로 등장하고 있다.[62]

우루과이 라운드 이후 세계무역체계는 상품의 자유교역이라는 차원을 떠나 상품 및 자본 노동 서비스 등 전 분야에 걸친 시장 개방 체제로서 공산품 외에 농산물과 서비스 분야를 총괄하고, 모든 국가에 예외 없이 적용되는 무차별적 개방이라는 특징을 안고 있다. 세계 유수한 기업들의 생산 및 소비 서비스 활동이 전 세계를 무대로 펼쳐지고 있어 명실공히 세계가 하나의 이윤 각축장으로 변하고 있는 것이다. 한국 시장 역시 모든 분야에 걸쳐 중요한 소비기지로 세계경제 체

---

61) 산업기술정보원(1999); 한국편의점산업협회(2017).
62) 한국은 1996년 세계 11대 무역국으로 미국의 7번째 교역국이었다.

〈표 3-1〉 UR 서비스 분야 최종양허 업종(15개 분야 78개 업종)

구분		업종수	양허 업종
1. 사업 서비스(31개 업종)	전문직서비스	6	공인회계, 세무, 건축설계, 엔지니어링, 도시계획 및 조경, 설계서비스
	컴퓨터 및 관련 서비스	5	컴퓨터 설비자문, 소프트웨어 시행, 데이터베이스 서비스, 기타 컴퓨터관련 서비스
	연구개발서비스	1	인문, 사회, 과학 부문 R&D 서비스
	임대서비스	4	선박임대 서비스, 항공기임대, 기타 운수장비임대, 기타 기계장비임대
	기타 사업 서비스	15	광고, 시장조사 및 여론조사, 경영컨설팅, 사업관리,기술적 진단, 농축산업관련자문, 과학기술 자문, 국제회의 용역, 기타서비스, 어업관련자문, 광업관련자문, 장비유지및 수선, 사진, 포장, 인쇄 서비스
2. 커뮤니케이션(9개 업종)	통신서비스	7	전자사서함, 음성사서함, 온라인 정보검색, 전자적 데이터교환, 고도팩시밀리, 코드 및 프로토콜 변환, 온라인 정보처리
	시청각서비스	2	영화 및 비디오제작, 배급, 음반제작, 배급서비스
3. 건설		5	일반건축, 일반토목, 설치 및 조립, 건축마무리 공사, 기타서비스
4. 유통		4	도매, 소매, 중개, 프랜차이징 서비스
5. 환경		3	하수서비스, 폐기물 처리, 기타서비스
6. 금융		15	예금 및 관련 업무, 대출 및 관련 업무, 금융리스, 지급 및 송금, 지급보증, 자기매매 및 위탁매매, 증권인수, 금융중개, 투자신탁, 금융결제, 투자자문,생명보험, 비생명 보험, 재보험 및 재재보험, 보험부스서비스
7. 관광		3	호텔, 여행알선, 관광안내 서비스
8. 운송 (8개 업종)	해운	3	외항여객운송, 외항화물운송, 선박유지 및 수선
	도로운송	1	화물트럭킹 서비스
	운송보조서비스	4	창고, 화물운송 대리, 기타 서비스, 화물취급 서비스

자료: 대우경제연구소(1994: 229)에서 인용.

계에 편입되고 있다.[63]

한 예로 세계시장이나 한국사회에서 중요성이 높아지고 있는 서비스 시장의

---

[63] 물론 시장 개방이 된다고 해서 모든 산업 분야의 경쟁력과 향후 전망이 반드시 어두운 것만은 아니다. 그러나 국가경쟁력이 취약한 분야, 예컨대 고부가가치를 생산하는 신산업 분야, 통신 장비와 문화산업 분야의 국내 시장 잠식이 큰 문제가 될 것이다. UR 협상 이후 전 산업 분야의 전망에 대해서는 대우경제연구소(1994).

개방상황을 개관해보자. 한국의 서비스 산업은 국내총생산(GDP)에서 차지하는 비중이 1985년 55.9%에서 1992년 64.7%, 1998년 거의 70%에 육박했고, 취업자에서 차지하는 비중도 1985년 전체 취업 인구의 절반을 넘어서 해마다 증가하고 있다. 이러한 한국의 서비스 시장이 1980년대 후반 미국의 통상 압력으로 개방이 본격적으로 추진되고 있는데, 한국의 서비스 분야 양허표에 따르면 11개 분야 중 교육, 보건, 문화·오락 등 3개 분야를 제외한 8개 분야, 즉 사업서비스, 통신서비스, 건설, 유통, 환경, 금융, 관광, 운송 등의 분야에 걸친 78개 업종이 양허에 포함되어 있다(이들 중 73개 업종은 이미 개방되어 있다).

　〈표 3-1〉에서 보는 바와 같이, 사업서비스 31개 업종은 매우 광범위한 부분들을 포함하고 있다. 전문서비스의 경우 공인회계는 물론 세무, 건축설계에 이르기까지 6개 업종에서, 컴퓨터 관련 서비스의 경우 데이터처리에서 소프트웨어 시행까지 5개 업종에서, 연구개발 서비스에서 인문사회과학 부문의 연구 개발이, 임대 서비스의 경우 선박 항공기 기타 기계 장비 등 4개 업종에서 이미 개방되어 있거나 개방될 예정 혹은 규제가 완화될 예정으로 있다. 그뿐만 아니라 광고, 시장조사 및 여론조사, 경영 컨설팅에서 사진, 포장에 이르기까지 15업종의 기타 사업 서비스가 최종 합의 사항으로 있다. 한편 커뮤니케이션의 통신 서비스는 전자정보 검색 온라인 정보처리, 고도 팩시밀리 등 7개 업종에서, 시청각 서비스에서는 영화 및 비디오 제작에서부터, 음반 제작 배급서비스 등 그리고 유통 분야에서는 도매, 소매, 프랜차이징 등 4개 업종에서 개방이 진행될 예정이며 현재 이미 진행 중에 있다. 금융은 예금 및 관련 업무 대출 및 관련 업무 생명보험 등 15개 업종에서, 관광은 호텔, 관광안내 등 3개 업종, 운송은 창고서비스, 여객 및 화물 운송 등에 걸쳐 최종 개방합의가 이루어져 있다.[64] 2007년 협약을 맺고, 2017년 현재 3차 개정을 진행하고 있는 한미 FTA는 더욱 본격적인 시장 개방에 관한 사항을 담고 있다. 자유무역협정(FTA: Free Trade Agreement)은 회원국 간 상품, 서비스, 투자, 지식재산권, 정부조달 등에 대한 관세, 비관세 장벽을 완화

---

[64] UR과 한국경제에 대하여 한국사회연구소(1994), 별책부록을 참고할 것.

함으로써 상호 간 교역 증진을 도모하는 특혜무역협정을 의미한다. FTA가 기존의 무역협정과 다른 점은 본격적으로 관세철폐에 초점이 맞춰져 있다는 점이다.

한미 FTA와 이전 UR 등과의 가장 큰 차이는 개방하지 않는 분야(업종)만을 명시한 네거티브(negative) 협약 방식을 선택했다는 점이다. 이는 한미 FTA가 법무, 회계 등 전문직 서비스, 의료, 통신, 방송, 금융, 부동산 부문의 개방을 유보하는 조건 이외에 모든 서비스 분야를 개방하는 사항을 담고 있음을 의미한다. 전세계 GDP의 22%를 차지하는 미국과의 자유무역협정이라는 점에서 한미 FTA는 이후 소비 시장의 개방이 본격화하는 계기가 되었다. 그 결과 2017년 현재 한국과 FTA를 체결, 발효한 국가는 미국, 중국은 물론 EU, ASEAN 등 역내 포괄 협정을 포함하여 총 52개국에 이른다.[65]

4. 세계화와 일상 구조의 변화

소비 시장이 세계화하면서 국지적인 일상 영역에서 이루어지던 소비 양식과 소비 규범 등이 급격히 변하고 있다. 시장 개방에 따른 소비문화의 충격과 일상 생활양식의 변화 조짐들이 곳곳에서 나타나고 있다 .

'UR' 협상 이전에도 한국사회는 이미 시장의 개방이 이루어진 상태이긴 하지만 최근 시장의 개방은 더욱 급속히 진행되고 있다. 몇몇 신문의 기사는 1990년 중반 이후의 동향을 잘 보여주고 있다. 즉 "외국의 유명업체 등이 앞다퉈 상륙하고 있고 세계 유수의 기업들이 의류 시계 화장품 등 모든 업종에 손을 뻗치고 있으며 합작 형태가 아닌 직접 진출을 시도, 한국시장을 공략하고 있다. 또한 미국은 법률시장의 개방을 공식적으로 요구하고 있는데 법률시장의 전면 개방과 지적소유권에 대한 그들의 권리보장을 강력히 요구해오고 있다. 그뿐만 아니라 교육 등 신규 5개 업종을 포함한 11개 분야의 개방을 집중 요구하고 있다."[66]

---

65) 한국의 자유무역협정에 관한 더욱 자세한 사항은 산업통상자원부의 FTA 총괄 사이트 (http://www.fta.go.kr/main/)를 참조할 것.

66) 또한 외국 유명업체들이 앞 다투어 상륙하고 있다. "합작 않고 직접 진출 공략, 미국 블랙앤

문제는 단순하게 세계 거대자본이 밀려온다는 것만이 아니다. 오늘날 세계화의 정치경제학적 의미와 그 효과는 매우 복잡하고 거대하다. 초국적 자본의 물적 상품이 들어오게 되면 비단 물적 재화뿐 아니라 자연스럽게 그 상품에 부가된 상품의 이미지가 뒤따라온다. 그리고 그 이미지와 함께 의식의 지배가 이루어진다는 것이다. 소비는 단순히 물적 재화를 사용하는 것만이 아니다. 소비는 물적 재화에 부여된 사회적 의미와 상징을 함께 사용하는 것이다. 소비자들은 물적 재화를 소비함으로서 재료 그 자체의 소비를 통해 욕구를 만족시킴과 동시에 그에 딸린 상징(이미지)을 소비함으로써 자신들의 정신적 욕구를 충족시킨다.[67]

그 이미지를 부추기는 것은 다름 아닌 광고이다. 실제로 존재하지 않는 하이퍼리얼리티(hyper-reality)의 세상을 보여주는 것이 광고 이미지이다. 광고는 "최고로 우수하고 최대한의 사용가치의 욕구를 충족시켜주는 마술을 연출한다. 그리고 우리의 소비규범과 소비유형을 규정한다." '자본주의의 꽃'이며, 상품의 미학이고 이데올로기인 광고는 새로운 욕구를 만들어낼 뿐 아니라 선진 자본주의의 제도에 대한 끊임없는 '동경과 존경'을 불러일으키기도 한다. 선진 자본에 의한 상품 및 광고의 개방화, 이른바 세계화시대를 맞이하여 서구의 문화 및 상징구조가 여과없이 우리의 일상 속으로 침투하고 우리의 일상을 지배하게 될 조짐은 어디서든 나타나고 있다.

미국의 다국적 광고산업은 국내의 광고산업뿐 아니라 그밖의 다른 나라의 광고산업에 지배적인 영향을 미치고 있다. 포스트모더니즘 문화가 미국의 경제, 군사적 지배라는 아주 새로운 물결의 내부적, 문화적 표현이라는 점을 고려할 때 다국적 광고 산업과의 제휴 및 합작광고는 새로운 포스트모던한 감성을 구성하는 데 은밀하게 작용한다고 할 수 있다.[68]

드대커서 대리점 150곳 확보, 일본 소니사 연내에 공항 면세점 운영 계획, 의류, 시계, 화장품 등 모든 업종에 손 뻗쳐(≪동아일보≫, 1994.2.28), "미국 법률시장 개방 공식 요구ㅡ법률 서비스 시장의 전면 개방과 지적 소유권 침해 사법에 대한 집행 강화"(≪조선일보≫, 1994.2.14). "미, 11개 분야 개방 집중 요구, '교육' 등 신규 5개 포함"(≪조선일보≫, 1994.2.16).
67) 상품의 대량 소비를 위한 디자인, 광고와 대중매체 등의 이미지 산업이 인간의 의식과 감성을 형성하게 한다(미술비평연구회, 1992).

여기에서 직접 우리의 사고에 큰 영향을 주는 문화산업은 더욱 주목을 끌지 않을 수 없다. 여가활동, 영상과 레저 등으로 대변되는 문화산업 자체가 오늘날 고부가가치의 황금시장으로 등장하고 있으며, 영화산업의 경우 우리나라의 시장이 세계 여덟 번째라고 하는 점을 감안한다면 더욱 그러하다.[69] 그뿐만 아니라 소비를 촉진시키기 위한 선진 자본의 전략은 유통구조를 조직화시켜 기존의 영세한 도소매 구조를 잠식하는 것인데 이미 유통 서비스 시장의 개방으로 다국적 업체인 미국, 일본 등의 편의점이 급속히 확산되고 있다.[70] 또한 최근 급속히 확산되고 있는 외국 브랜드 외식업체는 우리의 고유한 음식 문화의 전통을 완전히 바꾸어놓고 있다. 합작 및 기술도입 혹은 완전 외국 직접투자의 외식업체들이 비싼 로열티를 통해 혹은 직접 경영을 통해 많은 수입을 올리고 있는 것은 물론 음식의 취향을 바꾸어놓고 있다.[71]

더욱 우리의 사고를 지배할 수 있는 것은 교육이다. 교육서비스 시장의 개념은 교육공학용 기재 생산 산업시장이나, 교육교재교구 산업시장과 같은 협의의 교육산업시장을 포함할 뿐 아니라 정규 및 비정규 교육기관을 통해 전달되는 교육서비스산업과 그에 딸린 교육활동 모두를 의미한다. 사고와 가치를 형성하는 교육과정 그 자체가 세계화의 물결 속에서, 세계 선진국들의 유수한 자본(교육자

---

68) 강명구(1994: 187). 제일기획, 오리콤, 금강기획, 코래드 등 국내 유수의 9개 광고대행사가 미국의 다국적 광고대행사와 합작했거나 합작을 추진하고 있는 점을 비롯하여 다른 국내의 12개 주요 광고대행사들이 26개 다국적 광고대행사와 업무 및 기술제휴를 맺고 있다는 사실에서 다국적 광고 대행사의 영향력을 가늠할 수 있다.

69) 〈쥬라기 공원〉의 일년 흥행 수입은 자그마치 150만 대의 자동차 수출액과 맞먹는다(≪조선일보≫, 1994.5.18). 세계 7대 영화사는 1991년도에 1조 1000억 원에 해당하는 영화 수출 실적을 올리고 있다(≪조선일보≫, 1994.1.14).

70) 예컨대 세븐일레븐, 로손, 써클K, 훼미리마트, 미니스톱 등이다. 이들은 1990년에 불과 10여 개 미만이었는데 2~4년 후 60에서 100여 개로 증가한다. 그러다가 1997년 약 1500개로 집계되고 있을 정도로 엄청난 속도로 확산되고 있다(산업기술정보원, 1999).

71) 국내 진출 외국 브랜드 외식업체들은 대개 총매출액의 2~3%를 로열티로 지급받고 있다. 대표적으로는 일본의 롯데리아를 비롯해 대부분 미국업체로 아메리카나, 웬디스, 버거잭, 켄터키프라이드, 피자헛, 윈첼도너츠, 코코스 등이다. 한편 어린이들의 음식 선호도에 대한 한 조사에 의하면 김치와 같은 고유음식이 '제일 싫어하는 음식'으로 밀려나고 피자와 같은 외식이 '제일 좋은 음식'으로 꼽히고 있다.

본)에 의해 조정되고 세계 선진국들의 '지도와 편달'을 받게 될 참인 것이다.[72]

한국시장에서의 세계 업체의 출현은 상품 및 이미지의 판매를 통해 우리의 의식, 소비 패턴을 '세계화'된 것으로 바꾸어놓고 있다. 다름 아닌 선진 자본주의의 문화 패턴이 그대로 전 지구로 확산되어 평준화되는 '문화의 표준화' 현상이 우리 사회에도 본격적으로 발생한다는 것이다. 앞서 말한 바와 같이 소비는 단순히 물적 재화만을 유용하는 것이 아니다. 물적 재화를 소비하는 과정에서 우리는 그 상품에 부가된 사회적 의미나 상징 혹은 이미지를 동시에 소비한다. 물밀듯이 들이닥칠 세계 초국적 자본의 상품을 소비하면서 동시에 우리는 그 안에 담겨져 있는 사회적 상징을 소비하게 되고, 부지불식간에 우리의 사고와 생활유형, 즉 일상양식은 선진 자본주의의 '세계'를 닮아가게 된다. 그리고 닮아가려는 모방도 심화된다. 결국 초국적 자본의 상품, 광고와 이미지를 좇아 선진국의 문화와 가치에 일상의 적(籍)을 두려는 '주변부적 하이퍼리얼리티'로 생활양식이 전도되고 있는 것이다.[73]

---

[72] 교육개방에 관한 논의로 한준상(1994: 48). 더구나 학원시장은 '황금 어장'으로 불릴 정도로 그 규모가 엄청나 세계 대기업이 군침을 흘리는 영역이다(교육부의 공식 통계만도 총학원 수는 5만여 개, 시장규모는 2조 원을 상회한다). 우리나라의 총교육비 중 사교육비의 비율이 45.3%인데(1990년), 총교육비가 20조 8180억 원, 이 가운데 직접 교육비는 18여 조 원, 이 중 사교육비가 절반을 넘는 9조 원으로 추정되고 있다. 특히 우리나라의 대학교육은 사학의 비중이 커 1991년 현재 대학의 경우 79.1%가 사립으로 나타나고 있다(「교육시장개방에 관한 국회 보고서」, 1993). "우리나라의 사교육시장은 무려 4조 원에 이릅니다. 유아, 초등반을 위한 외국어 교육교재 시장만도 약 500억 원에 이르는데 이미 Golden Books, Labybirds, Disney사가 80%를 차지하고 있습니다."(모 영어학원 기획실 담당 인터뷰)

[73] 최홍준의 글귀를 인용해보자. "이랜드는 매 상품광고마다 '하버드의 명예를 지킨다. 아이비의 명예를 입는다.' 따위의 문구를 통해 미국이나 영국 등의 합리주의 전통과 젊음의 패기를 교묘히 결합시킴으로써, 젊은이들로 하여금 그런 옷을 입음으로써 자신이 하버드나 아이비의 '지성과 패기를 겸비한' 젊은 엘리트들과 동일시될 수 있다는 광고 담론을 사용하고 있다. 그리고 이런 광고 문안과 사진들은 길을 걷다가 마주치는 이런 체인점들의 파사드 장식과 쇼윈도를 통해 투사되는 저 너머에 그리고 내부 전시 공간에 들어설 때 영국이나 미국 젊은 엘리트들의 방안에 들어와 있는 듯한 착각을 불러일으키는 인테리어 장식 수법과 연결된다. 이렇게 해서 텔레비전이나, 신문 잡지 등의 광고를 통해 전달되는 허구적인 이미지가 이런 체인점 내부 공간으로 들어오는 순간 실재로 되어 버리며 (…) 한국의 보통 길거리에서 바로 미국이나 영국의 젊은 엘리트들이 방안으로 들어온 듯한 착각을 불러일으킨다"(최홍준, 1993: 120).

5. 전망

최근 세계화, 세계자본주의화의 추세를 보면 첨단기술의 발달과 함께 전 세계적 차원의 산업구조 조정과 맞물려 진행되고 있다. 세계는 이제 하나의 단일 무대가 되어 초국적 자본들의 이윤의 각축장으로 변모되어가고 있다. 새로운 세계무역질서는 인적 및 물적 자원의 흐름을 방해하는 어떠한 장벽도 허용하려 하지 않고 있어 조만간 세계시장은 그야말로 한 지붕으로 엮어질 전망이다.

지난 30여 년 동안 급속한 경제성장을 통해 내수 시장을 넓혀온 한국사회는 1980년대 후반 임금 상승에 의한 구매력 증대로, 그동안 소비 과정에서 배제되어왔던 생산직 근로자들이 소비 시장에 합류함으로서 내수 시장이 급격히 확대되었다. 이러한 내수 시장이 이제 세계화의 조류 속에 편입, 세계자본들과 이윤 실현의 각축장으로 접목되고 있는 것이다. 즉 한국의 내수 시장은 국내자본과 해외자본이 서로 뒤엉켜, 숨 가쁜 이윤추구의 공간으로 변화되어가고 있는 것이다.

이러한 내수 시장을 통해 세계 초국적 기업들의 상품은 물론 이미지, 상징들이 몰려들어오고 있다. 그 결과 우리의 소비 규범과 소비 유형은 물론 의식과 생활양식이 변해가고 있다. 해외자본에 의한 포섭의 강도가 넓어지고, 깊어져 우리의 일상의 가치와 규범이 '세계화'를 주도하는 선진 자본과 국가에 의해 재생산될 우려가 더욱 높아지고 있는 것이다. 선진 자본주의의 대자본이 그들 이익을 확보하기 위한 세계 정치, 경제, 문화를 재편해나가는 과정이 엄연한 세계화의 현실이라고 한다면 그 여파는 우리가 살아가는 일상의 영역에 이르기까지 광범위하게 미치게 된다. 우리가 당연하다고 믿고 살아가는 일상영역, 즉 생활세계가 세계자본에 의해 사회화되어가고 있다. 굳이 하버마스의 말을 빌리자면 자본과 국가의 권력에 의한 생활세계의 식민화가 전 지구적 차원에서 이루어지고 있는 것이다.

제4장 '계급'과 '국가' 권력의 텍스트로서의 도시공간

제1절 도시경관의 해석학

1. 텍스트로서의 도시

도시공간은 건축물, 거리, 가로등, 쇼핑몰, 가게, 간판, 아파트, 공원, 그리고 무리를 지어 유동하는 군중 등 여러 표현체들(representations)로 가득 찬 공간이다. 이들 표현체 속에는 모두 나름대로의 '의미'들이 형성되어 있다. 이들 표현체들의 의미는 시공간적 축을 따라 다양하게 변하기도 하고 중첩되기도 한다. 역사적 상황에 따라 당시의 의도와 상관없이 새로운 의미가 생겨나기도 하고 반전(反轉)되기도 한다. 3·1빌딩과 63빌딩은 근대화의 상징물로, 명동성당은 사회운동가들에 의해 '저항의 메카'로 상징화되고 있다. 권위주의 국가권력을 대변하던 표현체로서의 여의도광장은 아이러니하게도 권위주의 국가권력에 도전하는 저항 집단들의 집회장소로 쓰이고 있다.

도시는 무수히 많은 의미들과 해석들이 그물망처럼 엮여 있는 공간이다. 다양한 의미들로 구성된 텍스트로서의 도시, 이 텍스트를 어떻게 읽을 것인가?

텍스트란 '일련의 기호 집합체'이다. 텍스트란 "독자들에게 특정한 의미를 전달하기 위해 어떤 맥락(context) 안에서 작가가 의도하고, 정렬(arranged)하고, 선택한 기호들의 집합적 실체"이다(Garcia, 1995: 4). '의미'를 갖는 기호들의 구조 혹은 질서화된 상징체들이 곧 텍스트인 것이다. 텍스트는 항상 상징을 지니고 있고, 이 상징은 바로 인간의 실천의 산물이다.[1] 텍스트는 특정한 역사적 맥락 속에 살고 있는 주체들이 상호 의사소통 과정에서 '상징'을 조합하고 사용할 때 생겨나는 것이다. 텍스트는 말한 것, 쓰인 것뿐 아니라 이미지, 조각, 건축 형태, 음악, 신체적 운동 등 다양한 형태를 포함하고 있다. 좁은 의미에서 텍스트는 "쓰여진 것으로서 고착된 특정한 담론"으로 규정될 수 있지만, 넓은 의미에서 텍스트는 "상징을 표현하는 것들 모두"를 지칭한다. 따라서 텍스트는 글은 물론 건축이나 그림, 음악 등 의미를 지니고 있는 모든 것을 포함한다. 의미들로 가득 찬 도시경관(urban landscape) 역시 텍스트이다. 즉 인간 주체의 산물인 표현체로서의 도시경관에는 다양한 의미들이 담겨 있고, 이 다양한 의미 구조의 복합체로서 경관은 읽혀질 수 있는 텍스트인 것이다.

도시경관의 의미들은 주체들이 특정한 의미 구조를 삽입하고 독해하는 과정에서 발생한다.[2] 도시 건축물이나 길거리, 장식물, 간판, 아파트나 심지어 주유소 등에 이르기까지 도시경관을 구성하는 모든 표현체들 속에는 만든 이들의 '의도된 의미'와 보는 이들의 '해석된 의미'들이 맞물려 발생하는 '복합적 의미'로 구성되어 있는 것이다.

도시의 건축물을 비롯하여 간판, 빛, 색깔 등 모든 것이 텍스트의 구성 요인이다. 공간형 성에 관련된 물적 자원을 생산하는 실천(공간의 하부 구조, 이를테면 도로, 항만, 철도, 빌딩 등을 생산하는 행위)과 다양한 표현체(건축물, 박물관, 도시계획

---

[1] "텍스트는 질서화되고, 고정된 상징의 복합체이다"(Fornäs, 1995: 149).
[2] "우리는 모든 경관을 상징적인 것으로, 문화적 가치나 사회적 행위, 시간에 걸쳐 특정한 지역에서 활동하는 인간 행위의 표현들로 보고자 한다"(Meinig, 1979: 6). 의미의 삽입과 해독은 코드화(encoding)와 탈코드화(decoding)를 논의한 홀(Hall)의 입장과 비슷하다. 코드화란 기호의 형태를 취해 저자가 텍스트 속에 의미를 불어넣는 과정이며 탈코드화는 독자들이 그 의미를 재생시키는 과정이다. 그러나 탈코드화 과정에서는저자가 의도하지 않은 의미가 생겨날 가능성이 크다(Hall, 1994).

등)들을 통해 공간은 하나의 독특성을 획득한다.[3] 도시공간은 또한 담론, 상징, 은유 등을 포함한 '상상의 환경(imagined envrionment)'이다.[4] 그리고 이 담론이나 상징에는 역사적으로 형성된 '의미'들이 퇴적되어 있다.[5] 예를 들어 거리나 동상, 건축물, 다리 등엔 전설이나 신화, 역사적 사건과 관련된 서술들이 각인되어 있다. 그런가 하면 도시 전체가 특정한 이미지를 갖고 있기도 하다.[6]

따라서 도시공간은 '담론체로서의 텍스트'이다. 담론이란 특정한 주제에 관련된 언술들, 개념, 이데올로기들의 복합체를 말한다(Barnes and Duncan, 1992: 8). 담론은 주체들의 상호 의사소통의 관계 속에 구체화되어 있는 언어이기 때문에 사회적이고 역사적이다.[7]

2. 의미와 해석학

텍스트 분석의 일차적 작업은 의미를 캐내는 일이다. 그렇다면 의미는 어떻게 생산되고 어떻게 분배되는가? 의미는 고정된 것인가, 변화하는 것인가? 의미는 기본적으로 언어를 통해 표현된다. 언어를 통한 상호 의사소통을 통해 의미는 끊임없이 생산되고, 재생산된다. 언어는 곧 의미가 생산되고 분배되는 착지점인

---

[3] 이는 르페브르의 3가지 공간의 구성요인과 관련된 것이다(Lefevbre, 1991a: 38~39).

[4] 이는 민족이 상상된 공동체라는 앤더슨(Anderson)의 표현에서 비롯되었다. 민족(nation)은 동일한 가치, 규범, 담론 등 역사적이고 문화적인 '의미'를 통해 형성된 '상상의 공동체(imagined community)'이다(Anderson, 1991).

[5] 담론은 대상에 대한 일련의 진술체, 즉 표현방식 혹은 주제에 대한 특정한 종류의 지식을 말한다. 그러나 푸코는 담론 개념을 확장, 특정한 주제를 특정한 방향으로 구성하게끔 하는 권력에 중점을 두었다. 한편 윌리엄스는 영국작가들의 작품에 대한 분석을 통해 이들 작품들이 어떻게 도시와 농촌의 이미지를 심어가고 있는지를 분석하고 있다(Williams, 1973).

[6] 예를 들어 빛고을 혹은 예향(藝鄉)이라는 이름으로 불리고 있는 광주는 예술의 도시, 안동은 양반의 도시 등으로 이미지화되고 있는 경우들이다. 서틀즈는 도시 이미지의 원천을 지역사회의 창립자들, 유명한 기업지도자들, 지역의 공산물 등에서 찾고 있다(Suttles, 1984).

[7] 그렇기 때문에 데리다, 바르트나, 박틴 등의 개인주의적 접근을 반대한다. 또한 사유구조나 개념 그 자체보다 제도 속에 응결되어 있는 담론의 권력적 속성을 주장한 푸코는 제도가 인간 실천의 산물이라는 점을 무시하고 있다.

것이다.[8] 사람들은 언어 속의 의미를 공유하고 공유된 의미를 바탕으로 의사소통함으로써 살아간다. 그러나 모든 의미는 역사적으로 상황지워진다. 각 세대의 사람들은 과거에서부터 전수된 이해와 현재의 상황에 비추어 세계를 재해석한다. 그러므로 모든 의미는 문화적인 것이며 끊임없이 유동적인 상태에 있다.[9] 따라서 의미는 화자나 저자의 의도에 의해서만 발생하는 것도 아니요, 고정된 것도 아니다. 예를 들어 18세기 미국에서 "헌법은 만인 앞에 평등하다"고 했을 때 그 텍스트는 흑인과 소수인종들을 제외한 만인의 평등이라는 의미가 있었다. 그러나 오늘날 만인은 민중 모두를 포함한다. 당시 헌법을 만든 백인 지도자들(저자, 혹은 화자로서)의 의도와 오늘날 그 텍스트를 해석하는 일반인들 사이에 괴리가 존재하고 있는 것이다.

이러한 의미를 어떻게 해독할 것인가? 해석학은 텍스트에 삽입된 기호와 메시지를 벗겨내는 작업이다. 해석학은 성경의 주석 이해에서부터 인문학은 물론 기호학, 현상학, 언어철학, 의사소통이론, 종교학, 미학이론에 이르기까지 다양한 줄기로 발전해오면서 많은 쟁점을 불러오고 있다.[10] 해석학은 자연과학과 달리 역사적인 행위와 경험의 의미를 캐는 방법론이어야 하는가 혹은 존재론적으로 행위자들에게 고유한 것인가?[11] 해석학은 텍스트의 저자의 의도까지 이해해야 하는가 아니면 저자의 의도와 상관없이 이해하는 것인가?[12] 해석학이 행위자들의 권력

---

[8] 물론 언어는 다양한 양식으로 표현된다. 예를 들어 쓰는 언어는 문자를, 음악의 언어는 오선지를, 물리적 언어는 몸짓 등을 사용한다.

[9] 이에 대한 기본 입문서로 Hall(1997).

[10] 이에 대해 Palmer(1969).

[11] 딜타이(Dilthey)는 해석학의 기본 목표가 작품 속에 표현된 삶의 경험을 포착하는 것이라고 주장한다. 그 과정은 자연과학처럼 합리적으로 이론화되는 것이 아니다. 이해는 타자를 성찰하는 과정 즉 재경험하는 성찰적 과정이다. 그러나 가다머(Hans-Georg Gadamer)는 해석학적 방법은 진리에 도달하는 길이 아니며 이해 자체는 현존재(dasein)의 존재 방식이라고 말한다. 이해는 인간 존재의 근본적 운동이며, 역사성을 갖고 있고, 보편적인 것이다. 딜타이가 해석학을 정신과학의 고유한 방법론으로 쓰고 있는 반면 가다머는 존재론적 입장에서, 해석학을 인간 행위에 보편적인 것으로 보고 있다. Palmer(1969). 그리고 Gadamer(1975).

[12] 가다머는 해석학의 기본 업무가 저자가 아닌 텍스트 그 자체를 이해하는 것이라고 보는 반면 베티(Betti)는 원저자의 의도까지 포착하는 것이어야 한다고 주장한다.

관계를 잘 포착하고 있는가?[13] 블레이처(Bleicher)는 해석학의 조류를 다음 세 가지로 정리하고 있다(Bleicher, 1980).

첫째, 인문과학(정신과학)의 방법론으로서 해석학이다. 해석학은 작가의 원래 의도를 재경험과 재사유를 통해 포착하고자 하는 방법론으로서 인간행위와 의식에 대한 바른 이해를 위해 고안된 것이다.[14]

둘째, 해석학적 철학의 조류로 '의미'에 대한 객관적인 탐구 방식을 거부하는 입장이다. 사회과학자나 혹은 해석자 그리고 해석의 대상은 모두 역사적인 전통의 맥락에 처해 있다. 그렇기 때문에 해석자는 그가 접근하고자 하는 대상에 대해 이미 편견 즉 전(前)이해를 갖고 있다. 그러므로 중립적인 마음으로 대상에 대한 이해를 한다고 하는 것은 불가능하다. 해석학의 목적은 방법론적 절차를 통해 객관적 지식으로 도달하고자 하는 것이 아니라, 인간의 존재(시간적 역사성을 갖는)를 현상학적으로 기술하는 데 있다.[15]

셋째, 비판적 해석학으로서 기존 해석학 등이 언어 외부(extra-lingustic)의 맥락(사회체계, 권력 집단 등)을 고려하지 않았던 점을 비판하고 있는 입장 등이다.[16]

해석학의 다양한 흐름과 논쟁에도 불구하고 해석학은 '의미 해독'을 위한 방법론으로 도시경관을 이해하는 데 매우 유용한 시각을 제공한다.[17] 해석학은 언어나 이미지, 개념, 신화나 의례, 전통, 개인 도덕적의 양심, 종교적 경험이나 과학

---

13) 이른바 가다머-하버마스 논쟁으로 불리는 '비판적 해석학'에 관련된 논의이다. 하버마스는 가다머가 인간의 이해가 억압 체계에 의해 이데올로기적으로 조정되어 있다는 사실을 무시하고 있다고 비판한다. 이에 대한 글로, 최종욱(1990).

14) 이러한 시각은 딜타이에 의해 더욱 확장되었는데 그는 삶의 경험과 역사적 지식의 조건에 관심을 두었다.

15) "우리의 편견은 과거로부터 단절될 수 없다. 편견과 전통은 이해자 자신의 근거이다"(Gadamer, 1977: xii). "해석적 경험은 모든 방법론에 앞서 있다"(Gadamer, 1977: 26). "해석학의 원칙은 해석 가능한 것을 모두 이해하는 것이다. 이해될 수 있는 존재(being)는 곧 언어이다"(Gadamer, 1977: 31~32).

16) 앞에서 말한 하버마스의 입장이다.

17) 최근에 다양한 변수를 도입하여 실증적인 통계적 작업을 통해 도시 경관을 분석하려는 이른바 '경관학파'의 작업들이 흥미롭다. 참고로 Sliver&Clark(2016), 한국과 일본의 사례를 비교한 장원호(2013; 2014).

의 진리에 이르기까지 모든 전 영역에 걸쳐 삽입(code) 되어 있는 의미 형태를 설명한다.

기호학은 해석학의 한 조류로서 텍스트 분석을 위해 흥미로운 시사점을 던져 주고 있다. 바르트(R. Barthes)는 다양한 문화의 형태들과 그 밑에 깔린 이데올로기에 관심이 있었다. 그는 도시 이미지는 무한한 은유의 담론이기 때문에 도시의 이미지에 숨겨진 의미는 사회적인 것이 아니라 심리분석적인 것이라고 주장한다.[18] 도시는 담론이며 언어이다. 즉, 도시는 무언가를 거주자들에게 말하고 있고, 우리는 그 안에 거주함으로써, 그리고 그것을 바라보고 배회함으로써 도시에게 무언가를 말하고 있다. 그는 모든 도시 인구가 스스로의 길을 걸으며 '백만의 시'를 쓴다고 말할 정도로 도시의 모든 상호작용을 담론으로 본다. 그는 텍스트를 다(多)의미를 생성해내는 상징의 결합이며, 텍스트 읽기는 작가나 당시의 맥락과 상관없이 끊임없는 의사소통의 과정이라고 말한다.

사물의 단어나 이미지는 그에 부가된 의미를 생산한다. 옷은 단순히 물리적 기능뿐만 아니라 기호로서 의미를 구성하고 메시지를 전달한다.[19] 예를 들어 이브닝 드레스는 '우아함'을, 청바지는 '일상성'을 표현한다. 기호는 지시체로서의 1차적 의미와 함축의미(파생된 의미, 2차적 의미)로 구성된다. 1차적 기의(denotation)는 간단하고 근본적이고 기술적인 수준으로서 대부분 사람들이 동의하고 공유하는 의미이다(예컨대 '개'는 4개의 다리를 가진 동물로 짖는 생명체). 그러나 함축 의미(파생적 의미, connotation)는 보다 광범위한 의미들을 갖고 있고, 대부분 사람들이 당장 이해하고 공유할 수 없는 것들이다(예를 들어 개에 파생된 의미는 다양하다. 충성, 사랑, 하급, 더러운, 욕……). 함축의미는 이데올로기와 밀접한 관련이 있다. 그것은 문화적으로 형성되는 것이다. 바르트는 그의 『신화학』에서 표현체가

---

[18] 따라서 바르트는 의미의 사회적 생성 과정을 무시하고 있다는 비판을 받고 있다. 그의 글, Barthes(1986). 이 밖에 이 책에 실린 에코(Eco), 부동(Boudon), 레드러트(Ledrut) 등의 논문을 볼 것. 모두가 약간의 차이들을 보이고 있다. 사람들이 도시를 어떻게 인지하고 있는가에 대한 논의는 일찍이 린치(Lynch)에 의해 시도된 바 있다(Lynch, 1997).

[19] 기호의 의미 분석을 쉽게 소개한 책으로, Berger(1989). 그리고 전문적인 글들을 묶은 Blonsky(1985).

어떻게 파생적 의미들을 갖고 있는지 꿰뚫고, 그 이데올로기성을 냉소적으로 바라보았다.[20)]

도시의 건축물, 거리 동상 등 물리적 대상들 속에는 1차적 기의(dennotation)뿐 아니라 다양한 집단이나 계급에 의해 생성된 함축적 코드(connotative codes)를 갖고 있다. 도시기호학자들은 바로 이러한 파생 의미에 더 큰 관심을 두고 있다. 이는 바로 문화적으로 다양한 집단이나 계급에 의해 형성되는 사회현상이기 때문이다.

도시기호학에서 물적 대상들은 의미를 담고 있는 수레바퀴와도 같다. 그러므로 상징적 행위는 항상 물리적인 대상뿐 아니라 사회의 담론을 포함한다. 도시기호학의 대상들은 도시공간을 이루는 요소들, 즉 거리, 광장, 빌딩, 외관들이다. (그러나) 기호학은 또한 부의 소유권에 대한 법전, 도시계획에 관련된 글(텍스트), 도시공간을 이용하는 사람들의 담론, 부동산 광고 등을 포함한다(Gottidienere and Lagopoulos, 1986: 3).

해석학이나 기호학 모두 텍스트에 삽입된 의미에 관심을 두고 있다. 간단히 말해 해석학이나 기호학 모두 텍스트의 의미 분석을 위한 방법론으로 작용한다. 그러나 의미란 앞서 말한 바와 같이 시공간적으로 매우 유동적이다. 텍스트의 의미는 정태적으로 이미 '주어져 있다'기보다는 끊임없이 재생되고, 누적되는 것이다. 그렇기 때문에 해석학적 텍스트 분석은 끊임없이 상호 의사소통을 통해 쌓이

---

20) 프랑스 군복을 입은 흑인 병사가 프랑스 국기를 보고 경례하는 장면 속엔 문자 그대로의 메시지가 있다. 즉 "프랑스는 위대한 제국이다. 그리고 그의 모든 아들들은 어떤 피부색에도 상관없이, 국기 앞에 충성을 표한다"라는 지시 의미(일차적 기의)가 있는 것이다. 그러나 이 장면엔 보다 광범위하게 문화적 의미가 파생되어 있다(함축 의미). 백인 억압자들에게 봉사하는 흑인 니그로(Negro)의 열정은 제국주의를 꿈꾸는 백인 전략가들에게 더할 나위 없이 좋은 메시지인 것이다. 레슬링 분석에서도 그가 보는 것은 "누가 이기느냐"가 아니라 "이 이벤트의 의미가 뭐냐" 하는 것이다. 즉 그는 허풍의 언어로 간주되는 레슬러들의 과장된 몸짓에 담긴 의미를 읽는다. 그는 서양인들이 당연하다고 믿고 있는 다른 나라에 대한 지식, 예를 들어 오리엔탈 연구가들이나 여행 안내자들의 지식이 얼마나 서구 중심적이고 이데올로기적인가를 신랄하게 꼬집고 있다(Duncan and Duncan, 1992: 36).

고, 변형되는 의미의 구조화 과정을 연구하는 것이다.[21]

의미는 또한 모든 동일한 구성원이 동일한 방법으로 부여하는 것이 아니다. 다양한 집단들이 차별적으로 의미를 부여한다. 텍스트로서의 경관 분석은 텍스트 속에 사회적 관계들이 각인되어 있다고 하는 것이다. 그러나 사회적 관계들은 계급, 성, 국가, 인종 등의 권력에 의해 질서화되고 위계화되어 있다. 기호, 상징, 아이콘(icon), 계율들을 통해 권력 집단은 그들 자신의 '이야기'를 텍스트에 부가하려 한다.[22] 텍스트 속으로 의미가 삽입되는 과정에는 다양한 권력관계가 교차된다. '의미'는 단순히 형성되는 것이 아니라 권력에 의해 위계화한 개인들, 집단, 성, 인종, 계급 등의 복잡한 상호관계 속에서 형성되는 것이다.

도시경관에 대한 지배적인 이미지와 담론은 권력의 산물이다. 이를테면 차이나타운(China Town)이란 담론은 '중국 사람들이 모여 사는 도시공간'이라는 지시체적 담론을 넘어서 다양한 함축 의미들, '신비한 혹은 열등한 아시아인들의

---

21) 공간의 해석학을 위하여: 시공간의 부단한 흐름 속에 풍경(landscape)이 스친다/ 사진틀의 사진처럼, 이미지로 화신(化身)하고 나는 그 자연과 인공(人工)의 미학에 대해 사유하며, 시공간을 멈추기 위하여 외면하기도 했다. 응시하는 이의 경외로움. 의도와 의미가 겹접이, 시공간의 실타래 속으로 퇴적된 건축들과 거리, 동상, 군중들, 그리고 그 무리들의 궤적들……/ 처녀림으로 길게 누운 연두색 언덕과 삼각 물결로 가쁘게 흘러가는 에메랄드 빛깔의 강물들……/ 나는 응시의 틀 속에 담아놓은 '경관'과 '풍경' 속에서 권력과 계급 그리고 삶의 일상성과 도전들을 발견한다. 흰 색 도시 워싱턴의 뮤지엄 숲에서 내 선조의 고혈이 담긴 백자(白磁)가 놓여 있는 이유에 대해, 문명성과 단지 제국을 위하여 섬긴 물상화(fetish)된 사유…… 긴 침묵을 느낀다./ 세계의 중심으로 유형화된 워싱턴 광장과 의회, 의회의 독수리상들과 교묘하고 절묘한 이데올로기의 담론들……. 오후, '사우스(南)'의 영역엔 작은 군중들이 산재하며 걷는다. 백색 도시 속의 검은 군(群). 금 긋기는 보편이다/ 빛깔, 냄새 그리고 이미지들. 여행자에게 남은 기억들을 꿰매는 작업, 나는 이를 '해석학'이라 부른다. 견고한 덩어리를 파편으로 해체하고 다시 그 파편들을 하나의 총체(totality)로 이루게 하는 것/ 인상의 틀 속에 담긴 풍경들/ 나는 이를 또한 '텍스트'라 부른다/ 기호들의 총체, 다소 불안한 해석과 담론의 결과들/ 신화와 건축과 경관은 과거의 기억들을 소생시키고, 역사는 흑백사진처럼 그러나 선명히 드러난다. 과거는 표현체들 속으로 보호되는 법. 언어 속으로 상징과 상징체들이 삽입되고 또다시 탈코드되는 담론의 텍스트/ 공간은 지워지지 않고 다시 살아난다. 때로 색다른 모습으로/ 아무런 의미 없이 스쳐간 길과 길모퉁이, 기꺼이 그대들의 지(知)로 소생되어 기쁨을 주겠노라 하였다./ 해석은 고통을 따르지만, 고통의 끝은 빛(필자 씀).

22) 바로 이 점이 함축 의미들이 이데올로기와 깊은 관련을 맺는 이유이다(Duncan, 1990).

삶의 장소' '호기심을 유발하는 관광의 장소' '유혹과 부도덕적인 쾌락의 공간' '범죄와 빈곤' 등의 의미를 담고 있으며 이러한 의미는 권력을 잡은 백인들에 의해 규정된다.[23]

　도시경관에 대한 의미 분석은 거슬러 올라가면 건축물의 독해 방법에서 시초를 찾을 수 있다. 1930년대 이미 멈퍼드(L. Mumford)는 도시 속에 들어 있는 문화적 의미를 파악하려 했고 그는 이후 건축학적 독해론자들에게 많은 영향을 미쳤다.[24] 사회학 분야에서 건축이나 도시의 물리적 경관에 대한 의미독해의 작업은 많지 않지만 킹(A. King)의 일련의 작업들이 매우 유용하다. 빌딩은 정치, 경제, 종교, 문화 등 다양한 기능의 필요에 의해 지어지지만 그 크기나, 장소, 형식은 사회의 이데올로기나 신념 체계 그리고 권위 체계 등에 영향을 받는다.[25] 건물은 어떻게 사회적으로 생산되는가. 건물은 어떤 기능과 목적, 의미 등을 수행하는가? 즉 경제, 정치, 사회, 문화를 어떻게 재생산하는가? 사회변동과 함께 건물의 의미들을 어떻게 해석할 것인가(King, 1984). 기호 체계로서의 문화는 제도와 행위, 사회관계를 통해 우리의 일상 속에 각인되어 있을 뿐 아니라, 도시의 건축물이나 경관 속에도 응결되어 있다(Rotenberg and McDonogh, 1993).[26] 물론 거기에는 문화뿐 아니라 정치체제나 사회경제 체계 등이 종합적으로 간여한다.[27]

　텍스트로서의 도시경관에 대한 사회학적 해석학은 도시와 전체적인 사회적 맥락을 시공간적으로 연결시키면서 그 의미를 끌어내는 작업이다. 몇 가지 고려할 점들을 다음과 같이 정리해보기로 한다.

---

[23] 중국마을의 형성 과정과 인종차별 문제에 대해, Anderson(1988). 미국 시카고, 워싱턴의 대도시의 '남(South)'은 어떤 의미를 담고 있는가? 남은 '흑인' '빈곤과 범죄' '위험' 등의 이미지로 구조화되어 있다.

[24] 건축은 다양한 사회적 사실들을 반영한다(Mumford, 1970: 401).

[25] "또한 거주지는 친족 체계와 종교, 사회계급에 영향을 받는다"(King, 1980: 9). 건축가들과 고객, 이용자들의 관계의 측면에서 건축의 디자인에 대한 사회학적 접근으로 Zeisel(1975).

[26] 이들 학자군들은 또한 사회문화의 맥락은 물론 세계 정치경제체계의 변화가 어떻게 건물과 거주지 형성에 영향을 주는가를 검증해보고 있다. 대표적으로 Agnew et al.(1984).

[27] 보다 거시적으로 도시화 과정을 사회정치체계의 입장에서 본 저작으로, Eisenstadt and Shachar(1987).

첫째, 건축, 거리, 광장, 아파트, 도시계획 등 다양한 표현체들로 구성된 도시의 경관은 사회적 의미들이 응결된 텍스트이다. 해석학은 그러한 텍스트의 의미를 포착하고 이해하는 방법론이다. 그러나 때때로 원작가의 암호 체계가 독자들에 의해 다양하게 해석되고 다르게 인식되듯이 도시경관 역시 시공간적으로 다양한 방식으로 이해된다. 고전적 텍스트 해석은 원작가의 의도를 캐내는 데 집중했지만, 원작자의 의도만이 텍스트의 모든 의미 체계를 구성하는 것이 아니다. 원작가의 의도와 상관없이 독자들(개인, 집단, 계급 등)은 그들 나름대로 의미를 부여한다.

둘째, 이와 관련하여 해석은 단선적이지 않다는 점이다. 계급, 성, 인종 등 다양한 '집단'은 그들 나름의 세계관과 행위 규범 등을 지니고 있다. 이 다집단들은 제각기의 시각과 경험을 통해 도시공간의 표현체들을 해석하고 또 그들 나름대로 의미를 부여한다. 따라서 공간의 표현체들은 '다의미'로 구성된다.[28]

셋째, 기존의 해석학적 텍스트 분석은 개인적 행위의 차원에 초점을 두고 있다. 그러나 개개인의 언어가 문화적으로 구조화된 문법체계 속에서 이루어지듯 개인의 행위는 결국 문화라고 하는 체계 속에서 이루어진다. 개인의 경험과 인식은 역사적으로 퇴적된 문화적 전통에 의해 형성된다. 따라서 해석의 궁극적 대상은 개인 그 자체가 아니라 개인이 속한 문화인 것이다.

넷째, 담론체계로서 텍스트는 문화적 맥락(context)뿐 아니라 정치/경제적 요소에 의해서 형성되고 또 변화한다고 하는 점이 강조되어야 한다. 고트디너(Mark Gottdienere)의 지적처럼 텍스트 분석의 큰 줄기를 형성하고 있는 인지론이나 기호학의 가장 큰 약점은 정치경제적 구조 혹은 기호 형성의(상징과 이미지 등) 물적 기반에 대한 논의가 미흡하다는 것이다. 상징과 이미지의 생산 기반으로서의 정치경제적 '맥락'에 대해 초점을 둘 필요가 있다.

다섯째, 물론 텍스트의 담론들이 곧 텍스트가 지시하고 있는 현실을 그대로 반영하고 있는지에 대해서는 여전히 '논쟁의 여지'가 있다. 텍스트의 담론은 현

---

[28] 올슨(D. G. Olson)은 멈퍼드의 입장을 그대로 이어받고 있지만 전체 사회가 아닌 특정한 집단들의 가치나 의미가 스며들어 있는 것으로 도시를 보았다(Olson, 1983).

실을 벗어난, 허구의 세계를 반영할 수도 있기 때문이다.[29]

여섯째, 텍스트로서의 공간적 표현체는 계급, 성, 인종 등의 범주에서 형성되는 권력관계로부터 자유롭지 않다. 다시 말하면, 건축이나 도시계획에 의한 공간의 배열, 거리 조성 등 다양한 표현체들은 국가나 특정 계급, 성과 인종 등의 권력관계에 의해 만들어진다. 강남은 상류계급의 권력을, 시카고의 '남과 북'의 공간적 분절화는 인종에 의한 권력을, 몽마르트 언덕의 대성당은 왕당파와 보수 기독교 세력의 권력을, 레닌그라드, 북경의 천안문 광장은 사회주의체제의 권력을, 3·1빌딩은 개발도상국 자본의 권력을, 5·16광장은 권위주의 정권의 권력을, 63빌딩은 신흥 공업국에서의 '자본'의 권력을 반영한다. 하비가 분석하고 있는 바와 같이, 파리의 대성당은 당시 왕당파와 프롤레타리아, 부르주아들 간의 권력의 결과로 생겨난 공간의 표현체이다(Harvey, 1989). 현란하면서도 정교한 모더니즘 건축으로 가득 찬 시카고 다운타운은 '자본주의의 도시 미학의 결정체'이다.

일곱째, 도시 표현체에 대한 텍스트 분석은 특정한 건물이나 유물, 역사적 사건에 집중하는 경향이 있다. 그러나 아파트, 허름한 벽, 공원, 동네 슈퍼, 구멍가게들, 거리 등 이른바 토착적이고 일상적인 경관에도 눈을 돌릴 필요가 있다. 오히려 수많은 사람들이 경험하고 인지하는 것은 특정한 유물이나 유명한 건물이 아니라 바로 이들 장소이기 때문이다(Jackson, 1976; King, 1996; Meinig, 1979).[30]

3. 국가권력과 도시공간의 표현체

국가는 정통성과 통치의 위엄을 나타내기 위해 다양한 표현체를 생산한다. 실

---

[29] 기표와 기의와의 불일치를 주장하는 데리다류의 인식은 담론 체계가 반드시 실체를 반영하는 것이 아니라는 것을 보여준다. 그렇기 때문에 텍스트와 현실과의 관계는 늘 불안정하다. 그러나 정치/경제구조 등의 맥락 분석을 시도한다면 그러한 불안정성은 어느 정도 극복될 수 있을 것으로 보인다.

[30] 이 전통은 문화지리학자들의 작업에서 많이 발견된다. "문화 경관의 연구는 사람들이 일상적 공간 — 빌딩, 방, 거리, 들판 등 — 에서 어떻게 사회관계를 맺고 문화적 의미를 끌어내는지에 초점을 둔다"(Groth and Bressi, 1997: 1).

록이나 법령집, 역사서 등은 물론이고 도시의 공간적 표현체들을 통해 국가는 그 통치 권력을 상징하고자 한다. 건축물과 거리, 광장이나 망루 등의 공간적 배열을 총괄하는 도시계획은 기능적 요인 외에 통치권위를 상징하기 위해 실행되었다. 예를 들어 중국의 베이징은 유교주의에 바탕을 둔 지배자들의 통치 원리가 반영되어 설계되었다. 황제의 궁은 중앙에 위치하고, 동쪽에 조상을 모시는 사당 그리고 오른쪽에는 흙과 돌의 제단이, 그리고 남쪽으로 행정관서가, 뒤편으로 일반 서민들의 시장이 자리 잡았다.[31] 유교의 원리에 따라 북남을 중앙 축으로 하여 황제의 궁과 정부관료 청사, 종교 사원, 왕족의 거주지는 중앙 축의 동서편으로 체계적으로 배치되었다. 이는 유교주의적 국가의 통치의 권위를 반영하는 것이다.

국가는 건물은 물론 도로 광장 등을 재배치하거나 '이름짓기'를 통해 정권의 위세를 대변하고자 했다. 대개 혁명 광장과 동상 및 첨탑은 신권력집단의 정당성의 상징으로 등장한다. 레닌 광장은 볼셰비키혁명 이후 소련의 권력을 상징하고, '위대한 수령'으로서의 근엄함을 이미지화하고 있는 웅장한 김일성 동상은 인민에 대한 통제의 권력을 의미한다. 중국 천안문 광장은 사회주의 정권에 의해 재차 '만들어진 공간'으로서 유교 사회에서의 황제의 권위가 사회주의 정권의 권위로 전이된 공간이다. 천안문 광장의 첨탑은 인민들의 혁명 의지를 상징하고 북돋우기 위해 전통 양식과의 부조화 속에 등장했다.[32]

---

31) "국가의 수도를 계획하던 당시 장인들은 양측에 세 개의 대문을 세우고 각 면당 9리 평방을 측정했다. 수도 안은 측면을 가로지르는 아홉 개의 통로로 분할되었다. 북남쪽 거리는 아홉 개의 마차가 지날 수 있는 넓은 길이 뻗어 있었다. 왼편에는(동쪽)에는 고대 제국의 사원이 서 있고, 오른쪽으로는 흙과 암석의 제단이 서 있다. 남쪽(정면)에는 행정관서들이 서 있고 뒤편에 시장이 있었다"(Zhu and Kwok, 1997: 127).

32) 원래 노동자 혁명관은 주변 환경과의 조화를 위해 전통양식으로 고안되었다. 그러나 당시 사회주의 정권의 지도부에서는 평면적 건축이 이른바 혁명성을 북돋을 수 없다는 이유로 계획안을 수정하도록 지시한다(Wu Hung, 1991). 그러나 아이러니 하게도 천안문 광장은 1989년 천안문사태 이후 사회주의 정권에 도전하는 '매우 위험하고 불손한' '진취적이고 애국적이며 민주적인' 시위의 상징공간으로 되어 있다.

독일의 히틀러나 이탈리아의 무솔리니, 심지어 러시아의 스탈린에 이르기까지 이들이 공통적으로 그들의 무소불위의 권력을 입증하는 흔적을 특정 건축물이나 도시설계에 반영했던 사실들을 우리는 쉽게 잊고 있다. (…) 무솔리니가 로마 근교에 에우르(EUR)시라 불리는 신도시를 건립하면서 '노동자 궁전'을 중심으로 배치한 사례들도 또한 그 전형적인 예에 속하는 것이다. 특히 스탈린은 인민이 쉽게 알아볼 수 있는 건축 언어-고전주의 건축 언어-에다 거대주의 또는 사회주의의 위대함을 건물을 통해 웅변으로 보여주고자 했다(정기용, 1994: 48-49).[33]

신흥 산업국가들 역시 근대화의 이념을 도시공간에 투영하려 했다. 브라질 등에서 볼 수 있는 것처럼 국가는 '고급 모더니즘(High Modernism)' 도시계획의 원리인 '웅장, 장엄, 기능'적 측면을 도시계획에 투영시키기도 했다. 이른바 '국제건축양식'의 건축들이 토착의 경관이나 일반 사람들의 견해, 정서 등과는 상관없이 국가의 위력에 의해 일방적으로 들어서게 되었다.[34]

서울 광화문에서 남대문까지의 도시공간은 조선 왕권의 위엄과 쇠락, 제국주의의 권력과 국가의 권위 등이 응결되어 있는 곳이다. 풍수사상과 유교의 원리가 반영된 조선시대 서울은 국가의 권위를 '온 천하에 드러내기' 위해 설계되었다.[35] 국왕이 거처하고 국사의 정책을 결정하는 정청(政廳)으로서의 기능 외에 왕실과 국가의 존엄성을 나타내기 위해 궁궐들이 지어졌다(서울특별시, 1987). 그러나 일본 제국주의는 도시공간의 재편을 통해 조선조의 왕권을 부정하고 식민지 권력을 투영했다. 일본 통치자들은 4대문의 도로 정비와 공간 분할을 통해 제국주의적 지배를 공고히 했다. 조선총독부가 경복궁의 근정전(勤政殿)을 가리고

---

33) 참고로 히틀러 시대의 건축물에 대해서는 Lehmann-Haupt, 1954; Lane, 1968. 중국 사회주의하의 예술 작품에 대해서는 Galikowski, 1998.

34) 이러한 국가계획의 도시에서는 국가의 권력만이 나타날 뿐 인간의 모습이 사라졌다. Scott(1998) ch.4를 볼 것.

35) "한양의 래맥(來脈)은 백두산을 조산으로 하여 삼각산인 북한산에 이르기까지 이어져 삼각산에서 종(宗)을 일으키는 형국으로 래룡(來龍)의 맥세(脈勢)에 흠을 잡을 곳이 없다"(최창조, 1984: 221). 최창조는 이어 정도전의 한양도읍에 대한 풍수적 해석을 소개하고 있다.

'근대 서양식 건축'의 모습으로 들어선 것은 왕권의 교체를 상징하는 것으로서, 조선총독부 건물은 동양의 건축물과는 판이한 '서구 형태'를 띠고 나타난 제국주의의 상징체였다.[36] 총독부의 맞은편 태평로 길을 따라 호텔, 경성부, 경성역, 은행 등의 서구식 건물들이 들어서면서 서울의 4대문 안은 식민지 공간으로 재편되었다.

독립 이후에도 조선총독부 건물은 여전히 신생국의 국사를 돌보는 거처로 사용되었다. 조선총독부의 건물은 '경무대' '청와대'로 이름이 바뀌면서, 식민지 지배의 산실이 아니라 권위주의 정권의 산실로 기능하고 있었다.[37] 제6공화국하에서 조선총독부 건물은 정권의 정통성과 민족주의라는 담론 속에서 마침내 철거되었다. 당시 '예술적인 문화유산의 보존'인가, '민족주의 가치의 함양'인가를 둘러싸고 심한 찬반 논쟁이 있었지만 결국 권력자의 의지가 반영되어 철거되고 말았다. 해방 이후 40년이 지난 후에, 건축물의 의미가 다시 재론되고, 그것은 권력 집단의 상징 행위로부터 비롯되었다. 김영삼 정권은 비록 쿠데타 세력들의 후원하에 탄생했지만 '문민정부'라는 언술이 의미하듯 이전의 권위주의적 군사정권과 구분되기를 원했다. 민족 이데올로기를 동원함으로서 정권의 정통성을 높이고자 했고, 그 의도는 결국 조선 총독부 건물의 철거로 나타난 것이다.

5·16광장(현재 여의도광장)은 군사쿠데타로 등장한 3공화국의 국가권력의 상징 공간이다. 그 광장에는 '민족광장' 이나 '민주광장' 혹은 '통일광장'의 이름 대신 1961년 5월 16일 '쿠데타 일'을 기념하는 이름이 부여되었다.[38] 백만 인파를 수용하는 광장의 넓이와 그 웅장함은 권위주의 정권의 속성을 그대로 드러낸다.

---

36) 조선총독부는 일본 도쿄박물관 내의 표경관(表慶館)과 매우 유사한 네오 르네상스 양식의 장대한 건축물이다. 설계자는 독일 사람 데 랑데로그는 조선호텔, 일본 고베의 구 토마스 저택 등을 설계한 인물이다. 조선총독부의 건물의 건립당시에는 난간에서 총을 쏠 수 있게 배려했고, 실제로 각 층의 양끝 방에는 1개 부대가 숨어서 경비할 수 있도록 설계되었다(정재성 외, 1998: 175).

37) 청와대는 거의 최근에 이르러 개방되기 전까지 '감히 접근할 수 없는 성역'이었다. 보안을 구실로 청와대가 바라보이는 빌딩의 창은 모두 가려져야 했다.

38) 흔히 레닌광장이나 스탈린, 김일성 등처럼 박정희의 이름이 부여되지 않았다. 그 이유는 필자가 보기에 박정희의 혁명이 대중을 동원하지 않았기 때문이다.

그러나 '포퓰러리즘(popularism)'적 권위주의 정권과는 달리 빌리 그레이엄(Billy Graham) 목사의 집회[39]를 제외하고는 그 광장은 대부분 군사 퍼레이드용으로 쓰였다.[40] 조국 근대화를 지상의 목표로 하는 개발독재의 이데올로기인 '부국강병(富國强兵)'의 논리가 5·16광장에 그대로 투영되고 있었다.

여기 한 모퉁이에 국적불명의 초대형 돔(Dome) 양식의 국회의사당은 매우 역설적 표현체이다. 국회의사당은 민의를 대변하는 대의 민주주의의 상징 공간이다. 국회의사당 건물엔 대외적으로는 사법, 행정, 의회의 3권 분리의 원칙을 제시하면서 실질적으로 독재를 행사했던 '형식 민주주의' 논리가 투영되고 있었다.[41] 세종문화회관이나 독립기념관 역시 신군부의 쿠테타로 등장한 정권이 정당성의 기반을 닦기 위한 고안물이었다.

제국주의 국가들은 그 권위를 입증하기 위해 식민지 토착국의 경관을 아우르는 외교건물을 지었다. 예를 들어 19세기 미국의 외교관저는 웅장하고도 위압적인 제국주의 양식으로 지어졌다. 근대사회로 들어오면서 미국의 힘이 어떻게 대사관 건물을 통해 전 세계로 뻗치고 있는가를 연구한 로빈(Robin)의 연구가 흥미롭다(Robin, 1992). 대사관이나 문화센터 등은 단지 외교 기능을 수행하는 것 이상의 상징 의미가 있다. 미국은 신흥 산업국인 브라질이나 멕시코 등지에서 헤게모니를 장악하기 위해 이들을 '지도'하는 선진국의 이미지를 줄 필요가 있었다. 멕시코나 브라질에 세워진 당시의 미국 대사관저는 히스패닉(Hispanic)의 전통양식과 신고전주의 건축을 혼합한 것이었다. 이후 모더니즘을 대변하고 있던 '국제주의' 양식에 크게 영향을 받아 '단순한(skin and bone)' 형식을 바탕으로 한 건

---

39) 1974년 빌리 그레이엄 목사의 대집회가 여의도에서 열렸다. 거의 100만에 가까운 신도들이 집회에 참석했는데 기독교인의 순수 의지와 상관없이 반공의식을 고취하고 미국과의 관계 개선 등을 통해 정권을 유지하고자 했던 정부의 전략이 숨어 있었던 것으로 보인다.

40) 대중 독재국가와 권위주의형 국가의 큰 차이점은 전자가 국가의 응집과 목표를 달성하기 위해 대중을 동원하는 한편 후자는 대중을 배제한다. 히틀러나 무솔리니 그리고 페론 등은 대중 동원 전략을 통해 권력을 지탱한 반면 군사쿠데타 이후 등장한 남미의 여러 권위주의 국가들은 대중 배제전략을 통해 권력을 유지했다.

41) 이 형식 민주주의는 '한국식 민주주의'라는 이데올로기로 정당화되고 있었다.

물들이 지어졌다. 기업가적 분위기를 강조하는 이 건축양식은 전통적 위계 개념을 버리고 중심과 주변의 경계를 완화시킴으로서 권위주의적인 이미지를 덜어주었다. 이러한 건축양식의 변화는 당시 전 세계에 밀어닥치고 있던 반(反)아메리카니즘의 분위기와도 무관하지 않다. 미국은 유럽에서는 그 나라들의 전통을 존중하는 건축양식을 도입했다.[42] 그러나 제3세계에서 미국은 그 나라들의 토착적인 주변 환경이나 건축양식을 무시하는 경향이 강했다. 제국의 오만함이 그대로 반영된 것이다.[43]

한국의 미 대사관 건물은 우아하지도, 웅장하지도 않다. 그러나 미대사관은 한국 정치의 핵심부 바로 앞에 존재하고 있다. 공간적 거리와 그 위치가 한국과 미국의 관계를 상징적으로 나타내고 있다. 게다가 아침 일찍 부터 비자(Visa)를 받기 위해 똬리를 틀고 있는 긴 줄과, 보행을 차단하고 감시하는 경찰들의 모습은 미국이 여전히 한국인들의 머리 위에 군림하고 있음을 보여준다.[44] 물론 서울의 한복판에 자리하고 있는 미군부대와 미국인들의 해방구인 이태원 거리 역시 '제국의 힘'이 넘치는 공간이다.

덕수궁 길은 분수대에서 갈라진다. 미국대사관저로 넘어가는 길과 정동으로 올라가는 길이다. (…) 미국 대사관저 앞길은 청와대 앞보다도 한산하다. 서울시의 계장도, 국장도, 시장도 넘어설 수 없는 힘이 버티고 있기 때문이다. 공연히 길을 단장해 사람들이 오가면서 성가시게 하지 말고 조용히 있게 해달라는 존재. 권력은 크기로 이야기한다. 하비브 하우스(Habib House)라는 명패가 붙은 집의 담은 덕수궁의 담보다 길고도 높다(서현, 1999; 59).

---

42) 이를테면, 영국 등지에는 그리스 아크로폴리스의 의미를 본 딴 원형식 건물이 지어졌다 (Robin, 1992: 154).

43) 제국주의는 식민지 도시의 경관을 매우 이질적인 것으로 생산한다. 인도에 관한 것으로 King(1991). 그리고 알제리의 사례로 Celik(1977).

44) 직원 및 영사들의 위압적인 언사와 인터뷰를 상기해보라. 우리는 비자를 받기 위해 침묵을 지켜야 한다.

4. '자본'과 공간의 표현체

마르크스는 자본의 힘이 피라미드를 쌓은 것보다도 훨씬 세다고 했다. 버먼 (M. Berman)이 마르크스의 『공산당선언』에서 인용한 "모든 견고한 것이 허공으로 녹아"내는 것이 자본의 힘이다. 자본[45]은 다양한 표현체를 통해 자신의 미학 (美學)을 드러내고자 한다. 대량생산과 대량 소비 시대의 문화양식인 모더니즘은 하비가 묘사한 것처럼 표준화, 국제화 그리고 거창한 진보 사상 등과 관련되어 있다(하비, 1994: 59~63). 기능성, 규격성 등을 모태로 한 현대자본주의의 모더니즘적 미학의 원리가 그대로 나타난 대표적 공간은 뉴욕의 맨해튼이다. 세계 최대의 고층건물들로 숲을 이루는 뉴욕의 맨해튼은 현대 미국 자본주의의 웅장함과 경이로운 기술력을 표현한다. 맨해튼의 월스트리트(Wall Street)는 초국적 금융 자본가들의 산실이다. 입구엔 수려한 트리니티(trinity) 대성당이 '세속적 자비'를 구하고 있고, 그 맞은편으로 복도같이 길게 뻗은 도로의 양변에는 전 지구의 하루 투기자본, 1조 5000억 달러의 약 8할을 담당한다는 '월가 자본(Wall Street Capital)'의 사령탑들이 모여 있다. 한편 1897년 대(大)화재 이후 기업가들과 행정관료, 도시계획가들에 의해 철저히 통제되고, 도시 건축가들에 의해 생성된 시카고 다운타운은 '자본'의 건축 미학을 웅변하는 공간이다.

모더니즘의 건축의 사망을 선고한 젠크(Jenck)는 모더니즘 건축의 몰인간학적 모습을 비판한다.[46] 웅장함과 기능성, 효율성을 중시하는 모더니즘 건축에서 인간의 모습이 오간 데 없다고 주장하는 그는 전통 양식을 부활하고, 경계를 무산시키며, '재미'를 표현하는 이른바 포스트모더니즘의 건축 원리를 제시했다. 그러나 스펙터클 하고, 즉흥적인 포스트모던 건축은 소비를 촉진시키기 위한 후기 자본주의의 문화양식의 표현이다.[47] '인간성의 회복'이라는 명분 아래 상업주의

---

45) 마르크스는 '자본가'보다는 '자본'으로 표현하기를 원했다. 자본가는 의지와 의식을 부여받은 인격화된 실체로서 자본의 기능을 담당한다(마르크스, 1987: 182).

46) "모던 건축은 1972년 7월 15일 3시 32분 미주리주의 세인트루이스에서 사망했다"(Jencks, 1984: 9).

미학을 고취시키고 있는 포스트모던 건축들은 '유연적 축적 체계'와 밀접한 연관
이 있다.[48]

유연적 축적 체계는 아주 전문화된 소규모 시장의 개척과 함께 제품 혁신의 속도를
높일 수 있게 해주었으며, 일면 이러한 시장 개척과 제품 혁신에 의존한 것이기도 했
다. (…) 소비의 회전시간이 짧아지지 않는다면 생산의 회전시간이 아무리 빨라져도 소
용이 없다. 예를 들어 전형적인 포디스트 제품의 반감기는 5년에서 7년 정도였지만 유
연적 축적에서는 섬유나 의류산업 같은 부분에서 이것을 절반 이상 단축시키는 한편
(…) 따라서 재빠른 패션의 변화, 필요 유발 기술의 동원 및 문화적 변화에 큰 관심을
둠으로써 유연적 축적은 소비측면에서도 보조를 맞추게 되었다. 포디스트 모더니즘
의 상대적으로 안정된 미학은 흥분과 불안, 그리고 유동적인 성질을 보이는 포스트모
더니즘 미학에 자리를 빼앗겼다. 포스트모더니즘 미학은 문화적 형태들에 있어 차별
성이나 순간성, 스펙터클과 패션 그리고 문화의 상품화를 예찬한다(하비, 1994: 202).

국가 주도 자본주의 가장 큰 특징 중의 하나는 국가가 자본을 양육하기 위해
각종의 정책들― 예컨대 금융, 신용 및 재정 ― 을 통해 성장의 기초를 마련해줄 뿐
아니라 생산수단의 공간적 배열을 통해 자본의 이윤을 극대화하는 것이다. 공업
단지는 그 대표적 사례이다. 베란다 화분의 꽃이 3일 만에 공해로 죽어버린다는
울산이나, 구미, 창원, 포항 등의 도시경관은 국가 자본주의가 낳은 한 단면이다.
한국의 국가 주도 자본주의의 전략은 또한 저임금을 바탕으로 한 '수출 대체 산
업화'였다. 수출 백억 불을 기념하는 허름하기 짝이 없는 구로공단의 다리는 바

---

47) 제임슨(Jameson)은 후기자본주의의 문화적 표현으로 포스트모더니즘을 보았다(제임슨, 1994).
48) 포스트모던 건축의 주요 특징은 다음과 같다. ① 건물들은 자주색, 분홍색, 녹색으로 칠한 외
    장을 해서 다색 형태를 취한다. ② 벽돌 건물들에는 독특한 외각과 짙고 옅은 줄무늬가 나타난
    다. 반원형 아치는 포스트모던 건축의 공통적 특징이다. 그러한 아치들은 순순한 장식물로 이
    용된다. ③ 원기둥, 박공 벽, 벽 기둥과 같은 과거 양식의 일부가 장식용으로 사용된다. 모던
    건축은 지붕 형태가 평면이지만, 포스트모던 건축은 고층 빌딩까지도 박공 벽과 맨사드 지붕
    형태를 취한다(Relph, 1987: 225).

로 1960~1970년대의 수출 지향 정책의 역사를 담고 있는 표현체이다. 경제성장을 최우선으로 하는 개발 독재의 이데올로기를 통해 기업가와 관료는 노동자들에게 큰 파이를 얻을 때까지 인내하라는 노동 담론을 유포시켰고, 구로공단은 그 노동 담론이 체현된 공간인 것이다.[49] 여의도광장의 금융 및 사무 공간 또한 국가 주도 자본주의의 의지가 담긴 공간이었다. 당시 정부는 맨해튼을 본뜬 거창한 도시 계획을 수립하고, 근대화의 성공작으로 그 표현체를 남기고 싶어했다(Pai, 1997).

그러나 일단 국가로부터 일정한 자율성을 확보한 '자본'은 그들만의 미학을 표현하고자 했다. 논란의 여지가 있음에도 불구하고 국가와 대자본의 관계가 "지배에서 공생관계"로 전환했다는 김은미(Kim)의 주장처럼, 대기업군(재벌)은 나름대로의 권력을 쌓아나갔다(Kim, 1997). 대기업가들은 그들 자신의 위세와 권위를 나타냄과 동시에, 일부 건축물들의 상업화를 통해 이윤창출을 시도한다. 여의도 금빛 날개 모양의 63빌딩이나 LG트윈타워, 사면(四面)이 서로 다른 LS용산타워(전 국제센터빌딩) 등은 경제적으로 성공한 '아시아 작은 용'의 자본미학을 보여주는 것이다.

대자본에 의해 만들어진 대표적인 건물 공간은 또한 '백화점'이다. 백화점은 비단 유통단지로서뿐 아니라 대도시의 소비 생활의 구심점으로서의 역할을 맡고 있다. 이와 함께 창출된 소비 공간은 '가상현실'이 상업화한 레저 공간이다. 디즈니 월드나 라스베이거스처럼 그 가상공간은 상상과 이미지로 가득 찬, 상징 그 자체가 소비되는 공간인 것이다.[50]

서울에는 또한 어김없이 서구의 조류를 모방한 건축물들이 들어서게 된다. 상업주의와 엇물린 포스트모던 양식의 건축물들이 강남의 압구정, 로데오거리, 홍대 입구 등에 출현하기 시작한다. 서구 포스트모던 건축의 특징은 '전통 양식의 부활과 접합'이다. 그러나 서울에 나타난 포스트모던 건축물은 전통 한옥(韓屋) 양식의 부활이 아니라 서구 전통의 부활, 즉 서구의 베끼기를 통해 나타난다.[51]

---

[49] 구로공단은 한국경제의 구조조정기와 함께 쇠퇴국면을 맞았다. 참고로 황동일(1994).

[50] 디즈니월드는 권력의 외관(facade)이다(Zukin, 1991).

[51] 이런 의미에서 필자는 우실하의 책을 권고한다(우실하, 1998).

건축물을 보면, 우선 박공 형태의 벽면과 지붕을 갖고 있고, 그 위로 두 개의 돔이 보인다. 좌측 돔 아래로는 원기둥을 설치하여 마치 외국의 사원과 같은 느낌을 주며, 정원과 테라스를 만들어 상업용 건축물이라기보다는 주택과 같은 분위기를 조성하고 있다. 정원 앞에는 구양식의 가로등도 기능 중심적인 것보다는 고전적인 분위기를 가미하고 있다. 이러한 포스트모던 건축이 만들어내는 이국적인 분위기는 어떤 의미와 상징을 담고 있을까? 고급 패션 상품에 대한 소비자의 구매 욕구를 자극함으로서 결국 상품 판매를 촉진시키는, 그래서 생산된 잉여가치의 실현을 돕는 사용가치의 역할을 한다(최홍준 외, 1993: 421).

5. 일상공간의 표현체와 아우라(Aura)[52]

도시공간의 상징은 예술적 가치로 평가된 이름난 장소나 건물, 동상 등에만 있는 것이 아니다. 우리가 평상시에 보고, 걸어 다니고, 지나치는 주의의 평범한 표현체들 속에도 많은 의미들이 배어 있다. 도시공간의 텍스트는 지하철, 폐허가 된 장소, 건물, 공원, 쇼핑몰 등 모두를 포함한다.[53]

한국 도시의 특징 중의 하나는 음식점과 가게들이 주거지와 함께 혼재되어 있다는 것이다. 미국에서처럼 대형 쇼핑몰이나 음식점 등이 공간적으로 분화되어 모여 있거나 교외에 위치해 있는 것이 아니라 주거지에 많은 소규모 기능들이 뒤섞여 있다. 건물은 멋 감각보다는 최대의 공간적 효율성을 누리려는 기능성이 우선한다. 그리고 그 기능을 외부에 노출하려고 하는 '경쟁'이 불붙게 된다. 그 경쟁은 보다 크고, 보다 선명하고, 보다 자극적인 간판들로 나타난다. 정제된 모습은 보이질 않고 경쟁과 기능만이 존재할 뿐 주위 경관의 유기적 조합은 더 이상

---

52) 아우라(aura)의 사전적 의미는 물체에서 발산하는 기, 미풍의 상징, 그리스 예술에서 하늘을 나르며 춤을 추는 여자이다. 작품이나 대상들이 지니고 있는 고유한 분위기, 즉 대상을 보는 사람에게 와닿는 독특한 느낌을 말한다.

53) 베냐민(Benjamin) 역시 버려진 장소에 관심을 기울일 것을 주문했다. 과거는 현재에 흔적을 남긴다(새비지·와드, 1996: 177).

〈사진 4-1〉 도시 프티부르주아의 생활경관　　　〈사진 4-2〉 광고물로 가득한 유리 건물

관심의 대상이 아니다. 〈사진 4-1〉과 〈사진 4-2〉는 한국 도시의 거주지에서 흔히 볼 수 있는 광경이다. 건물의 벽은 간판들에 가려 보이지 않는다. 유리의 소재를 사용한 건물들도 광고 글자에 파묻혀 아무런 의미가 없다. 전면의 대형 간판도 모자라 옆 간판을 세우고 그것도 모자라 길거리에 입간판을 세운다. 그리고 그것도 모자라 현수막을 내건다. 건물과 주위 경관의 미적 가치는 처음부터 고려의 대상이 아니다.

　이러한 도시경관은 규범, 미학, 가치를 상실한 채 양적인 성장의 논리에 집착했던 한국 근대화가 낳은 생활 경관이다. '조국 근대화'의 시기에 도시화는 미증유의 경제성장과 함께 급속히 진행되었다. 인구의 집중 현상과 함께 사회이동을 극심하게 경험해온 한국사회는 1960년대 3 대 7의 도시와 농촌 인구의 비율이 1990년경 7 대 3으로 역전되는 현상을 보인다. 서울은 정치, 경제, 문화 모든 분야에서 최상단의 지점이었고, 권력과 위세를 부여받은 공간이었다.54) 그러나 1960~1970년대 이농의 형태는 전형적인 신흥 공업국 형태를 보였다. 서울 변두리는 개천을 따라 무허가 판잣집들로 꽉 차게 되었다.[55] 1970년대 소위 '집장사들'에 의해 개인주택들이 들어서고, 정부와 건설 자본의 합작에 의한 아파트군(群)이 들어서기 시작한다. 모든 빈 곳과 옛 장소는 개발의 대상이 되었고, 그것은 곧 이윤의 대상이 되었다.

도시화는 도시 프티부르주아의 재생산 조건이다.[56] 도시 비공식 부문으로 진입한 이농 인구층에게 가장 손쉬운 생계수단은 가게를 차리는 일이었다. 좁은 공간에 과잉 인구가 몰려들면서 자영층은 더욱 확대 재생산되어왔고, 이들의 경쟁은 치열할 수밖에 없다.

시공간의 압축 성장으로 대변되는 1960~1970년대 한국사회의 근대화는 가치와 규범을 성찰할 겨를이 없는 '생존형 경제성장'이었다. 그러나 생존의 문제가 해결되었을 때에도 그 관성으로 인하여 자기 절제를 하지 못하는 욕구가 끊임없이 분출되고, 사회구성원 모두가 타자와 자연에 대한 배려 없이 '경제주의 생활 태도'로 치닫고 있는 것이다.

도시공간에서 빼놓을 수 없는 표현체는 교회당이다. 19세기 말 교회당의 출현은 불교와 무속신앙으로 일상화된 삶에 '서구'의 충격을 알리는 신호였다. 이후 개신교의 팽창은 경제성장만큼이나 숨 가쁘게 진행되었다. 세를 늘리기 위한 각 종파의 경쟁은 치열하게 전개되어 해방 이후 1995년까지 신도 수와 교회당 수는 무려 이십 배씩 증가한다.[57] 신도 십만을 수용한다는 여의도 순복음교회나, 주위 유흥업소들 사이에 우뚝 솟아 있는 충현교회 등은 크기와 신도 수 그리고 신도들의 직업으로 위세를 자랑한다. 서구의 교회당이 하나의 '예술 작품'이고 양식인 것과는 달리 콘크리트와 벽돌로 치장한 덩치 큰 육질의 교회당 건물들이 어

---

54) 서울에 간다는 것, 서울에 산다는 것, 서울 말씨를 쓴다는 자체가 지방 사람들에게는 부러움의 대상이었다.

55) 1970년 조사한 자료에 의하면 당시 한국 주요 도시의 무허가 가구 수는 시 전체에 대해 30%를 차지하고 있었다(강대기, 1987: 201쪽에서 인용).

56) 도시화로 인해 거주자들을 위한 소규모 서비스 업종이 증대된다(Bechhofer & Elliot, 1981).

57) 1945년 기독교인 수와 교회당 수는 각각 45만 9721명, 2793개이던 것이 1995년에는 876만 336명, 5만 8046개로 증가한다(노치준·강인철, 1997: 223).

디고 등장한다. 작고 낮은 집들이 즐비한 시골마을에서조차 주위 경관과 어울리지 않는 예배당이 우뚝 솟구쳐 있다. 그런가 하면 한 건물의 반지하, 이층, 삼층 등에는 전월세로 운영되고 있는 임대 교회들이 빽빽이 들어서 있다. 임대 교회는 장소를 가리지 않고 들어선다. 여관이나 술집, 유흥업소 등과 자리를 같이하여 상가의 지붕에는 의례 십자가 탑이 등장한다(앞의 〈사진 4-1〉). 지하철 2호선의 구로공단에서 신도림역까지 한 정거장을 지날 때 차창에 무려 일곱 개의 네온 십자가가 한눈에 들어올 정도로 교회당 수가 많다. 임대 교회의 폭발적 증가는 또한 묘하게도 한국의 지가(地價) 상승기와 함께 각 교단 신학교 수가 증가하는 시기와 맞물린다.

이밖에도 여기저기 산재한 울긋불긋한 주유소는 자동차의 급속한 보급과 함께 나타난 표현체이다.[58] 자투리땅에조차 고층 아파트군이 산재한 것도 한국사회의 산업화 과정을 반영하는 일상 경관의 한 단면이다.

국가 주도의 자본축적을 통해 미증유의 경제성장을 이룬 한국사회의 도시공간은 조악한 기능주의와 서구 상업주의의 모방, 숨고를 틈 없는 거친 근대화의 특징들이 그대로 투영되어 있다. 시민을 위한 공공의 공간은 또한 거의 찾아보기 힘들다. 빈 공간은 개발 이윤의 논리로 포섭될 뿐 '동네 사랑방'의 원리가 계승되어 담론이 교환되는 공공 영역은 비효율적이고, 비기능적인 것으로 간주된다. 국가의 도시계획은 근대화의 양적 성장논리만을 반영하고, 몇몇 건축들은 서구의 모방에 급급했다. 사람들의 숨결이 몰아치는 재래식 시장은 여지없이 콘크리트의 건물로 변할 태세이고, 천연 공원이나 다름없는 주변의 산자락들은 여지없이 파괴되고 있다.

도시경관에 대한 해석학의 종착지는 근대성의 진보성을 되묻고 자연생태적 삶을 고찰하는 것이다. 해석학적 삶은 자기 절제와 성찰적 삶을 지향하는 태도를 전제로 한다. 도시경관에 대한 해석학은 단순히 대상을 파악하는 과학적 작업을 넘어 환경 생태와 삶의 조화를 사유하는 총체적 과정인 것이다.

---

58) 1948년 자동차 등록 대수는 불과 1만 2300대였다. 그러나 1997년에는 1041만 3400대로 무려 900배 가량 증가했다(통계청, 1998a).

제2절 여의도: 한국 근대성의 표상[59)]

1. 장소와 공간

이 절에서 우리는 '여의도'라는 시공간적 텍스트(time-spatial text)를 근대성
(modernity)의 맥락에서 읽어보고자 한다. 이 절이 목표하는 바는 '여의도라는 지
역'이 지금의 모습으로 공간적으로 구조화하기까지 역사적으로 어떤 인간적 실
천들이 있었는가를 읽어내는 것이다. 그것은 위안부 할머니의 육체에 난 상처와
세월이 접어놓은 주름살 속에서 지난 한 세기 동안의 우리나라, 혹은 좀 더 일반
화하여 제3세계 여성의 역사를 읽어내려는 어떤 다큐멘터리 감독의 노력에 비유
될 수 있다. 그러나 이런 비유가 성립하기에는 몇 가지 어려운 점들이 있다. 무엇
보다도 공간은 말이 없다는 점이다. 이 도로와 건물들, 공원들은 자신의 역사를 말
하지 않는다. 혹은 우리는 그것이 말하는 소리를 듣지 못한다. 그렇다면 공간이 말하
게 하기 위해서는 어떤 방법이 필요한가?

하비는 우선 공간 속에 누적된, 그 공간을 만들어낸 인간의 행위들을 분석해
내는 일이 중요하다고 말한다.

> 공간의 개념은 그와 관련된 인간의 실천을 통해 이해된다. (…) 그 답은 인간의 행위
> (practice) 속에 있다. 그러므로 '공간이 무엇인가' 하는 질문은 '다양한 인간들의 행위
> 들이 어떻게 공간을 이용하고 특정한 공간 개념을 만들어가는가' 하는 질문으로 대치
> 되어야 한다(하비, 1983: V.).

따라서 공간에 누적된 인간의 실천들에 대한 역사적 분석이 필요하다. 즉 여
의도라는 한강의 작은 섬이 현대식 빌딩들과 첨단 방송기지와 아파트로 들어 찬,
하루 수십만의 유동인구를 갖는 복합적 도심으로 성장하기까지 어떤 인간적 실

---

59) 이 절은 한보희(연세대학교 대학원 박사과정, 비교문학)와 썼다.

천들이 투입되었는지를 분석해보아야 한다. 하지만 공간에서 역사적 실천들을 읽어낸다는 말은 가령, 유적지 답사처럼 그 공간에서 일어났던 역사적 사건들의 흔적을 발견하고 회상하는 것과는 구별될 필요가 있다. 문제는 이 공간 자체가 생산되고 소비(활용)되는 역사적 과정을 추적하는 일이다. 앞서의 비유로 돌아가 말하자면, 우리는 '자연적' 육체에 남은 역사의 상흔들을 살펴보는 것이 아니라 공간이라는 '역사적' 육체— 거기서는 자연적 요소가 거의 아무런 의미를 지니지 못한다— 의 탄생과 성쇠를 읽어내야만 한다. 기억할 것은 공간이 단지 우리가 보고 느끼는 물리적 실체와는 다른 무엇이라는 점이다. 공간, 특히 근대적 공간은 장소(place)와는 구별되는 것인데, 단적으로 말하자면 근대적 공간은 땅이 아니며 거기에 요지부동의 실체로 서 있는 건축물들도 아니다. '여의도라는 공간'은 단지 우리가 한강다리를 지나서 만나게 되는 땅덩어리와 그 위에 서 있는 건조물들의 총합 이상의 것이다. 가령 방송사는 그것의 물질적 속성(건물)이 아니라 전국으로 송출하고 있는 이데올로기와 정보의 사회적 성격이라는 맥락에서 해석되어야 한다. 기든스는 근대사회에서 지리적 장소와 공간을 구별해야 한다고 말한다.

전근대사회에서는 공간과 장소가 대부분 일치되어 있었다. 사회생활의 공간적 차원들은 대부분의 거주자들에게 그리고 많은 점에서 '현재' —지역화된 활동들—에 의해서 지배되었기 때문이다. 근대성이 출현하면서 공간은 점차 장소로부터 분리되었는데, 이것은 대면적 상호작용을 하기에는 지역적으로 멀리 떨어져 있는 사람들 사이의 관계가 가능해짐으로써 이루어졌다. 근대성의 조건에서 장소는 점점 더 환영(幻影)처럼 되어간다. 다시 말해서 지리적 장소는 멀리 떨어져 있는 사회적 영향력하에 철저히 놓이게 되고, 그것에 의해 형성된다. 장소를 구성하는 것은 단순히 눈앞에 보이는 장면이 아니다. 장소의 '가시적 형태'는 그 본질을 결정하는 원격적인 관계들을 감추고 있다(기든스, 1991: 33).

자본주의가 노동과 토지 사이에 존재하던 수천 년 된 가치재생산의 유기적 연계를 단절시키며 프롤레타리아, 즉 토지로부터 떼어내어져 상품화한 노동력과 더불어 탄생되었듯이 근대적 공간은 기든스가 '장소귀속 탈피(disembedment)'라고 불렀던 과정을 통해 '산출'되었다. 기든스에 따르면, '장소귀속탈피'란 사회 관계들을 지역적 상호작용의 맥락에서 '끄집어내어' 무한한 시간-공간 대에 걸쳐서 재구성하는 것을 의미하며, 시간과 공간의 분리는 장소 귀속 탈피(disembedding) 과정의 중요한 전제조건이 된다. 시간, 공간의 분리와 그들의 표준화된 사회적 활동이 특정한 맥락의 현상이나 지역적 관습의 구속에서 벗어나게 해줌으로써 다면적이고 급진적인 변화의 가능성을 열어준다(기든스, 1991: 34~36). 물리학적 실체가 아니지만 틀림없이 사회적 효과(effect)를 발휘하는, 따라서 사회학적 실체인 이 공간들은 우리의 자연주의적 상상력을 간단히 초과한다. 이렇게 본다면 '사이버 공간'은 자본주의체제에서 결코 낯선 현상이 아닌 셈이다. 따라서 공간을 창출하고 구조화하는 일은 단순히 건조물을 축성하거나 장소를 개조하는 일(여의도 개발사)과는 구별될 필요가 있으며, 공간에 대한 지리적 망상 혹은 장소 귀속적 집착에서 벗어나는 것은 이 작업에서 핵심적인 중요성을 가진다. 필자는 여의도 공간을 해석함에 있어 그것이 가지는 복합적(사회적, 문화적, 정치경제학적)의 미망을 고려해야 했다.

2. 여의도, 한국 근대성의 상상 공간

여의도(汝矣島 - 직역하면 '너의 섬'쯤 되겠다)는 섬이다. 조선시대에 '너나 가지라'는 다소 경멸적인 뜻에서 이름 붙여진 이 하중도(河中島)는 불과 30년 사이에 전국에서 가장 비싼 지가와 임대료를 자랑하는 곳 중 하나로 격상되었고 '한국의 맨해튼'으로 불리며 서울의 스카이라인을 바꾸고 있다. 이제 여의도는 '성공한 사람들의 땅,' 한국 엘리트들의 대표적인 공간이 되었고 사회적 약자와 못 가진 자들에게는 '당신들의 섬'이 되어버렸다. 소떼나 가축을 기르던 잡풀 무성한 목축장에서, 공군과 민간 항공기들이 내려앉던 비행장을 거쳐 드디어 한국의 대표적인 정치·경제·사회·문화적 권력 공간에 이르기까지 여의도는 숨 가쁜 변모를 거듭해왔다. 여의도는 한국의 놀라운 압축고도성장 속도 중에서도 가장 빠른 호

흡과 보폭을 보여주며 '한강의 기적'을 상징하는 곳이 되었다. 어떻게 이런 일이 가능했을까? 어떤 힘이 이 엄청난 공간을 창출했을까? 그 힘과 실천들은 여의도에 왜 현재의 모습으로 존재하고 있는 것일까?

우선 여의도가 단순한 장소, 지역, 땅이 아니라 새롭게 창안된 공간이라는 점이 주목을 끈다. 여의도가 단지 물에 의해 고립된 땅덩어리가 아니라 만들어진 '인공의 섬'이라는 점은 그것이 주체들의 의지와 계획이 투사됨으로써 만들어진 표상적 공간(spaces of representation)이라는 것을 의미하는데, 이는 근대적 주체의 성격과 깊은 관련성을 가진다. 굳이 토마스 모어의 『유토피아』를 떠올리지 않더라도 섬의 고립, 단절, 신비성은 근대인의 모험 의식과 상상력을 자극하고 그 상상력이 육화(肉化) 혹은 공간화 될 수 있는 곳을 상징해왔다. 즉 섬은 모든 전통과 가치로부터 단절된 곳, 현실의 물리적, 계급적 제약으로부터의 자유로운 합리성에 기반한 인간의 의지에 의해 창조되고 질서 지워지고 건설되어야 할 땅을 의미하며, 늘 새롭게 자신을 갱신하고자 하는 문화적 근대주의(modernism)의 한 표상이다. 가령 영국 근대 소설의 시초가 되는 『로빈슨 크루소』에서 섬은 공간의 정복과 지배에 연결되고 있다.

소설은 근본적으로 부르주아 사회와 연결되어 있다. 찰스 모라제(Charles Moraze)의 말에 의하면, 소설은 서구 사회를 동반하며 사실 서구 사회의 정복의 일부분이다. 그는 그것을 '부르주아의 정복'이라고 부른다. 이에 못지않게 중요한 사실은 영국 소설의 시초가 '로빈슨 크루소'라는 점이다. 이 작품에서 주인공은 신세계를 건설하는데, 기독교와 영국을 위해 이 세계를 통치하고 개간한다. 크루소가 하는 일들이 명백히 해외 확장의 이데올로기로 (이 작품은 형식과 스타일에 있어 위대한 식민지 제국의 기초가 된 16세기와 17세기 탐험 기행 내러티브와 직결되어 있다)……(사이드, 1995: 143).

자신의 모든 욕망을 실현시킬 수 있는 공간, 지배자를 기다리는 처녀지, 주체의 의도와 계획을 마음껏 투사(project)할 수 있는 이 백지의 공간은 비자연주의적 환상성, 현실의 불만에 대한 단순한 반정립상(유토피아)이 아닌 인위적인 표상성을 특징으로 하기 때문에 일종의 리얼리즘이 될 수 있으며, 그것은 근대적 주체의 본질적 성격과 깊이 결부되어 있다.

이러한 공간적 표상은 주체가 자신을 경험적 세계로부터 분리된 선험적 실체로 간주함으로써 가능해진다. 이러한 주관적 자아는 세계를 자기 앞에 놓여 있는 하나의 상(像)으로 바라보게 된다.

> 근대의 표상 행위(vorstellen)는 (···) 앞에 있는 것과 대립해 있는 것으로서의 자기 앞으로 가져옴, 앞에 있는 것을 자신 즉 표상하는 자와 관련시킴, 그리고 앞에 있는 것을 척도를 부여하는 영역인 자신과의 관련 속으로 강제로 되끌어옴을 의미한다. 이러한 표상 행위가 일어날 경우에, 인간은 존재자에 대하여 스스로 상을 설정하게 된다. 인간은 그와 같은 형태로 상을 가지게 되므로, 스스로 무대 즉 보편적, 공개적으로 표상된 것의 열려진 주위 영역에 등장한다. 이로써 인간은 자신을 스스로 무대로서, 즉 존재자가 장차 그 안에서 표상되고 현재화하는, 즉 상으로서 존재해야 할 무대로서 정립한다. 인간은 대상적인 것이라는 의미의 존재자를 재현하는 자가 된다(Heidegger, 1995: 31).[60]

하이데거(M. Heidegger)는 인식되는 것으로서의 세계와 인식하는 자로서의 인간 사이의 단절, 혹은 보다 정확히 말해서 그 둘 사이의 관계의 역전 – '세계 속의 인간'이 아니라 '인간 앞의 세계' – 을 '근대성'의 핵심적 사태로 간주한다. 주관적 진실의 공간은 더 이상 순간적이고 덧없는 감상으로 채워져 있지 않기에 하나의

---

[60] 하이데거는 '표상(vorstellen, representation)'을 세계와 인식하는 자로서의 인간 사이의 단절, 또는 인간 중심적 인식으로의 전환(칸트의 코페르니쿠스적 인식의 전환)을 보여주는 근대 세계의 핵심적 사태로 본다. '표상의 시대'에 세계는 하나의 상(像)으로서 인간 앞에 놓이게 된다. 그러나 인식의 중심이자 세계를 '표상하는 자로서의 인간'(근대적 주체)은 공허하게 남아 있다. 인간이 이 공허에서 벗어나는 가장 쉬운 길은 자기가 만든 물건이나 자기 자신을 투사한 세계에 스스로 현혹되는 것(즉 물신주의와 이데올로기에의 도취)이다. 니체는 일찍이 이 공허 속에서 유럽문명의 니힐리즘을 예감했고 마르크스는 노동소외론을 통해, 그리고 『자본론』을 통해 부르주아의 물신주의를 비판했다.

독립적 세계로 구성될 수 있으며 자기 밖의 세계와 대립하거나 적극적으로 투사 (project)될 수도 있다. 엘리아스는 이러한 공간을 르네상스시기에 발생한 폐쇄적 인간(homo clausus)의 내면적 세계로 간주하고 있다. 사이드는 근대적 주체의 표상행위가 단지 미학적이고 이데올로기적 수준에 머무르는 것이 아니라 실제의 영토적 확장과 지배로 실현되는 과정에 주목한다.

사회적 공간 밑에는 제국적 그리고 문화적 대결의 실제적인 지리학적 토대인 영토, 땅 그리고 지리학적 영역이 놓여 있다. 머나먼 곳에 대해 생각하고, 그곳을 식민지로 만들고, 사람들로 하여금 그곳에 거주하게 하거나 떠나게 하는 것—이 모든 일들은 땅 위에서, 땅에 대해서 혹은 땅 때문에 일어난다. 제국을 최종적으로 분석해 보면 남는 것은, 땅을 실제로 그리고 지리학적으로 소유하는 것이다(사이드, 1995: 157).

서구의 근대적 주체에게 공간적 표상과 영토적 지배는 이런 식으로 항상 권력과 연결되어왔다. 유토피아는 그것이 실현되기 위해서 또 그 계획이 현실화된 이후에 권력과 지배의 문제와 항상 연결되기 마련이므로 서구 근대인이 가지는 독특한 심성 구조로서의 폐쇄된 내면세계는 단지 (철학사나 이념사라는) 정신사적 측면에서만 설명될 수 있는 것은 아니다. 거기에는 자본주의와 시장경제, 도시의 성장이라는 물질문명의 메커니즘과 종교개혁과 세속적 정치제도, 권력 형태의 변화라는 변수들이, 그러니까 뭉뚱그려 표현하자면 근대적 사회조직의 형성이라는 (실증적 접근이 가능한) 역사적 요소들이 배경을 이루고 있기 때문이다. 이는 근대 도시계획과 유토피아라는 공간적 재현 사이의 관계에서도 그대로 드러난다. 가령 공상적 사회주의자들이 투사한 유토피아적 공간구조화의 원리는 르코르뷔지에(Le Corbusier),와 같은 근대 도시계획자들에게 뚜렷한 영향을 주는 것으로 평가되고 있다.

오웬, 푸리에, 카베가 남긴 이론적인 논문들은 이후 도시계획 실험들과 오늘날의 도시계획적 실험들에게 발상의 거대한 보고로서 크게 기여하고, 많은 영감을 주고 있다. 그들의 제안과 근대건축의 발전 사이에는 분명하고 인상 깊은 유사성이 있다(베네볼로, 1996: 132).

이런 근대적 주체의 표상 행위, 즉 공간적 재현의 현실 공간으로의 실현, 그 실현 과정에 나타나는 권력의 공간 지배의 원리는 여의도 개발 과정에서도 발견된다.

원래 서울은 한강변이 아니라 한강에서 한참 떨어진 청계천의 저지대 주위에서 자라났다. 유럽의 강들은 홍수기와 갈수기의 수량 비율(하상계수)이 50 정도인데 비해, 한강은 450이나 된다. 갈수기에는 폭 50m도 안 되는 물이 구불구불 흐르고 양쪽에 2km가 넘는 백사장이 전개되지만 홍수기에는 용산, 마포까지 물이 넘치기 때문에 한강은 강변 개발이 수월치 않았다. 여의도는 살고 일하는 곳으로는 적절치 않은 곳으로 오랫동안 외면되어왔으며 해방 이후에도 임시 비행장 정도의 용도를 가졌을 뿐이었다. 이런 여의도가 개발되기 시작한 것은 1968년부터 '불도저'라는 별명을 갖고 있던 당시 서울시장 김현옥이 「한강개발 3개년 계획」을 착수하면서부터다. 김 시장은 제1한강교에서 김포공항까지 제방을 쌓아 자동차 전용도로를 만들면서 2만 4000평의 금싸라기 택지가 '저절로' 생겨나는 것에 착안하여 1968년 '민족의 예술'이라던 「한강개발 3개년 계획」을 발표하는데, 그 핵심은 윤중제를 쌓아 여의도를 개발하는 것과 한강변 74km 양안에 제방도로를 만들어 69만 7000평의 택지를 조성하는 일이었다. 이 계획에서 그는 이 여의도 개발을 단순한 택지 조성이 아니라 이상 도시의 건설이라며 자신의 이데올로기적 구상을 밝힌다.

여의도 개발의 첫 공정은 이미 그 역사적 막이 올려졌다. 서막에 불과한 것이지만 서울특별시 당국은 이미 1968년도에 25억 원이란 막대한 개발 투자를 집행하여 윤중제를 완성하고 서울대교와 제내매립(堤內埋立) 공사가 진행되었다. 여의도 개발에 직접 간접으로 참가하고 있는 모든 사람들은 한결같이 이상 도시의 건설을 염원하고 하루 속히 그 위대한 도시의 실체가 실현되기를 바라고 있으나 그 밖의 대부분의 시민들은 자의이건 타의이건 국외자(局外者)의 입장을 고수하고 있을 뿐만 아니라 혹자는 여의도 개발을 사상누각 건설에 비유하면서 무모함을 제기하고 있다(서울특별시 한강건설사업소, 1969: 71).

김수근이 설계한 최초의 여의도 청사진에는 국회의사당과 시청, 대법원이 들어서고 외국 공관을 유치하며 시민들의 첨단 주거 공간과 터미널, 업무지구, 상업지구와 지역 전체의 에너지 플랜트를 건설하겠다는 구상이 포함되어 있었으며 당시로서는 가장 이상적인 모던함을 내장한 공간으로 구상되었다.

르 코르뷔지에는 공업 도시가 아닌 복합적인 '교류를 위한 도시'를 제안했다. 그것은 그 자신이 명명한 것처럼 어디까지나 다양한 기능을 가지는 메트로폴리스 도시계획에 관한 제안이었다. '현대 도시'에는 이미 르 코르뷔지에의 도시계획을 구성하는 모든 요소가 포함되어 있다. 즉, 기하학적인 격자장(格子狀)의 가로 계획, 장기판 위에 늘어서는 말과 같은 고층건물, 가구, 설비가 일체적으로 설계되어 통풍과 일조가 잘되는 '살기 위한 기계'로서의 주택, 건물 사이에 확보된 충분한 공간적 여유, 그리고 고속도로 체계와 보도 체계의 개발과 두 체계의 계획적 분리 등이다. 주거, 노동, 휴식, 교통이라는 도시의 주요기능이 서로 분리되며, 교통은 결코 우선하는 것이 아니라 오히려 수직 방향의 차원으로 활용함에 의해 수평 방향의 거리를 최소한으로 억제하는 시도가 이루어지고 있다(Lampugnani, 1990: 163).

양자의 공통점은 허다하게 발견될 수 있지만, 기능적인 구획(zone)들의 컴팩트한 조합, 공공기관들의 새로운 네트워크의 조성, 새로운 타입의 주거 건설, 새로운 공동체(community)의 형성을 위한 집합적인 주거 형태를 요구하고 있었다. 그들이 세운 공간 형태는 중앙집권화 된 공공기관을 정점으로 하고 개인적 요소들과 개별적 민간기업을 집합적이고도 효율적으로 조직하는 하나의 완벽한 커뮤니티의 창조라는 데 핵심이 있다.

이 개발계획이 박정희와 지배 권력의 강력한 지지하에 시행되었다는 것은 발표 당시 법률 개정을 요구하는 강력하고 확신에 찬 어조 속에 잘 드러난다. 여의도는 1964년에 건설부에 의해 고시된 법령에 따라 "자연환경의 보전 및 경관과 보안을 위하여" 또한 "한강 연안을 따라 (…) 서울 시가지를 관통하는 녹지조계(綠地組系)를 형성토록" 하기 위하여 녹지 단일지역으로 묶여 있었고 당연히 개발은 제한되어 있었다. 이에 대해 한강건설사업소 측은 관계 법령의 개정을 요구할 뿐만 아니라 이 밖의 여하한 문제에 대해서도 법을 고치고 보완 규정을 만들어서라도 개발을 원안대로 강행한다는 강력한 의지를 표명한다.

현행법규상의 제규정은 주로 기성 시가지의 적용을 전제로 한 것이다. 따라서 각지역·지구 내에서의 건축제한은 용도지역제의 본래 의도를 고도로 순화하지 못하고 있다.

여의도의 경우 그 전역이 시유지이며 또 사유의 지상 공작물이 전혀 없는, 기존 건축물 등으로 인한 용도제한의 장애가 전혀 없는 처녀지이다. 따라서 여의도의 개발은 현행 법규에 의한 용도지역·지구제를 실시하고 그의 건축제한 내용을 답습하느니 보다는 합리적인 개발계획에 따라 용도지역·지구제를 구상하고 입법할 필요가 있을 것이다. 비단 그것은 용도지역·지구제뿐 아니라 이하 여러 면의 문제에도 마찬가지로 고찰되어야 할 것이다(서울특별시 한강건설사업소, 1969: 87).

이러한 문제들은 법적 보완과 신규 입법, 그리고 강력한 행정력에 의한 해결책이 마련되지 않으면 안 될 것이며 개발공정의 완벽한 시행계획과 효율적인 집행이 뒤따라야 할 것이다(서울특별시 한강건설사업소, 1969: 71).

여의도 개발은 물론, "서울의 인구집중에 따른 구도심의 기능성 저하와 택지부족"이라는 명백한 이유를 가지고 있었다. 그러나 여의도 공간의 생산은 일반적인 자본주의사회에서 국가가 맡고 있는 택지개발의 임무와는 상당히 다른 양상을 띨 수 있었다. 앞의 인용문에서 나오듯이 여의도는 개인의 사유재산권을 보장한다는 자본주의 근본이념과 아무런 상관이 없는 처녀지(거의 대부분이 시유지였다)의 개발이었기 때문에 공간의 구상과 실행에 있어서 국가가 거의 사회주의 체제에서나 볼 수 있는 주도적 실행력을 가질 수 있었다. 이런 개발 초기의 국가 주도성은 여의도라는 공간의 생산에 뚜렷한 영향을 남겼다(국회의사당 주변의 공간분석에서 이 문제를 다룬다). 즉 여의도 공간에는 개발계획을 주도한 당시 정치권력의 근대적 이상 도시상이 분명한 형태로 드러날 수 있었던 것이다. 물론 당시 정부나 시의 재원은 이 계획안을 고스란히 실현시킬 만큼 충분하지 않았으므로 민간자본의 유치를 시도하게 되고 이 과정에서 "국가의 강력한 정치 이념 주도성"이라는 공간 지배의 정치적 원리는 자본의 논리에 의해 훼손되지 않을 수 없었다(이 점은 증권가 주변의 공간분석에서 다시 언급될 것이다). 결국 여의도라는 공간의 생산은 크게 자본과 국가권력이 생각한 이상적 공간모델의 흔적을 (완벽하게는 아닐지라도) 담아낸 것이었고 근대적 이상도시가 정치 이념이나 경제체제와의 관련 속에서 인간의 물리적 환경을 생산하는 과정이란 점을 명확하게 증거한다.

나는 우선 관통 고속도로의 서쪽지역, 즉 국회의사당 일대의 공간을 분석하고 다음으로 동쪽 지역을(40번 증권가를 중심으로) 그리고 주거지역인 아파트 단지와 근대성의 문제를 다루어보겠다. 마지막으로 짚어볼 시공간적 텍스트는 시민공원이 된 여의도광장이다. 시민공원의 분석을 통해서 자본과 권력을 축으로 조성된 여의도 공간의 역사적 맥락과 이 속에서 시민의 지위가 비판적으로 드러날 수 있을 것이다.

1) 왕도의 유산과 권위주의의 밀실 공간

여의도에는 국회의사당이 있다. 초등학생이라도 대답할 수 있는 것이지만, 국회의사당은 민주주의의 상징적 구현물이며 법치사회의 요람이다. 그러나 한국의 민주주의가 여의도와 국회의사당에서 성장했다고 믿는 사람은 오직 국회의원들뿐이다. 국회의사당과 그 주변의 공간적 구조가 한 나라의 민주주의 발전과 인과적 관계를 맺는다고 주장할 사람은 아무도 없을 것이다. 하지만 적어도 그 둘 사이에 역사적이고 의미론적인 연관은 존재할 수 있고 그것을 독해하는 일이 터무니없는 작업은 아니다. 근대 정치권력의 신도시계획은 언제나 자신들의 정치적 이념을 공간적으로 체현하려는 시도 속에 이루어졌기 때문이다.

1850년대 이래, 대도시—파리, 리용, 브뤼셀, 비엔나, 바르셀로나, 피렌체 등—에서 일어난 도시계획상의 변혁이 정치적이고 이념적인 맥락에서 평가되는 것은 당연하다. 어떤 도시에 대한 하나의 종합적인 계획이라는 사상은 실제와는 동떨어지고, 현실과는 반대되는 이상적인 모델이 존재함을 의미한다. 그리고 이 기간 동안에 도시를 현재의 부정형이고 불규칙한 것과는 대조적인 규칙적이고 균일한 기하학적 개념으로 보는 사상이 다시 재기되기에 이르렀다(베네볼로, 1996: 192~193).

국회의사당과 그 주변에 포진한 정치적 공간들, 여야의 당사와 의원들의 개인 사무실이나 연구소 등은 한국의 근대 정치 구조, 즉 대의민주주의 정체(polity)와 어떤 연관을 가질까? 실마리는 국회의사당 건물이 현재의 위치에 들어선 제3공화국 시기의 이데올로기적 지형에서 찾아진다. 우리는 그것을 현재의 여의도 공간에 대한 정치적 독해로부터 재해석해 들어갈 수 있다.

고대로부터 내려온 법도에 따르면 중국의 전통 도시에는 주작대로(朱雀大路)라는 길이 있다. 신화 속의 새인 주작이 지키는 이 큰길은 도성의 남문과 궁성을 남북으로 잇는 중심가로서, 황제는 이 길 양옆에 관아를 끼고 남쪽을 바라보며 우주의 질서를 현세에 펼친다. 한양을 열 때, 중국의 전범을 따라 만든 우리의 주작대로는 왕조의 정궁 경복궁을 정점으로 육조와 한성부가 들어선, 현재의 세종로에 해당하는 길이다. 1969년 서울의 신도심 구상이 여의도 개발계획으로 낙착되고 국회의사당이 여기에 터를 잡으면서 여기에도 주작대로 비슷한 것이 세워졌다. 바로 여의도를 동서로 종주하는 의사당로가 그것이다(물론 배산임수의 풍수 원칙은 여기서 배수진의 발악으로 바뀌어 있지만).

일직선으로 곧게 뻗은 이 의사당로에 서면 누구나 그 길의 정점에 우뚝 서 있는 의사당 건물을 올려다보게 된다. 그쪽의 지반이 다소 높은 데다 건물이 계단식으로 쌓아올린 기단 위에 얹혀 있기 때문이다. 당연히 반대편에서는 시원하게 열린 길 아래를 내려다볼 수 있는 시각적 권위를 확보하게 된다. 이런 시선의 불균형은 쌍방통행이 되지 않는 이 간선도로의 물리적 단절에 의해 더욱 심화된다. 의사당로는 여의도를 횡으로 관통하는 고속도로에 의해 잘려져 있기 때문에 눈길은 쉽게 닿지만 발길은 잘 닿지 않는 보행구조를 갖고 있는데, 이런 단절성이 올려다보는 사람의 좌절감과 내려다보는 사람의 승리감을 한층 극적인 양상으

〈사진 4-3〉 여의도 동쪽 끝에서 바라본 국회의사당. 의사당로 양옆에 늘어선 아파트 단지와 증권사 빌딩들은 이 현대판 주작대로의 이념이 무엇이었는지 설명해준다(투시도법에 의한 전형적인 시선의 중앙집중적 권력화).

로 만들어놓게 되는 것이다(이 명백한 '시선의 권력화'를 증명하기 위해 굳이 푸코를 인용할 필요가 있을까?).

의사당 입구 양쪽에 세워진 민족주의적 조형물은 "황제가 현세에 펼칠 우주적 원리"가 1970년대라는 '산업개발과 조국 근대화의 시대'를 맞아 이제 어떤 내용으로 변모했는지를 상징적으로 보여주고 있다. 검은 대리석으로 만들어진 이 신화적 이미지의 군상은 민의의 토론과 결집, 시민정신의 힘을 표현한 것이 아니라 "우리는 민족중흥의 역사적 사명을 띠고 이 땅에 태어났다"는 국민교육헌장의 목소리를 조형적으로 반복한 것이다. 국가가 나서서 국민을 계몽, 계도하겠다는 이 권위주의적 발상과 동원의 논리는 이 무렵 흘러나오기 시작한 새마을 운동가의 행진곡풍 박자와도 반향을 이루며 전국 곳곳에 울려 퍼지기 시작한다. 여의도 국회의사당 일대는 민족주의적 이념과 전체주의적 형식이 절묘한 통일체를 이루던 1970년대의 정치적·이데올로기적 지형도와 일치하는 공간이며 그 유산이다.

국회의사당이 터하고 있는 여의도의 서쪽 모서리(양말산 자리)는 적어도 서강대교가 완공되기 전까지 여의도에서는 가장 외진 곳이라 할 만했다. 더구나 이 고립성은 공간적 거리감에 경험을 통해 형성된 심리적 거리감이 더해져 국회의사당을 여의도나 한강 주변 어디서나 쉽게 "볼 수는 있지만 가까이 하기엔 너무 먼" 곳으로 만들고 말았다. 물리적 소통 공간인 길과도 교호를 피하고 서울시민의 발길과도 거리를 두는 이 고립성은 여의도에 국회를 둔다는 애초의 계획에서부터 이미 예고된 사실이었다. 덕분에 국회의사당은 늘 열려 있는 시민의 공간이 아니라 권위주의의 밀실로 밖에는 보이지 않는다.

국회의사당은 그 위치뿐만 건축설계에 있어서도 도대체 민주주의와는 체질적인 동질감을 느끼기 어렵게 되어 있다. 높은 기단 위에 서서 시가 전체를 내려다보는 그 시선, 화강암 석조의 냉랭한 외벽, 스물 네 개의 거대한 대리석 열주, 대칭적인 형태, 규칙적으로 배열된 창, 직경이 64m에 달하는 중심부의 돔 등은 모두 관료적 권위를 전달하는 장치들이며 민주적 개방성과는 거리가 멀다. 따라서 국회의사당이 표현하는 권위는 시민사회와 함께 숨 쉬고 대화하면서 같이 커나가는 권위가 아니라, 시민사회 밖, 아니 그 위에 군림하는 권위이다. 여의도 내에 특이하게 전통주의적 기법이 혼합된 건축양식도 주목할 만한 요소다. 비록 그것이 조선 건축으로부터 내려온 전통은 아니지만 가장 근대적 이념에 충실하려고 했던 이상 도시 건설의 중심에 묘하게도 과거에 대한 보수주의적 향수를 일으키는 건축양식이 사용된 것이다. 이것은 여의도 건축의 근대적 면모와 어색한 차별성을 띠면서 묘한 긴장감을 불러일으킨다.

전통주의에서는 신건축과는 대조적으로 건축 프로젝트가 직접 존중되지 않고 늘 보편적인 가치로서의 표현이 존중되었다. 따라서 훌륭하고 아름다운 기념비적 건물이 주택보다도 중요하며, 또 주택은 단순한 실용 건축보다는 중요하다. 훌륭하고 아름다운 기념비적 건물에는 전통주의자가 고전이라고 생각하는 충분히 발달된 형태언어가 사용된다. (…) 석재나 대리석과 같은 고귀한 재료는 고귀한 건축에, 벽돌과 목재는 주택에, 그리고 '빈약한' 재료인 콘크리트는 실용건축에 당연히 이용된다고 생각했으나, '초라한' 구조재를 고귀한 구조재로 덮어 감추는 것을 부정하지는 않았다(람푸냐니, 1990: 175).

물론 국회의사당의 건축양식이 완전히 의도된 것이라고 볼 수는 없다(국회의사당은 설계공모 당선작이 없어 여러 건축가들의 공동 설계로 이루어져서 다소 절충적인 성격을 띤다). 그러나 분명한 것은 이 건축물이 상징하는 문화적 보수성이 여의도라는 공간을 지배하는 정치 이념과 잘 맞아떨어진다는 점이다. 그것은 여의도의 정치 이념적 기념비 구실을 하고 있다.

이러한 공간 구조의 비민주성을 증명이나 하려는 듯, 국회의사당 내 걷기 경험은 불쾌하기 짝이 없도록 동선을 짜놓았다. 시민들은 여전히 정면으로 출입하지 못하고 후면의 지하 출입구를 사용해야 한다. 의원 전용 입구가 높은 계단을 걸어 '올라가' 붉은 카페트를 밟으며 회의장으로 통하는 상향식 동선인 반면에 의사당을 찾은 시민들은 건물을 빙 돌아 입구 높이의 절반에도 못 미치는 후문으로 기어들어가 금속 탐지기의 검사를 받아야 비로소 방청석 입장이 가능해진다. 우회 하향식이다. 몇몇 언론에서 이런 문제를 지적한 적도 있건만 국회의원들의 완고한 오만함은 수년째 미동조차 않는다.

의사당의 모든 시설은 의원전용과 '의원 아닌 모든 사람들'용으로 양분되어 있다. 한 가지 예외는 기자 출입문이 따로 있다는 것인데 이것도 묘한 발상이다. 언론인에게는 일반 시민과 구별되는 특권을 일부 허가하겠다는 것인가? 국회는 삼부회의 시절, 귀족과 왕당파의 사고방식을 가지고 있단 말인가. 공간의 전유와 활용 방식은 바로 그 공간의 생산 이념과 맞물릴 수밖에 없다. 공간의 생산, 접근성과 거리화(accessibility and distanciation), 전유와 지배라는 공간적 실천들은 서로 독립적이지 않다는 하비의 지적은 여기서 매우 적절한 사례를 하나 추가하게 된다(하비, 1994: 273).

원래의 설계에 따르면 이 의사당로의 동쪽 반대편에는 시청 건물이 들어설 계획이었다. 또 현재의 대한생명 63빌딩 자리에는 대법원을 두어 입법부와 행정부

가 마주 보고 사법부인 대법원이 또 한 축을 형성하여 삼권분립의 민주주의 정신
이 하나의 공간 안에서 상징적으로 구현되도록 설계했던 모양이다. 이런 공간적
구상이 다분히 이상주의적인 것은 말할 나위도 없지만 그 안에는 대단히 흥미로
운 모순이 하나 발견된다. 그것은 민주주의의 기본적 태도인 다원주의와 배치되
는 중심에 대한 강렬한 욕구 혹은 중앙집중화(centralization)의 열망이다. 약간의
비약을 무릅쓰고 이 문제를 일반화시킨다면, 우리는 근대적 이상도시 건설계획
의 투사적 성격은 본질상 다원적 민주주의와 배치되는 전체주의적 태도에 기초
하고 있다고도 말할 수 있다. 사회주의의 유토피아 건설 노력이 그 내부에 굴락
이라는 격리의 공간을 만들고서야 비로소 '완성'될 수 있었던 것처럼 말이다.

여의도에는 국회의사당과 이른바 '정치권' 인사들의 공간이 있다. 누구나 알고
있는 상식이다. 그러나 또 하나의 불쾌한 상식은 여의도에 공간의 민주주의가 없
다는 것이다. 이것은 국회가 대통령의 의지에 절차적 정당성을 부여해주던 기구
이던 시절, 의사당을 중심축으로 여의도의 공간 배정이 이루어지면서 이미 예정
된 것이었는지도 모른다.

2) 공간 상품의 미로에서

여의도는 영등포 사거리와 마포의 공덕동 로터리를 잇는 여의도 관통 고속도
로에 의해 동과 서로 허리가 잘려져 있다. 애초 김수근의 설계에서는 여의도 전
체를 기능적 연계성을 갖는 통합적 전체로 묶기 위해 이 관통 도로를 고가도로형
식으로 설계했으나 비용이 문제가 되어 무산되었다. 국가의 이상적 계획은 자본
의 현실 논리 앞에서 수정을 요구받지 않을 수 없었던 것인데 이 경계선의 존재
는 여의도 전체의 공간 구조에 매우 중요한 의미를 가진다. 이 관통 도로를 경계
선으로 서쪽 끝에는 국회의사당이 자리하고 있고 동쪽 끝의 랜드마크는 63빌딩
이다. 이런 상징화가 허용될 수 있다면, 권력과 자본이 양축을 형성하고 있다고
말할 수 있다. 그리고 자본의 공간인 동쪽 지역의 전면 경계에서 길 건너 의사당
을 주시하고 있는 건물이 전국경제인연합회관이다. 1979년 완공된 전경련회관
은 비록 지금은 그 옆에 어깨를 나란히 하고 있는 한화, 현대투신, 보람, SK의 굿

모닝증권 건물에 비해 키도 작고 낡았지만 1층 로비 앞으로 쭉 뻗어 나와 있는 입구의 자신감 넘치는 개방 공간과 이를 받치고 있는 열주, 수직으로 곧게 뻗어 완고한 인상을 주는 직육면체의 건물 라인 등은 아직도 꺾이지 않고 있는 재벌그룹들의 자존심을 보여주고 있다.

여의도 공간의 생산은 분명히 국가의 주도와 계획에 따라 시작되었지만 이 과정의 진정한 주체는 '국가+자본'이었다. '국가독점자본'이라고 한다면 다소 논쟁적이 될지 모르겠다. 왜냐하면 1980년대 후반 이후 국가와 자본 사이의 역관계는 큰 변화를 겪는 것처럼 보이기 때문이고 이는 여의도 전체의 공간 구성에도 일정한 영향을 행사하기 때문이다. 1980년대 중반 이후, 그러니까 여의도에 63빌딩과 LG의 트윈타워 그리고 40번 증권가에 고층 빌딩들(현재의 SK굿모닝증권, 보람증권, 현대투자신탁증권 등)이 들어서면서 여의도의 공간 지배(domination of space)는 그 양상이 달라지기 시작한다. 국가의 힘은 정체되어 있는 반면 자본 쪽의 위세는 뚜렷한 성장을 계속하여 거의 대등한 수준으로 올라선다(가장 상징적인 장면은 1992년 대통령 선거에서, 한 재벌 총수가 여의도 유세를 가졌을 때가 아니었을까?). 이런 변화는 개발 초기에 정부가 자본을 유치하는 과정에서 총자본의 입장이 아니라, 가장 큰 개별 자본처럼 행동하면서 이미 예견되었어야 할 것인지도 모른다. 즉 국가의 정당성과 권위는 모든 개별 자본에게 의심스러운 선전 문구와 같았다. 이 과정을 하비는 다음과 같이 설명하고 있다.

하지만 자본주의 도시에서 사회적·물적 경관의 급격한 탈바꿈은 이런 (이론적 논쟁에서의ㅡ인용자) 주장들과 거의 아무런 관련이 없었다. 무엇보다 투기적 부동산 개발(토지 지대를 얻고자, 또한 수익성 높게 재빨리, 값싸게 짓고자 한 개발)이 자본축적의 주요 부문이었던 개발 및 건설업 분야에서 주도적 동력을 이루었다. 심지어 계획 규제에 따른 제약이나 공공투자가 주종을 이룬 경우에도 기업자본이 여전히 상당한 권력을 쥐고 있었다. 그리고 기업자본이 장악하고 있는 곳에서는 (특히 미국에서는) 건축 서적들에 담긴 온갖 모더니스트 기법을 써서 마치 기업 권력의 상징인 듯 높이 치솟은 기념비 건물들을 세우는 일이 활발히 이루어졌다(하비, 1994: 106~107).

여의도와 한강 연안의 개발 비용은 토지의 공매(公賣)를 통해 조달했는데 이 때, 토지 매수자를 시설건축자로 제한했다. 실수요자를 시설건설자로 한정했기 때문이었다. 그러나 주거 공간의 경우 조합 설립 등에 의해 실수요자와 건축자가 다를 수 있는데 이런 경우는 고려되지 않았다. 따라서 시민들의 직접참여는 원천 적으로 봉쇄된 채, 행정 당국과 건축업자(권력과 자본)들만으로 개발이 이루어진 셈이다. 건축자들은 간선도로, 하수종말처리장 등 공공시설 건설에 대한 비용을 부담해야 했다. 그러나 건축업자에게는 시가 보증을 서서 선융자를 받을 수 있었 고 조세 감면의 혜택도 받았다. 민간 투자를 촉진하기 위한 조처들이었고 여의도 의 공간 생산에 자본이 중요한 참여자로 등장하는 순간이었다.

전체적인 개발공정계획에서 볼 때, 이러한 찬반 양론은 간과할 수 없는 의미를 내 포하고 있다. 이것은 여의도 개발이 어쩔 수 없이 시민의 도시이며 시민 전체의 직접 적 관심의 대상이 되어야 하기 때문이다. 그러므로 시민 전체의 이 계획에 대한 직접 참여가 요구된다. 이것은 도시의 본질로 보아서도 그러하거니와 개발촉진을 위한 민 간자본 유치의 점에서는 더욱 그러하다. 따라서 서울특별시는 민간의 투자 의욕 증대 와 이를 촉진키 위한 반대급부 제공에 과감하여야 할 것이다(서울특별시 한강건설사 업소, 1969: 71).

하비에 따르면, 근대적 공간의 생산과정에서 고정자본과 소비 기금으로 대표 되는 물리적 환경은 장기간의 실현 과정과 외부성(externality) 효과로 인해 과소 투자 경향이 상존하는데, 이를 극복하기 위한 조건으로서 국가정책과 자본시장 에서의 신용을 통한 금융 지원이 개입하게 된다. 여의도 개발에도 이런 논리가 적용될 수 있지만 구체적으로 들어가면 미묘한 차이가 난다. 국가는 총자본의 입 장에서 자본순환의 인프라를 조성한 것이라기보다 공간 생산에 자본을 적극적 으로 유인하여 공간을 상품처럼 팔았고(이 판매의 이윤은 정치적 이념의 선전을 통 한 이데올로기적 정당성 확보인 것처럼 보인다. 당시 한강 개발은 '민족의 대역사'로 선 전되었고 여의도는 '한강의 기적'의 살아 있는 증거물이었던 것이다) 자본은 국가의 도움으로 생산한 이 상품을 다시 소비자들에게 판매함으로써 막대한 이윤을 얻었다. 토지가의 인플레는 1970~1980년대 내내 어떤 경제 부문에서보다도 높은 이윤율을 보장했다. 독점자본에서 파생하여 이와 일체적으로 움직이는 부동산자본은 토지나 주택에의 투기적 투자 외에도, 실물 건축 시장에서 순환되는 건설자본을 지배함으로써 건설 투자에 의한 이윤을 독과점적으로 전유하고 주택시장을 왜곡시켰다. 국내 건설 자본의 형성은 1960년대 말 경부고속도로 건설로 시발되지만, 1970년대 말 중동 사태로 인한 해외 건설 자본의 철수와 생산 부문의 상대적 침체로 인해 유입된 부동산자본은 국내 건축 시장의

〈사진 4-4〉 경쟁하듯 늘어선 초고층 빌딩들(굿모닝증권 건물의 고압적 포즈) 1980년대 후반에 지어진 이 고층빌딩들은 1970년대 업무빌딩의 단조로움을 많이 극복했지만 보행자와 인간, 주변 경관에 대한 오만한 무관심에 있어서는 동일한 자세를 보여준다.

확대를 요청했다. 이에 따라 1982년 국내 건설 시장의 총규모는 10조 원을 상회하고, 1988년 22조 원, 1989년 27조 원에 이르며 이러한 증가 추세는 1990년대 초반까지 계속된다(최병두, 1991: 175).

사실 여의도 및 한강개발 사업은 인플레를 통한 '노동의 2차 착취'라는 성격이 복합적으로 작용한 과정이었고 자본의 본원적 축적과 유사한 기능을 하면서 토지자본의 탄생과 독점자본(재벌)의 강화―현재의 10대 재벌 중 1970, 1980년대의 토지 개발 과정에서 막대한 이윤을 축적하지 않은 곳은 거의 없다―라는 한국적 축적체제의 독특한 특성을 낳았다. 여의도의 빈약한 소비 환경은 카스텔의 '집합적 소비'이론으로 설명하기에 꺼림칙한 면이 많다. 거기에는 쿠데타로 정권을 잡은 당시 군사정부의 정치적 의도가 가장 강력한 변수로 고려되어야 하며 또한 자본이

상품 소비의 공간을 생산하여 회전시간을 단축하겠다는 의도보다는 공간 상품 (주로 주택과 사무 공간)의 판매를 통해 직접적인 이윤을 얻겠다는 의도를 강하게 가지고 있었음을 보여주는 증거가 아닐까 생각된다.

여의도의 증권가의 공간 구조는 급속하게 성장하던 자본이 어떤 상황에서 어떤 논리를 가지고 공간을 조직했는지를 잘 보여준다. 일반적으로 자본에 의한 공간 지배 논리는 이윤율의 극대화를 위한 시간과 공간의 최적 효율화를 강조한다.

시장의 교환경제를 목적으로 하는 자본주의의 등장과 함께 시간과 공간은 자본가들에 의해 용의주도하게 조직화되었다. 정확한 시간의 측정과 정확한 공간적 척도는 자본이윤의 형성에 직접적인 조건이 되기 때문이다. '자본'이 일차적으로 축적의 강령을 극대화하기 위한 공간은 작업장이다. 잉여가치는 노동시간에 의해 규정되기 때문에 작업장에서는 더욱 철저하게 노동을 통제·관리하기 위한 전략들이 생겨났고 이런 전략들은 기본적으로 노동시간을 조직화함으로써 생산성을 극대화하려는 자본가들의 전술을 대변하는 것이다(김왕배, 1999: 187).

이런 생산성의 논리는 여의도 증권가를 매우 볼품없고 황량한 공간으로 만들었다. 증권거래소를 비롯하여 모든 건물은 보행자를 위한 배려(건물 앞의 여유 있는 쉼터나 녹지, 조형물들)를 거의 보여주지 않는다. 대부분이 업무 용도로 만들어진 공간이기 때문에 거리를 지나는 사람들을 건물 안으로 끌어들이는 매력적인 입구 장식이나 조형물 배치에도 무관심하다. (널찍한 차량 간선도로와 비교되는) 좁은 이면도로는 인간을 위해 만든 것이 아니라 피고용자들의 단순한 이동통로로 만들어졌음이 분명해 보일 정도로 협소하며 주차된 차량들로 가득하다. 대개 1970년대에 지어진 사무공간들은 모더니즘 건축의 기계주의적 이념을 표방하듯 아무런 개성을 보여주지 못하고 직사각형의 성냥갑처럼 무뚝뚝하게 서 있는 경우가 많다. 1980년대 중반 이후 들어선 첨단 고층빌딩들은 건물의 외형에도 상당히 신경을 썼고 포스트모던한 장식성도 일부 선보인다. 그럼에도 불구하고 주변 경관과의 전체적 조화를 전혀 고려하지 않은 듯, 거대하게 솟아 있는 고급 빌딩들의 위용은 자신의 관심이 오직 나르시스적 자기과시뿐이라고 말하는 듯하며 이런 건조물들이 뿜어대는 위압감은 증권가를 거니는 사람들과 일하는 사람

〈사진 4-5〉 여의도의 가로 풍경. 출퇴근 시간을 제외하고는 인적이 드물고 매우 황량한 느낌을 준다. 이 공간의 거주민들은 테일러리즘적 시간 관리에 하루를 맡겨야 하기 때문이다.

들 모두의 얼굴을 무겁게 긴장시킨다. 비록 증권가의 건물은 아니지만 여의도 동쪽 지역을 대표하는 63빌딩의 황금빛 반사유리와 기념비적인 건물 양식은 이런 경쟁심과 오만함을 가장 선명하게 보여주는 사례라 할 만하다. 그러나 이런 공간 지배 논리는 이상 도시 여의도를 사람이 살 만하지 않은 곳, 자본의 거대한 쇼윈도로 만들고 있을 뿐이다.

근대 건축 운동의 '이상 도시'에서 우울하게도 결핍된 것은 인간이 어깨를 서로 비비고, 서로 교제하고, 즐기고, 논쟁하고, 필요할 때면 싸울 수 있는 작고 혼잡하고 밀도 높은 공간이다. 널찍한 '이상 도시'에 대한, 무의식적이지만 가장 지독한 논평은 조각가 알베르토 자코메티(Alberto Giacometti)의 작품인 몹시 야윈 거인상이다. 그 작품에서 거인상들은 사람이라곤 서로 비슷한 모습의 거인상들밖에 없는 거대한 풍경 속을 묵묵히 일종의 소외된 행렬로 정처 없이 가로질러가고 있다(블레이크, 1979: 110).

여의도 개발청 사진에는 외국 공관들의 유치 계획이 포함되어 있는데 현재 여의도에는 인도네시아 대사관만 들어와 있다. 당시 도시설계자와 정부 관료들은 외국 공관들의 이전 거부를 이해하지 못했는데, 이제 그 이유가 선명해지고 있다. 외교관들은 세계 어느 대도시를 가도 볼 수 있는 뻔한 스타일의 건물들과 전통과 인간들의 조화를 볼 수 없는 황량한 가로의 풍경을 이미 예상했는지 모른다.

3) 거인의 정원이 된 광장

여의도에 더 이상 광장은 없다. 국군의 날 대규모 군사 퍼레이드가 펼쳐지던 '5·16광장,' 전두환 정권 시절 '국풍81'이라는 국가주의적 문화 이데올로기에 동원되던 여의도광장, 대선 때 수십만의 군중이 모여들고 대규모 시위도 일어나던 위험한 정치적 공간, 주말과 휴일이면 자전거와 롤러스케이트를 타기 위해 청소년들이 모여들어 활력이 넘치던 그 광장은 사라졌다. 대신 들어선 것이 '여의도 시민공원'이다.

1990년대 들어 '시민'이란 개념이 공적 담론의 영역에서 가장 중요한 의미론적 코드의 하나로 부상한 배후에는 틀림없이 민주주의의 형식적 정착이라는 한국 정치의 지형 변화가 존재하고 있다. 그러나 이런 정치 지형의 변화는 개발 독재 시절에 구상된 여의도의 공간적 지형 변화에는 별다른 영향을 주지 못했으며 공간의 전유, 공간의 시민적 활용을 위한 투쟁은 제기되지 못했다. 이 시기에 '시민' 개념은 그 동안 정치적 급진성을 띠던 제반 사회운동들이 제도적 틀 안으로 포섭(혹은 정착)되는 이데올로기적 정당화 논리로 기능했다. '시민' 개념이 능동적이고 적극적인 정치·사회운동으로 코드화되지 못하는 사이에 국가는 이 용어를 세련된 관용(官用) 어휘로 변질시켜왔던 것인데, 시민의 참여나 의사수렴 없는 광장의 공원으로의 변화는 바로 그런 맥락하에서 이해될 필요가 있다.

여의도 개발초기인 1971년 건설된 우리나라 최대의 광장(11만 4300평)은 27년의 풍상을 뒤로 하고 1990년대식 몰역사주의와 함께 사라져버렸다. 그러나 여의도 공간은 진정 시민의 공간인가? 여의도라는 공간이 정치권력과 언론과 자본과 종교 엘리트들에 의해 점령된 현실 속에서 이 시민공원의 역설적 존재는 오히려

〈사진 4-6〉 공원 쪽에서 바라본 증권가 빌딩들. 자본의 힘을 상징하는 이 거대한 기념비들은 마치 거인처럼 공원을 내려다보고 있다.

하나의 냉소일지도 모른다(가령 1980년대 중반쯤에 연세대학교 민주광장을 공원으로 변경하며 "학생들의 휴식공간이며 녹지환경의 조성"이라고 주장했다면 누가 그것을 용인했겠는가?).

사실 이 '시민' 공원은 도대체 '시민적'이라고 여겨질 만한 아무런 공간적 배려도 체험적 소여도 제공하지 못하고 있다. 이 공원에서 주인 행세를 하고 있는 것은 여의도 전체를 공간적으로 지배하는 자본과 국가 권력적이며 공원을 이용하는 시민들은 마치 부유한 권력자의 집 정원에 초대된 초라한 방문객처럼 보인다.

엄청난 규모의 토지 정비와 공간의 생산이 이루어진 여의도에서 그것을 생산하기 위해 투여된 노동의 존재는 거의 완전히 지워지고 망각되었다. 여의도 개발이 국가가 그리고 자본이 주도한 공간 상품의 생산이었다면, 현재의 여의도는 거대한 '죽은 노동'의 무덤인 셈이다. 물론 그것은 비단 여의도만의 상황이 아니라 자본주의하에서 모든 상품에 적용되는 운명일 것이지만 말이다.

그럼에도 여의도에서 광장의 존재는 그 동안 이 무덤에 활력을 주는 유일한

〈사진 4-7〉 '문화의 마당'에서 바라본 거대한 국기 게양대. 공간을 전유하기 위한 시민들의 투쟁이 참패했음을 고지하는 오만한 깃발처럼 보인다.

공간으로 기능해왔다. 즉 이 공간의 생산자인 노동자와 그의 자녀들이 마음대로 드나들며 여의도라는 공간에 대한 자신의 시계(視界)를 조절할 수 있는 권리를 획득할 수 있었고 다양한 집단 체험을 시도해볼 수 있었다. 열려 있고 비어 있다는 점에서 광장은 반드시 군사 문화의 잔재로 여겨질 필요가 없었다. 다시 말해 이 광장은 여의도 공간에 대한 진정한 시민적 전유를 위한 집합적 실천의 여지를 남겨두고 있는 곳이었다. 더구나 여의도 광장 자리는 시민들의 접근성도 크게 높지 않은 곳이어서 공원으로 바뀐 이후 그 매력의 상당한 부분을 잃어버리고 말았다.

여의도 공원은 형태상 가로 공원의 성격을 가지고 있다. 공원 양쪽으로 도로가 지나가고 그 도로 양옆으로는 거대한 금융기관의 빌딩들이 내려다보고 반대편으로는 한국방송공사와 서울방송, 수출입은행 등 공공기관과 사무 공간이 주를 이루고 있다. 이 높은 벽돌에 둘러싸인 공원은 사실상 이 거인들의 사적 공간 비슷한 것으로 전락하게 된다.

광장이 가지는 힘과 역동성은 '시민'의 운명처럼 순치(順治)되어 자본의 정원이 되고 말았다. 이런 운명을 더욱 극명하게 보여주는 것은 공원 한가운데 마치 유물처럼 남아 있는 광장의 흔적이다. '문화의 마당'이라고 명명된 이 공원 내 광장은 신임 대통령의 업무보고를 받는 자리에서 문제제기― "광장이 없는 도시는 세계 어느 나라에도 없다"― 를 한 덕분에 만들어졌다. 그 결과는 자본이라는 거인의 정원 한가운데 꽂혀진 거대한 국기봉이었다.

10m가 훨씬 넘어 보이는 이 그로테스크한 크기의 황금빛 국기봉에 휘날리는 거대한 태극기는 여의도 건설 당시의 국가 이데올로기의 마지막 자존심처럼 보인다. 분명한 것은 자본의 벽에 둘러싸이고 국가 이데올로기를 상징하는 거대한 국기 게양대에 중심을 내준 채 농구장으로 변모해버린 이 광장에 시민은 없다는 것이며 시민정신을 위한 어떠한 공간 체험도 불가능하다는 것이다. 여의도 광장은 '죽은 노동'을 생산하기 위해 사무실에서 노동하고 있는 자들의 활력을 재생산하기 위한 공간으로 변질되었다.

3. 무너진 이상 도시, 살아남은 여의도

여의도는, 비록 약간의 우여곡절을 겪었고 원안이 그대로 실현된 것은 아니지만, 비교적 일관된 공간 계획의 산물이다. 이런 점에서 여의도 공간은 우발적이며 산발적이고, 많은 경우 상충되는 여러 결정과 실천들이 쌓이며 만들어놓은 서울 강북의 구도심지역, 한국사회가 체험해온 수세기의 역사와 근대화 과정의 명암이 혼재되어 있는 세종로 일대와 뚜렷한 대조를 이룬다. 강북 구도심의 '비동시성의 동시성'과 견줄 만한 역사적 아이러니와 문화적 깊이를 여의도라는 공간적 텍스트 어디에서는 찾아볼 수 없다. 여의도의 무표정한 업무 빌딩들 뒤에는 엄격하게 관리되는 시간과 공간에서 비롯된 인간들의 소외감을 상쇄시켜줄 만한 따뜻한 옛 골목과 다정한 저층의 한옥들이 단 한 채도 없다. 대신 지하로 숨어든 밀실의 유희 공간과 빈약하고 개성 없는 소비 공간, 황량한 가로들이 있을 뿐이다.

여의도는 1970년대의 한국이 상상하던 근대적 이상 도시의 모습이 어떤 것이었는지를 해석해볼 수 있는 중요한 시공간적 증거가 될 만하며, 본격적인 자본주의화가 진행되면서 생산되고 정착한 한국 근대 공간의 맨 얼굴을 관찰할 수 있는 드문 지역이기도 하다.

여의도는 처음부터 남에게 보이고 싶거나 남이 그렇게 보아주었으면 하는 모습, 현실이 그렇지 못하더라도 이 사회가 추구해 마땅하다고 여겨지는 규범, 즉 "순수한 한국 근대화의 정수만을 보여주는" 모범적 텍스트로 구상되었다. 권위 있고 능률적인 행정기관, 위엄에 차고 정의로운 입법기관과 대법원, 시민들을 위한 광장, "세계로 도약하는 우리 경제"를 보여주는 고층 업무 빌딩들, 깨끗하고 정돈된 주거 공간 이런 것들이 이 텍스트가 전하고자 하는 외면적 메시지들이다. 말하자면 이 공간은 사회통합을 위한 공간 장치의 생산이라는 정치적 의도하에 계획되었으며 이는 건축가의 모더니즘적 이상주의와 의외로 잘 맞아떨어졌던 것 같다. 따라서 거기에는 전통의 요소가 매우 기묘한 방식으로 나타난다. 공원의 세종대왕상이나 정자 연못처럼 흔한 조형 디자인들이 여의도만큼 어색하게 보이는 곳은 없다. 그러나 이 초안은 자본이라는 현실과 타협하면서 일정한 훼손을 경험해야 했다. 자본은 국가권력의 공간 생산에 손님으로 초대되었지만 결국 국가의 권위주의적 이미지를 (본의 아니게?) 축소시키며 여의도 공간의 주인 행세를 하게 되었다. 그러나 어쨌든 여의도 공간을 양분하며 견제와 타협을 하고 있는 두 주인은 자본과 권력이며 시민들의 주거지인 아파트는 황량하게 퇴색해가고 거리는 생기를 잃었으며 시민광장은 오용과 남용의 역사 끝에서 거인들의 병풍에 둘러싸인 왜소하고 볼품없는 공원으로 전락하고 말았다.

마스터플랜의 실현, 이념적 공간의 물화(物化), 이윤 극대화를 위해 조직된 시간과 공간. 이런 것들 속에서는 민주주의의 나무가 자랄 수도 인간적 교감과 상호작용의 터가 유지될 수도 없다는 것을 여의도는 여실히 보여준다. 유토피아는 플라톤의 이상국가론에서부터 선명하게 드러나듯이, 그리고 조지 오웰(George Orwell)의 『1984』에서 반복적으로 풍자되었듯이, 민주주의보다는 중앙집권화된 독재 질서로 통하게 된다. 도대체 계획과 민주주의는 생리가 다른 것인지도 모른다. 민주주의는 대화의 정신이지 독백과 (메시지를 전달하는 것이 목적인) 선전이 아니다. 계몽주의의 여러 자손들 중 하나인 근대 건축의 이상주의는 민주주의적 삶과 인간 중심적 문화와 궁극적으로 배치된다. 사회주의 국가들의 이상적 신도시 건설 시도와 실패(관료주의와 반인간주의로의 귀결)는 이상 도시 여의도의 운명과 같은 종류의 것이다.

여의도는 그 공간적 구조상 포스트포드주의적 소비사회의 화려함을 적절히 수용하지 못할 것이 거의 틀림없어 보인다. 여의도에서 개발과 공간의 재생산은 구조적 한계에 봉착한 듯하다. 그렇다면 여의도의 쇠락은 시간문제가 아닐까?

근대 도시 설계가 이렇게 실패하게 된 이유는 많다. 그러나 주요한 이유는 매우 간단한 것이라고 짐작된다. 이상적인 근대 도시의 원형(原形) - 르 코르뷔제의 '빛나는 도시'나 바이마르 공화국의 '지들룽겐(Siedlungen)' - 은 20세기의 도시생활의 절박한 기계화와 자동화에 척도를 맞춘, 선의의 계획이었다. 그것들은 인간의 필요성에 척도를 맞춘 유기체라기보다 오히려 자동차 시대에 척도를 맞춘 계획이었다(블레이크, 1979: 108).

기 드보르(Guy Debord)가 지적했듯이 스펙터클은 "이미지에 의해 중재된 사회적 관계"로, 그 시대의 지배적인 생산양식과 사회관계를 반영한다. 여의도는 1970년대와 1980년대 중반 무렵까지의 도시화, 산업화 과정에서 나타난 대규모 고층 빌딩군과 아파트 단지 등 근대화의 스펙터클을 전형적으로 보여주기 위해 구상되었다. 1980년대 후반 이후 등장하기 시작한 '포스트모던한 소비의 스펙터클'은 이제 강남과 테헤란로와 외각의 신도시를 찾아 나서고 있고 놀라운 자본의 공간 잠식과 변화의 속도 앞에서 여의도는 서른을 넘기자마자 시대에 뒤처져 보인다. 그러나 자본과 권력이 교합하여 산출해낸 여의도의 '낡은 근대' 공간이 유물처럼 퇴락해갈지라도 그곳을 인간의 영역으로 전유하려는 움직임은 계속될 것이고 그때 여의도는 새로운 얼굴을 갖게 되지 않을까.

현상학적 해석학과 공간론의 가능성

　의식의 지향성, 의미, 생활세계, 판단 중지, 신체성 등으로 요약되는 훗설(E. Husserl)의 현상학은 다방면의 인문사회과학계에 영향을 미쳐오고 있다. 현상학적 공간 해석은 신체 감각의 중요성 특히 시각적 감각을 강조해오던 방식에서 총체적인 오감(시각, 청각, 후각, 촉각, 미각)을 활용한 공간의 해석을 중시한다. 경관이나 파사주 분석, 도시 형태와 공간에 대한 해석 과정에서 이를 인식하고 감지하는 가장 두드러지는 감각기관은 '눈'이었다. 그러나 우리는 시각적으로 인지되지 못한 감각기관을 통해 공간을 해석할 수도 있다. 즉, 감각의 지평이 매우 다양하다는 것인데 이는 기존의 공간을 단순히 '시각적인 것'으로 바라보고, 시각적인 재현의 측면에만 주목했던 방식에 대한 비판이었다.[1] 다시 말해 현상학적 공간론자들은 '이 공간은 어떤가', '어떤 냄새를 가지고 있었는가', '소리는 어떤가', '빛은 어떻게 되었나' 등과 같은 다양한 경험을 포착하려 한다. 현상학적 공간론은 공간이 가진 장소성, 재료, 존재감, 회상, 추억, 이미지, 밀도, 환경 등에 대한 경험과 분류를 통해 현상학적 공간론의 방법론적 토대를 구축하고자 한다.

　이푸 투안(Yi-Fu Tuan)은 인간의 감각 능력, 즉 시각, 촉각, 청각, 후각 등이 지각과 행위에 영향을 줄 수 있음을 강조하는 데 그중에서도 특히 '시각'의 중요성을 강조한다.[2] 그는 또한 인간의 인지 지각에 근본적으로 영향을 미치는 '문화'

---

[1] 최근에 이와 같은 맥락에서 건축학에서는 인간 행위자의 오감적 측면에 조응하는 '신경 건축학'이라는 장르도 대두되고 있다. 이는 개인 행위자의 감각적 선호를 파악하고 이에 대응해서 변화하는 공간, 즉 움직이는 공간에 대한 건축적 시도라고 할 수 있다. 이에 대한 최근의 건축학적 움직임은 재료, 재질, 청각, 감촉으로 공간을 다시 해석하려는 시도들이 있다(김억·박희령·이지현 2008).

[2] 이푸 투안은 인간 인지감각의 중요성, 특히 시각의 중요성은 다른 감각을 희생하면서까지도 다른 감각기관보다 공간 경험에서 중요한 지위를 가지고 있음을 강조한다.

의 중요성을 강조 한다. 이푸 투안은 공간인지에서의 감각의 중요성뿐 아니라 문화의 중요성을 강조하는데, 문화는 행위자들로 하여금 '존재하지 않는 것'을 보게 할 정도로 지각 능력에 큰 영향을 미칠 수 있다는 것이다. 투안은 장소애로 번역되는 '토포필리아'라는 개념을 제시하고 있다. 장소애 개념은 단순히 "장소에 대한 좋은 감정"을 넘어서 장소성 그 자체의 다양한 물리적, 역사사회적 형태에 대한 감정을 포함한다.

에드워드 렐프(Edward Relph)의 공간이론은 이러한 장소성의 상실에 대한 비판으로부터 시작된다. 렐프는 '현상학적 경관분석 방법론'을 통해서 "지리적 실제"에 대한 논의가 가능하다고 주장한다. 즉 "누군가가 존재하는 장소로서, 사람들이 기억하는 장소 혹은 경관으로서, 위치나 지역, 지형 같은 추상적이고 형식적인 관념"을 지리적 실제와 연관되어 있다고 보는 렐프는 생활세계의 토대로서 '장소'를 핵심적 연구 대상으로 상정하고 있다.

사회과학분야에서의 '현상학적 공간' 논의는 공간과 사회 혹은 공간과 개인의 관계성에 따라 정의되고 재조정되는 것으로, 공간적 전회의 핵심인 움직이는 공간, 관계성에 따라 변화하는 공간 인식과 상당 부분 그 맥을 같이하고 있다. 현상학적 공간론은 자본주의의 경관 획일성, 무차별적인 경관 파괴, 자연환경의 오염 등과 같은 문제의식들과 결부되면서 비판적 시각의 가능성을 제시해주고 있다. 한편 현상학의 감각적 지평을 급진적으로 확산시킨 논의가 이른바 '비재현이론'이다.

비재현이론(Non-Representation Theory)은 나이절 스리프트(Nigel Thrift)를 통해 사회과학 방법론으로 수용되기 시작했다. 그는 비재현이론을 사회과학에서 방법론으로 도입하기 위한 4가지 전략들을 제시했다. 첫째 비재현이론은 일상적 실천을 강조하고, 특정장소에서 타자와 자신을 향한 인간 행동의 형상화에 주목한다. 둘째, 주체가 아닌 주체화의 실천을 통해, 정체되고 이미 형성된 것이 아니라 형성의 과정 속에 있는 것으로서 대상을 바라본다. 셋째, 대상을 공간적이며 동시에 시간적인 존재로 바라볼 것을 주문하며, 마지막으로 존재의 기술(technologies of being)이 거대한 네러티브 서사가 아니라 일상생활의 '소박한 공간화'

를 통해서 실현될 수 있음을 밝히고 있다(Thrift, 1997).

또한 우드(Wood, 2012)는 '이동 중인 경관 대상(travelling landscape object)'이라는 연구를 통해 스코틀랜드의 민족성이 고정불변의 것이 아니라 '구성과 변화'의 와중에 있다는 것을 스코틀랜드의 음악을 통해 보여주고 있다. 로리머(Lorimer, 2008)는 인간, 텍스트, 시각 중심에서 벗어나 공유된 경험, 틀에 박힌 일상, 감각적 기질 등 육체적 경험과 실천의 표현을 강조한다. 비재현이론은 공간에 대한 시각 중심적 '재현(representation)'이 오히려 대상의 본질을 왜곡시키거나 삭제할 수 있다고 주장한다. 비재현이론은 고정된 것이 아닌 형성되어가고 있는 신체적 감각과 경험을 통해 모두 재현되지 않는 도시공간의 본질에 더 가까이 다가가고자 하는 방법론적 접근이다. 현상학적 공간론의 한 줄기라고 볼 수 있는 비재현이론은 실천의 관점, 일상성의 포착 등과 같이 일상생활세계에서의 수행성을 강조한다.

'현상학'이라는 이름으로 진행된 공간 연구들은 일상생활과 총체적인 신체적 감각을 통한 공간의 해석 과정, 행위자와 공간의 관계를 새롭게 바라볼 수 있는 혜안을 제공해준다고 볼 수 있다.

제5장 정치경제학과 도시공간

제1절 구조주의 마르크스주의와 도시 정치경제학

1. 도시 생태학의 종언

사회가 변동함에 따라 기존의 이론이 조명할 수 없는 사회상황이 빈번히 발생하는 경우 그 이론은 '과학의 위기'를 경험하게 된다. 이론이 사실(fact)의 축적을 통해 점차 진화되어간다고 하는 입장을 거부한다면 그러한 위기는 곧 '이론의 혁명'을 알리는 조짐으로 간주될 수 있을 것이다(Kuhn, 1962). 초기 자본주의사회의 도시를 설명해왔던 많은 논의들은 그러한 이론적 위기를 경험하면서 자기 변신을 꾀하기보다는 오히려 새로운 도시이론에 자리를 양보해야 하는 운명을 지니고 있는 듯하다.

거슬러 올라가면 도시는 분명 많든 적든 초기 사회학자들의 관심을 받아왔다. 마르크스는 자본주의 생산양식의 출현을 도시와 농촌이 분리되어가는 과정에서 보았고[1] 뒤르켐은 도시로의 인구 집중이 분업을 증대시켜 전통적인 '도덕'을 와

---

[1] 공업과 농업의 분업은 도시(town)와 농촌(country)의 분할을 초래한다(Marx, 1981: 43).

해시킨다고 보았다(Durkheim, 1992). 베버는 서구 합리성이 집중적으로 응결된 장소로서 도시를 연구했다.[2] 이들의 논의가 주로 초기 자본주의의 출현과 함께 성장한 도시, 혹은 멀리 중세 도시의 성격에 대한 것이었다면 자본주의가 성숙한 단계에서의 도시연구는 '생태학적 접근'이 주류를 이루어왔고 오늘날에도 도시이론 하면 '생태학적 접근'을 연상하지 않을 수 없다.

도시는 일정한 물리적 실체(physical entity)이며 이 안에서 인간은 다양한 생활 환경을 조성하고, 적응하며 살아간다고 하는 입장을 제시했던 생태학은 도시의 공간 분배와 성장 유형, 그리고 그 안에서의 다양한 사회 과정(social process)들을 폭넓게 다루어왔다(Park and Burgess, 1967; Gist and Fava, 1971; Wirth, 1938).[3] 공간(space) 내의 기능의 분화와 공간의 분배를 둘러싼 경쟁과 질서의 문제에 초점을 두었던 생태학은 도시의 '병리적 현상'에 대해서 많은 관심을 보이는 등 도시이론의 대명사가 되어왔던 것이다. 그러나 후기 자본주의 단계에 이르러 기존의 생태학적 논의는 많은 한계를 내보이게 되었다. 즉 후기 자본주의의 위기가 중대함에 따라 그로부터 야기되는 도시의 모순들, 이를테면 도시에서의 각종 사회운동이라든가 자본축적을 위한 도시 환경 조성의 요구, 공공서비스의 쇠퇴, 도시 재정위기는 이러한 현상을 보다 적절히 진단하고 설명해줄 수 있는 새로운 도시이론의 탄생을 요구하게 되었던 것이다. 물론 생태학적 접근의 자체 진영 내에서도 기존의 논의들을 재검토해보거나, 생태학과 마르크스주의와의 관련성을 논의해보려는 시도도 있었지만 그러나 선진 자본주의 기본적 모순들과 도시의 갈등을 설명하고자 하는 이론가들은 도시 현상을 새로운 차원에서 인식하기에

---

[2] 도시는 정치적 지배 관계, 경제적 교환 관계, 종교적, 윤리적 구원 관계 등이 서로 교차되어 나타나는 곳으로서 서구 합리성이 응결되어 나타나는 곳이다(Weber, 1968: 1212~1213).

[3] 고전주의 생태학은 뒤르켐의 사회질서에 대한 개념과 다윈(C. Darwin)의 진화론에 큰 영향을 받았다. 버제스(Burgess)와 호이트(Hoyt), 울만(Ullman) 등은 도시의 성장 유형을 실증적으로 연구했고, 매켄지(McKenzie)는 생태학적 과정(process)을 체계화시키기도 했다. 한편 지멜의 '거대도시론'과 파크(Park)의 생태학적 견해에 빛을 지면서, 생태학적 과정(인구의 집중)과 사회문화 및 심리학적 특성들을 설명하고자 했던 워스의 논의도 고전생태학의 큰 축을 이루고 있다.

이르렀다(Hawley, 1984).

이와 같은 도시에 대한 새로운 인식과 새로운 이론의 필요성으로 등장한 비판적 도시이론은 주로 마르크스주의의 진영에서 체계화되었다.[4] 일부 마르크스주의자들은 자본주의가 성숙해지면서 광범위하게 확산되고 있는 급진적 사회운동을 보다 넓은 안목에서 이해해야 할 필요성을 안고 있었다. 그들이 보기에 생태학은 자본주의 도시의 많은 갈등과 모순을 설명할 수 있는 능력을 이제는 상실하고 있었다. 그뿐만 아니라 도시를 중심으로 한 인종 투쟁이나 학생운동, 도시 시민운동, 노동운동 등 다양한 투쟁을 부르주아와 프롤레타리아의 계급투쟁으로 환원시켜 설명하려는 기존의 마르크스주의 관점 역시 재고될 필요가 있었던 것이다.

2. 구조주의 마르크스주의의 성립 배경

구조주의는 1960년대 서구 유럽사회의 시대적 상황이 요구한 지적 산물이었다.[5] 구조주의는 유럽의 지성을 주도해오던 몇몇 사상적 흐름들에 대한 회의와 그 사상들이 미처 예기하지 못했던 시대적 상황에 대한 새로운 인식체계였다. 역사의 필연적 법칙을 주장해오던 역사주의(historicism)나 인간의 자유와 실존의 의미를 강조하던 전후 실존주의 그리고 새로운 이상형의 세계에 대한 청사진을 제시해오던 마르크스주의는 일군의 지식인들에게 1960년대 이후 유럽 상황을 적

---

[4] 또 하나의 비판적 도시이론은 베버학파(Weberian)의 진영 속에서 확립되었다. 팔(Phal)은 도시 자원을 담당하는 '도시 경영자(urban managers)'들의 행위에 초점을 두었다. 그는 도시 자원의 분배 능력 즉, 권력의 분배라는 측면에서 전략적 할당 지위를 점유하고 있는 도시 경영자들과 자원을 박탈당한 집단들 간의 갈등, 그리고 '생활 기회(life chance)'의 차이에 따른 계급 간의 갈등에 주목했다.

[5] 물론 거슬러 올라가보면 구조주의의 뿌리는 훨씬 더 앞서 있음을 알 수 있다. 인간의 주관적 해석이나 평가 기준을 거부하고 정태적인 내적 관계에 대한 객관적인 분석 방법, 즉 과학적 인식을 주장한 구조주의의 연원은 이미 1910년대 언어학 분야에서 추구되기 시작했다. 사회학 분야에서의 구조주의 사상은 더욱 오래되어 19세기 사회학이 정립되던 시절부터 '구조'에 대한 관심은 매우 높았다. 유럽의 구조주의 흐름에 대해서는, Bottomore and Nisbet(1979: 557~598).

절하게 설명해주지 못하는 것으로 판명되었다. 즉 기성세대에 대한 새로운 세대들의 저항 및 도전, 학생, 시민, 노동자들의 거센 반정부 시위들로 점철되고 있던 시대적 상황에 직면하여 안정되고 풍요로운, 그리고 인간주의적인 사회를 예고했던 기존의 지적 흐름들은 심각한 곤경에 처하게 되었던 것이다. 더구나 자본주의의 병폐를 청산하고 평등 사회를 이룩하겠다는 사회주의 사상은 동구에서의 반소(反蘇) 외침 및 그에 대한 가혹한 탄압 등으로 인하여 스스로 한계를 드러내 보였으며 좌익에 대한 환멸과 불신을 초래하게 되었다. 이와 같은 시대적, 지적 맥락 속에서 구조주의는 역사와 사회에 대해 보다 총체적이고 객관적인 인식체계를 모색하게 되었고 또 그 산물로 나타나 유럽 지성의 한 주류를 형성하게 되었다.

1960년대 유럽의 지성을 대변하던 구조주의는 또한 예외 없이 일군의 마르크스주의자들로부터 관심을 받게 되었다. 마르크스주의와 구조주의의 만남은 마르크스주의자 내부 진영에서 일어나고 있던 사상적 혼란을 정리하기 위한 노력에서 비롯되었다. 스탈린이 죽고 난 후 인본주의적 사회주의 노선을 걷고 있던 일부 마르크스주의자들은 스탈린주의의 비인간성을 비판하고 나섰다. 즉 인간의 주체성과 역사주의 등을 내세우고 있던 인본주의 마르크스주의자들은 마르크스의 초기 저작들을 재검토하면서 스탈린주의가 도외시했던 '인본주의적 가치'를 전면에 부각시키고자 했던 것이다. 이 같은 인본주의적 마르크스주의에 대해 강한 반발을 보이면서 과학으로서의 마르크스주의를 주장한 이론이 이른바 '구조주의 마르크스주의'이었다. 구조주의 마르크스주의의 대부라고 할 수 있는 알튀세르는 마르크스주의가 결코 역사주의(historicism)나 휴머니즘이 되어서는 안 된다고 주장한다. 그는 마르크스 이론에 대한 인본주의 마르크스주의는 기회주의(opportunism)의 뿌리가 되고 있다고 통렬하게 비판을 하고 있다.[6] 물론 알튀세르 역시 스탈린주의가 갖고 있는 경제결정론적이며 기술결정론적인 한계를 잘 인식하고 있었다. 따라서 그는 인본주의 접근의 비과학성과 스탈린주의의 경

---

[6] 알튀세르와 휴머니즘, 스탈린주의(Stalinism)에 대한 논의는 Benton(1984: 14~23).

제결정론적 입장을 모두 극복해보려는 의도로써 구조주의 마르크스주의를 체계화하려 했던 것이다.

여기에는 기본적으로 마르크스주의 내부에서 일어나고 있던 이론적인 문제와 당시의 정치적 문제를 모두 해결해보려는 의도가 짙게 깔려 있음을 부인할 수 없다. 이론은 사회주의 운동을 위한 지침을 마련해주어야 하며 안내자 역할을 하여야 한다. 바로 과학적 이론만이 그러한 역할을 담당할 수 있다고 하는 신념이 알튀세르의 의중에 강하게 자리 잡고 있었던 것이다. 또한 알튀세르는 사회주의혁명이 자본주의의 경제적 생산관계의 변형만으로는 불충분하다고 하는 점을 파악하고 사회적, 정치적 투쟁의 필요성을 강조했다. 따라서 경제 결정론주의와 달리 정치, 이데올로기 등의 상부구조의 '상대적 자율성'을 제기하게 되었던 것이다.

정치적 문제를 해결하려는 과학적 이론과 하부구조 및 상부구조를 포함한 총체적 분석 틀을 세우고자 했던 알튀세르에게 당시 유럽 지성을 주도해나가고 있던 구조주의는 매우 적당한 소재거리가 아닐 수 없었을 것이다. 구조주의는 반경험주의적(anti-empiricism)이며 객관적 지식을 추구하는 과학적 인식체계를 바탕으로 엄격한 이론을 강조해오고 있던 터였으므로 알튀세르가 필요로 했던 과학적 마르크스주의와 보다 강한 친화력을 갖고 있었다. 그뿐만 아니라 역사와 사회를 총체적인 시각으로 파악하려는 구조주의는 경제결정론적 환원주의를 극복하고자 했던 알튀세르에게 좋은 틀을 제시해주고 있었던 것이다. 이렇게 하여 구조주의는 마르크스주의의 영역에까지 갈래를 뻗쳐 마르크스주의의 한 분파로 접맥되게 되었다. 구조주의 마르크스주의자들은 마르크스의 이론을 보다 엄밀하고 그들이 말하는 '과학'적인 분석 차원으로 재정립했다.

알튀세르의 과학적 인식론, 역사유물주의, 사회구성체론 등은 그를 따르는 계급 및 국가론자들에게도 계속 이어져내려왔다. 현대 자본주의의 계급을 가장 정밀하고도 체계적으로 분석하고 있다는 평을 듣고 있는 니코스 풀란차스(Nicos Poulantzas)는 알튀세르의 이론적 입장을 자기 논의의 출발로 삼고 있다. 풀란차스 역시 과학적 이론의 출발을 반경험주의 입장에서부터 찾고 있다.[7] 그리고 계급을 경제적, 정치적 이데올로기적 수준들의 구조 및 관계들의 총체들로 파악하고 있다. 그는 계급이 경제적 수준뿐만 아니라 정치적, 이데올로기적 수준에서도 구조적으로 결정된다고 주장하면서, 계급을 구조적으로 결정짓는 기준들을 정교하게 다듬고 있다(Poulantzas, 1978a). 풀란차스에게 또 하나의 중요한 분석 대상은 자본주의 국가에 관한 것이다. 자본주의 체제를 통합시키고 재생산시키는 국가의 기능에 관한 그의 논의는 이른바 '구조주의 국가론'으로 지칭받고 있다. 자본주의 국가를 '계급 관계의 응집체'로 규정하고 있듯이 풀란차스는 계급과 국가 간의 관계를 강조하고 있으며 이 점이 또한 여타의 국가론에 비해 강점으로 지적되고 있기도 하다. 국가는 단순히 경제적 하부구조로 환원되어 설명될 분석대상이 아니다.[8] 경제(계급)로부터 일정하게 자율성을 갖는 독립변수로서의 국가는 사회구성체를 유지하고 응집시켜주는 기능을 담당한다.

알튀세르의 구조주의 마르크스주의는 비단 계급 및 국가론에만 영향을 미친 것이 아니었다. 알튀세르가 엄밀하고도 체계적인 과학적 이론의 정립을 열망했듯이 일군의 도시 이론가들은 기존의 이론에서 탈피, 새롭고 체계적인 도시이론의 성립을 바라고 있었다. 알튀세르가 그러한 열망을 '구조주의'에서 채웠다면 카스텔과 같은 도시 이론가들은 알튀세르로부터 그러한 방법을 배웠다. 즉 연구대상으로서의 '도시'를 과학적으로 어떻게 인식할 것인가, 그 연구방법은 어떠한 것이어야 하는가, 그 이론적 내용은 무엇인가 하는 문제들을 체계적으로 풀어나가기 위해 카스텔은 도시이론의 출발점을 알튀세르의 구조주의 마르크스주의에 두고 있던 것이다. 카스텔은 '도시'를 구조주의 마르크스주의의 인식론적 입장에서 재규명하고 정치경제학적인 분석을 시도하면서 기존의 생태학적 도시이론과는 다른 차원의 도시이론을 정립시켰다. 그리고 그의 도시이론은 풀란차스의 국가론 등에 영향을 받아 보다 광범위하고 체계적으로 될 수 있었다.

---

7) 풀란차스는 어떠한 경험주의나 신실증주의의 접근을 반대한다(Poulantzas, 1981: 111~135).
8) 풀란차스는 마르크스가 국가 차원의 생산양식을 다루지 않았다고 주장하면서 국가는 지배계급의 단순한 도구가 아니라 지배계급에 대해 상대적 자율성을 지닌다고 주장한다(Poulantzas, 1972:. 238~253).

이렇게 본다면 '구조주의 마르크스주의' 속에는 사적 유물론의 인식론적인 문제에서부터 사회구성체, 계급 및 국가, 도시이론에 이르기까지 매우 광범위하고도 포괄적인 지적 작업들이 포함되어 있어 풍부한 지적 탐구의 장이 되고 있음을 알 수 있다. 그러나 구조주의 마르크스주의는 그 전제에서 구체적인 내용에 이르기까지 다양한 각도에서 비판의 여지를 남겨 놓았다. 냉소적인 사람들은 일반적인 구조주의와 마찬가지로 '한때'의 유행 사조로 취급되기도 한다.[9]

3. 사회구성체와 도시체계

마르크스의 인식론적 단절을 간파한 알튀세르는 후기 마르크스 저작들의 재해석을 통해 상대적 자율성을 지닌 경제/정치/이데올로기의 접합체(articulation)인 사회구성체(social formation) 개념을 발달시켰다. 사회구성체는 경제와 정치 이데올로기의 '층위(instances)'들로 구성되는데 각 영역들은 나름대로 상대적 자율성을 지니면서 서로 일정한 '효과성(effectivity)'을 주고받는다. 이와 같은 사회구성체의 개념은 경제 환원주의를 극복하고 사회를 총체적으로 파악하려는 의도에서 비롯된 것이다.[10] 사회구성체에서 발생하는 모순은 경제뿐 아니라 정치와 이데

---

[9] 톰슨(E. P. Thompson)은 구조주의에 대해 매우 신랄한 비판을 가하고 있다. 구조주의는 몰역사적이며, 마르크스주의의 지적 기형으로서 정태주의에 빠져 있다는 것이다(Thompson, 1978: 97~103).

[10] 알튀세르의 '총체성(totality)' 개념은 헤겔의 변증법적 총체성에 대한 비판으로 시작된다. 알튀세르에 의하면 헤겔(Hegel)은 역사의 진행을 단지 '이데아(idea)'의 자기실현 과정으로 규정하고 이데아 내부에서 생겨나는 모순들의 순환을 논의했을 뿐이다. 헤겔의 변증법적 모순의 개념은 이데아의 내적 원리에 기반을 둔 단순한 개념이며, 물적 실체(material reality)가 아닌 고도로 추상화된 이데올로기의 원리인 것이다. 또한 헤겔의 '총체성'은 현상이 본질을 표현하는 것에 불과하다. 알튀세르는 마르크스가 헤겔과는 달리 상부구조와 하부구조 속에서 '결정층위(determinant instances)' 간의 관계라는 새로운 총체적 개념을 발달시켰다고 주장한다. 마르크스는 헤겔의 사고들을 단순하게 역(逆)으로 해석하지 않았다. 그는 헤겔학파의 견해를 받아드리지도 않았고, 주체를 관념에서 물질로 바꾸어 놓은 것도 아니다. 마르크스의 총체적 변증법적 개념은 헤겔의 그것과 동일하게 간주될 수 없으며 따라서 변증법적 과정에서의 '모순(contradiction)'도 단일한 수준에서 이해될 수 없다. '모순'은 생산관계와 동시에 그것으로부터 도출되는 상부구조에 의해 복합적으로 결정되는 것이다. 즉 모순은 총체적 사회구조와

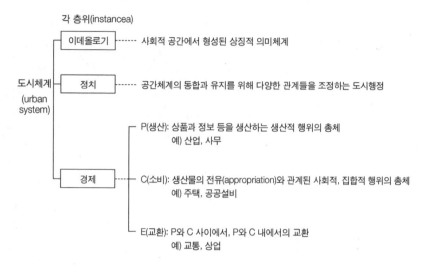

〈그림 5-1〉 도시사회구성체

각 층위(instancea)

도시체계
(urban
system)

- 이데올로기 ┈┈┈ 사회적 공간에서 형성된 상징적 의미체계
- 정치 ┈┈┈ 공간체계의 통합과 유지를 위해 다양한 관계들을 조정하는 도시행정
- 경제 ┈┈┈
  - P(생산): 상품과 정보 등을 생산하는 생산적 행위의 총체
    예) 산업, 사무
  - C(소비): 생산물의 전유(appropriation)와 관계된 사회적, 집합적 행위의 총체
    예) 주택, 공공설비
  - E(교환): P와 C 사이에서, P와 C 내에서의 교환
    예) 교통, 상업

올로기에 의해서도 일정한 영향을 받는다. 물론 경제는 기장 근본적인 것으로 결정적인 역할을 담당한다.[11]

카스텔은 알튀세르의 사회구성체 개념에 전적으로 의존하여 도시체계를 분석하고 있다. 도시체계(urban system)는 전체 사회구성체의 작은 표본이다(Castells, 1977b: 125). 카스텔은 도시체계도 사회구성체와 마찬가지로 경제, 정치, 이데올로기의 수준들이 접합되어 구성되어 있다고 주장한다. 정치적 수준(level)에서는 체계의 통합과 유지를 위해 다양한 관계들을 조정하는 도시정책이 포함되며, 이데올로기 수준에는 사회적 공간 내에서 형성된 도시의 상징적 의미체계가 포함된다. 도시체계의 경제적 수준(level)은 생산수단의 공간적 표현인 '생산(P)'과 노동력의 공간적 표현인 '소비(C)' 그리고 생산과 소비 사이에서 발생하는 '교환(E)'

분리될 수 없으며 사회구성체의 다양한 층위들에 의해 복합적으로 결정되는 것이다 (Althusser, 1977: 103~111).

11) 요약컨대 알튀세르는 사회구성체의 개념을 다양한 층위의 접합으로 파악하고, 그 층위들 간의 위계(hierarchy)를 설정하여 가장 기본적이고 필연적인 층으로서 '경제적 층위'를 지적하고 있다. 그는 경제적 층을 '최종적 층위(last instance)'로 부른다(Althusser and Balibar, 1979: 216~224).

관계로 구성된다. 간단히 말해 도시체계 내에서의 경제적 수준은 생산/소비/교환관계로 이루어져 있다는 것이다. 〈그림 5-1〉은 카스텔의 총체적인 도시체계를 나타내본 것이다.

4. '집합적 소비'와 노동력의 재생산

카스텔은 기존의 생태학적 도시 연구가 특정한 연구 분야를 상실했다고 주장한다.[12] 즉 생태학자들인 파크(Park)나 버제스(Burgess), 매켄지(Mckenzie), 홀리(Hawley) 등이 다룬 것들은 한마디로 도시화나 도시성(urbanism)이라고 볼 수 있는데, 그러한 연구 대상들은 도시사회학이라기보다는 일반 사회학에 속하는 것이다. 다시 말해 생태학자들이 도시사회학의 연구 주제로 설정한 것들은 '도시'에만 국한된 것이 아닌 전체 사회의 해체 과정 혹은 자본주의화, 산업화 과정의 문화적 표현일 뿐이라는 것이다. 따라서 그들의 이론적 영역은 도시사회학의 대상도, 개념도 아니며 단지 이데올로기에 지나지 않는다. 이 같은 비판을 전제로 카스텔은 '과학적'인 도시이론의 재정립을 촉구하면서, 도시에 대한 인식을 새롭게 하고 있다.[13]

카스텔은 과학적인 도시이론을 세워보겠다는 강한 집념 속에서 도시의 공간을 문화적 단위도 아니고 정치적 단위도 아닌 사회적 단위로 개념을 설정하려 했다. 그는 도시의 공간을 '집합적 소비 단위'로 규정함으로써 도시공간에 대한 사회적 개념을 부여했다.

생산 없이는 소비가 있을 수 없으나 마찬가지로 소비 없이는 생산도 있을 수

---

12) 동시에 카스텔은 생태학뿐만이 아니라 도시공간이 인간 주체의 행위를 통해 생산된다고 하는 르페브르의 인본주의 마르크스주의 입장도 '이데올로기'에 지나지 않는다고 반박한다 (Castells, 1979: 86~95).

13) 카스텔은 도시사회학이 특정한 '실제 대상(real object)'을 상실했다고 하면서, 과학적 위기를 경험하고 있다고 주장한다(Castells, 1976a; 1976b). 또한 그의 글(Castells, 1976b) 이러한 그의 입장은 과학적 지식이 실제 대상을 반영하는 것이라는 경험주의적 입장을 거부하는 알튀세르의 인식론을 따른 것이다.

없다. 소비의 기본적인 기능은 상품생산에 소모된 노동력을 대치하는 것이다. 상품생산을 위해서는 꾸준한 노동력의 충원이 필요한데, 이러한 노동력은 의식주의 소비를 통해 재생산되는 것이다. 생산이 노동력을 물적(物的) 환경에 적용시키는 과정(예를 들어 기계를 부리게 한다든지, 연료를 나르게 한다든지)이라 한다면 소비는 생존을 위한 수단으로서의 생산물을 최종적으로 사용하는 과정이고, 교환은 상품의 순환과 교환가치를 실현(realization)시키는 과정이다. 이때 인간이 자신의 노동력을 재생산하여 생산과정에 투입되기 위해서는 (즉 생산을 위해서는) 소비 과정을 거쳐야 한다. 다시 말해 노동력을 재생산하기 위해서 인간은 의식주를 해결해야 하고 교육을 받거나 의료 서비스를 받아야 한다(이 과정이 곧 소비 과정이다).

카스텔은 노동력을 재생산하는 데 기여하는 사용가치, 이를테면 주택이나 교육, 공공시설들을 '집합적 소비(collective consumption)'라고 부르고 있다. 노동력은 이러한 집합적 소비를 통해 재생산된다. 카스텔은 도시공간을 집합적 소비단위로 규정하고 노동력의 재생산이라는 측면에서 도시체계를 분석한다.[14]

카스텔의 도시이론을 집합적 소비에 대한 정치경제학으로 이름 지을 수 있을 만큼 집합적 소비는 그의 논의에서 핵을 차지하는 개념이다. 그의 집합적 소비 개념이 분명치 못하다고 하는 비판에도 불구하고 카스텔은 '집합적 소비' 개념에서 소비와 생산 사이의 모순, 국가의 간섭과 한계, 집합적 소비를 둘러싼 도시운동 등에 관한 논의를 전개시키고 있다. 그는 집합적 소비는 경제적 수준(level) 내에서의 타 요인(생산/교환)과 도시체계의 타 수준(정치/이데올로기)에 의해 영향을 받으며 따라서 정치 경제 이데올로기 층위들 간의 복합적인 관련성 속에서 집합적 소비를 파악해야 한다고 주장한다(Walther, 1982).

---

[14] 도시체계는 노동력 재생산의 공간적 단위(이며) 사회구조의 여러 층위들(instances)의 특정한 결합(체)이다(Castells, 1979: 237).

5. 국가의 개입과 도시운동

알튀세르의 구조주의 마르크스주의에 이론적 근거를 두고 자본주의 국가의 성격과 기능을 연구한 풀란차스는 도시의 모순과 국가기능을 논의한 카스텔에게 큰 영향을 주었다. 국가가 지배계급으로부터 상대적 자율성을 지니면서 자본주의 체계의 모순을 규제하는 기능적 임무를 수행한다고 보고 있는 풀란차스는 국가가 몇몇 부르주아계급 분파들로 구성된 '파워블록(Power Bloc)'의 통합을 유지시키면서 장기적으로 독점자본의 이해관계를 보장해준다고 주장한다.[15] 국가는 자본주의 생산과정에서 개별화된 노동자들을 정치 영역으로 통합시키면서 부단히 노동력을 재생산시키는 역할을 담당한다. 카스텔은 이 같은 논거를 바탕으로 집합적 소비에서 발생하는 경제적 모순에 대한 정치적 효과(국가 및 지방정부의 기능)를 설명하고 있다.[16] 즉 국가는 집합적 소비에 관여함으로써 노동력 재생산에 기여한다. 그 대표적인 예로서는 집합적 소비 중에서도 노동력 재생산에 가장 필수적인 '주택'을 들 수 있다. 카스텔은 주택이 다양한 질과 형태를 갖는 상품으로서 이윤을 창출하는 상품이라고 본다. 그런데 주택산업은 고가(高價)의 땅과 대규모의 원료 및 노동력이 요구되는 반면 타 산업과 비교해볼 때 투자 비용에 비해서 이윤이 매우 저조하다. 왜냐하면 주택의 건설에는 장기간의 시간이 요구되기 때문에 자본의 회전율이 그만큼 길어질 수밖에 없으며 또한 주택이 고가의 상품인 탓으로 수요가 불안정하기 때문이다. 상품으로서의 주택의 생산 및 자본순환 과정은 〈그림 5-2〉와 같이 나타낼 수 있다.[17]

우선 주택을 생산하는 기간 즉 C−C'의 기간이 최소한 몇 달 이상 걸리는 등 매

---

15) 이와 같은 풀란차스의 입장은 국가를 지배계급 혹은 지배 엘리트의 도구로 파악하려는 입장들과 대비되는 것이다. 풀란차스는 "국가와 독점자본이 단일한 기제 속에 융합되어 있다"는 견해나 독점자본 분파가 유일한 지배 분파라는 견해를 모두 거부한다.

16) 국가와 경제를 '통합적 메커니즘'으로 이해하려는 국가독점자본주의와 달리 도시 정치경제학자들은 국가의 자율적인 능동적 역할을 강조한다(Lebas, 1983).

17) 이 같은 표식은 마르크스가 말한 자본의 순환 과정과 동일하다. 이러한 입장에서 주택에 대한 논의를 전개시킨 Basset and Short(1980: 174~178).

〈그림 5-2〉

M: 화폐, C: 상품, MP: 생산수단, LP: 노동력, P: 생산과정

우 장기적이다. 그리고 마지막 상품(완성된 주택)인 C'의 가격이 매우 비싸 수요의 불안정을 야기한다. 결국 자본의 순환 과정이 길어질 수밖에 없으며 따라서 이윤이 저하될 수밖에 없는 것이다. 따라서 개별자본가들은 주택생산에 자본투자를 꺼리게 된다. 여기에서 집합적 소비와 생산 사이에 모순이 발생하기 시작한다. 노동력을 재생산해야 한다는 필연성(즉 집합적 소비인 주택 생산)과 이윤을 극대화시켜야 한다는 욕구(개별 자본가들의 극대이윤 추구) 사이에는 모순이 발생할 수밖에 없는 것이다. 카스텔은 이러한 모순이 새로운 정치적 긴장의 원인이 된다고 보고 있으며 이러한 모순을 타개하기 위해 결국은 국가가 집합적 소비의 생산 및 수요에 개입하게 된다고 주장한다.[18]

그러나 국가의 개입은 또 다른 모순을 일으킨다. 일반적으로 자본주의 국가는 경제활동에 필연적이면서도 이윤이 낮은 하부 시설들, 예컨대 주택 도로 철도 우편 등의 부문을 관장해야 하는데 그러기 위해서는 재정을 필요로 하게 된다.[19] 그런데 국가의 지출은 점차 증대하여 결국 국가는 재정의 위기에 직면하게 되고 만다.[20] 카스텔은 국가가 재정의 위기를 극복하기 위해 조세를 늘려야 하지만 거

---

[18] 국가는 전체 사회체계의 조정자(regulator)로서 사회적 통합을 위해 기능한다. 따라서 체제 모순은 정치적으로 통제되어야 하며 노동력 재생산 과정에서 문제가 발생할 경우 국가는 집합적 소비에 관여할 수밖에 없는 것이다. 국가는 주택을 직접 생산하여 공급하는가 하면 주택자금 등의 재정 지원을 통해 수요를 촉진시킨다. 보다 자세한 논의는 Castells(1979: 159~169). 또한 Preteceille(1981).

[19] 자본주의 국가는 경제적 생산에 필연적이면서도 거대한 자본이 요구되거나 이윤이 창출되지 않는 부문(예를 들면 항만 도로 등과 같은 일반적 조건)을 관리해야 한다. 이에 대한 논의로 Folin(1981).

기에는 일정한 한계가 있음을 지적한다. 즉 자본가들에게 과중한 세금을 부가하게 되면 국가가 사적 부문의 생존 가능성을 침해하는 결과를 낳게 되며, 노동자들이나 대중에게 세금을 부가하게 되면 곧 바로 그들의 저항을 받는다는 것이다.[21]

오늘날 도시의 갈등과 운동은 이러한 집합적 소비와 집합적 소비를 둘러싼 갈등으로부터 발생한다. 카스텔은 집합적 소비의 불평등이 계급구조뿐 아니라 인종이나 문화 등에 의해서도 결정되기 때문에 도시운동은 광범위한 기반을 가져야 한다고 주장한다. 즉, 도시 운동은 프롤레타리아의 특정한 이해 기반보다는 보다 넓은 차원에서 반자본주의적 동맹세력의 이해 기반에 서야 한다는 것이다 (Castells, 1977b: 192). 따라서 그는 도시운동이 '다계급적(plural-classes)' 성격을 띤다고 주장한다.[22] 도시에서 발생하는 모순은 반독점자본계급들이 동맹할 수 있는 근거를 제시해준다.

제2절 잉여와 자본순환

1. 자본의 유통과 도시공간

카스텔이 집합적 소비와 노동력의 재생산이라는 측면에서 도시이론을 정립시켰다면 일군의 정치경제학자들은 주로 자본의 유통과 축적이라고 하는 측면에서 도시이론을 체계화시켰다. 라마르쉬(Lamarche)는 도시공간과 자본주의 생산

---

20) 재정위기에 관한 카스텔의 논의는 오코너(J. O'Connor)와 매우 유사하다. 자본주의국가와 재정위기에 관한 논의로 O'Connor(1974), ch. 6 "The Fiscal Crisis of the State" 부문을 참조.
21) 그는 또한 국가 재정의 증대가 인플레이션을 불러일으킬 것이라고 주장한다. 그러나 국가는 인플레 효과를 약화시키면서 동시에 독점자본의 축적메커니즘을 보장해야 한다. 이렇게 하기 위해서는 재정을 확보해야 하는데, 결국 조세의 부담이 늘 수밖에 없다는 것이다(Castells, 1978: 20).
22) 이를테면 집합적 소비 시설이 부족할 경우 육체노동자들뿐 아니라 전문 노동자(중간층 포함)들의 저항이 발생한다.

양식과의 관계를 자본의 유통이라는 측면에서 파악했다. 노동력이나 원료, 생산도구를 사용하여 상품으로 변형시키는 생산적 행위 과정을 '생산과정'이라 한다면 유통 과정은 노동력이나 원료 등을 구입하기 위해 화폐와 생산물을 교환하는 과정, 즉 생산물의 '실현' 과정이다.[23] 그런데 자본가의 입장에서 볼 때 유통자본은 곧 손실 자본을 의미하므로 자본가들은 유통 과정의 시간을 절약하여 그 손실 자본을 줄이려고 한다. 라마르쉬는 유통비용이 생겨나게 되는 기본적 요인은 경제 행위자들 사이에 공간적 거리(distance)가 존재하기 때문이라고 주장한다. 즉 공간이 유통비용을 야기한다는 것이다. 따라서 자본가들은 유통비용을 절약하기 위해 '공간'을 계획하고 조정하는데, '도시'는 바로 그러한 유통비용을 절감하기 위해 조정된 '공간'인 것이다(Lamarche, 1976; 조성윤·이준식, 1986: 43~80).

> 원자재뿐 아니라 상품의 가격, 상품의 교환 모두가 운송비에 영향을 받는다. 장거리로부터 원자재를 운송하고, 공간적으로 떨어져 있는 시장에 상품을 신속히 보급할 수 있는 능력은 이러한 비용 때문에 제약을 받는다. 운송비의 감축은 보다 값싸고, 더욱 빠른 운송수단의 생산에 달려 있다(Marx, 1977: 142).

카스텔이 노동력의 재생산, 라마르쉬가 자본의 유통이라는 측면에서 도시를 분석했다면, 로즈킨(Lojkine)은 자본의 축적이라는 측면, 좀 더 구체적으로 말해 자본 축적을 위한 수단으로서 도시를 분석했다. 그는 자본의 축적률은 생산영역에 투입되어 운영되는 자본의 양에 의존한다고 주장한다. 다시 말해서 자본축적률은 '자본의 회전속도(the speed of rotation of capital)'에 달려 있다는 것이다. 자

[23) 자본의 전 운동 과정을 M－C…P…C'－M'으로 표현했을 때, M－C는 자본가의 화폐로 상품(생산수단과 노동력)을 구입하는 단계이고, C'－M'는 자본가가 상품을 팔아 화폐를 회수하는 단계, 그리고 …P…는 구입한 생산수단과 노동력을 사용하여 생산을 수행하는 단계이다. 유통기간은 앞의 두 단계, 즉 자본가가 상품을 구입하고 판매하는 기간이다. 유통기간의 길이는 여러 가지 요소에 의해 결정되지만, 그 가운데 주요한 것은 산지(産地)와 시장과의 거리, 시장의 거래 상황, 운수, 통신수단의 발달상태 등이다. 유통기간의 단축은 자본의 순환을 빠르게 하기 때문에 자본가의 이윤을 증가시킨다는 면에서 중요한 의미를 갖는다.

본가들은 자본의 회전속도를 증대시키기 위해 일정한 공간에 생산수단이나 유통 수단 그리고 '집합적 소비 수단(collective means of consumption)'을 집중시킨다. 자본의 회전 속도를 증대시키기 위해 만들어진 공간 형태가 바로 '도시'인 것이다.

로즈킨은 집합적 소비 수단을 "노동력의 확대재생산에 기여하는 모든 물적 총체(totality of material supports)"로 규정한다(Lojkine, 1976: 119~147). 집합적 소비수단은 의료 스포츠 교육 문화 및 공공시설 전체를 의미하며, 엄밀한 의미에서 그것은 생산과정에서 독립된 생산물, 즉 상품이 아니다. 학교나 도로 공원 등은 확실히 물적 실체이며 또 그 나름대로 '가치'를 지니고 있지만 그러나 판매될 수 있는 상품은 아니라는 것이다. 또한 집합적 소비 수단은 그 자체로서는 직접 상품을 생산하지 않고 다만 상품생산의 물적 과정에 유용 효과(useful effects)를 제공한다.[24] 한편 집합적 소비 수단은 음식물과 같이 일시적이며 파괴적인(destruction) 소비재와 달리 반영구적인 사용가치를 지니고 있으며, 소비양식이 집합적이라는 특징을 갖고 있다. 그런데 오늘날 전형적인 도시생활양식은 바로 이와 같은 집합적 소비 수단에 의해 규정된다고 볼 수 있다. 도시는 인구와 생산수단, 자본, 쾌락, 욕구 등 소비의 중심지이다. 이와 같은 도시의 집중현상은 '일반적 생산 조건(general conditions of prodution)'을 사회화함으로써 노동생산성을 높이려는 자본가들의 의도에 따른 것이다.

로즈킨은 이른바 도시 응집체(urban agglomeration)가 상품의 생산기간 및 유통기간을 단축시키는 역할을 한다고 주장한다. 도시는 자본의 회전율(rate of rotation)을 가속화함으로써 간접 생산비용 및 유통, 소비비용을 감축시키는 역할을 담당한다. 그러나 이와 같은 목적을 달성하기 위해 진행되는 도시화는 다음과 같은 모순에 부딪히게 된다. 첫째는 생산성의 증대를 목적으로 한 도시화, 좀 더 구체적으로 말하자면 집합적 소비 수단의 집중 그 자체가 사회적 자본의 유기적 구성을 상승시켜 결국 이윤율을 저하시키는 결과를 가져온다는 것이다. 자본의

---

[24] 따라서 아파트나 공원을 관리하는 노동자나 수업을 담당하는 교사들은 상품 생산자가 아니라 서비스 제공자, 즉 사용가치의 제공자인 것이다(Lojkine, 1976: 121).

유기적 구성의 상승과 관련해 로즈킨은 소비와 유통에 지출되는 도시 지출 (urban expenditure)이 기계와 같은 불변자본과 마찬가지로 자본의 유기적 구성을 상승시키는 효과를 갖는다고 설명한다. 집합적 생산수단은 사용가치를 지니지만 결코 노동력을 투입하여 얻어내는 물적(物的) 상품이 아니다. 운송 의료 교육 등의 '서비스'는 상품생산에 사용 효과를 미치지만 상품을 직접 생산하거나 어떠한 '가치'를 부가시키지 않는다. 다시 말해서, 집합적 소비 수단은 어떠한 부가가치도 생산하지 않는 '비생산적(unproductive)'인 성격을 갖는다.[25] 로즈킨은 집합적 소비 수단에 지출되는 소비 지출 비용을 '비용 자본(expense capital)'이라고 지칭하면서, 비용 자본은 이미 생산된 잉여가치를 공제함으로써 얻어진다는 점에서 불변자본과 구별된다고 주장한다. 그러나 비용 자본 자체가 불변자본과 마찬가지로 자본의 유기적 구성을 상승시키는 효과를 가져오고 따라서 이윤율을 저하시키는 경향을 가져온다는 것이다.[26]

생산성을 증대시키기 위한 도시화의 두 번째 모순은 자본가들의 경쟁이 상호 협동을 저해하고, 도시의 공간에 대한 지대(地代)가 생산력 발달을 방해하는 데서 발생한다. 로즈킨은 도시의 공간을 사용하고 변형시키는 행위자들, 즉 자본가들 사이의 무정부적 경쟁이 도시화의 내적 모순을 증대시킨다고 주장한다. 자본가들은 '입지상의 이익(situational advantage)'을 최우선으로 삼는다. 이를테면 자본가들은 타 지역과의 상품교환이 용이하고 모든 종류의 용역과 서비스 기능이 잘 갖추어진 곳을 선택하여 간접생산비용을 줄이려한다. 따라서 자본주의 도

---

25) 로즈킨은 마르크스가 기계 제작 비용 등을 포함한 생산비용과, 자본생산에 필요하면서도 '가치'를 생산해내지 않는 간접 비용(교통및 금융 등의 유통비용)에 대해서는 언급하고 있지만 '집합적 소비 수단'에 지출되는 소비 지출에 대해서는 관심을 보이지 않았다고 주장한다.

26) 자본의 유기적 구성은 마르크스주의 정치경제학에 가장 중요한 개념 중의 하나이다. 산업자본가는 자본을 두 가지로 나누어 한 부분을 생산수단의 구입과 다른 한 부분을 노동력 구입에 사용한다. 쉽게 말해 그 양자 간의 구성 비율을 '자본의 유기적 구성'이라 하는데, 일반적으로는 c/v 로 표현된다. 이윤율은 일반적으로 's/c+v'(s: 잉여, c: 불변자본 — 기계,원료 등, v: 가변자본 — 노동력)으로 구성된다. 그런데 자본의 유기적 구성(c/v)이 상승될 경우 이윤율은 감소되어 간다. 그 논의에 대해서는 Wright(1985: 125~126). 로즈킨은 소비 지출 비용이 바로 자본의 유기적 구성을 상승시키는 역할을 하며 따라서 이윤율을 저하시킨다고 주장한다.

시공간은 교통수단과 집합적 소비 수단이 집중된 개발지역과, 도시 하부구조 (urban infrastructure)가 결여되어 있는 지역. 즉 '저개발지역'으로 분화되어 갈 수밖에 없다. 한편 도시의 토지지대는 사회적 생산력의 발달을 저해한다. 토지는 생산수단으로서의 기능과 생산수단(공장)과 유통수단(상점, 은행), 소비 수단(주택) 등을 지원하는 기능을 담당하기 때문에 오늘날 토지의 사용가치는 날로 증대되고 있다. 그러나 이와 같은 토지의 독점적 소유와 그 소유에 따른 지대의 상승은 이윤율 저하의 경향을 강화시킬 뿐 아니라, 실질적인 도시정책에 구조적인 장애가 됨으로써 도시의 발달을 저해하는 결과를 낳는다는 것이다(Lojkine, 1976: 135~138).

2. 건조 환경(built environment)과 자본순환

사회학적 상상력과 지리학적 상상력을 접맥하여 도시를 연구할 것을 주문한 하비는 잉여의 축적과 지대, 그리고 '자본의 순환(the circuit of captial)'이라는 측면에서 도시를 분석하고 있었다.[27] 그의 궁극적 목표는 도시공간의 자원 분배에 따른 계급 갈등과 사회정의(social justice)의 실현에 있었다. 하비는 추출된 잉여가치가 어느 한 공간상에 집중됨으로써 도시화가 발생한다고 주장한다. 즉 도시는 잉여가치가 상설적으로 집결되고 유통될 수 있는 시장을 바탕으로 형성되는 것이다. 따라서 자본주의의 도시는 잉여가치의 유통 및 처분이라는 측면에서 분석되는 것이다.

자본순환을 가속화하기 위해 자본가들은 끊임없이 공간적 장벽을 소멸시켜왔다. 즉 '시간에 의한 공간의 소멸(the annihilation of space by time)'은 자본축적에 필연적이다.

---

27) 여기에서는 지대에 관한 하비의 논의를 생략하기로 한다. 그러나 지대론은 하비에게 매우 중요한 분석 대상 중의 하나이다. 하비는 도시지대에 대해서도 마르크스의 '일반지대론'을 거의 그대로 적용시키고 있다. 지대에 관한 논의는 하비(1983), 제5장 '사용가치, 교환가치 및 도시지대 이용론'을 참조할 것. 그리고 역시 하비(1995), 제11장 '지대이론'을 참고할 것.

자본축적을 위해 모든 공간적 장벽을 허물어 뜨려야 하는 한편 (…) 모든 지구상의 시장을 정복하기 위해 시간에 의해 공간을 소멸시켜야 한다(Harvey, 1983: 37).

신용체계는 화폐를 상품과 독립적으로 유통시킴으로써 자본의 유통을 가속화 한다. 신용체계는 공간적 거리를 시간으로 소멸시키기 위한, 따라서 공간 속에 서 상품의 유통능력을 배가시키기 위해 고안된 메커니즘이다.

일반적으로 마르크스주의자들은 자본주의 경제과정을 잉여가치가 생산되는 생산과정과 잉여가치가 실현되는 유통과정으로 구분한다. 그리고 자본주의의 위기를 '자본의 유기적 구성의 상승에 따른 이윤율 저하의 경향'과 '과잉생산/과 소소비'로 보고 있다.[28] 하비는 주로 후자의 입장에서 자본의 순환과 도시화의 관계를 분석하고 있다.[29]

하비는 마르크스가 자본주의 축적과정을 분석할 때, 생산된 모든 상품이 한 기간 내에 소비된다는 가정을 전제로 하고 있다고 주장한다. 그러나 개별 자본가 들이 과잉 축적을 하려는 경향으로 자본주의는 위기를 맞이하게 된다. 다시 말해 서 생산을 조정하지 않는 자본가들의 과잉생산으로 인해 상품이 시장에 과잉으로 공급되고, 그 결과 상품의 가격은 하락되고, 실업이 증대되며 나아가 이윤율 저하 라는 결과가 나타나게 된다. 하비는 이러한 과잉 축적의 문제를 해결하기 위한 일 시적 방법은 '2차적(secondary), 3차적(tertiary) 자본순환' 과정으로 투자를 전환 시키는 데 있다고 보고 있다(1차적 자본순환은 생산영역의 자본순환 과정이 다)(Harvey, 1981: 91~122). 즉 과잉생산의 문제를 해결하기 위해 생산영역에 지

---

28) 마르크스주의자들은 자본주의의 위기를 몇 가지 관점에서 설명하고 있다. 첫째는 자본의 유 기적 구성의 상승과 이윤율 저하의 경향이며, 둘째는 '과소소비론'이라고 불리는 관점으로, 생 산된 잉여가치가 완전히 실현되지 못하므로 자본가들은 실제로 이윤율 저하를 경험하게 된다 는 주장이다. 이밖에도 자본주의 위기를 파악하는 견해로는 임금투쟁과 이윤압박을 내용으로 하는 '이윤압박설(squeeze theory)'이 있다. 자본주의 경제의 위기에 관한 마르크스주의자들 의 접근들을 일목 요연하게 정리한 것으로, Wright(1985) 제3장 '자본주의 위기 경향의 역사적 변형'을 참조할 것.

29) 사운더스(Saunders)는 하비의 이 같은 입장이 스위치(P. Sweezy)와 바란(P. Baran)의 영향 을 받은 것으로 보고 있다(Saunders, 1981: 229).

속적으로 자본을 재투자하는 것이 아니라 다른 곳으로 투자 전환한다.

2차적 자본순환에의 투자전환은 생산에 도움을 주지만 그 자체로서 원료 투입을 할 수 없는 고정자본(fixed capital)에 자본을 투자하는 것을 의미한다. 하비는 고정자본을 생산과정 내에서 기능하는 고정자본과(기계, 원료 등), 생산을 위한 물리적 형태(physical framework)로 기능하는 고정자본(공장, 사무실 등)으로 구분하면서 후자를 '자본을 위한 건조 환경(built environment for capital)'이라고 표현한다. 자본가들은 과잉 축적의 문제를 해결하기 위해 생산영역의 고정자본이 아닌 공장이나 사무실, 운송과 같은 건조 환경에 투자를 전환시킨다.

건조 환경에 대한 투자를 2차적 자본순환이라고 한다면, 과학과 기술 그리고 노동력을 질적으로 증대시키기 위한 교육 및 건강 시설 등에 대한 투자 전환은 '3차적 자본순환'이다. '2차적 자본순환'의 대상이 생산과정에 도움을 주는 물리적 형태라고 한다면, 3차적 자본순환의 투자 대상들은 생산력 혁명에 기여할 수 있는 것들이며, 아울러 노동력에 대한 이데올로기, 군사, 경찰력 등과 같은 통제기구도 포함된다.

자본가들은 과잉 축적의 문제를 해결하기 위해 2차 및 3차적 자본순환으로 투자를 전환시키지만 그러나 그와 같은 투자 행위는 곧 장애에 부딪히게 된다. 예를 들면 건조 환경을 위한 투자는 너무나 광대할 뿐 아니라, 장기간의 시간을 요구한다. 개별자본가들은 어떠한 조건들에 대한 투자가 생산성을 증가시킬지 분명히 알 수 없으며, 또 장기적인 시간과 계획이 요구되는 데 반해 확실한 이윤을 보장받지 못한다. 그것은 3차적 자본순환의 경우에도 마찬가지로, 개별 자본가들은 엄청난 비용과 장기간의 계획을 요구하는 기술 과학 등의 영역에 투자를 하려하지 않는다는 것이다. 따라서 개별 자본가들은 '1차적 자본순환' 과정에서는 과잉 축적을 하려는 경향이 있으면서도 2·3차적 자본순환 과정에서는 여전히 투자를 꺼리므로 과잉 축적/과소 소비로 비롯되는 위기 상황을 제대로 극복할 수 없게 된다.[30]

---

30) 여기에서 하비는 국가의 개입 가능성과 역할을 끌어들이고 있다. 즉 2차, 3차 자본순환에 대한 자본가들의 과소투자 경향을 국가가 해결하려 한다는 것이다. 그러나 국가의 개입 역시 또

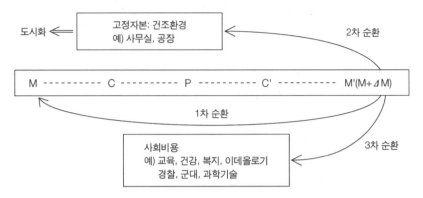

〈그림 5-3〉 1차, 2차, 3차적 자본순환의 관계

하비는 자본주의의 도시화 과정은 생산, 유통, 교환, 소비를 위한 물적(物的) 하부구조의 생성 과정이라고 규정짓는다. 그러나 앞서 말한 바와 같이 자본가들의 과잉 축적의 경향과 2·3차적 자본순환에 대한 과소투자로 인하여 생산과 교환, 분배 및 소비가 균형을 유지할 수 없으며 따라서 자본주의의 위기는 사라지지 않는다고 보고 있다.

하비는 자본순환과 건조 환경을 둘러싸고 발생하는 계급투쟁에 관하여 논의를 확대시킨다.[31] 그는 건조 환경을 둘러싼 계급적 이해집단을 첫째 직·간접적으로 지대 전유를 목적으로 하는 자본 분파(지주, 부동산회사 등), 둘째 건조 환경 건설을 통해 이자와 이윤을 추구하는 자본 분파(건설 이해집단), 셋째 건조 환경을 소비 수단과 재생산 수단으로 사용하는 노동자로 정의하고 건조 환경 가운데에서도 노동자의 소비 기금(주로 주택)과 관련하여 발생하는 갈등에 대해 설명하고 있다. 그는 이 네 가지의 분파를 조합하여 계급적 이해관계의 대립이 건조 환경을 둘러싸고 어떻게 진전되는가에 주목하고 있었던 것이다.[32]

다른 문제를 야기하는데 2차, 3차 자본순환에 대한 장기적 투자는 1차적 자본순환의 경우와 마찬가지로 과잉 축적의 문제를 발생시킨다(Harvey, 1981: 97~98).

31) 그는 1970년대 미국의 축적위기 기간 동안 건조 환경을 둘러싼 도시정부, 자본가계급, 노동자계급의 전략과 대응에 대하여 기술하고 있다. 볼티모어는 그 연구의 경험적 사례가 되고 있다.

32) 물론 이 점에서는 르페브르의 논의가 빠져 있다. 카스텔과 하비, 그리고 르페브르는 도시정

제3절 자본주의 발달과 도시(지역)의 구조화

1. 선진 자본주의 산업구조의 변화와 신산업지역의 등장

선진 자본주의 국가들은 대량생산, 대량 소비체제인 포드주의를 바탕으로 1960년대 '황금기'를 맞이하고 있었다. 포드주의는 자동화된 조립라인과 표준화된 생산방식을 통해 그 이전과는 비교가 안 될 정도로 높은 생산성을 보여왔다.[33] 또한 대량생산에 상응하는 대량 소비를 실현하기 위해 기업은 노동자들이 실질적으로 구매력을 갖출 수 있도록 높은 임금을 제공했고, 국가는 시장관리와 복지정책을 통해 포드주의 체제를 관리해나갔다.[34] 포드주의 생산방식은 대량 생산 체제인 만큼 대규모의 생산설비와 노동자를 일정한 공간에 집중시켜 생산성을 추구하는 이른바 '규모의 경제(economies of scale)'를 추구한다.

포드주의적 생산방식은 작업의 미세한 분업을 통해서 설계 기획 연구개발 등 고급 노동 기능과(구상 기능), 단순히 생산만을 담당하는 하위 노동 기능(실행)으로 노동 기능을 분리시키는 경향을 갖고 있다. 그 결과 포드주의적 생산방식하에서는 소수의 경영, 전문기술자들이 숙련 노동을 담당하고 대다수의 많은 노동자들이 단순 반복적인 작업만을 담당하게 된다.

포드주의적 생산방식하에서는 저임금을 찾아 선진국의 '자본'들이 주변부로 진출하고, 그 결과 생산을 담당하는 주변부는 저임금의 단순 노동자들이 대거 집중되는 경향을 보이고 있다. 이른바 선진국(중심부)에서는 기획 설계 통제 연구개발 등 구상 노동 기능이, 그리고 후진국(주변부)에서는 단순 반복적인 생산노동 기능이 집중되는 국제분업이 발생하게 되었던 것이다.

치경제학의 삼인방이다. 이에 대해 Gottdiener(1985).

[33] 1914년경 포드사는 차 한 대당 종전 12시간 30분가량 걸리던 조립시간을 2시간 30분으로 줄여 10배 이상의 생산성 증대를 가져왔고 시장의 반을 장악했다.

[34] 당시 하루 5달러의 높은 임금수준은 노동자들의 구매력을 높이기 위한 것이었다. 포드주의 국가의 특징은 국가가 실업자나 빈민들에게 수당, 연금 지불 등의 사회보장을 통해 '유효수요'를 보장해주는 것이다.

그러나 포드주의 생산방식은 1970년대부터 위기에 직면하게 된다. 포드주의는 한 마디로 대규모 경제 효과를 누리는 생산방식으로서 '경직성(rigidity)'을 내포하고 있었다. 대규모의 공장에서 특정한 상품을 대량으로 생산하는 '맘모스' 형태의 생산방식으로서 포드주의는 시장수요의 변화나 제반 환경의 변화에 민첩하게 대응하지 못하는 한계를 안고 있었다. 대량생산에 필요한 막대한 설비투자 때문에 생산체계는 구조적 과잉 상태에 빠지게 되었고, 단일 상품의 대량생산으로 다양한 소비자의 욕구, 즉 시장의 변화에 신속하게 대응하지 못했던 것이다. 이와 함께 대규모 노동자 집단의 저항과 실질 임금 상승의 압박으로 포드주의 축적 체계는 점차 위기에 처하게 되었다.

이 같은 포드주의의 위기를 극복하기 위해 1970년대 후반부터 새로운 방식의 생산체계가 등장하게 되었다. 이른바 '유연적 축적방식'으로 통칭되는 새로운 생산체계는 포드주의의 '경직성'을 '유연성'으로 대치하기 시작했다.[35] 포스트포드주의, 유연적 전문화, 유연적 축적 체계 등 다양하게 불리고 있는 새로운 형식의 축적 체계는 생산방식은 물론 노동시장, 국가정책 등에 이르기까지 다양한 영역에서 포드주의와 다른 측면들을 보이고 있다. 우선 유연적 생산방식은 표준화된 대량생산체계와 달리 정교하게 발달된 자동화장치를 통해 다품종 소량생산을 추구하고 있다. 극소전자 기술의 혁신(Micro-Electronics: ME)과 컴퓨터 통합생산, 범용 기계의 도입 등으로 시장수요의 변화에 발 빠르게 대처하는 생산기술을 갖추고 다양한 디자인과 기획 상품을 생산한다.[36] 노동시장의 측면에서는 기존처럼 대규모 노동자들을 고용하는 관행을 벗어나 경기변동에 적절히 대처하기 위해 임시 고용이나 파트타임, 일일 노동을 확대시킨다. 노동력의 신속한 배치와 수급을 조절하기 위한 유연한 전략으로 인해 상대적으로 안정된 고용의 숙련 노

---

35) 포드주의와 그 위기에 관해서는 허석렬(1986), 이 안에 실린 제7장 리피에츠의 '범세계적인 포디즘을 향하여'를 볼 것. 그리고 포스트포드주의에 관하여는 이영희(1994); 이호창(1993).
36) 또한 단순 반복적 노동이 지배적인 포드주의적 노동과 달리 한 노동자가 여러 노동 기능을 수행하는 다숙련 노동이 등장하게 되는 경우를 볼 수 있다. 일본 도요다 자동차의 JIT system, CAD-CAM의 작업과정, lan-van 방식이 유연적 생산 방식의 사례들이다(몬덴 야스히로, 1991).

〈표 5-1〉 포드주의 축적 체계와 유연적 축적 체계의 비교

	포드주의	유연적 축적 체계
기본 특성	경직성	유연성
생산방식	동질화된 표준 상품의 대량생산	다품종 소량생산
노동과정	비숙련, 반숙련 노동자 중심	다숙련 노동자 중심
노동시장	대규모 완전 고용 추구	임시 고용, 파트타임 노동 증대
국가정책	중앙집권적 복지국가	탈규제화, 민영화
지방정부	중앙정부로부터 통제, 지역 주민들의 소비재 담당	중앙정부의 역할 위임, 기업가적인 역할 담당

동자층과, 고용보장이 불안정한 비숙련 노동자층으로 노동시장이 양극화되게 된다. 유연적 축적 체계에서는 국가 역시 정책의 유연성을 추구한다. 포드주의 체제하의 국가는 시장에 적극적으로 개입하고, 전 국가 수준에서 복지를 담당함으로서 많은 재정적 부담을 안고 있었다. 반면에 유연적 체제하에서 국가는 과감하게 국영기업의 민영화와 복지 수혜의 절감을 단행함으로서 재정 부담을 줄이고자한다. 국가의 지역정책도 중앙정부 수준의 일괄적인 지역발전 계획이나 집행 대신 각 지방정부에 그 정책들을 위임해버리는 현상이 나타나고 있다. 포드주의와 유연적 축적 체계를 개괄적으로 비교하면 〈표 5-1〉과 같다.

이와 같은 새로운 축적체제의 출현과 함께 기존지역 구조도 큰 변화를 겪게 되었다. 첨단 기술도입과 새로운 생산방식을 바탕으로 하는 새로운 산업지구, 즉 유연적 생산체계를 담당하는 신산업지구가 등장하고 있는 반면, 새로운 산업지구로 자본이 이동하면서 기존의 대규모 산업지구가 지역 공동화를 경험하는 현상을 보이기도 한다. 정보통신기술의 발달에 의해 비용 거리 및 접촉 거리가 단축됨으로서 정보 집산지로서의 세계 도시가 출현하는가 하면, 기업 생산 활동의 공간적 연줄망이 촉진됨으로서 지역 간 연계가 더욱 강화되는 등 지역의 재구조화가 활발히 진행되고 있다(Cooke, 1988).

거대도시군에는 연구개발, 금융, 부동산 등의 서비스 산업 부분의 활동이 더욱 집중되고, 하이테크 산업복합체들을 거느리고 있는 첨단기술의 생산지역과 장인 전문 생산지역 등 새로운 산업 공간이 출현한다. 축적 체계의 변화에 따른 서구

선진 자본주의 국가의 신산업 공간의 대표적인 사례들은 미국의 오렌지카운티, 이탈리아 동북부의 '제3의 이탈리아' 지역, 프랑스의 '과학도시' 지역들이다.[37]

미국 남가주의 오렌지카운티(Orange County): 오렌지카운티는 1970년대 중반 산업생산지로 등장하여, 오늘날 미국 전역에 걸쳐 가장 고도로 발전한 생산 중심지가 되었다. 산업활동 대부분이 첨단기술 산업이며, 이 기업들은 연방정부와의 계약하에 전자제품, 우주항공 제품을 생산하며, 이들 주변에 무수히 많은 공급자들이 몰려 있다. 이들 기업들은 유연한 하청 고리로 연결되어 있는데 전문화된 기능을 수행하는 각 기업들이 유연한 하청 고리를 형성하면서 강력한 '집적 경제 효과(economy of agglomeration)'를 누리고 있다.

제3의 이탈리아(The Third Italy): 제3의 지역으로 불리고 있는 이탈리아 동북부 지역은 고도로 유연적인 장인 생산을 기반으로 한 지역화된 생산 복합체들이 집중되어 있다. 에밀리아로마냐(Emila-Romagna), 마르세(Marche), 투스카니(Tuscany), 베네토(Veneto) 등을 중심으로 디자인 집약적이고 차별화된 상품을 생산하는 많은 전문화된 소기업체들이 몰려 있다. 귀금속 산업이 집적되어 있는 아레초(Arezzo), 기계산업과 고급자동차를 생산하는 볼로냐(Bologna), 니트웨어 공장들을 갖고 있는 카르피(Carpi), 직물류를 생산하는 프라토(Prato), 세라믹을 생산하는 사수올로(Sassuolo), 기구와 신발생산의 중심지인 마르체(Marche)지역이 대표적이다. 이 지역은 정치적으로 좌파 성향을 지니고 있으며 전통적인 소규모 노동 집약적 기업들이 발달된 전자기술과 전자정보 통신망에 기초한 생산 및 유통체계를 갖추고 있어 기존의 대량생산체제와 다른 유연적 전문화의 모습을 띠고 있다.

프랑스 과학 도시: 1970년대 이후 급속히 발달한 프랑스 테크노폴은 파리 남부에 위치해 있으며, 전기 컴퓨터 생명공학 소프트웨어 개발을 비롯한 하이 테크놀로지 산업이 집중되어 있다. 국가가 직접 보조금을 지불하거나 공공기금에 의해 보조를 받는 혁신 기업들이 이 지역에 몰려 이른바 '집적 경제'의 효과를 충분히

---

37) 보다 자세한 내용은 Scott(1988).

살리고 있다. 유연적 축적 체계가 진행됨에 따라 새로운 기업 활동이 펼쳐지는 신산업공간이다.

2. 한국 자본주의 발달과 지역 구조의 변화: 1960~1990

1) 세계 체계와 한국 자본주의

국제분업구조란 생산의 전문화가 국제적 수준에서 진행되는 세계자본주의 체계를 의미한다.[38] 선진국의 대기업이 이미 경쟁력을 상실해가고 있는 사양 산업 분야를 주변부로 이전시키거나, 이윤율의 저하를 극복하기 위해 값싼 노동력을 찾아 주변지역으로 생산 공정을 분할, 생산체계를 세계적 수준으로 전문화한 결과로 국제분업 체계가 형성되고 있었다.[39] 1980년대 이후 장기적인 세계경제의 불황과 함께 선진 자본주의 국가들은 새로운 국제분업을 추구하기 시작했다. 선진 국가들은 경제 협력을 강화하기 위해 '블록'을 형성하고 첨단산업 부문에 투자를 집중하면서 일부 첨단산업의 부품 생산과 재래형 중화학공업을 신흥 공업국에 이전시키는 이른바 '국제 분업의 고도화'가 모색되고 있다. 특히 동아시아 지역에서는 미국과 일본이 첨단산업 부문을, 그리고 한국과 대만 등의 신흥 공업국들이 일부 첨단산업의 부품 생산과 재래형 중화학공업을, 동남아시아의 국가들이 경공업과 일차산업생산을 담당하는 '3각의 분업구조'가 형성되고 있다(한국

---

[38] 국제분업을 설명하는 틀은 여러 갈래가 있다. ① 제품의 수명 주기에 의해 각 단계에서 선진국의 자본이 주변부로 이전한다고 하는 제품 수명 주기이론(product life cycle theory), ② 노동과정의 발전에 따라 노동의 탈숙련화가 가능해짐으로써 잠재적 노동력이 풍부한 저임금의 지역으로 자본이 이전되어 국제분업이 형성된다고 하는 신국제분업론(new international division of labor theory), ③ 1960년대 이후 포드주의의 위기(생산성의 둔화와 고임금에 따른 이윤 하락, 노동계급의 저항)를 극복하기 위해 자본이 주변부로 이전한다고 하는 조절이론(regulation theory), ④ 자본의 국제화 관점에서 상품자본, 화폐자본, 생산자본이 국제화된다는 점을 강조하는 자본의 국제화론(the theory of internationalization of capital) 등이다.

[39] 선진 공업국의 경우 노동생산성의 증대와 함께 1960년대에 3~5%의 실질 임금이 상승하고 있는데 이는 유효수요의 창출에 기여한 반면 임금 압박을 초래했고 그 결과 저렴한 노동력을 바탕으로 한 섬유, 의류, 단순한 전자제품 등 노동 집약적 산업이 세계시장에 특화되는 '신국제분업'의 구조가 형성되었다(김호기, 1990).

사회연구소, 1991).

이와 같은 국제분업의 맥락 속에서 한국사회는 양적, 질적인 축적 체계의 변화를 보여왔다. 1960년 '노동 집약적인 경공업위주의 산업화'가 1970년대 '중화학 공업 위주의 산업화'로 전환되고, 1980년대 '산업구조의 고도화'를 추진하면서 세계 경제와 더욱 밀접한 재생산의 연계 고리를 형성하고 있다.[40]

물론 한국사회의 자본축적 과정이 일방적으로 외부에 의해 규정되었다기보다는 일정 정도 내부의 산업화를 통해 '선택화'된 분업 관련을 간과할 수 없다.[41]

새로운 국제분업체계를 단순히 선진국 자본의 이윤율 제고 전략으로 행해진 자본 국제화의 결과로 볼 수 없다. 물론 선진 자본주의의 개별 자본들은 신국제분업을 가져오게 한 중요한 행위자이다. (…) 그러나 다국적 기업의 전략과 수출 대체적 전략을 추구하고 있는 한국 등 몇몇 나라의 지배계급의 포부가 맞아떨어졌기 때문에 이러한 국제분업이 구조화되었다고 보아야 한다(허석렬, 1986: 284).

특히 지난 경제성장 기간 동안 자체의 기술을 발전시키고 자본을 증식시켜온 대기업은 자본의 해외투자를 급증시킬 수 있을 정도로 괄목할 만한 성장을 해왔다.[42]

---

[40] 1970년대 산업화구조에 대해서는 김견(1986).

[41] 리피에츠는 한국과 같은 신흥 공업국의 경우 내부의 산업화를 바탕으로 포드주의적 축적 체계를 도입, 이른바 '주변부 포드주의'로 이행했다고 주장하고 있다(Lipietz, 1982). 김형기는 한국, 브라질, 멕시코, 대만 등을 '예속 독점자본주의'로 보고 예속 독점자본주의에서의 포드주의 체계를 '예속적 포드주의(subordinate fordism)'로 명명한다. 예속적 포드주의는 핵심적 구상, 설계 등을 제국주의 독점자본에 의존하고 부차적 설계기술, 조립, 가공 등의 제조 기술은 대체로 국내에서 해결한다는 점, 소비 양식까지 재구성된 축적 체계와 달리 노동과정의 기술적 측면만이 도입되었다는 점, 대량생산과 대량 수출이 결합되고 위계적 노동 통제가 기술적 노동 통제, 관료적 노동 통제 및 이른바 '병영적 통제'의 성격을 지닌다(김형기, 1988: 332~335).

[42] 대기업의 자본의 해외 진출은 1980년대 이후 급속한 상승세를 보이고 있다. 1987년 까지 99대 기업 중 제조업 분야에 있어 해외 자회사를 설립한 대기업은 23개 기업으로 이들 해외 자회사 수는 630개에 이르고 있으며 1982년에서 1987년까지 투자액도 약 3억만 달러에 이르고 있다. 자본수출의 내력과 그 이유에 대해서는 이재희(1990: 99~101).

2) 자본축적과 국가의 역할

국가는 재정 신용 금융 등 다양한 경제정책을 통해 자본의 확대재생산을 도모하고, 주택이나 의료 공공시설 등과 같은 '집합적 소비 수단(collective consumption)'을 제공하여 노동력을 부단하게 재생산하는 역할을 담당한다. 그뿐만 아니라 국가는 축적에 필요하면서도 불(不)이윤적인 여러 물적 조건들(도로나 항만 등의 하부시설)을 제공하는가 하면, 각종의 법률과 이데올로기, 물리력을 통해 계급 및 집단 간의 갈등을 관리하기도 한다.

'국가 주도의 산업화' '국가자본주의'라고 묘사될 만큼 한국사회에서 국가의 체제 재생산 역할은 매우 두드러진 것이었다. 국가는 대외적으로는 주변부적 성격을 지니면서도 어떠한 사회계급이나 세력들로부터 거의 절대적인 '자율성'을 누릴 수 있었던 '강성국가(hard state)'의 면모를 갖출 수 있었다.[43] 무엇보다도 국가는 이미 대형의 '산업 프로젝트'를 만들어 개별 자본가들을 선도해왔다.[44] 서구의 많은 학자들은, 일본은 물론 한국을 비롯한 아시아 신흥 공업국가의 성장비결을 캐기 위해 큰 관심을 보였다. 이른바 '아시아 모델'의 가장 큰 특징은 국가가 시장을 조직하는 것이다. 신고전경제학에서 주장하는 것처럼 국가는 시장에 중립을 지킨 것이 아니라 산업화의 계획을 수립하고 조정하면서 시장 영역에 깊숙하게 개입했다. '발전국가론'의 테제는 바로 그와 같은 국가의 역할을 설명하기 위해 일군의 학자들이 제기한 개념이었다.[45] 발전국가론에 의하면 정부의 관

---

43) 이런 의미에서 해밀턴(Hamilton)이 구분지은 '구조적 자율성'과 '도구적 자율성'의 개념은 한국사회 국가의 자율성의 성격과 한계를 규명하는 데 큰 시사점을 던져주고 있다(Hamilton, 1981). 한편 한국사회의 국가 성격에 대한 분석이 다양한 각도에서 시도되었다. '과대성장론' 입장에서 강력한 국가의 성격을 식민지 통치의 유산으로 파악하려는 견해(최장집, 1983); 남미의 여러 군사정권을 대상으로 정립되었던 '관료적 권위주의' 모델을 한국사회에 적용해보려는 작업(예컨대 한상진, 1983); '종속적 발전론'을 수용하여 산업화 과정에서 국가와 대기업간의 2자 관계를 강조하는 견해(예컨대 임현진, 1985) 등이 대표적이다. 이러한 논의들은 대부분 기존의 시각들을 한국사회에 적용하면서 다양한 편차를 추출해보는 데 치중해 있다. 그리고 유교주의적 가부장주의와 같은 전통적 요인이 강력한 국가의 출현에 기여했을 것이라는 점 등을 문제제기 수준에서 지적하고 있다.

44) 여러 차례의 '국가경제 5개년 계획' 등이 대표적이다.

45) 발전국가론은 일본의 경제성장의 동학을 설명하기 위해 정부 관료들의 역할(MITI)을 조명했

료들이 경제계획을 입안하고, 후견인(patron)으로서의 역할을 담당하면서 사실상 경제성장의 주역을 담당해왔다는 것이다. 앰스던(A. Amsden)은 아시아의 '차기 거인'으로 한국을 묘사하면서 정부가 기업에 대한 가혹한 규제와 규율을 들이대고 그에 상응하는 '보조(subsidieries)'를 제공함으로써 산업화를 주도했다고 주장한다(Amseden, 1989). 그런가 하면 웨이드(R. Wade)는 발전국가론 모델을 구체화하여 '선택적 시장 왜곡 정책'을 통해 국가가 산업화의 틀을 마련했다고 본다(Wade, 1990).

국가가 자본축적의 일반 과정인 M−C ---- P ---- C'−M'에 개입한 양상을 보면, 첫째 생산요소의 구매 과정 측면에서(M−C) 국가는 여러 경제 정책− 재정, 금융, 신용, 외자도입 −을 통해 자본형성을 촉진시켰다. 이와 함께 사회간접자본을 확충시킴으로써 자본축적을 지원했으며 대기업들은 그와 같은 국가의 지원을 바탕으로 축적의 물적 자원, 즉 화폐자본, 원자재 등을 원활하게 확보할 수 있었다. 둘째 가치 증식 과정(생산과정의 측면 --P--)에서 국가는 강력한 물리적 통제를 통해 노동운동과 임금 인상을 억제함으로써 기업의 이윤 확보에 견인차 역할을 해왔다.

셋째 가치의 실현 과정(소비: C'−M')에서 국가는 독과점 보호정책이나 수출지원 정책을 통해 기업의 국내외 시장을 확보해주었고, 아울러 비생산적 분야에 대한 유효수요를 창출하여 최종 생산물에 대한 구매자의 역할을 담당했다. 이를 바탕으로 대기업들은 상품을 저렴한 가격으로 수출하는 대신 국내시장에서 독과점 가격으로 높은 이윤을 확보할 수 있었다.

이와 같이 국가는 직·간접적인 경제정책을 통해 가치의 증식에 관여하는 한편 대중 부문, 특히 노동 부문에 대한 물리적, 이데올로기적 통제를 통해 기업의 이윤을 확보해주었다. 나아가 각종의 수출지원 및 독과점 보호정책으로 가치의 실현 과정에 까지 깊숙하게 개입하여 축적과정을 선도해왔던 것이다.[46]

던 존슨(C. Johnson)이 제기한 개념이다(Johnson, 1982).

46) 이와 같은 자본축적의 결과로 한국 자본주의는 이미 국가자본주의의 성격을 지닌 신흥 공업국으로 규정되고 있는가 하면 축적 행위가 민간 부문에 대한 국가 관료의 선택적 개입에 의해

3) 지역 구조의 변화(1960-1990)

① 1960~1970년대: 경공업 중심의 수출 대체 산업화와 기존 대도시 공업지역의 비대화

1960년대 한국사회는 값싼 노동력을 바탕으로 단순 조립 가공의 산업화를 적극 추진했다. 1960년대 노동 집약적인 경공업 위주의 산업화 시기에는 서울, 부산, 대구 등 전통적인 대도시를 기반으로 공업지역이 편성되었다. 즉 국가에 의한 전략적 공업단지가 수도권 지역에 거의 밀집되어 있었으며, 영남의 일부 대도시(부산, 대구) 주변에 섬유, 신발 등의 생산을 담당하는 공업단지가 조성되어 전통적인 대도시 지역이 공업지역으로 구성되었다. 1960년 이후 한국의 산업화는 강력한 국가의 주도 아래 수도권과 영남 해안 일대를 잇는 거대 산업 컴플렉스(industrial complex) 지역을 거점으로 이루어져왔다. '한 국가 두 국민 전략'처럼 수도권/영남 해안 일대와 기타 지역이라는 공간적 균열을 토대로 한국사회는 급속한 산업화가 진행되었던 것이다.

② 1970~1980년: 중화학 공업 지대의 형성과 공간의 양극화

1970년대 한국의 산업화는 경공업 중심에서 중화학 공업 위주로 궤도를 수정하게 된다. 중화학 공업 위주의 성장 전략과 함께 대규모의 공단이 동남해안지역에 들어서면서 새로운 공업지대가 형성되었다. 축적 체계의 기술적 변화와 국가의 대규모 투자 계획에 따른 중화학 공업 전략이 본격화된 1970년대 이후 동남해안 일대에 거대한 공업 집적 지역이 형성됨으로서 지역 구조가 급격히 변화하게 된다(한국개발연구원, 1987). 공업단지의 지역별 분포를 보면 영남권이 26개로 41.9%를 차지하고 있을 뿐만 아니라(수도권과 기타 지역은 각각 21.0%와 22.6%) 대규모 중화학 공업단지가 동남해안 일대를 중심으로 분포되어 있어 동남해안 일대는 명실공히 '중화학 공업 집적 지구'로서의 면모를 나타내고 있었다.

이루어지는 국가 주도형(state-led) 축적 체계로 묘사되기도 한다(中川信義, 1984; 사카타 미키오, 1989; Deyo, 1987).

동남해안 일대는 가공 조립을 바탕으로 한 대량생산 체계지역으로서 대규모 사업장에 대규모 생산시설과 노동자들이 공간 집적을 이루는 '주변부 포드주의'의 생산체계가 지배적인 곳으로 구조화되었다. 주변부 포드주의이란 핵심기술과 부품 등은 선진국에서 수입하여 단순 조립 가공을 통한 대량생산체계를 말한다. 그리고 동남해안일대는 대량생산의 기능을 담당하는 대규모 기업들의 공장을 거점으로 중소 하청 업체들이 생산을 보조하는 이른바 대기업 중심의 '구심성(求心性)'의 입지로 구조화되고 있었다.

③ 1980년 중반 이후~1990년대: 수도권의 산업 재집중과 신산업지역의 등장

저임금을 바탕으로 단순, 조립 가공의 대량생산체계를 기반으로 하던 한국경제는 선진국의 신보호무역 정책과 후발산업국가의 경쟁으로 새로운 국면을 맞게 된다. 임금 부분에서 후발산업국가와 경쟁력이 뒤떨어지는 사양산업 부분을 대폭 정리하고, 기술 개발 투자를 촉진하는 한편 일부 최첨단 하이테크 부분에 진출하는 이른바 '산업구조의 고도화'를 추진하게 된다.

1980년대 '산업구조의 고도화 추진' 시기에서 지역 구조는 보다 다양한 형태로 변화했다.

첫 번째 유형은 1980년 후반 급속한 임금 상승과 함께 노동 집약적 산업 부분의 기업들이 값싼 노동력을 찾아 동남아로 진출하는 한편 그동안 저렴한 노동력을 노려 국내에 진출해 있던 외국 자본이 철수함으로써 '지역 공동화'의 위기를 맞고 있는 산업지역이 등장했다.[47] 아울러 광산업과 같은 사양산업이 정리됨으

---

47) 지역 공동화 과정을 겪고 있는 사례를 보자. 구미공단 전자 부문의 수출 신장률은 1987년의 58%에서 매년 크게 감소, 1990년에는 3%까지 떨어졌고 1991년 3분기부터는 수출 실적이 아예 감소추세로 들어섰다. 주종 생산품인 컬러 TV, 컴퓨터 VCR 등이 모두 죽을 쑤고 도산과 휴·폐업업체가 속출하고 있다. 구미공단에서는 이미 1991년 5월 쌍용그룹의 승리전자가 문을 닫았고 전기절연제품을 생산하는 거성전기는 경영난으로 주거래 은행인 산업은행을 통해 법정관리 신청을 냈다. 오디오 제조업체인 D전자도 사실상 휴업에 들어갔다. (또한) 관계자들은 입주업체의 90%가 넘는 중소기업들의 자금난이 심화돼 올 하반기 이후 엄청난 도산 사태가 일어날지도 모른다고 우려하고 있다(≪조선일보≫, 1992.1.10).

로써 지역공동화 위기를 경험하고 있는 지역이 나타났다. 섬유, 신발, 전자조립 등 국내외 중소업체가 몰려 있던 서울의 구로나 마산과 같은 기존 공업단지 지역이나, 태백시 등 탄광지역이 대표적이다.

둘째는 기존 생산구조가 더욱 '강화'되고 있는 지역으로서 대기업이 생산기술, 노동과정, 생산 및 유통 등 축적체계 전반을 고도화하면서 지역 그 자체를 생산에 유리한 공간으로 '재포섭'시키는 경우이다.[48] 즉 대기업이 자본을 이전시키는 것이 아니라 기존 생산체제의 혁신을 도모하고 다양한 하청 업체들을 기존 지역으로 밀집시킴으로서 공간의 집적 효과를 최대로 높이는 경우이다. 이런 지역에서는 하나 혹은 소수의 대기업을 주축으로 1·2차 중소업체들이 하청 고리가 형성되어 있어 대기업의 경제적 영향력이 거의 절대적이다. 그뿐만 아니라 대기업이 그 지역의 정치 문화 교육 등 다방면에 걸쳐 영향력을 행사하고 지역 주민의 일상적 생활 영역 전반을 관리하는 이른바 '기업 도시'의 모습을 띠기도 한다. 울산 포항 창원 옥포 등등 대기업과 하청 기업이 몰려 있는 공업지역이 대표적이다.[49]

셋째는 1980년대 이후 산업구조의 고도화 추진과 함께 첨단산업의 연구개발 기능이 수도권으로 집중되고 있으며 그동안 주변지역으로 남아 있던 일부 중서부지역이 새로운 산업공간으로 구조화하고 있는 지역 구조의 변화 과정이다. 특히 1980년대 이후 축적체제의 고도화가 수도권에서 가장 밀도 높게 전개되고 있는데 이는 수도권이 통제와 연구기능의 중심부 역할을 더욱 강화하고 있다는 것을 의미한다.[50] 한편 그간 공업지역으로부터 소외되었던 일부 중서부지역은 최근 축적단계에서 '첨단산업부문'과 일부 고도화하고 있는 중화학 분야의 '실행'이

---

[48] 이러한 현상을 대기업에 의한 '공간의 실질적 포섭(the real subsumption of space)'이라고 표현하고자 한다. 그 결과 대기업이 일정한 지역을 지배, 관리, 재생산하는 이른바 '기업사회'가 형성되는데, 대표적인 경우는 현대그룹의 계열사들이 대거 진출해 있는 울산지역을 들 수 있다. 기업사회의 전형적인 예는 토요타자동차사가 입지해 있는 일본의 아이치현(愛知縣)이다.

[49] 기업도시에 관해서는 염미경(1998).

[50] 기업의 입장에서 첨단 기능을 수도권에 입지시키는 것은 자본이 부담해야 할 비용을 낮추어 주는 효과가 있다. 즉, 고급노동력이 몰려 있고 기업의 본사가 집결되어 있으며 서비스, 유통의 중추기관과 정책결정기관 등이 집중되어 있어 '집적의 이익(economies of agglomeration)'을 누릴 수 있다.

〈표 5-2〉 자본축적의 단계와 공간 구조의 변화

축적 양식의 변화		국가 개입의 정책과 성격	국가의 주요 공간 정책	지역 구조의 변화
국제분업구조	축적 단계			
중심부: 중화학 공업 **주변부:** 경공업 및 원자재 산업	'외연적 축적' 단계: 경공업 위주 수출 지향적 산업화	국가 주도의 산업화 전략의 수립: 경제개발 5개년 계획	국토건설 종합계획 (1963), '특정 지역 고시'	전통적 대도시 지역을 중심으로 공업화 진행: 수도권과 부산 대구 지역에 공업단지 조성
중심부: 기술 및 지식 집약적 산업 **신흥 공업국:** 중하위 기술 수준의 산업, 재래형 중화학 공업	'집약적 축적' 단계: 중화학 공업 위주의 수출지향적 산업화(독점 자본의 성장)	국가의 대규모 프로젝트: '중화학 공업 육성 계획' '국민투자기금'	대규모 중화학 공업 기지 조성: '산업기지 개발촉진법' '지방공업 개발법' '수출자유지역 설치법' '공업배치법' '공업단지 관리법' 등	동남해안 일대의 산업 콤플렉스 조성과 제1부문 생산지대로 등장. 자본 및 노동의 공간 분화의 심화: 공간의 양극화
국제분업의 고도화: **중심부:** 첨단산업 **신흥 공업국:** 첨단산업 일부 부품 생산, 중화학 공업 부문 **주변부:** 경공업 및 단순 조립 가공	'산업 구조의 고도화 추진' 단계: 기술개발 및 국제 경쟁력 제고	산업 구조조정 정책: 사양산업의 정리, 첨단산업 부문의 적극적 지원, 민간 주도의 경제 성장 유도: '공업 발전법'	기존 공업지대의 설비 확장, 새로운 공업지대 조성(첨단산업 및 연구 단지 조성): 기존 공간 법안의 실시와 통폐합 조치(산업기지 개발에 관한 법률) 제2차 국토개발 계획 수립	수도권: 고급 인력의 집적, 구상 및 통제 노동 집중 영남권: 기존 생산의 강화, 실행노동의 집중 기타: 일부 지역의 축적 공간으로의 포섭 소상품 생산양식의 온존*

*소상품생산양식은 소농민 및 소규모 자영업자층

모색되고 있는 지역으로 변화하고 있다. 특히 중부지역에는 대단위의 '테크노폴리스' 형태의 첨단산업 연구단지가 조성되고 있는데 1980년대 산업구조 조정과 함께 반도체 컴퓨터 및 정보처리산업 공장자동화기기 신소재 생명공학 등의 산업부문과 관련 연구기관 등이 들어서고 있다.[51]

이처럼 1980년대 중후반 이후의 지역 구조의 변화는 보다 다양한 형태를 보여

---

51) 충남의 대덕연구단지는 이미 1973년에 연구단지의 건설계획이 수립되었고 1977년에 산업기지 개발지역으로 고시되었다가 1984년 이후 첨단산업 분야의 기술 연구 단지로 본격적인 기능을 담당하게 되었다.

준다. 즉 1970년대의 공업공간의 양극화에서 내용적으로 다양한 공간의 '모자이크(mosaic)'화가 진행되고 있다. 이 중에서도 서울지역의 변화는 매우 주목할 만하다.

1980년대 이후 서울지역에서 크게 성장한 제조업은 정보화, 첨단 패션 관련 산업 업종들이다. 대표적 성장산업은 의복 가죽제품 제조업과 같은 패션산업 인쇄 및 출판과 같은 매스미디어산업 그리고 전기전자 일반기계와 같은 기술집약형 기계산업 등인데 이들 산업은 주로 시장에 민감하고 신제품 개발에 적극적인 분야이다. 따라서 서울에는 이런 부분을 지원하는 생산자 서비스업들이 크게 성장하고 있다(정준호·송우경, 1993: 132).

수도 서울은 또한 정보의 저장소이며 또한 지휘 본부의 역할을 담당하고 있다. 정보는 더욱 중요한 자본으로 기능하고 있고 자본의 시장경제 논리에 따라 가장 유리한 공간으로 몰려들고 있으며 서울은 엄청난 정보의 장악력을 가진 '정보 수도'로서 전체 국토에서 필적할 만한 상대를 찾아볼 수 없을 정도에 이르렀다. 물론 서울시 내부에서도 지역 간 정보 차별화 구조의 발생이 두드러지게 나타나고 있다.[52]

---

52) 서울시의 신개발지를 대표하는 강남, 서초 일대가 정보통신업체 수나 고용 성장률에서 두각을 보인다. 703개의 서비스업체 중 240여 개의 업체가 이들 지역에 분포해 있고, 서초, 강남, 송파, 강동, 마포 등이 1981년에서 1991년 사이 100%가 넘는 성장률을 기록해 강남 일원의 4개 구가 서울시 총고용의 약 38%를 먹여 살리는 곳이 되었음을 지적하고 있다(박영민, 1993: 236~241).

'유연적 축적 체계'와 수도권 지역의 구조화

오늘날 정치경제학에서 가장 큰 화두는 두 가지인 듯싶다. 하나는 세계 정치 경제 나아가 문화의 총체적인 변화를 지칭하는 개념으로서 세계화(globalization) 이고 다른 하나는 포드주의 축적 체계의 후속태(態)인 포스트 포드주의에 관련된 것이다. 이 양자의 변화 속에서 지역 구조는 어떻게 변화하고 있는가?

서구의 많은 정치경제학자들은 이미 1980년대 이후 세계자본주의가 새로운 장으로 돌입된 것으로 보고 있다. 래쉬와 어리(Lash and Urry)는 현대자본주의를 탈조직 자본주의라 묘사하면서, 그 특징을 블루칼라 노동계급의 감소, 조직·서비스 부문의 특화 및 성장, 문화의 분절화, 공장의 지리적 분산 및 산업도시들의 몰락, 포스트모더니즘의 문화 및 이데올로기 출현 등으로 간추리고 있다(Lash and Urry, 1987). 또한 일부 학자들은 이 과정을 '재구조화(restructuration)'의 용어로 정리하고 있다. 재구조화란 자본주의 경제를 구성하는 각 부분 간의 관계가 질적으로 변화해가는 과정을 뜻한다. 자본주의의 발전 과정은 그 내재된 모순과 갈등이 반복되는 과정이며 또한 이를 극복해가는 과정이다. 이 과정에서 새로운 형태의 산업, 사회, 지역 구조가 형성된다. 새로운 생산력과 생산관계가 조응관계를 수립할 때 자본주의의 재구조화라 부른다(강현수, 1995: 137). 러버링(Lovering)은 재구조화 과정을 다음과 같이 정리하고 있다. 기업이 재화 및 용역을 생산하고 분배하는 조직을 바꿈으로써 경쟁에 대응하는 방식을 의미한다. 둘째, 이러한 변화의 결과 경제활동이 지리적 공간상에 조직되는 방식(예를 들면 기존 노동시장의 파괴와 새로운 노동의 공간적 분업 창출)이 변화되는 것을 의미한다 (Lovering, 1989: 198).

이른바 유연성 논의는 재구조화론에 속하는 가장 주목할 만한 접근이다.[1] 유연성 논의는 포스트포드주의 혹은 '포드주의 그 이후(after Fordism)'라는 용어들과 맞물려 등장하고 있다. 대량생산과 대량 소비의 특징을 안고 있는 포드주의는 1960년대 황금기를 지나 최소한 1970년 후반부터 '사망'의 길로 접어들었고 이를 대체하는 새로운 축적의 체계가 등장했다는 것이다. 이른바 유연적 전문화 혹은 유연적 축적론 등이 고개를 들면서, 일본의 JIT(Just-In-Time) 시스템, 마이크로 전자 혁명 등의 하위 개념들이 출현하게 이르렀다. 유연화는 생산방식(범용기계의 도입), 노동시장(계약 및 파트타임 노동의 증대), 소비(정보망 등을 통한 마케팅) 그리고 국가의 개입(중앙정부의 업무를 지방정부에 이임) 등 여러 방면에서 나타나고 있다.

1980년대 이후 한국 자본주의의 축적 체계를 이른바 유연화의 확대 과정으로 인식하고 지역 불균형의 심화를 주장하는 연구 작업들이 눈에 띄고 있다. 강현수는 1980년대 한국사회가 1970년 이래 다시 한 번 재구조화를 경험하고 있다고 보고, 그 특징을 기술개발 및 자동화의 확대, 일부 첨단산업의 성장과 노동 집약적 산업의 쇠퇴, 하청 계열화를 통한 기업 간 국내 분업관계의 심화, 그리고 전반적인 산업구조의 고도화로 요약한다. 특히 1987년 이후 한국사회의 두드러진 특징은 전반적으로 유연화 과정이 급속히 확대되고 있다는 것이다(강현수, 1993: 60). 그는 생산기술 측면에서 기술개발과 자동화가 증대되고, 노동시장 측면에서 파트타임, 임시직 등의 비중이 확대일로에 있으며, 기업 간 관계에서 하청의 비율이 더욱 확대되고 있다는 점을 들고 있다. 이 과정에서 연구원 수의 압도적인 수도권 집중(연구원수 1985년 65.7%에서 1989년 73.6%), 하청 관계 확대 등 유연적 축적 체계하에서 볼 수 있는 지역 재구성의 측면이 나타나고 있다는 것이다. 조명래는 이러한 수도권 특히 서울의 변화를 '체제지역(a systemic area)으로의 변화'로 묘사한다. 체제지역이란 유연적 생산을 둘러싼 다양한 사회활동들(기업, 조합, 대학, 정부 등)이 합의를 기초로 복잡한 연관관계를 형성하고 있는 지역을 말한다.

---

1) 여러 재구조화 이론들의 내용을 정리하고 있는 글로, Webber(1991).

1980년대 후반부터 진행된 일련의 산업 구조 조정은 그 물밑 전개에서 신상품 생산 부분의 급성장" "ME 기술을 활용하는 유연적 생산방식의 빠른 확산" "유연적 기업 연관관계의 팽창" "첨단산업을 중핵으로 하는 새로운 유연적 산업, 기술체계의 등장" "유연성을 바탕으로 하는 생산과 소비의 새로운 조응관계의 형성"과 같이, 순차상 기술의 변화로부터 축적체제의 변화를 서서히 불러오고 있다. (…) 유연성이 심화되는 새로운 축적체제 속에 서울지역은 특히 첨단산업의 집중과 유연적 생산관계가 확산되는 신산업 공간으로 바뀌어짐에 따라 전반적으로 '체제지역'으로서의 특성을 보이고 있다(조명래, 1993: 37).

　　이들이 진단하고 있는 바와 같이 분명 한국사회가 1980년대 새로운 구조조정의 국면을 맞이하고 있는 것은 사실이다. 그러나 1980년 중반 이후 '산업구조의 고도화' 단계를 서구 자본주의의 경향을 쫓아 '유연성'으로 표현하는 것이 과연 타당한 것인지에 대해서는 여전히 과제로 남는다. 서구에서조차 과연 '유연성'이 그 사회에서 지배적인지에 대해서는 논의가 분분하다. 예를 들어 장인적 생산기술에 기초한 다품종 소량 생산이 산업생산을 주도한다고 보기는 힘들다. 과연 포드주의가 죽었는가, 그것도 한국에서? 더구나 한국의 서울은 처음부터 상대적으로 공업 지역이며 동시에 소비 지역이고, 포드주의의 생산 지역이며 유연적 생산체계의 본거지이다. 노동시장의 측면에서는 분명 시장의 유연성이 돋보인다. 그러나 그것도 '재정위기' 이후에 구조조정과 함께 본격화했다. 유연성이라 부를 수 있는 현상은 분명히 존재하고 또 경향성을 내포하고 있지만 보다 장기적이고 치밀한 관찰이 요구된다.

제6장 도시 정치생태학과 환경

제1절 정치생태학의 이론적 지점들

유기체적 생명체는 생존을 위해 다양한 물질을 자연으로부터 취득하고, 다시 자연에게 귀속시킴으로서 우주적인 질서체계를 유지해왔다. 산과 강, 나무와 숲, 동물과 인간 그리고 신적 존재를 모두 아우르는 자연적 질서는 철학과 사상, 법과 예술의 경지로 칭송받아왔으며 생명의 모태인 자연은 인간의 작위적 행동에 의해 가공되지 않은 것, 혹은 오염되지 않은 '존재(Being)'의 의미를 갖기도 했다. 그러나 자연환경의 변화는 생태계의 교란을 가져왔고 이때마다 생명체들의 생존전략은 바뀌어왔다. 진화론자들이 추적한 바와 같이 어떤 생명체는 환경변화의 적응과 경쟁에 도태되어 지구상에서 사라져버렸는가 하면, 어떤 생명체는 신체와 의식의 변형을 통해 살아남았다.

자연은 인간의 생존에 필수적인 공기와 물, 기타 다양한 영양소와 먹거리를 공급해주고, 인간은 자연과의 끊임없는 신진대사를 통해 그 생존을 영위하고 있다. 그러나 자신의 의지에 의해 자연을 변형시키고 가공하는 인간은 엄청난 과학기술의 발달을 통해 마침내 자신을 낳았던 자연을 지배하게 되었다. 특히 자본주의에 이르러 고도의 생산력을 발달시킨 인간은 자연을 대량생산과 대량소비의 재생산 메커니즘 속으로 종속시키고, 자연을 단순히 생존을 넘어선 이윤축적의 대상으로 만들어버렸다. 그뿐만 아니라 전체주의적인 국가관료체제에 의한 자연의 지배 역시 가공할 만한 수준에 이르렀다.

이른바 '자연의 사회화' 과정이 국가, 자본, 시장의 위력에 의해 더욱 가속화되면서 인간과 자연의 대칭적이고 유기적인 기본질서는 심하게 훼손되었다. 인간이 자연에 대한 지배력을 통해 무참히 환경을 파괴하고, 다른 종(種)의 생명들을 위협함으로써 유기적인 지구의 생태적 질서는 인간과 비인간(non-human)의 비대칭적인 수직적 권력관계로 변하게 되었다.

하지만 환경파괴와 생태계의 교란으로 인한 자연의 역습(예컨대 지구온난화, 적조, 미세먼지 등)으로 인해 인간은 오히려 자신의 존립 기반을 걱정해야 할 처지에 이르렀다. 도시공간은 그 역습의 증상들이 첨예하고도 집약적으로 드러나는 현장이다. 생태학은 생명체가 그 생존을 위해 자연환경에 어떻게 적응하고 균형 (balance)을 찾아가는지를 탐구하는 학문이었다. 그중에서도 시카고 사회학의 대명사로 불리던 도시생태학은 다윈의 진화론, 생물생태학, 뒤르케임의 아노미론 등을 분석틀로 끌어와 산업화가 한창 진행 중이던 대도시의 다양한 사회적 갈등에 대한 해결책을 모색하기 위해 체계화되었던 학문이었다. 인종, 범죄, 계층, 환경, 주거 등의 사회문제들은 곧 사회적인 생태적 질서를 훼손시키는 것을 의미했다. 그러나 도시생태학은 인간과 자연의 관계보다는 인간과 인간의 사회적인 생태적 균형과 이를 위한 사회정책에 심혈을 기울여왔다.

이후 녹색 사유, 지속 가능한 성장, 생태사회주의, 위험사회론 등 다양한 이론적이고 실천적인 흐름들이 경종을 울리고 대안을 모색하고 있지만, 그리고 최근에는 지구 법 사상가들이 강과 산, 숲에 인격체적인 법적 지위를 부여함으로써 무분별한 개발과 변형을 저지하려는 움직임도 있지만 생태의 복원은 요원한 듯보인다. '녹색 사유'로 상징되는 생태학자들은 인간 이성과 생명만을 최고의 것으로 여기는 인간 중심의 존재론으로부터 벗어날 것과, 실증주의의 지식이론에 근거한 지식이 진리고 참이며 역사를 진보시키는 절대적 힘이라는 과학 중심주의적 세계관으로부터 탈피할 것을 주장한다. 라투르 같은 과학철학자는 아예 인간과 비인간의 사물 동맹을 통한 새로운 공화주의 이념을 제시하기도 한다. 인간이 과학기술을 통해 만들어낸 로봇이나 컴퓨터 같은 사물 역시 네트워크의 주체들이며, 인간은 모든 비인간의 주체들과 대칭적 관계를 맺어야 한다는 것이다(라투르, 2010) 라투르의 이러한 획기적인 생각은 인간이 스스로 만들어낸 도시환경과 어떠한 생태적 관계를 맺을 것인지를 폭 넓게 성찰하게 한다.

정치생태학은 기본적으로 인간과 환경의 관계 속에서 나타나는 문제들을 어떻게 인식하고 해결할 것인가에 관심을 두고 있는 광범위한 이론적, 실천적 흐름이다. 기존의 정치생태학은 자연을 도시와 대비되는 농촌이나 제3세계의 지역과 동일시하는 경향이 있어왔기 때문에 도시에서는 자연이 모두 고갈된 것으로 바라본다. 또한 정치생태학은 자연 그 자체의 속성보다는 여전히 인간 중심의 시각에서 자연을 어떻게 보존할 것인가에 주목하고 있다. 그러나 도시정치생태학은 도시 속에서도 '자연'이 여전히 존재하고 있으며 따라서 이 자연과 인간이 어떻게 상호작용할 것인지, 자연의 지위를 어떻게 상정할 것인지, 나아가 일부 급진론자들은 비(非)유기체인 '사물'과의 관계성을 어떻게 설정할 것인지를 탐구하려 한다.

이제 이 장에서 필자는 국가, 자본, 사회제도가 자연을 포섭하고 관계 맺는 과정에 초점을 둔 정치생태학들의 다양한 흐름을 소개해볼 것이다. 이어 도시정치생태학의 내용을 간략히 소개할 것이다.

1. 자연의 사회적 구성론

자연은 자연 그 자체가 아닌 인식론적, 물질적으로 사회적 과정을 통한 구성물이라는 관점은 사회과학에서의 자연 연구의 기본 가정이라고 할 수 있다. 사회적으로 구성된 자연(socially constructed nature)은 '자연'이 사회적 과정들로부터 분리되어 독립적으로 존재하는 것으로 바라보는 관점을 비판하면서 사회적, 역사적, 지리적으로 구성된 실제로서 자연을 바라보고 있다(Eder & Ritter, 1996; Swyngedouw, 2005; 이상헌, 2002; 장신옥, 2016). 정치적 의사결정과 경제활동, 과

학기술, 종교, 제도, 문화의 과정과 자연과의 관계성에 주목하는 이 논의는 자연
이라는 것이 결코 자연 그자체로 존재하는 것이 아니라 사회적 결과물로 존재함
을 기본적 가정으로 삼고 있다. 이러한 시각에 의하면 자연에 대한 이미지와 의
미 부여는 다양한 행위자들의 사회적 과정과 밀접한 연관을 맺고 있다. 예컨대,
한국의 민족주의 경관 만들기가 어떻게 우리로 하여금 금강산을 사유하게 만들
었는지(진종헌, 2005; 2009) 자연의 '내재적 가치'를 강조하도록 하는 사회적 과정
들, 예를 들어 '순수한 자연', '아름다운 강산', '생명의 젓줄' 등과 같은 담론이 우
리들로 하여금 어떻게 수자원을 상상하게 만들고, 이를 재현하도록 하는지에 주
목한 연구들 속에서 자연에 대한 사회적 구성의 예들을 찾아볼 수 있다(이상헌,
2001; 2002).

2. 마르크스주의 자연: 신진대사 균열론

마르크스주의자들이 신랄하게 받은 비판 중 하나는 그들이 자연에 대한 논의
를 간과하고 있다는 것이다.[1] 그러나 일군의 생태 마르크스주의자들은 소위 '마
르크스의 자연 간과론'을 재비판하면서 마르크스이론이 가진 정치생태학적 이
론과 인식론의 가능성을 주장하고 있다. 존 벨라미 포스터(John Bellamy Foster)
는 유물론적 자연관을 마르크스주의 자연 연구의 시작점으로 바라본다. 특히 유
물론적 역사관에 대한 '서구의 해석'이 자본주의의 착취관계, 소외의 문제, 계급
투쟁과 같은 정치-사회적 측면으로만 축소시켜 바라보게 만들었다는 점을 비판
한다. 마르크스주의의 유물론적 접근은 단순히 '사회'만을 바라보는 것이 아니라
사회와 자연의 관계를 바라보고 있기 때문에 생태학 이론 구축의 가능성을 함의
하고 있다. 생태마르크스주의자들은 마르크스가 『자본론』에서 강조한 도시와
농촌의 관계에 주목하고 있다. 산업화와 도시화가 본격적으로 일어나기 전에 농
촌은 도시로 식량을 공급해 왔으며, 이 과정에서 토양에 포함된 영양물질인 질

---

[1] 생태마르크스주의 연구의 이론적 흐름에 대해서는 최병두(2001), 김민정(2016) 등을 참조할 것.

소, 인, 칼슘 등이 도시로 함께 이동되어왔다. 산업화와 도시화가 대규모로 진행되기 이전의 이와 같은 순환체계는 '선순환 체계'로 농촌의 토양은 여전히 잃었던 영양물질을 스스로 복구할 수 있었고, 도시에서는 심각한 수준의 오염이 발생하지 않았다.

그러나 도시화와 산업화가 본격화되면서 도시에서의 식량에 대한 수요가 급격히 증가하고, 이에 따른 농촌에서의 식량과 영양물질의 이동 역시 대규모로 이뤄지게 된다. 대량으로 영양물질이 농촌에서 도시로 이동하게 되면서 자체적으로 충족 가능했던 영양물질들의 순환 과정에 문제가 생기기 시작한다. 즉 농촌에서는 식량 생산에 필요한 영양소가 결핍되기 시작하고, 토양의 비옥함 역시 줄어든다. 도시에서도 마찬가지로 영양물질 폐기물들이 급격히 축적되면서 심각한 수준의 오염이 발생하게 된다. 이와 같은 과정을 생태 마르크스주의자들은 "신진대사 균열(metabolic rift)"로 정의한다.

생태마르크스주의자는 유물론적 입장에서 사회와 자연의 관계, 농촌과 도시의 관계를 통해 새로운 생태학적 지평을 제공하고 있다는 점에서 많은 경험적 연구의 가능성을 함의하고 있다. 특히 자연과 사회의 관계가 필연적으로 착취적인 관계를 가질 수밖에 없음을 밝히고 있기 때문에 자본주의의 환경생태학적 문제들을 자본 축적의 측면에서 바라볼 수 있게 한다.

이와 같은 생태 마르크스주의의 이론적 틀은 후에 다양한 경험적 연구들로 이어졌다. 오늘날의 기후변화와 에너지 위기는 자원을 탈취당하는 남반구와 낭비적 소비자본주의의 북반구 간의 착취적 관계로 인해 발생한다는 연구가 대표적이다(Clark and York, 2005). 국내에서도 생태마르크스주의적 접근으로 간주될 수 있는 경험적 연구를 찾을 수 있다(김철규·이지웅, 2009). 이들의 연구는 국가가 주도한 4대강 사업과 팔당지역 유기농업의 관계에 주목하고 있다. '화학농업'이 초래한 먹거리의 위기에 대한 것으로 팔당 지역의 유기농 먹거리 공동체가 4대강 사업이라는 국가 프로젝트에 의해 신진대사의 선순환 질서가 붕괴되고 균열로 이어지는 과정들을 추적한다.

3. 자연의 신자유주의화

'자연의 신자유주의화'는 지리학자인 노엘 카스트리(Noel Castree)와 캐런 바커(Karen Bakker)를 중심으로 논의되고 있는 분석틀이다. 신자유주의화된 자연에 대한 논의는 자연의 사회적 구성론, 생태 마르크스주의의 접근과도 어느 정도 공통된 이론적, 인식론적 관점을 보이고 있지만, 이전의 논의들이 간과한 측면에 보다 방점을 두고 있다.[2] 이들은 자본이 단순히 자연을 파괴하고, 오염시키는 것이 아니라 자연을 나름대로의 방식으로 보호한다고 보고 있다. 즉, 자본은 지속적인 축적을 위해 자연을 적극적으로 상품화시킴으로써 단순히 일방적인 훼손의 관계가 아니라 양가적이고 복잡한 관계를 형성하고 있다는 것이다(Castree, 2008).

한마디로 '자연의 신자유주의화' 논의는 자연의 상품화 과정에 주목하고 있다. 자연에 대한 상품화는 환경을 파괴하면서 환경을 보호하는 양날의 검과 같이 작동한다. 닐 스미스(Neil Smith)는 자본축적 전략으로써 자연의 상품화의 과정을 '형식적 포섭'과 '실질적 포섭'으로 구분하여 접근한다. 형식적 포섭은 천연자원 등에 대한 상품화로 인해 생산량을 증가시키는 양적인 축적 전략인 반면 실질적 포섭은 GMO, 신재생에너지 등과 같이 새로운 기술력을 통해 자연의 상품화를 도모하는 질적인 축적 전략으로 볼 수 있다(Smith, 2007).

닐 스미스의 이와 같은 자연의 상품화와 자본축적 전략으로써 자연을 바라보는 관점을 보다 구체화한 것이 바로 카스트리(Castree, 2008)의 '환경적 조정(Environmental Fix)' 개념이다. 카스트리는 환경적 조정을 크게 4가지 유형으로 나눠보고 있다. 첫째는 자연의 상품화를 통한 자연의 보호 가능성, 두 번째는 자연에 대한 규제의 탈규제화 가능성, 세 번째는 자연에 대한 착취를 통한 이윤의 창출 가능성, 마지막으로 자연에 대한 보호 기능을 담당하던 국가의 책임을 시민

---

[2] 최병두(2009)는 생태마르크스주의의 의의에 대해서도 평하지만 동시에 이들의 논의 속엔 궁극적으로 자본주의는 생태위기를 심화시키고, 국가-자본이 생태학적 위기를 극복할 여지가 없다는 관점을 견지하고 있다고 비판한다.

사회나 민간으로 전가시킬 가능성이다. 이와 같은 자연의 상품화를 통한 4가지 환경적 조정의 가능성에는 여러 가지 이론적 한계와 비판들이 제시되기도 했다. 특히 카스트리(Castree)가 4가지 환경적 조정의 가능성을 언급하면서 상정하고 있는 사례들은 주로 서구 중심의 케인지언 복지국가 또는 비서구의 개발도상국의 사례를 통해서 논의를 진행하고 있기에 한국적 맥락성에 다소 맞지 않는다는 것이다(최병두, 2010; 황진태·박배균, 2013).

자연의 상품화 논의는 역설적으로 자연의 상품화를 통해 자연환경이 보존된다는 점을 지적하고 있지만 의도하지 않게 그들의 논의가 극단적인 자연에 대한 이윤 착취의 가능성을 옹호할 수 있다는 비판을 받는다. 환경의 상품화를 자연보존이라는 입장에서 보게 되면 자칫 폐기물의 시장교환 역시 정당화될 수 있다. 예를 들어 탄소나 쓰레기 배출, 국가 간 전자쓰레기 수출에 대한 정당화의 논리로 동원될 수 있는데, 즉, "얼마만큼의 돈을 지불했으니 탄소나 쓰레기를 배출해도 된다." "돈을 지불했으니 쓰레기를 처리하라"는 식의 자본과 국가권력의 논리로 오용될 위험을 가지고 있는 것이다.

4. 녹색 국가와 토건 국가

녹색 국가론은 국가가 자연을 파괴하는 주체로 등장하고 있다는 국가의 반(反)자연적 테제를 부각시키고 대안적 국가를 제시하려는 시각이다. 녹색 국가론은 국가주의에 대한 거부와 결부된 하나의 정치적 운동과도 같은 선상에서 바라볼 수 있다. 조명래(2006)는 국가가 담지하고 있는 속성을 다음과 같이 정의한다. "국가론은 철저히 인간 중심적인 사고와 권력, 인간에 대한 인간의 지배, 인간을 매개로 한 세계 전체에 대한 지배의 원리와 기술을 다룬다는 점에서 사회과학 담론 중 그 어느 것보다도 인간 중심적이며 반생명적, 반녹색적이다"(조명래, 2006: 206). 그러므로 환경과 생태를 지향하는 녹색 국가가 등장해야 한다는 것이다. 녹색 국가론은 국가의 '녹색화 수준'에 따라 강한 녹색 국가와 약한 녹색 국가를 구분되기도 한다(문순홍, 2002; 조명래, 2006). 그러나 녹색 국가론 역시 국가를 단일한 하나의 행위자로 바라보고 자연을 관리하는 주체로서 여전히 국가를 상정한다는 점, 국가와 자연의 관계 속에서 생성되는 그 자체의 '발현적 속성' 등을 간과하고 있다는 점에서 여러 한계가 지적되고 있다(황진태·박배균, 2013). 더구나 최근에는 '녹색'을 가장한 국가의 개발 사업이 여기저기에서 벌어지고 있어 녹색의 의미가 상당히 퇴색하고 있다. 개발을 부정하는 근본주의 녹색 이데올로기 역시 비판의 대상이 되고 있지만 녹색을 위장막으로 하여 개발성장을 정당화하려는 국가의 토건사업들로 인해 녹색의 철학과 전략이 오용되기도 한다.

토건국가론은 국가와 토건 자본 세력 사이의 선택적 친화력(박배균, 2009)으로 인해 국가경제에서 토건 관련 비중이 비정상적으로 높아져 이에 따른 다양한 환경적 생태문제들이 발생함을 지적하는 논의이다. 토건국가론은 국가가 주도하는 도로, 댐, 항만, 건설 등을 토대로 생태 위기를 논의한다(홍성태, 2005). 이명박 정부에서 추진되었던 '4대강 사업'은 국가에 의해 주도된 전형적인 메가의 프로젝트로서 녹색 성장의 이름하에 전개된 토건 국가성을 잘 보여주고 있다. 4대강 사업은 한강, 낙동강, 금강, 영산강에 보 16개, 댐 5개 저수지 96개를 만들어 4년 만에 전 국토를 재조정하고자 했던 대표적인 토건사업이었다. 이는 정부의 16조 원에 달하는 예산과 토건, 건설 기업 간의 선택적 친밀성을 통해 대규모로 진행된 사업으로 전국토의 환경, 생태에 광범위한 영향을 끼치고 있다. 토건국가론 역시 국가에 의한 자연의 파괴 가능성을 국가와 토건업 등의 사회세력 등 간의 유착관계를 통해 설명한다는 점에서 생태, 환경 보호 운동의 중요한 이론적 틀을 제공하고 있지만, 동시에 국가를 단순히 자연을 파괴하는 기계로만 바라본다는 점은 그 한계로 지적될 수 있다.

5. 국가 자연과 행위자 네트워크

지금까지 살펴본 논의들은 "인간에 의한 자연의 파괴 과정"에 초점을 두고 있다. 그런데 최근에 다시 조명을 받기 시작하는 '행위자 네트워크 이론'이 환경생태론의 지평을 넓히고 있다. 그 이론은 인간과 인간뿐 아니라 인간과 사물, 그리고 사물(thing)과 사물 들의 복잡한 관계성에 주목한다는 점에서 기존의 정치생태학 논의의 새로운 인식론적 틀로 자리매김할 가능성을 제시하고 있다.

국가 자연(Statenature)에 대한 개념을 통해 일부 정치학, 사회학, 지리학자 들은 국가의 자연에 대한 영역화 과정에 주목했다. 제임스 스콧(James C. Scott)의 저서 『국가처럼 보기(Seeing like a State)』는 국가의 자연에 대한 포섭과 영역화의 과정을 잘 보여준다. 그는 국가의 자연에 대한 '가독성'의 중요성을 강조한다. 예를 들어 국가는 숲에 대한 세금을 징수하기 위해 숲에 대한 가독성 높이기 계획을 시행한다. 즉, '과학적 측량'의 도구들을 발명해내고 이를 동원하여 삼림을 구획하고 정돈함으로써 자연적 숲을 국가의 영토로 편입했다. 자연적 숲이 가독성 높은 국가자연물로 탄생한 것이다(Scott, 1998). 스콧의 국가-자연관은 생물 종의 단일화와 이를 측정하고 징수할 수 있는 자연을 상정하고 있기 때문에 기존의 논의들이 바라보는 국가론과 크게 다르지 않다고 볼 수 있지만 국가에 의한 자연의 형성에 주목했다는 점, 국가가 자연을 구성해가는 과정을 흥미롭게 밝혔다는 점에서 큰 의미가 있다.

좀 더 다양한 차원에서 국가자연의 관계형성 과정에 주목한 사람은 영국의 지리학자 마크 화이트헤드(Mark Whitehead)이다. 화이트헤드(Whitehead)는 국가자연과 인간-비인간의 관계를 브루노 라투르(Bruno Latour)의 행위자 네트워크를 통해 설명한다. 라투르의 논의를 토대로 화이트헤드는 국가를 그 자체로 하나의 '사회생태학적 네트워크(socio-ecological network)' 혹은 '틀 짓기 장치(framing device)'로 바라보고자 한다(Whitehead et al., 2007: 52~53). 국가는 자연과의 관계를 유지하기 위해 끊임없이 자연에 대한 '집중화(centralization)', '영역화(territorialization)'라는 공간적 전략들을 구사한다는 것이다.

그러나 단순히 국가를 하나의 틀 짓기 장치로 바라보기만 한다면, 국가의 자연에 대한 조정 과정의 관계성을 온전히 포착할 수 없는 한계를 드러내게 된다. 따라서 자연에 대한 국가의 영역화 과정을 단순히 자연에 대한 국가의 통제로만 바라보지 않고, 좀 더 복합적인 차원 즉, 국가-인간행위자(사회)- 자연의 상호작용 속에서 국가가 자연을 어떻게 포섭하고 영역화하려 하는지를 바라보는 접근이 필요하다(Sack, 1986: 32). 이런 점에서 푸코의 통치성 개념은 국가에 의한 자연의 지배 전략을 탐구하는 데 많은 시사를 던져주고 있다. 푸코는 근대 정치경제학, 생물의료학, 문헌학 등의 지식 체계가 인구에 대한 통치기술로 활용되어왔음을 잘 설명하고 있다. 그리고 그는 오늘날 권력은 일상생활의 미시영역에 거미줄처럼 얽혀 있다고 주장한다. 이러한 푸코의 통치성 개념을 빌려온 학자들은 (예컨대 Éric Darier, 1996) 국가(때로 사회)가 자연을 통제하고 변형시키는 지식권력의 작동에 주목함으로써 국가-자연의 통치메커니즘을 보다 세밀히 분석하고 있다(Goldman, 2004: 168~169).

국가와 자연의 관계뿐 아니라 국가를 둘러싼 행위자들, 자연을 둘러싼 행위자들 간의 복합적인 관계들과 그로부터 발생하는 '발현적 속성'에 주목한 일군의 학자들의 견해 주목을 받을 만하다. 이와 같은 복잡한 관계성을 일군의 사회과학자들은 '어셈블리지(assemblage)'라는 개념을 통해 설명한다. 질 들뢰즈(Gilles Deleuze)와 펠릭스 가타리(Felix Guattari) 등 불어권 철학자들의 아상블라주(assemblage), 아장스망(agencement) 등과 같은 용어의 영미권 번역어인 어셈블리지(assemblage)는 관계나 층화, 배치 등을 뜻하는데, 도시 연구에서는 주로 관계, 사물에 대한 접근 등을 의미한다(McFarlane, 2011). 정치생태학적 용어로 어셈블리지의 개념은 물질대사과정(Metabolic process) 속에서 형성된 자연과 사회의 관계를 의미한다.[3]

국가자연과 행위자네트워크 이론 사이의 이론적, 경험적 교차는 아직 정치생태학 이론의 실험적인 단계에 머무르고 있지만 새로운 국가자연론의 가능성을 탐색할 수 있다.

---

[3] 대표적으로 에릭 스윈지도우(Erik Swyngedouw, 2011)는 물(水)과 사회의 복잡한 관계, 정치경제학적 관계들에 주목하고 있다.

제2절 도시 정치생태학의 등장과 공간론

1. 비인간의 재등장과 물질주의 사회과학

노벨화학상 수상자인 폴 크뤼천(Paul Crutzen)은 오늘날의 생태적 위기를 '인류세(Anthropocene)'의 등장으로 정의했다. 지질학적 용어인 인류세는 인간에 의한 급격한 자연환경의 파괴와 이에 따른 새로운 지질학적, 생태학적 위기의 도래를 지칭하는 대명사가 됐다. 그는 인간에 의한 지구 공간의 파괴와 생태환경의 훼손을 하나의 지구역사대로 규정하고자 오늘날의 세기를 인류세로 부르고 있는 것이다. 인류는 마침내 생태학적 위기와 환경오염의 시대에 살고 있고 이 시대는 생존을 위협하는 위험불안의 사회가 되었다. 일찍이 울리히 벡(Ulrich Beck) 같은 학자는 위험사회론을 논의한 바 있으며, 최근 일부 학자들은 기존 사회과학의 분석 대상이 '인간'으로만 한정했던 한계를 지적하며 '비인간(nonhuman)'에 대한 관계로 확장할 것을 주장하고 있다(Whatmore, 2013; 2006; Choi, 2016; Lorimer, 2007; Barua, 2014; Ginn, 2014; Hobson, 2007; Buller, 2008; Bear & Eden, 2011).

비인간(non-human)은 동물, 무생물, 사물 등 인간이 상호작용하는 모든 대상을 포함한다. 인간은 이러한 모든 대상들과 불가분의 관계를 맺고 살아가고 있는데 이른바 '비인간' 논의는 기존의 사회과학 연구들이 인간 중심 담론 위주의 분석에 치우쳐 있다는 비판적 인식으로부터 출발했다. 인간 중심적인 담론 분석이 사회를 구성하고 있는 '물질세계'에 대한 감각을 잃고 있음을 환기시키고 있는 것이다. 비인간 지리학자인 사라 왓모어(Sarah Whatmore)는 물질주의 재전환을 위한 4가지 연구 전략을 제시하기도 했다.[4] 그녀가 제시하고 있는 전략들은 담

---

[4] 왓모어는 그녀의 글 "Materialist Returns"를 통해 왜 단순히 '전환(turn)'이 아니라 재전환(return)이라고 표현했는지 밝히고 있는데 그녀는 이러한 물질주의적 접근법이 결코 새로운 것이 아니라 전통적인 시카고학파가 시도했던 물질주의적 분석의 재시도라는 점에서 굳이 재전환이라는 용어를 사용했다고 밝히고 있다.

론에서 실천(practice)으로, 의미에서 정동(affect)으로, 인간에서 비인간(more than human)으로, 정체성의 정치에서 지식의 정치(politics of knowledge)로의 전환이다(Whatmore, 2006: 604~607). 실천으로의 이행은 행위자들의 사회적 행동과 사유 방식이 언어 담론체계를 넘어서 몸을 통해 실천되고 있음을 의미한다. 정동으로의 이행은 기존의 사회과학이 집중한 의미에 대한 사고들, 예컨대 '나의 주체성은 무엇인가?', '나에게 주는 느낌은 무엇인가?'를 넘어서 '강렬한 끌림(intensive relationality)'을 통해 본능적이고, 직관적인 사유의 중요성을 강조하는 것이다. 비인간으로의 전환은 동물을 비롯한 기술-장치 등이 인간과 세계를 함께 구성하고 있음을 말한다. 마지막으로 '지식의 정치'로의 전환은 기존의 사회과학이 몰두한 정체성의 정치보다는 지식의 실천과 구성, 불확실성의 확장 속에 과학의 구성과 같은 속성이 중요해지고 있음을 의미한다.

　비인간론에 입각한 도시정치생태학의 접근 방식은 비교적 최근에서야 등장한 이론이다. 도시의 자연에 대한 관심은 인간과 도시 공간을 공유하는 다양한 비인간들에 대한 주목과 그 관계성에 대한 성찰을 시도하고 있지만 도시 속의 비인간으로서의 자연(nature in urban space)에 대한 사례 연구는 매우 드물다. 최근 한국의 발전주의 국가에 의해 동원된 도시 비둘기에 관한 김준수(2018)의 연구는 매우 선구적이다. 1970~1980년대 올림픽과 같은 메가 이벤트에 '자연과 평화의 표상'으로서 국가에 의해 대량으로 동원된 비둘기는 행사 이후에 대도시를 중심으로 그 개체수가 '인위적으로' 늘어나게 되었다. 도시에 퍼져나간 비둘기들은 음식쓰레기 등을 먹이로 삼아 그 번식 횟수와 개체수가 급증하게 된다. 2000년대 이후 도시 위생담론이 확산되면서 비둘기는 시민들에게 건강을 위협하는 혐오의 대상이 된다. 결국 2009년 비둘기는 유해조류로 지정되었고 정책적 폐기의 대상이 되었다. 이 사례는 도시공간 속에 복합적으로 얽혀 있는 국가와 자연, 인간과 비인간의 관계성들이 시간과 공간에 따라 어떻게 변화하는지를 잘 보여주고 있다.

2. 행성적 도시화와 도시 정치생태학

행성적 도시화(Planetary Urbanization)는 앙리 르페브르(Henri Lefebvre)의 저작, 『도시의 혁명(La révolution urbaine)』(1970)에서 등장한 용어이다. 그는 역사상 인류의 어느 시기보다 도시화가 진전된 시대에 더 이상 '도시'를 특정한 지역에 한정 짓는 정주 패턴으로 볼 것이 아니라 행성적 차원에서 끊임없이 확장되고 변형되어 경합하는 장으로서 도시를 재개념화하자는 야심 찬 주장을 펼치고 있다.

르페브르는 '시티(city)'와 '어번(urban)'을 각각 다른 개념으로 정의한다. 좁은 공간에 밀집한 집단 거주지이자 고정된 공간적 형태를 가진 시티(city) 개념과 일정한 형태나 모양이 없는 도시 직물(urban fabric)로서 존재하는 어번(urban)의 개념을 구분한 것이다. 일군의 학자들은 르페브르의 개념을 수용해 "도시적인 것(the urban)"을 다시 정의했다. 즉 물리적 경계로 구분되어 특정한 공간 단위로 사용되던 도시(city) 개념을 폐기하고, 보편적인 과정(process)이자 사회적 존재 양식으로써 도시(urban)를 재개념화한 것이다(Brenner & Schmid, 2011; Merrifield, 2013; Schmid, 2014).

도시를 이해하던 전통적인 방식이자 20세기의 도시연구들이 가져온 인식론적 틀인 '시티(the city)'는 기본적으로 도시와 농촌의 이분법적 접근을 통해 도시의 특징과 농촌의 특징의 구분되는 지점들을 밝히는 것에 치중하고 있었다. 루이스 워스(Louis Wirth)를 비롯한 시카고학파의 20세기 도시 연구자들은 특정한 지역에서 인구의 과밀집중이나 인구밀도, 이질성 등 사회인구학적 특성에 주목해 왔다. 그러나 21세기 도시들이 처한 행성적 상황(Planetary situation)들을 보면, 더 이상 도시 속에서 명확한 경계나 형태학적 일관성, 지도학적 고정성 등을 찾기 어려워지고, 경계가 불명확한 사회-공간적 조건과 과정들이 일어나고 있다. 이런 행성적 상황에 처한 21세기의 도시들은 특정한 경계가 지어지거나 집중화된 노드(node)로 나타나기보다는 불균등하지만 세계 전체를 통해 광범위하게 일어나고 있는 현상으로써 전통적인 도시-농촌의 이분법, 도시성(cityness), 메트로

폴리탄리즘(metropolitianism), 중심과 주변부의 이분법적 인식론으로는 그 특성을 포착하기 어렵다.

행성적 도시화의 과정은 크게 도시 내부의 확장(implosion)과 외부 확장(explosion)의 과정을 통해 진행된다. 이 두 가지 작동은 서로 상호변증법적으로 구성되어 있다. 도시화의 내부 확장 과정이 인구, 자본, 대규모 인프라의 집합체가 도시 중심부에 형성되어 가는 과정이라면 도시화의 외부 확장 과정은 대규모의 자원, 원자재, 노동, 상품 등이 초국적으로 이동, 전 세계 과정으로 관계망이 형성되는 과정이다. 예컨대 오일, 셰일가스, 석탄 굴착과 이를 운반할 운송관 네트워크, 송유관, 지하 수송관, 인공위성 궤도 등을 통해서 확산되고 있는 도시 집합체는 도시의 발전 리듬, 내부 도시화와의 과정과 서로 밀접히 연결되어 있다. 이와 같은 도시의 외부 연결성은 더 크고 새로운 정치생태학적 문제들을 야기하고 있다. 이러한 시각은 행성적 스케일에서 일어나는 도시화의 사회-물질적 건조환경(sociomaterial infrastructure) 변화 과정을 통해 다양한 비인간과 인간 사이의 상호 영향관계를 파악할 수 있는 이론적, 인식론적 틀을 제공하고 있는 것이다(Brenner, 2013).

에릭 스윈지도우(Erik Swyngedouw, 1996)에 의해 명명된 새로운 도시 정치생태학(Urban Political Ecology: UPE)은 기존의 도시화 과정을 '사회-자연적 과정'으로서 바라볼 것을 주문한다(Angelo & Wachsmuth, 2015). 새로운 정치생태학은 농촌/도시, 사회/자연 등의 이분법적 구분을 폐기하고, 도시의 경계를 넘어선 행성적 차원에서 일어나는 도시화 과정과, 사회-자연의 신진대사 과정(metabolic process)에 주목하면서 물질적, 사회적 도시 과정을 바라보고자 한다. 기존의 정치생태학의 연구들은 '환경, 생태'를 도시와는 상반되는 것으로 바라보고, 사회나 도시의 자연은 이미 '정복된 것'으로 인식해왔다. 그러나 도시정치생태학은 '도시의 자연'에 주목하여, 기존의 정치생태학의 인식론적 이론적 틀의 재구성을 시도한다. 특히 '사회-자연(socionature)'의 개념을 통해 기존 정치생태학이 구분했던 '사회/자연', '물질/담론', '유물론/관념론'의 이분법을 넘어서려 하고자 한다. 대표적인 도시 연구자 데이비드 하비(David Harvey)는 "뉴욕에 자연이 아닌 것은 없다(There is Nothing Unnatural about New York City)"라는 유명한 문구를 던짐으로써 도시자연의 생산과 그 역학 관계를 탐구하려는 도시 정치생태학의 입지를 본격적인 궤도에 올리려 하고 있다.[5]

---

[5] 행성적 도시화와 도시 정치생태학은 여전히 이론과 분석의 정합성과 인식론에 대해 활발한 논쟁이 진행 중이다. 이들의 논쟁을 따라가기 위해서는 Brenner(2013), Buckley & Strauss (2016), Davidson & Iveson(2015), Angelo & Wachsmuth(2015), Wachsmuth(2012), Kanai (2014), Arboleda(2016), Oswin(2016), Kaika & Swyngeouw(2014) 등을 참고할 것.

신두리 사구(沙丘)의 생태적 운명

1. 문제의 설정

충청남도 태안군 서해안에 자리 잡고 있는 신두리에는 세계적으로도 희귀한 모래언덕(砂丘)이 펼쳐 있다. 넓고 고운 백사장을 따라 나지막한 풀과 양서류 등의 서식지가 되어 있는 이 청정 사구지역에 개발의 열풍이 불어와 이미 사구해안의 절반 이상은 축대가 쌓여 있고 그 축대를 따라 콘도미니엄과 음식점 등 관광레저 시설이 들어서 있다. 일부 남아 있는 지역은 시민환경단체의 건의에 따라 문화재청에서 천연기념물 지역으로 지정하여 차량운행 등을 제한하는 한편 개발금지 지역으로 묶어 놓았다. 하지만 이 보호지역의 한 가운데에는 "우리나라는 민주주의, 자본주의 국가이다"라는 노란 깃발이 나부끼고 있다.

이 글의 출발은 바로 이러한 공간적 경관으로부터 시작한다. 이 깃발의 의미는 무엇일까?

오늘날 대한민국 사람들에게 자본주의와 민주주의란 무엇인가? 자본주의와 연관된 다양한 이미지들, 예컨대, 시장, 부르주아, 이윤, 경쟁, 착취, 불평등 과 같은 내용들과 평등, 권리, 공공성, 참여, 시민정신 등을 내포하는 민주주의의 이미지는 신두리 사람들에게 어떻게 해석되고 있을까?

바야흐로 글로벌 사회는 각 지역에 따라 질적인 속성과 변화의 속도에 편차가 있지만 '자본주의'로 수렴하고 있다. 소련 사회주의권의 붕괴 분단독일의 통합, 그리고 중국에 이르기까지 전 세계는 이제 시장경제를 바탕으로 한 자본주의의 를 향해 치닫고 있어 이른바 '자본주의대 자본주의'의 구도로 재편되고 있다.[1]

---

[1] 이미 알베르는 『자본주의 대 자본주의』라는 저서를 통해 전 지구 자본주의의 수렴과 분파적 대립을 설명하고 있다(알베르, 1993).

이러한 자본주의는 사적소유권의 보장과 그 소유물 교환의 자유를 보장하는 정치사회와 밀접한 연관을 맺은 것이 역사적 사실이다. 자본주의와 민주주의 특히 자유민주주의와는 매우 밀접한 친화력을 지니고 있다. 근대자본주의가 출현하던 시기, '보이지 않는 손'의 원리에 의해 조율되는 시장을 옹호한 사상은 바로 자유방임주의였고, 사적소유와 교환, 그리고 경쟁을 강조한 것도 자유주의 사상이었다. 부분적으로는 충돌 관계에 있으면서도 이 '자유'는 한 축에서 평등을 강조하는 민주주의의 한 중요한 핵심적 요소로 자리 잡게 된다. 민주주의의 기본 요소인 자유와 평등은 이미 루소와 로크 등의 사회계약론에서 확인되고 있었고, 그 자유와 평등의 대상은 정치적 권리는 물론 사적소유에 관련된 것이었다(로크, 1977; 루소, 1999).

자본주의와 민주주의가 친화력을 가진다고 해서 반드시 모든 역사의 국면에서 그래왔던 것은 아니다. 자본주의는 좁은 의미로 경제적 생산양식 차원의 범주로써 그에 대응하는 차원은 사회주의(혹은 공산주의)이며, 정치체계 차원으로 분류되는 민주주의에 대응하는 차원은 전체주의(혹은 독재주의)이기 때문에 양자는 서로 다양한 조합(예컨대 자본주와 민주주의, 자본주의와 전체주의, 사회주의와 민주주의, 사회주의와 전체주의의 조합)이 가능하다(Alford and Friedland, 1985). 예컨대, 한국과 같이 권위주의적인 국가에 의해 주도된 자본주의는 비록 시장과 자본-노동의 계급관계를 기반으로 성장하였다 하더라도 민주주의와는 거리가 멀었다. 그러나 일정정도 자본주의가 성숙하게 되면 직업 구조나 거래 집단, 가치체계 등이 구조적으로 분화하고, 다양한 이해관계의 집단들이 등장하면서 기본적으로 다양성과 자율성을 존중하는 민주주의와 상호 친화성을 갖는 것이 일반적이다.

후발산업국가의 역사를 안고 있는 한국사회는 지난 1960년대 이후 급박한 자본주의화를 경험하면서 한강의 기적으로 묘사될 만큼 비약적인 양적 성장을 이룩했다. 이러한 자본주의의 과정이 국가에 의해 독려되고 통제되어왔다는 점에서 한국의 자본주의는 일종의 국가자본주의 혹은 국가에 의해 지도된 자본주의로 분류되기도 한다(Deyo, 1987). 이러한 유형의 국가자본주의 상황 속에서 민주주의의 가치와 제도는 여러 측면에서 제약을 받아왔다. 해방 이후 형식적으로 대한민국은 자유와 평등 그리고 개인의 소유를 존중하는 민주주의 공화국임을 천명해왔지만, 실질적으로 이러한 가치의 실현은 오래 동안 유보되어왔다. 이후 자본주의화 과정에서 노동계급과 시민사회의 성장, 민주주의를 위한 끊임없는 투쟁의 결과 일상의 민주화와 복지에 대한 사회적 권리, 나아가 보편적 가치로서의 인권을 논의할 만큼 발전해왔고 자본주의와 민주주의가 언필칭 결속된 모습으로 나타나고 있다.[2]

민주주의에서 가장 핵심적인 관계는 사유와 공유의 관계이다. 사적소유를 어디까지, 어떻게 법적장치를 통해 인정하고 그 처분권의 재량을 어디까지 인정하며, 사적소유의 공공성을 어떻게 담보할 것인가? 이 양자의 관계는 항상 긴장과 대립, 그리고 양보와 화합의 관계를 보여왔다. 한국사회는 국가 강제력이 매우 강하게 작용하는 나라이면서 동시에 자본주의와 민주주의에 대한 열망도 그 못지않게 강한 사회이다. 그러나 사적인 것과 공적인 것의 조화, 사유재산의 보존과 공유화의 필요성, 이를 달성하기 위한 사회구성원 간의 합리적 의사소통, 그리고 그 합리적 의사소통을 통해 협의에 도달하는 시민사회의 역량이 지체된 사회이기도 하다. 이 글은 오늘날 한국사회의 지역개발을 둘러싸고 발생하는 그 양자 간의 긴장과 대립 관계를 넓은 의미의 기호학적 해석방법을 동원하면서 신두리 해안사구를 사례로 들여다보고자 한다. 신두리 해안사구에 펄럭이고 있는 깃발의 기호 해석을 통해 현재 한국사회가 재현하고 있는 자본주의와 민주주의의 성격의 한 단면을 살펴볼 것이다.

2. 논의 배경과 공간기호학적 방법

1) 신두리 사구(砂丘) 개관

신두리는 충남 태안군 원북면의 행정구역에 속한 조그만 농촌으로 넓은 백사장과 모래 언덕(砂丘)을 낀 청정 해안지역이다(〈사진 1〉). 신두리 해안사구는 3.8km,

---

[2] 북유럽의 복지국가군, 즉, 사회민주주의체계와 미국을 중심으로 한 자유민주주의체계와 비교를 해 본다면 한국의 민주/자본주의의 위상에 대한 대략의 윤곽이 나올 수 있을 것이다.

폭은 500m에서 1.3km의 규모로 전체 면적은 약 80만 평에 달한다. 신두리 해안 사구에는 다양한 식물이 자생하고 있으며 왕소똥구리와 멸종위기종인 금개구리의 서식이 확인되어 자연성과 생태적 가치가 우수한 곳으로 평가받고 있다. 한 신문기사로부터 신두리 해안의 사구의 특징을 알 수 있다.

충남 태안군 원북면 신두리에도 사막이 있다. 천연기념물 431호인 신두리 해안사구는 바닷모래가 파도와 바람에 실려 해변에 쌓이는 역동적인 과정과 극한 환경에 적응한 다양한 생물들의 생존 투쟁이 생생하게 펼쳐지는 작은 사막이다. 여기서 바다의 모래는 산으로 흐른다. 그 원동력은 센 바람이다. 신두리해안은 북서계절풍을 정면으로 받는다. 완만한 해저는 파도를 일찍 부서뜨려 먼 바다의 모래를 해변으로 옮겨온다. 해변의 모래는 겨울 동안 바람에 실려 안쪽으로 옮겨가며 '전 사구' '2차 사구'를 형성하다 배후 산지에 가로막혀 주저앉는다. 연간 모래 이동량은 1만 5000여t에 이른다. 길이 3.4km, 폭 200m~1.3km로 해변을 따라 기다랗게 펼쳐진 사구의 독특한 경관 속에는 모래지치, 통보리사초, 표범장지뱀, 개미지옥 같은 동식물이 산다. 강한 바람과 따가운 햇빛, 염분, 물 부족, 빠른 지형변화 등 거친 환경에 적응하는 것들만 살아남는다. 해안사구 안쪽엔 습지보호지역으로 지정된 두웅 습지가 있다. 모래 위에 생긴 호수다. 땅속에서 지하수 층이 바닷물과 맞서는 곳이라 물이 마르지 않는다.[3]

그러나 이미 신두리 사구의 2/3는 관광지로 개발되어 전체 80만 평 중 30여만 평만이 문화재청에 의해 천연기념물 431호로 지정되어 있는 데 약 2만 5000여 평의 두웅습지가 환경부의 습지보호지역으로 지정되어 있으며, 천연기념물과 인접한 0.6km가 해양생태계 보호지역으로 지정되어 있다. 전체 사구지역 중 일부만 보존지역으로 지정되어 있을 뿐 나머지는 이미 난개발이 진행되고 있는

---

[3] 콘크리트 시설을 하면 해변이 망가지지만 움직이는 사구는 해안을 지켜준다. 그렇지만 무분별한 해안 개발로 사구는 힘을 잃고 있다. 이번엔 원유 유출의 직격탄을 맞았다. 다행히 해변 모래만 손상됐을 뿐 사구 자체는 무사했다. 온전한 복원을 기대한다(≪한겨레신문≫, 2008. 1.13).

〈사진 1〉 신두리 해안 사구지역

것이다. 더구나 보전 지역도 관리가 제대로 이루어지지 않아 신두리 해안사구는 다양한 훼손의 위험에 노출되어 있다(한국내셔널리스트, 2004: 16). 차량 통제 구역임에도 일부 주민들이 이를 무시하는가 하면 미군 부대가 훈련 중 사구 지역에 캠프를 설치하기도 하고,[4] 최근에는 바로 신두리 앞바다의 청정해안에서 대규모 기름 유출 사고가 발생하여 생태계 파괴의 위험에 직면해 있다.[5]

---

[4] "미군 충남 태안서 훈련 중 천연기념물 '모래 언덕' 훼손; 미군이 군사훈련을 하면서 천연기념물 431호인 충남 태안군 원북면 신두리 모래 언덕을 훼손한 사실이 뒤늦게 밝혀졌다. 충남 태안환경운동연합과 태안군은 "22일 오전 미 8군 소속 군인 250여 명이 트럭 40여 대에 나눠 타고 신두리 모래 언덕에 진입해 모래 언덕 1만여m²와 멸종위기 사구 식물인 초종용과 해당화 등이 훼손됐다"고 30일 밝혔다. 태안군은 "22일 오전 9시께 모래언덕 경비 근무자가 '트럭을 타고 온 미군들이 모래 언덕에 천막 10여 개를 설치하고 차량을 몰고 다닌다'고 알려와 미군 쪽에 철수를 요구했으며, 국방부 등과 협의를 거쳐 이날 오후 3시께 미군들이 철수했다"고 밝혔다(≪한겨레신문≫, 2005.8.30).

[5] 2007년 12월 7일 오전 충남 태안군 만리포 북서방 5마일 해상에서 항해 중이던 홍콩 선적 14만 6000t급 유조선 '헤베이 스피리트'와 모 중공업 소속 해상 크레인을 적재한 1만 1800t급 부선이 충돌하면서 1만 500㎘(8000t 잠정)의 원유가 해양으로 유출됐다. 충남 태안 앞바다 유조

〈사진 2〉 신두리 해안 사구에 꽂혀 있는 깃발

신두리 남부의 전사구는 오래동안 자연상태에서 포락(浦落)과 퇴적이 반복되는 상태에 있었으나 최근 관광객과 차량의 진입으로 전사구가 파괴되고 도로와 건물이 건설되거나 신축되면서 포락 지역이 심한 곳도 발견되고 있다. 이곳에는 해수욕장과 관광지 개발을 위해 콘도미니엄과 대형 회집 등이 들어서 있고, 현재도 몇 동의 콘도미니엄이 개발 중에 있다. 이 콘도미니엄과 음식점은 백사장과 사구가 형성된 지역의 가운 데 축대를 쌓고 지어져 결과적으로 사구가 잘린 형국으로 남아 있다. 현재 문화재로 지정된 사구지역은 전 사구지역의 1/3 에 지나지 않는다.

그런데 이 지역의 한 가운데는 〈사진 2〉에서 보는 바와 같이 깃발이 꽂혀 있다.

우리나라는 민주주의, 자본주의 국가이다.

깃발을 통해 땅의 소유주들과 일부 마을주민들이 남은 사구지역의 개발을 금지하고 있는 정부나 시민단체에 대해 항의하고 있는 것이다. 대한민국은 자본주의 국가이니 사적 소유물을 상품화하여 시장경제 활동을 통해 이윤을 축적할 수 있도록 그 자유를 허락하라는 것이고, 이것이 이곳 땅 소유주들과 주민들의 다수 의견이므로 민주주의 원리를 쫓아 개발을 허락하라는 요구를 담고 있다.

2) 공간기호학적 방법

신두리의 공간적 경관을 분석하기 위해 이 글에서는 기호학적 방법을 동원하

선에서 유출된 원유가 인근 해안으로 확산되며 '사상 최악의 해양사고'라는 우려가 현실로 나타나고 있다(≪한겨레신문≫, 2007.12.8).

기로 한다. 기호학은 글로 쓰인 것뿐 아니라 '들리는 것과 보이는 것' 들의 대상에 대한 사회적 의미를 분석하는 일을 주요한 임무로 하고 있다. 특히 언어기호학자들의 분석에 뿌리를 둔 사회기호학은 그 의미를 대상을 포괄하고 있는 보다 광범위한 정치, 경제, 문화적인 배경 속에서 찾는다. 즉, 텍스트와 그 외부 맥락과의 상관성 속에서 텍스트 속에 내장된 의미를 포착하려 한다(Gottdiener, 1995; Hodge and Kress, 1988; Blonsky, 1985).

기호학은 일차적으로 대상의 사회적 의미를 포착하기 위해 인문·사회과학의 방법론적 흐름인 해석학에 크게 의존하고 있다(Palmer, 1969). 해석학은 대상을 만든 원저자(원래 행위자)들의 의도를 추정하는 작업으로부터 대상을 만든 이들의 의도와 상관없이 읽는 이들의 주관적 이해에 의존하는 급진적 기호학적 전통 등 그 흐름이 다양한데, 그 양자의 종합적 지점은 "대상을 만든 사람들의 의도"를 캐내어 "대상을 보는 이들의 이해"를 종합하고, 그 접점을 찾아가는 일이다(김왕배, 2000).

이러한 기호학적 해석학을 수행하는 구체적인 방법은 여러 차원이 있지만 크게 세 가지 갈래로 나누어보고자 한다. 기호학은 기본적으로 모든 표현물을 의미가 담긴 텍스트(text)로 보고, 텍스트에 내장된 의미를 분석하는 방법으로서 첫째는 대상을 만든 이의 의도를 캐는 일에 집중하는 것이다. 이러한 해석학적 전통은 전통적인 작품 이해나 성경주해 등과 밀접한 관련을 맺고 있는데, 만든 이가 어떤 의도로 작품을 만들었는지, 즉 대상을 어떤 의도로 재현했는지에 주목한다. 둘째는 이해자 스스로가 원저자의 의도와 상관없이 자신의 의미를 부여하는 방법인데 결과적으로 '저자와 상관없이 무수히 많은 해석들이' 제공될 수 있다.

위의 두 해석학적 기호학은 저자(원행위자)의 의도에 초점을 두는가 혹은 읽는 이의 의도에 초점을 두는가에 따라 이해의 방향이 규정되는데, 얼핏 극단적인 지점에 서 있으면서도 결국은 이해자의 추체험과 주관적 이해 및 평가에 의해 그 의미가 구성된다고 하는 점에서는 결국 해석자의 주관성에 크게 의존한다(철학아카데미, 2002; 2004; 기호학연대, 2002).

세 번째는 상호 교차적인 방법으로 저자와 읽는 이가 서로 변증적으로 얽혀서

의미를 캐내는 작업이다. 우선적으로 대상을 만든 이의 의도는 물론 그를 평가하고 해석하는 자신의 의도를 다양한 비교 준거에 의해 통찰하고 그 결과들을 재구성하는 것이다.

　논리적으로는 이 세 가지의 해석학적 방법은 서로 분리되어 있지만 실제 적용에서는 서로 연계되어 있거나 혼합되어 있다. 예컨대 원저자의 의도를 밝힌다고 해도 결국 해석자의 주관성이 개입되는 것이고, 상호 교차적 방법을 사용한다 하더라도 해석학은 궁극적으로 해석자의 주관적 평가나 이해의 선호성이 작용하는 것이다.[6] 또한 세 번째의 방법이 해석의 객관성을 보증하고 내용을 풍부히 전개할 수 있지만 그렇다고 해서 이 세 가지 방법 중 어느 하나가 다른 것들에 비해 우월하거나 적절하다고 볼 수는 없다. 상호 교차적 방법으로 가기 위해 첫 번째 혹은 두 번째의 해석학적 과정을 밟아 갈 수도 있고 서로 보완하여 사용할 수도 있으며, 해석의 상황(예컨대 원저자의 기록이 없거나 접촉이 차단되는 경우)에 따라 상호 교차적 방법이 불가능할 경우 첫째, 혹은 두 번째의 방법에 의존하지 않을 수밖에 없다.

　이 글은 신두리 사구의 경관에 대해 첫 번째와 두 번째의 기호학적 접근, 즉 행위자의 의도를 탐색하기 위한 해석자의 이해를 부가하는 방법에 의존할 것이다. 신두리 사구에 꽂혀 있는 깃발, '우리나라는 민주주의, 자본주의 국가이다'라는 문구에 대해 과연 한국사회의 구성원들이 인식하고 있는 자본주의와 민주주의가 무엇인지를 깃발 행위자들의 의도와 이에 대한 연구자 자신의 의미 부여에 의존하면서 논의를 진행할 것이다.[7]

---

[6] 그렇기 때문에 가다머는 해석학이 어떻게 객관성을 확보하는가를 논의하고 있다. 해석자의 편견은 오히려 피할 수 없는 역사적인 것이다. 문제는 그 편견을 열어놓고 텍스트와 지속적인 대화를 하는 것이다(Gadamer, 1975).

[7] 그러나 행위자의 의도에 대한 풍부한 분석을 위해서는 행위자들과의 면담이나 그들의 수기, 그리고 사회기호학이 강조하는 맥락성 등에 대한 고려가 필요하다. 여기에서 필자는 그러한 작업을 수행하지 못하고 있고 다만 연구자 자신의 해석에 치중하고 있다. 엄밀히 말하면 행위자의 의도에 대한 자신의 해석적 방법에 의존하기 때문에 두 번째 흐름에 가깝다고 할 수 있을 것이다.

3. 민주주의적 자본주의

1) 자본주의

자본주의의 탄생과 발전에 대해서는 많은 논의가 있어왔다. 마르크스의 영향을 받은 학군에서는 자본주의를 역사적 생산양식의 한 발전 단계, 즉, 원시공산사회로부터 생산력 발전에 부응하여 발전된 생산양식으로 보고, 자본과 임노동의 생산관계가 지배적인 시장체제로 정의하고 있다. 자본주의는 모든 대상물을 교환가치로 환원한 상품의 거래를 전제로 탄생했고, 자본가계급과 노동계급 간의 임금과 착취에 기초한 생산관계가 주를 이루는 사회이다. 자본주의는 역사적으로 독특한 경제체제와 이에 상응하는 매우 복잡한 사회관계들(이를 단순히 하부구조와 상부구조의 총체적 융합으로 보기도 하지만)로 이루어진 사회이고 그 유형도 매우 다양하다. 한 때 서구에서 풍부하게 진행되었던 '자본주의 이행 논쟁'은 자본주의의 출현과 발전 방향을 서로 다른 차원에서 인식하게 했고,[8] 사회구성체론은 선진 자본주의뿐 아니라 전통의 전(前)자본주의와 자본주의 생산양식이 접합된 형태로서 제3세계의 자본주의의 발전 과정을 폭 넓게 인식하는 계기가 되었다(김진균, 1983). 자본주의가 원격지 무역 시장을 통해 발전했든, 생산력 발전을 통해 내부의 계급투쟁의 결과로 발전했든, 그리고 하부구조와 상부구조의 복잡한 얽힘 속에 다양한 유형으로 나타났다고 보든 이들의 접근은 기본적으로 물질적 생산관계의 변화 측면에서 자본주의의 이행과 발달 과정을 진단하는 것이다.

이에 반해 자본주의 발달의 과정을 제도나 정신적 가치의 측면에서 보는 일군의 학파들은 자본주의에 대한 인식의 지평을 더 넓혔다. 합리성에 기초한 자본주의는 왜 유독 유럽에서만 존재했는가를 프로테스탄트의 윤리 속에서 발굴해본 베버의 연구가 대표적이다. 그는 중국이나 고대 바빌론, 인도 등지에서 자본주의적 경제활동이 많이 있었음에도 불구하고 "가계와 경제가 분리되고, 이윤에

---

8) 이른바 자본주의 이행론에서 일기에 해당하는 돕(Dobb)과 스위지 논쟁과 제2기에 해당하는 논쟁들을 참고할 것.

대한 기대를 실현하기 위해 평화적인 시장교환에 의존하며 부기에 기초한 회계방식을 도입한" 합리적 자본주의는 오로지 서구 사회에서만 탄생했다는 점을 상기시키면서 인간의 유의미한 행위를 촉발하고 규제하는 정신적 기치인 종교로부터 그 원류를 찾아보고자 했다. 즉, 그는 금욕과 절제를 구원의 징표로 삼았던 개신교 윤리가 계산과 절제를 원리로 삼았던 자본주의 정신과 선택적 친화력을 가졌던 결과로 서구의 합리적 자본주의가 탄생했다고 보고 있는 것이다(Weber, 1997).

자본주의의 정점에는 시장이라는 공간이 놓여 있다. 폴라니(K. Polanyi)는 인간을 노동력이라는 상품으로, 자연을 부동산이라는 상품으로 전환시키고, 교환을 위한 화폐를 지배적인 교환 도구로 삼는 순간 시장은 이제 '자기 조절적인(self-regulatory)' 존재가 되어 그를 낳은 사회로부터 '탈(脫)배태'와 되면서, 모든 대상을 교환가치로 환원시키는 '악마의 맷돌'로 묘사하기도 했다(폴라니, 1998).[9]

이를 통틀어 간단히 정의해본다면 자본주의는 시장에서의 상품교환을 통해 이윤 추구를 목적으로 하는 생산관계와 생활 방식, 그리고 그 문화적 가치가 지배적인 체제임을 말한다. 자본주의는 모든 대상(object)을 교환가치 즉, 상품의 형태로 변환하여 이윤을 추구하고자 하는 시장의 욕망을 가지고 있다.

2) 민주주의

민주주의는 상생(相生)적이면서도 대항적인 두 실체, 즉 자유와 평등이라고 하는 두 요소를 이념적 축으로 삼고 있는 정치체계이다. 소수의 권력 집단이 독점하고 있던 통치와 권력이 사회를 구성하는 다수의 구성원에 있다는 점에서 민주주의는 전제 혹은 독재주의에 대항하는 개념이다. 구속으로부터 해방되어 자신의 의지에 의해 권력을 이양한다는 점에서 그 안에는 자유가, 구성원 모두가 동등한 인격적 신분과 의사 결정에 참여한다는 점에서 평등의 원리가 숨어 있다. 하지만 동시에 그 자유가 분출되어 방임의 형태로 나아가거나 소유와 재능의 자

---

[9] 대량생산과 대량 소비의 포드주의 단계를 넘어서 소비의 미학화가 진행된 소비 자본주의에 이르게 되면 자본에 의해 끊임없이 창조되고 관리된 '욕망'이 체계의 한 속성으로 자리 잡는다.

유가 발휘될 때 불평등을 낳을 수 있다는 점에서 민주주의의 평등적 요소와 자유는 긴장관계에 있다(한국정치연구회 사상분과 편, 1992). 그렇기 때문에 역사적으로 서구에서 탄생한 민주주의는 부르주아 계급이 소유권의 자유를 보장받는 대신 다수를 이루는 노동자들이 정치적 평등권을 부여받는 계급 타협의 산물로 보고 있기도 하다(보비오, 1999). 따라서 자유와 평등 중 어느 요인에 더 무게를 두느냐에 따라 민주주의는 이른바 사회민주주의, 인민민주주의, 자유민주주의 등 다양한 유형으로 구분되는 것이다(박호성, 1999).

다양한 유형이 존재함에도 불구하고 민주주의는 글자 그대로 통치 권력의 근원이 다수를 이루는 구성원에 있기 때문에 의사 결정이나 집행 과정에서도 직접 민주주의든 대의제를 통한 간접 민주주의든 그들의 의견이 반영되어야 한다는 명제를 안고 있다. 민주주의적 절차의 이념형은 고대 폴리스에서 진행되었던 것처럼 구성원들의 자유로운 토론과 의사소통을 통해 다양한 의견들이 조율 과정을 거쳐 가능한 다수를 대표하는 의견으로 수렴되는 대신 구성원들 모두의 책임과 의무, 권리 등이 뒤따르는 것을 말한다. 이 절차의 방식 중의 하나가 다수결이다. 사실 다수결 원칙은 만장일치의 의견 수렴이 현실적으로 불가능하다는 점 때문에 채택하는 차선의 방법인 것이고 그렇기 때문에 민주주의는 때로 '우중(遇衆)정치' '다수의 횡포' 가능성에 대한 우려를 자아내기도 한다.[10] 또한 역설적으로 권력이 소수 집단에 독점되는 전체주의적 지배가 다수의 방식으로 지지되기도 한다.[11] 정치적 평등의 표현인 일인 일투표제의 다수결 원리가 때로는 민주주의의 이념적 원리를 저해하는 역설적 현상이 발생하기도 하는 것이다. 참여 민주주의와 심의(審議) 민주주의는 이러한 민주주의의 방임 혹은 우중적 전체주의를 예방하기 위해 형식보다는 내용을 중시하는 견해를 말한다(Macpherson, 1981).[12]

---

10) 토크빌은 미국 민주주의의 이중성 즉, 다수결에 의한 민주적 통치 방식과 다수결의 우중성에 대해 주목했다(Tocqueville, 1980).
11) 그 대표적 사례가 독일 국민들의 대대적인 지지를 받고 등장한 히틀러(Adolf Hitler)의 파시즘이다.
12) 민주주의의 근본 가치는 천부의 권리를 지닌 개인들이 상호 평등한 입장에서 계약을 통해 권력을 이양, 견제하고 그 과정에서 '의사소통'이 보장되는 것이다. 일부만이 의사 결정을 독점하

이들 민주주의는 구성원들의 참여와 토의를 통한 의사 결정 과정과 그 실행에 대한 감시와 평가를 통해 직접 민주주의의 이상을 실현하기 위한 뜻을 가지고 있다.

3) 민주주의적 자본주의의 공공성

근검과 절약을 규준으로 하는 자본주의의 정신과 자유와 평등 원리를 규준으로 하는 민주주의의 결합이 바로 '민주주의적 자본주의의 이념형'이다(Novak, 1983). 고삐 풀린 시장의 욕망이 사회를 교란할 때 사회의 공격과 유화(宥和)가 동시에 진행되는데, 사회가 전체주의로 경직될 경우 파시즘의 체제로 시장을 지배하기도 하고, 민주주의의 원리로 제어하기도 한다(Polanyi, 1979). 베버가 암시하는 바와 같이 합리적 자본주의는 이미 그 안에 무한대적 욕망을 스스로 자정하는 요인이 내장되어 있다. 시장의 자생적 질서를 간파한 하이에크(Friedrich Hayek)도 사실은 서구 자본주의의 자율적 자정을 전제했다고 해도 과언이 아니다(김한원·정진영 외, 2006).[13] 자본주의가 민주주의와 친화력을 맺게 되면 경쟁과 소유의 자유뿐 아니라 책임과 절제, 공공성과 평등의 원리 등 사회적 윤리에 그 욕망이 조절된다. 이른바 '민주주의적 자본주의'는 사적인 영역과 공적 영역, 개인의 욕망과 공공의 선, 방임과 절제가 조화를 이룬 이념형적 체제인 것이다.

민주주의적 자본주의의 운영 공간은 공공 영역이며, 이 공공 영역은 근대 시민사회의 산물로써 국가나 가족 및 지역 공동체의 집단적 규약이나 강제로부터 스스로 자율성을 확보한 시민들이 서로 간의 합리적 의사소통과 계약을 통해 형성한 공간이다. 개인의 자연권적 자유와 평등을 전제로 계약을 통해 상호 인정이

던 과두제적 제도와 달리 민주주의는 그 사회 혹은 조직을 구성하는 주체들에게 참여와 의사결정의 권리를 부여한다. 역사적으로 민주주의 발전은 구성주체의 범위에서 제한적인 계급(부르주아)과 성(남성)으로부터 노동자 농민 등의 민중, 그리고 여성으로 점차 그 영역이 확장되는 과정이었다. 하지만 이러한 민주주의는 실제로 그 내용적 가치를 상실해왔다. 그렇기 때문에 이들의 실질적 참여가 다시 강조되고(참여 민주주의), 이들이 의제를 숙의하고 그 실행을 통제하는 심의과정(심의 민주주의)이 강조되고 있다.

[13] 물론 합리적 자본주의가 곧 공공성을 확보한다고 말할 수는 없지만 공정한 게임, 투명한 정보의 교환은 공공성의 확보와 밀접한 연관이 있다고 볼 수 있다.

수행되는 공간이다. 그 상호 인정의 계약 속에는 자신이 절대적으로 누릴 수 있는 자유와 평등 그리고 소유에 대한 권리, 양보, 절제, 양도 등이 포함되어 있다. 시민사회의 공공 영역은 현실적으로 국가의 지배(법률적 통제) 속에서 존재하고, 국가와 대립, 긴장, 복종의 관계를 유지하면서도 국가로부터 독립된 또 하나의 공간, 즉, 시민들이 국가에 대해 지어야 하는 의무와 권리 이외 그들 스스로의 의무와 권리(이는 주로 시민법이나, 종교, 도덕, 규율, 관행 등으로 이루어진다)를 행사하는 장(場)이다. 그렇기 때문에 시민사회의 등장이 지체되었거나 그 영역이 매우 협소한 사회에서의 공공 영역은 곧 국가 영역을 의미하고 개인들은 시민으로서의 지위를 갖지 못한 채 국가주의의 이데올로기와 국가권력에 의해 훈육되는 '국민'으로만 존재한다.[14]

개인의 주체성을 기반으로 하는 민주주의는 시민사회 형성의 전제이며 또한 결과이다. 시민들이 스스로의 권리 의식을 가지고 그 권리에 상응하는 의무를 지니며, 이러한 권리와 의무는 법적 강제를 받는 국가영역뿐 아니라 도덕적 규제를 받는 시민사회의 공공 영역 속에서 행사된다. 공공 영역에 대한 시민사회론적 접근은 시민사회가 곧 합리적 의사소통의 장임을 강조한다. 노동과 언어는 체계의 근간이며 도구적 이성이 아닌 합리적 이성을 바탕으로 언어의 교환이 이루어지는 공공 영역의 장이 시민사회를 지탱하는 힘이다(Habermas, 1985).[15] 공공 영역 속에서 이루어지는 타자들 간의 상호 인정은 단순히 인간들 간의 사회적 관계에만 국한되는 것이 아니다. 오늘날 시민사회의 민주주의 덕목은 자연과의 관계 속에서도 형성되어야 한다. 자유, 평등, 박애 등의 정신 속에 상호 인정과 공정한 절차를 통한 계약적 태도, 공공성에 대한 존중의 태도 등으로 구성되어 있는 시민사회의 덕목은 자연에 대한 관계까지도 포함한다. 자연에 대한 생태적 관점은

---

14) 일제 식민지 시기 조선인은 시민으로서의 자격을 갖지 못하고, 식민지 국민으로서의 자격을 지닌 채 국가에 대한 의무 즉, 천황과 대한 국가 충성주의로 규율되었다. 나치즘하의 독일 국민들이 보여준 민족주의는 다름 아닌 국가주의이다.

15) 하버마스는 이러한 공공 영역이 관료주의화된 국가와, 이윤을 극대화하려는 경제체제에 의해 위협받고 식민화되는 상황을 우려했다. 필자가 보기에 한국사회는 지체된 공공 영역의 구성과 과잉화된 식민논리가 교차하고 있다(Habermas, 1985).

물질적 이윤의 개념을 성찰하게 하고 합리적 의사소통과 민주주의 원리가 집약된 시민사회의 정신을 고양시킨다.

3. 한국의 자본주의와 민주주의

1) 개발독재와 자본주의의 전개

한국의 자본주의는 어떠한 역사적 경로를 거쳐 왔는가? 자본주의 맹아론(萌芽論)으로부터 사회구성체론, 그리고 식민지 근대화론 등, 발전주의 국가론, 소비자본주의론 등 한국사회의 자본주의 전개에 대한 다양한 시각과 입장이 병존해오고 있지만 다음과 같은 질문을 통해 그 성격의 일면을 논해볼 수 있을 것이다.16) 1960년대 만하더라도 대다수의 인구가 절대 빈곤에 허덕이던 한국사회가불과 30여 년 만에 그토록 엄청난 경제성장을 할 수 있었던 요인은 무엇이었는가? 이에 대한 해답은 국가의 역할에 의해 찾을 수 있었다. 한국사회의 국가 역할론은 1970년대 일군의 학자들이 제기한, 일본의 위로부터의 산업화를 설명하는'발전주의 국가론'으로부터 영감을 얻었다고 볼 수 있다(Johnson, 1982). 커밍스는 식민지 시대로 거슬러 올라가 식민지적 발전국가론을 주창한 바 있었는데, 일

---

16) 한국의 내적인 역사 발전의 동인을 마르크스의 단계론에 의거하여 계급 동학으로 설명해보려는 의도가 엿보이는 내재적 발전론 혹은 자본주의 맹아론은 이미 17세기경 조선사회에도 생산력의 발달과 함께 시장을 지향하는 새로운 유형의 부농이 존재했다고 주장하고 있고, 이와 맥을 같이하여 수공업과 상업 등의 진전에 대한 논의도 진행된 바 있다(김용섭, 1980; 강만길, 1978). 하지만 이른바 조선 사회의 자본주의 맹아론은 물론 내재적 발전론을 주장하는 민족사관의 문제점을 지적한 해외 한국학의 일부 학자들은 일본의 식민지하에서 비로소 조선이 자본주의의 길을 걷게 되었다는 이른바 '식민지 근대화론'을 제기한다(Eckert, 1997). 한국 자본주의 성격에 대해서는 '모순과 변혁'을 들여다보기 위한 사회구성체론 논쟁에서 정점을 이루었다. 이 사회구성체론은 기존의 마르크스주의는 물론 제3세계 발전론 즉, 세계체제론과 다양한 종속이론의 분파에 영향 입은 바가 크다. 이른바 한국사회를 중심부 자본주의와 구분하여 보려는 '주변부 자본주의 논쟁'이 대표적이다. 이러한 한국 자본주의의 주변부 입장과 달리 자본주의의 단계론을 강조하는 일군의 학자들은 한국사회가 이미 자본주의 성숙기를 지나 국가 독점 자본주의에 들어섰다는 논리를 주장하기도 했다(한국사회경제학회 편, 1991; 이대근 외, 1984; 박현채·조희연, 1997).

제강점기의 유사한 발전국가 전략이 박정희 정권에 의해 시도되었음을 암시한다고 볼 수 있다(Cumings, 1997). 여하튼 신고전학파의 모델에서 주장하는 것처럼 시장과 경쟁의 모델이 아니라 한국사회의 자본주의화는 국가에 의해 "선택되고, 때로 왜곡되고, 조정된" 시장과 국가에 의해 훈육되고 지도된 재벌 기업에 의해 이루어졌다는 것이 중론으로 자리 잡았다. 아시아의 네 마리 용 혹은 아시아의 작은 호랑이라는 별칭을 얻게 되면서 국가가 어떻게 시장에 개입했고, 국가가 어떻게 기업을 육성했으며 세계 수출시장에 어떤 식으로 편입했고, 노동 분야를 어떻게 통제·관리했는가에 많은 학자들이 주목하게 되었다. 물론 이 중에 일군의 학자들은 이들 아시아의 국가들이 유교주의 문화권이라는 점에 착안, '유교문화'가 어떻게 산업화에 영향을 미쳤는가를 설명하려 하기도 했다.

한국사회에서의 국가의 역할은 앰스던의 책 '아시아의 차기 거인(Asia's Next Giant)'에서 매우 선명하게 요약되어 있다. 앰스던은 한국은 19세기 일본의 '학습자'였으나 이제 '선생'으로 등극했다고 주장하면서 '과감한 지원(subsidies)'과 '냉혹한 처벌'을 통해 국가는 재벌들을 길들이며 국가 주도의 산업화 프로젝트에 동원했다. 그리고 스스로 경제기획원과 같은 관료 조직을 통해 경제성장의 방향과 속도를 조정했고 조세 감면, 기술 창조, 수출 산업에 대한 장려 그리고 노동에 대한 통제 등 실로 다양한 영역에 걸쳐 개입하면서 경제성장을 주도한 것으로 분석하고 있다(Amsden, 1989).

1990년대 '잘나가던' 한국사회가 통칭 외환위기로 불리는 IMF 사태를 맞이하면서 국가 주도 경제성장의 종언이 선언되고, 글로벌 금융 경제의 측면에서 한국 자본주의사회를 분석하려는 시도들이 진행되고 있는가 하면, 소비문화론 등에 영향을 받은 일군의 학자들이 한국사회의 자본주의를 소비문화의 발전이라는 측면에서도 조명하기에 이른다. 그동안 생산관계나 국가 역할, 기존의 유교주의 등과 같은 거시적인 구조적 측면에서 한국 자본주의에 대한 논의가 집중되었다면, 그동안 주목받지 못했던 미시적 측면의 소비나 일상생활 속에서의 자본주의 속성을 찾아보려는 노력이 병행되었다. 한국사회는 1980년대 후반기에 이르러 그동안 소비 시장으로부터 배제되었던 노동자들이 실질 임금이 상승하면서 구매력을 갖추었고, 이들 노동자층이 중산층과 함께 소비 시장으로 편입되면서 소비 자본주의의 문턱으로 접어든다. 상품 구매의 욕망을 자극하는 광고의 급속한 확대와 상품 구매를 가능하게 하는 신용카드의 급증, 그리고 다양한 상품 디자인의 출현, 특히 IT 산업의 폭발적인 확대, 상품의 미학이 지배하는 일상생활의 출현 등 한국사회는 명실공히 소비 자본주의 시대로 접어들게 되었다(유철규, 1992; 백욱인, 1994; 정건화, 1994).

요컨대 한국사회는 지난 반세기에 걸쳐 미증유의 산업화, 자본주의의 성과를 이루었고, 국가 주도의 산업화 시기로부터 오늘날 소비 자본주의에 이르는 '시공간 압축 성장'을 경험해오고 있다. 이 중에서도 박정희 정권에 의한 국가 주도형 시공간 압축 성장은 이른바 개발을 위해 시민사회의 억압을 극대화한 '개발 독재'로 묘사된다. 개발 독재의 과실에 대한 평가는 다양하게 이루어지고 있지만, 그 요체는 부국강병적인 민족국가의 수립을 위해 자유, 평등, 인권 등과 같은 시민사회의 보편적 가치를 억압하고, 성장이라는 개발 목표를 위해 위로부터의 명령과 질서화를 주창하는 병영적 동원 체제로써 제조업은 물론이려니와 부동산과 같은 의제자본(擬製資本)의 팽창, 개발 이익을 통해 부를 축적하는 토건 국가적 개발의 성격을 안고 있었다.[17]

2) 한국의 민주주의

한국사회에서 민주주의는 자유민주주의를 의미한다. 이는 한국사회가 식민지 해방 이후 신생 국민국가로 탄생하는 과정에서 미국의 정치적·경제적 우산 아래 태동했기 때문이다. 시장경제를 골간으로 하고 사적 소유를 보장하는 미국의 민주주의는 사회연대 공동체를 강조하는 사회 민주주의나 계획경제와 사적 소유를 부정하는 인민 민주주의와는 다르게 구성되었다. 한국사회의 민주주의는 평등보다는 자유라는 개념이 더 우선시 되었다. 한국인들에게는 일제 식민지

---

17) 권태준은 개발 독재를 시장경제 내지는 자본주의 이론에만 준거해서는 설명할 수 없고, 한국 사회의 산업화와 경제성장은 자본주의적이라기보다는 일종의 공동체적 발전이었다고 평가한다(권태준, 2006).

종속으로부터의 해방이 곧 자유를 의미했고, 한국사회를 이끌어나가는 엘리트들은 미국의 자유민주주의를 이념형적으로 제시했다. 하지만 미국의 자유민주주의가 성취하고 지향하고 있던 근본적 내용들, 예컨대 풀뿌리 자치를 통한 민의의 반영, 지역사회에서의 자발적 결사체 등을 통한 시민들의 참여, 의무와 권리에 대한 시민사회의 덕목, 국가권력을 견제하는 삼권분립의 원칙이나 법정신 등이 결합된 것은 아니었다(이나미, 2005; 강정인 외, 2002).

한국사회에 도입된 자유민주주의는 냉전 시대 소련을 위시한 공산주의 블록에 대항하기 위해 도입되고 형성된 '반공적 자유민주주의'이다. 그렇기 때문에 한국 자유민주주의는 그 체제가 표방하고 있는 보편적 가치보다는 국가 생존 이데올로기로서의 '반공(反共)'적 가치가 주를 이루어왔고, 권위주의 정권에 의해 지속적으로 확대 재생산되면서 한국사회에서의 자유민주주의는 곧 공산주의에 대응하는 반공 민주주의의 개념으로 자리 잡아왔다. 그리고 역설적으로 자유민주주의를 표방하면서도 반공을 위해 자유민주주의의 가장 기본적인 원리인 표현의 자유, 결사의 자유, 신체의 자유 등을 제약하는 현상이 벌어져왔다. 간단히 말해 한국의 자유민주주의는 서구의 자유민주주의가 추구했던 보편적 가치와는 거리가 먼 반공과 국가안보를 내용으로 하고, 그 안에서 제한적으로 자유민주주의적 가치가 실행되도록 하는 '특수성'을 지닌 자유 민주주였다.

서구의 경우 역사적으로 자유주의는 개인주의와 강한 친화력을 가져왔다. 집단의 '굴레'나 '속박'으로부터 벗어나 개인을 주체화(subjectivity)하는 과정이 곧 자유였다. 개인이 집단 특히 집단적인 종교적 교리나 국민주의와 같은 집단적 민족 감정으로부터 벗어나, 개인의 개성, 자율, 능력, 취향, 욕구를 실현시키고자 하는 기대와 태도가 곧 자유주의의 내용을 이루고 있었다. 이러한 개인의 자유가 어디까지 허용되어야 하는가에 대한 한계 규정에 대한 논란이 당연히 뒤따르게 되었고, 공적인 영역과 사적인 영역의 교차 지점에 대한 많은 논쟁을 벌여왔던 것이다.

근대 시민사회에서 공적 영역은 천부적으로 자유 권리를 지닌 개인들이 상호 계약을 통해 공공성을 창출한 집단 영역으로 바로 이 영역에서 개인의 욕구와 공공의 욕구가 합리적 의사소통을 통해 조율되는 지점이다. 국가주의의 집단성이 강한 사회에서는 이와 같은 개인의 자유에 기초한 공적 영역의 창출을 기대하기 힘들다. 전체주의에서 개인은 오로지 집단을 위해 존재하고, 집단적 감정에 함몰되어 있을 뿐으로 그들이 존재하는 공적 영역은 시민사회의 공적 영역이 아니라 개인의 성찰과 자유가 박탈된 국가 영역일 뿐이다.

한국의 자유민주주의는 이러한 국가주의적 집단주의 속에서 성장했다. 국가 안보와 산업화의 명분으로 자유민주주의는 국가주의적인 집단주의 성격을 갖고 있었기 때문에 위에서 언급한 개인의 자유에 기초한 민주주의와는 오히려 거리가 멀었다. 하지만 또 하나의 역설은 형식 민주주의는 그 명분으로 인하여 자유와 평등에 대한 보편적 가치를 지향하게 하는 추동력이 되었다는 것이다. 즉, 자유와 민주에 대한 추상적 가치가 명분으로나마 표출됨으로써 자유민주주의의 보편적 가치를 억압하는 반공적 이데올로기 체제에 대한 회의와 도전이 일어난 것이다. 그 도전은 지난 오랜 기간에 걸쳐 발생한 민주화 투쟁으로 반영되어왔다.

4. 공공성의 부재

1) 개발의 욕구와 공공성의 부재

권위주의적 산업화의 시대의 개인은 국가라고 하는 집단적 실체에 의해 가려진 존재였다. 개인은 국가 주도의 경제성장과 반공안보라고 하는 국가주의적 모델에 따라 조율되었고, 이에 순응하는 집단과 그렇지 않은 집단에 대해서는 사회적 포섭과 배제가 동시적으로 진행되었다. 이 배제는 일차적으로 물리적 폭력과 이데올로기적 설득, 위협, 강제력이 동원되었고, 일반 시민들 스스로의 동의에 기초한 헤게모니적 지배에 의해 이루어졌다.

자본주의의 발달과 함께 조직과 집단, 욕구체계는 다양하게 분화된다. 서로 다른 이해집단들이 충돌하게 되고, 계층, 집단, 개인 간 갈등이 분출되며 다양한 이익과 행위의 표준 원리를 가진 집단들이 등장하게 되는데, 민주주의는 이러한 다양성을 수용하고 협의하는 가치와 절차들로 구성되어 있다. 한국사회의 갈등은 이런 구조적 분화를 통합하고 상호 인정하는 민주주의의 이념적 가치와 현실 정치와의 간극과 지체에 있었다. 다원주의로의 분화된 다양한 욕구는 민주주의의 정치체제로서 통합이 되어야 함에도 불구하고, 권위주의적 억압적 통제를 통해 권력을 지속화하려는 정치 집단과의 마찰로 인해 한국사회는 오랫동안 '민주화'의 장정과 갈등 비용을 치러왔던 것이다.

한국사회에서 자본주의의 발전 속도와 보편적 자유민주주의의 괴리는 여전히 심각하다. 한국의 자본주의가 노동계급이나 시민사회의 욕구를 통제하고, 국가에 의해 길러진 재벌 기업 들을 중심으로 이루어졌다는 점에서 애초부터 시민적 덕목이나 규범, 혹은 자본주의 정신이라고 칭송했던 것들의 형성과는 거리가 멀다. 여기에는 오로지 '단기간에 성장 목표를 달성' 하려는 모든 사회 구성인자들(국가, 기업, 집단, 조직, 개인)의 무한 경쟁이 존재할 뿐이었다(송복, 1994)

경제적 하부구조는 상부구조와 마찰, 지체, 협상의 과정을 겪게 마련이다. 자본주의가 발전하는 과정에서 다양한 이해 당사자 간의 갈등이 권위주의적인 국가의 일방적 지도나 훈령이 아니라 다양한 형태의 상호 계약, 설령 그것이 비대칭적이라 하더라도 수평성을 지향한 협상, 신뢰, 책임, 정직, 정당한 경쟁, 보상, 배려, 인권, 사회적 연대 등으로 요약되는 시민사회의 도덕성에 의해 해소되어왔다. 그리하여 서구 자본주의 발전은 많은 갈등에도 불구하고, 시민적 가치의 발전과 병행되어왔다. 시민적 가치의 발전은 바로 합리적 의사소통이 가능한, 그리하여 다양한 이해집단 간의 토론과 양보가 가능하고 궁극적으로 민주주의적 가치가 생활세계에서 실현되는 공공 영역(public sphere)의 확장이다.

이 공공 영역에서 가장 핵심적인 문제는 개인의 방임적 자유와 기계론적 평등을 어떻게 차단하고 민주주의 가치를 담보해내는 것인가 하는 것이었다. 다시 말하면 나의 자유를 스스로 어디까지 제한하고 공공 영역에 이양할 것인가? 공공 영역과 국가는 나의 자유 영역에 어디까지 개입하고 그 개입의 보상을 어떻게 받을 것인가?

개항 이후 한국사회는 이러한 보편적 가치를 실현하는 민주주의의 궤적을 밟지 못했다. 목표주의에 함몰된 경쟁 사회에서는 수단과 방법의 절차적 과정에서의 보편적 가치를 부여하지 않는다. 반공을 명분으로 부(富)의 성장만을 목표로 하는 사회에서는 계약에 대한 절차들, 경쟁의 정당성, 보상의 타당성, 사회적 도덕이나 윤리는 지체되거나 무시된다. 부와 권력, 명예 등의 사회적 자원을 획득하는 과정이나 획득한 이후의 처세에 대한 도덕적 평가는 별 다른 주목을 받지 못한다. 이상스럽게도 유교주의 전통에서는 사대부 엘리트층의 사회 윤리 의식이 매우 강조되었으면서도 산업화시대 이후 상류층에게는 사회적 책임이나 도덕을 지향하는 '노블레스 오블리주(noblesse oblige)'를 발견하기 힘들고, 일반 시민들의 시민적 덕목에 대한 소양은 매우 빈약하다.

한국사회는 집단주의적 가치나 태도, 생활 방식이 강조되면서도 이러한 집단주의는 가족주의의 연고에 기초한 집단주의로 공동체적 시민사회와는 별다른 상관없는 집단주의거나 오히려 그 발전을 저해한다. 한국사회가 강조하는 공동체는 폐쇄적 연고주의에 기반을 둔 가족주의적 집단주의이고, 이러한 집단을 벗어나면 파편화된 개인주의의 구성체일 뿐이다(박영신, 1995). 한마디로 말해 한국사회에서는 시민사회의 보편적 가치와 덕목, 합리적 의사소통에 기초한 공공영역과 공공성이 빈곤한 사회로 성장해왔다. 공공성에 기초하지 못하고 폐쇄적인 연고주의적 집단주의와 반공 이데올로기로의 장벽에 갇혀 자유민주주의를 성숙시키지 못한 자본주의는 폐쇄적 집단의 자기 이해만이 우선시되는 욕구 사회를 형성하게 한다. 시민들이 스스로 참여하여 합리적 의사소통을 통해 의사 결정을 하는 공공의 장, 자발적 결사체와 같은 조직이 미비한 형식적 자유민주주의 체제하에서는 개인이나 연고에 기초한 집단주의의적 관계가 지배적이다. 사회 연결망 속에 나타나는 신뢰는 바로 그 집단 속에서만 작동되어 익명적 관계가 지배적인 시민사회의 공공성과 연계되지 못한다.[18]

민주주의 기본 원리인 자유와 평등, 의사 결정의 토론과 참여 등 이 모든 원리들은 상호성을 기초로 하는 것이다. 상호성이란 최소한의 거래 관계이며 계약 관

---

[18] 따라서 한국사회에서 발견되는 사회 연결망에 기초한 사회 자본은 특정한 집단 속에서만 발견되는 폐쇄적 사회자본(bonding social capital)이 우세하다. 퍼트남이 구분한 두 유형의 사회자본을 참조해보라(Putnam, 2000).

계로서, 최소한 받는 만큼 주어야 하며(give and take), 권리를 주장하는 만큼 의무를 지녀야 하고, 개인의 이익을 주장하는 만큼 타자의 이해들, 즉, 공공성을 따를 수 있어야 한다(Alejandro, 1993). 공공성을 고려하지 않는 개인의 욕구만을 충족하려는 목표 달성주의적 경쟁적 관계 속에서 성장하고 있는 자본주의는 이러한 민주주의와 친화력을 갖기보다는 오히려 민주주의 발전을 제약하고 방해한다.

2) 천민성(賤民性)과 우중성(愚衆性)

자본주의는 기본적으로 인간의 이윤 추구의 본능을 용인하고 나아가 적극적으로 수용하는 도덕관념으로부터 출발한다(박우희, 2001). 이념형적으로 자본주의는 중세 봉건사회의 집단적 공동체 관계 속에 매몰되었던 개인들이 이의 굴레로부터 벗어나 개인의 행복과 번영을 위해 노동하고 부를 축적하는 행위를 정당화하는 윤리를 가지고 있다. 이러한 개인적 욕구의 추구 행위는 당연히 시장에서의 경쟁 속에서 이루어진다. 이윤을 추구하는 도덕관념은 그러나 자기절제와 합리적 계산, 교환을 전제로 성립한다. 다시 베버로 돌아가 보자. 베버는 그의 저서 『프로테스탄트 윤리와 자본주의 정신』에서 서구 합리성에 기초한 자본주의 정신의 기원을 개신교의 윤리에서 찾아본 바 있다. 근대 자본주의의 발달과 시초는 중세 기독교적 집단 문화로부터 천부의 권위와 자유의지를 가진 개인의 출현에 있었다. 그리고 이 개인은 중세 기독교의 권위 독점체인 교황이나 사제 집단을 통해서가 아니라 개인이 직접 하느님과의 교통을 통해 구원을 확신할 수 있으며 이 구원 확신의 절대 명제는 '금욕과 절제'이다. 이 금욕과 절제를 통해 '열심히 일하고 하느님께 헌신하는 자세'야 말로 구원의 전제가 되고 이를 통해 구원의 확신을 갖게 된다. 이러한 개신교의 태도는 오늘날 평화적 교환을 통해 이윤을 확보하고, 가계와 기업이 분리된, 그리고 부기와 계산을 이용하는 합리적 자본주의의 정신적 기초가 되었다. 자본주의는 어디에나 존재하지만 합리성에 기초한 자본주의는 바로 이러한 개신교 윤리를 지닌 서구의 몇 나라에서만 발견될 뿐이다. 물론 '소유권의 절대적 인정과 시장경쟁을 통한 이윤 확보' 그 자체를 도덕으로 삼고 있는 자본주의는 지나치게 합리적 계산과 효율성을 추구한 나머지 냉혈

성을 띠게 되었지만 금욕과 자기절제의 정신이 없는 자본주의, 즉, 욕망에 사로
잡혀 부만을 축적하는 자본주의의 유형은 저급한 수준의 천민적 자본주의일 뿐
이다.

천민자본주의는 합리적 정신이 결여된 자본주의이다. 개인의 무한대적 욕구
를 달성하기 위해 수단과 방법을 가리지 않고, 무한 경쟁을 통해 이윤을 추구하
려 하며 개인의 소유에 대한 무한대적 인정을 요구하는 자본주의이다. 즉, 타자
와의 상호 인정과 시민적 덕목을 결여한, 민주주의적 가치와 절차를 결여한, 따
라서 공공성을 상실한 자본주의이다.

오늘날 지역단위에서는 이러한 천민자본주의가 종종 개발 연합의 형태로 나
타난다. 개발 연합은 토착 자본과 지자체의 행정기관, 교육기관이나 기타 결사
체 그리고 주민 모두를 포함하는 개발 수행의 유기적 통합체를 의미한다.[19] 때
로 개발 연합은 외부로부터 거대 자본을 초빙하기도 하여 지역사회의 발전을 계
획 수립하고 실행하는 수행자로서 주로 지역의 문화, 교육, 재개발사업 등을 관
장한다. 하지만 현실적으로 개발 연합은 대개 지역의 수익사업 모델을 따라 장소
를 마케팅하는 관광, 주택 등의 토지개발사업에 치중하는 경향이 있다. 개발 연
합이 노리는 것은 노동을 통해 부를 창출하기 보다는 (재)개발을 통해 이익을 환
수하려는 '지대자(rentier)'의 속성이 강한 것이 일반적이다. 개발 연합에는 지역
개발을 통해 지역 주민 모두가 자산 가치를 높이고, 삶의 질이 향상된다는 이데
올로기가 유포되는데, 그 바탕에는 토건 국가형 발전주의 이데올로기가 숨어 있
다.[20] 그리고 명목적으로 개발 연합은 지역의 다양한 기관과 주민들이 포함되어
있지만 사실상 그 개발 연합의 주체는 토착 혹은 외부 자본과 행정기관이다. 때
로 이 양자는 긴장과 갈등 관계에 놓이기도 하지만 지역의 개발 사업을 통해 이
득을 창출한다는 이유로 거의 상보성을 가지고 있다. 그리고 지역개발은 종종 지
역 주민의 다수가 개발을 찬성한다고 하는 다수결 민주주의 원리에 의해 정당화
되기도 한다.

---

[19] 이러한 개발 연합은 성장 연합으로 명명되기도 한다. Molotch(1976).
[20] 토건 국가의 개념과 한국 생태계의 교란에 대해 홍성태(2005)를 볼 것.

한국인들이 사고하고 있는 민주주의의 가치는 그 질적인 차원에서의 인식, 합리적 의사소통과 소수자의 배려, 공공성의 존중과는 거리가 멀고, 다만 다수에 의한 결정이라는 형식 원리가 강조된다. 다수에 의해 결정된 의견이 곧 민주주의적인 것이다. 이러한 다수결은 집단적 방임과 관련이 있다. 어느 특정한 지역이나 집단에서 다수결로 결정된 사항은 민주주의적인 것이므로 보다 넓은 차원의 시민사회의 공공성에 의해 검증받거나 제약받을 하등의 이유가 없다는 주장을 펼치고 있다. 이러한 방임적 형태의 민주주의의 개념이 무한대적 욕망을 추구하려는 천민적 자본주의와 결합하게 되면 '소유권에(소유에 대한 이행 및 변형 권리 포함) 대한 다수 결정의 절대성을 바탕으로 무한대적 개발 이익을 추구하려는 '권리 의식'으로 재현된다. 이러한 형태의 민주주의와 자본주의의 결합을 민주주의적 자본주의와 대비되는 의미로 '우중적 천민자본주의'로 명명하고자 한다.

신두리의 깃발은 이 지역에서 삶의 터전을 가지고 있는 대부분의 사람들이 개발을 통해 이익을 얻고자 하는 욕구, 즉 지역 사람들의 다수결의 욕망을 국가와 시민사회가 받아들이라는 주장을 담고 있다. 즉, 지역 주민 대다수가 찬성하고 있으니 환경이나 생태 보존보다는 지역개발을 염원하는 다수의 의결을 따르라는 요구의 상징물이다.

4. 마무리

신두리 사구에 걸려 있는 깃발은 현재 한국사회의 민주주의와 자본주의의 현실을 잘 반영하고 있다. 자유를 우선시하는 한국형 민주주의는, 그러나 타자에 대한 성찰이 부족한 방임의 형태로, 이윤 추구를 생명으로 하는 한국의 자본주의는 이기적 탐욕의 편향으로 그려져 있다. 사적인 자유와 권리들이 합리적 의사소통과 타자 성찰을 통해 공공 영역을 만들어나가는 시민사회의 역량은 그 사회의 진보 수준을 대변한다. 신두리 사구의 깃발은 개인과 일부 집단의 탐욕이 만들어낸, 시민사회의 공공 영역의 징조는 찾아볼 수 없는 천민성과 우중성을 적나라하게 보이고 있다.

한국사회는 그동안 급속한 물질적 경제성장의 결과물을 사회 윤리를 포함하는 전 사회의 통합구조로 체화하지 못하고 있다. 여전히 성장의 미몽에 젖어 부의 분배나 사회적 안전망의 구축, 그리고 이를 가능하게 하는 나눔과 배려의 공동체 정신과 제도, 그리고 무엇보다도 가족주의와 연고주의를 뛰어넘는 공공 영역을 형성하지 못하고 있다. 풀뿌리 지방자치를 통해 민주주의의 가치를 실현하고자 하는 이상은 투기적 이윤을 노리는 지자체와 지역 토착자본 그리고 주민들의 개발 연합에 의해 위협받고 있다. 자연환경을 보호하여 공동체의 삶의 질을 높이려거나, 생산적 노동을 통해 가치를 창출하려 하기보다는 의제(擬製) 자본을 활용하여 개발 이익을 보유하려는 투기적 행위가 만연되어 있고 이를 통한 이득 담보자로서의 '지대자'들과 이에 편승하여 부를 늘리려는 '무임 승차자들'이 지역사회를 주도하고 있다.

한국인들에게 자본주의는 무한 경쟁과 소유의 절대화, 이기적 욕망의 무한대적 실현을 의미하고, 민주주의는 그러한 무한대적 소유권과 욕망을 실현하려는 권리만을 의미한다. 한국사람들에게 자본주의와 민주주의는 다수가 원한다면 자신들이 '소유한 것'들의 개발과 교환가치로의 상품 전환을 통해 이윤을 극대화하고 이 과정에서 타자로부터 아무런 간섭을 받지 않겠다는 방임적 개념으로 이해되고 있다. 여기에는 사적인 것과 공적인 것의 교차 지점으로서의 공공 영역과 환경과 생태적 사유까지도 포괄하는 시민 덕목의 실현의 장으로서의 공공성에 대한 성찰이 결여되어 있다.

요약하면 신두리 깃발에 나타난 자본주의와 민주주의의 외침은 타자 인정, 배려, 절제, 의사소통 등의 개념의 결합체인 시민성과 거리가 먼, 즉자적이고 즉물적인 상태의 천민성과 우중성을 표출하고 있다. 신두리 사구에 꽂힌 깃발은 바로 한국사회가 안고 있는 자본주의와 민주주의의 현 주소를 잘 반영해주고 있다. 그리고 최근 다시 개발독재 시대의 토건 국가형의 발전주의 신화가 신자유주의의 외투를 입고 우리 사회의 전면에 등장하고 있다.

5. 국가보상의 침묵

대한민국의 헌법 1조 1항은 민주공화국임을 천명하고 있다(대한민국은 민주공화국이다). 2항은 이어 대한민국의 주권은 국민에게 있으며 모든 권력은 국민으로부터 나온다고 명시되어 있다. 정치 형태에서 대한민국은 군주제, 총통제, 인민공화국이 아니라 민주공화국을 표방하고 있고, 이 민주공화국은 누구든지 법률에 의하지 아니하고는 체포, 구속, 압수, 수색 또는 심문을 받지 않을 뿐 아니라 처벌이나 보안처분, 강제노역을 받지 않는 자유를 보장한다(12조 1항). 그리고 이 자유와 그에 따른 권리는 헌법에 명시되지 않았다고 해서 경시되지 않음을 다시 한 번 강조하고 있다(37조 1항). 한편 23조 1항은 국민의 재산권에 대해 보장의 원칙을 드러내고 있다. 즉, 소유물에 대한 권리를 헌법으로 보장함으로써 원칙적으로 개인소유의 불가침성을 우선하는 정책을 실시할 것을 명시하고 있다.

그러나 자유와 재산소유권의 보장을 일차적으로 강조하면서 그에 대한 제한과 한계를 아울러 규정한다. 헌법 12조 2항에서는 자유와 권리에 대한 보장을 논의하면서 바로 이어 2항에서는 국민의 모든 자유와 권리는 국가안전보장, 질서유지, 또는 공공 복리를 위하여 필요한 경우에 한하여 법률로써 제한할 수 있다고 규정함으로써 자유의 절대성에 대해 한계를 긋고 있다. 그러나 바로 이어 "그 제한하는 경우도 자유와 권리의 본질적인 내용을 침해할 수 없다"고 말하여 자유의 우선성은 여전히 유지되고 있다. 재산권에 대해서도 헌법은 모든 국민의 재산권은 보장되지만 무엇을 보장할 것인가, 어디까지 보장할 것인가에 대해서는 법률로 제한할 수 있음을 나타내고 있다("재산권 보장의 그 내용과 한계는 법률로 정한다"). 아울러 공공 복리를 위해 자유를 제한할 수 있는 것처럼, 재산권의 행사 역시 공공복리의 기준을 따라야 하며, 나아가 이를 위해 수용 및 제한할 수도 있음을 표명한다. 즉, 국가는 개인의 소유권을 일차적으로 보장하고 인정하지만 공공적 필요에 따라 일정정도 그 사용을 제한할 수 있다는 것이다. 물론 이때 그 제한의 대가로 국가는 그에 상응하는 보상을 치뤄야 하며 그 보상은 공정해야 함을 달고 있다(2항 '재산권의 행사는 공공복리에 적합하도록 해야한다', 3항, '공공필요에 의한 재산권의 수용, 사용 또는 제한 및 그에 대한 보상은 법률로써 하되, 정당한 보상을 지급하여야 한다'). 이어 헌법의 9장 122조는 '국가는 국민 모두의 생산 및 생활의 기반이 되는 국토의 효율적이고 균형 있는 이용, 개발과 보존을 위해 그에 필요한 제반 조치를 취할 수 있다'고 규정함으로써 국가의 평가와 기준에 따라 토지이용 및 개발, 보존이 이루어짐을 밝힌다.

결국 대한민국의 헌법은 개인의 자유와 소유를 우선적으로 보장하는 민주주의 체제임을 드러내고, 다만 그 자유와 소유에 대한 일정정도의 제한을 '공공성'의 기준으로 행사할 수 있다는 것이다. 그 공공성에 대한 기준과 정의는 불분명하지만 제한 조항에 의한 자유와 소유의 제약은 일차적인 것이 아니라 이차적인 것이다. 즉, 자유를 제한하더라고 그 본질의 성격을 벗어나서는 안 되며, 소유를 제한하더라고 정당한 보상이 주어져야 한다는 것이다. 한국사회의 헌법은 자유민주주의란 용어 대신에 민주공화국, 자본주의라는 용어 대신에 재산권의 보장을, 복지국가라는 용어 대신에 공공복리에 의한 제한 등의 용어를 쓰고 있지만 기본적으로 이 안에 들어 있는 의미는 위에서 언급한 자유민주주의 정치체계와 시장경제에 입각한 자본주의 경제체제가 골간을 이루고 있다.

그렇다면 위의 깃발은 어떻게 해석되는가? 재산권을 행사하여 시장으로부터 이윤을 얻을 수 있는 자유와 (제1원칙) 재산권을 제한 할 수 있는 국가권력의 행사(제2원칙) 사이의 부딪힘 속에서 발생하는 현상일 수 있을 것이다. 만약 신두리의 사구지역에 대한 개발의 권리(자유)가 공공의 요청에 의해 제한된다면 첫째는 소유주의 자율적 동의와 둘째는 제한에 대한 정당한 보상(아마 이 보상은 결국 소유주와 국가간의 거래와 흥정의 산물일 것이다)이 전제되어야 한다. 만약 이 동의와 보상이 이루어지지 않는다면 그 소유권의 제한은 일단 제1원칙을 침범하는 것이 되므로 매우 신중하지 않을 수 없다(제1원칙은 사실상 무한대적 자유권리와 재산권의 보장이다. 이 무한성을 유한대로 제약하는 것이 국가권력이다).[21] 소유주의 자율

---

21) 예컨대, 권위주의 정부하에서 이루어졌던 그린벨트는 일정한 지역공간을 공공화함으로써 환경 생태와 자원을 보존하는 '좋은 결과'를 가져왔으나 개인재산권과 자유를 일방적으로 제한한 한계가 있다. 만약 그린벨트를 유지하려 한다면 개발제한을 당한 집단들과 합의에 이르

적 동의는 보상을 요청하는 권리와 함께 공공성에 대한 인지(認知)를 포함한다. 그런데 여기서 문제는 '공공성'의 기준과 합의에 이르는 절차이다. 개인이나 국가 모두가 '합리적 의사소통'의 게임에 들어가 합의에 도달하는 절차가 곧 민주적 절차이며, 그 사회의 시민적 역량의 지표가 되기도 한다.

6. 신두리 그 이후

이후 10여 년이 지난 그곳 신두리 사구는 인근의 두웅습지를 포함한 문화재 공간으로 지정되었다. 천연기념물 제431호 신두리 사구의 방문객들은 지정된 통행로만 사용할 수 있도록 했고, 모래와 풀숲, 서식 곤충과 파충류 들은 보호의 대상이 되었다. 사구는 마침내 훼손할 수 없고, 재개발의 대상으로부터 자유로워진 공간이 되었다. 그와 함께 신두리 사구는 체험 학습장이라는 관광지로 가공되었다. 위락 시설이 여기저기 넓게 산재한 다른 유흥지에 비하면 훨씬 정갈하고 조용한 편이지만 신두리 해변가에는 사구와 어울리지 않는 조형물들(공룡 등)과 식당, 펜션들이 사구의 입구까지 들어섰다. 전국에 불어 닥친 '둘레길' 사업의 영향을 받아 신두리 사구 역시 그 가운데를 가로질러 해안가 둘레길과 연결되어 있다. 신두리 사구는 넓고 흰한 신두리 백사장과 둘레길을 찾는 관광객들의 필수적인 탐방 코스로 변했다. 사람의 '손을 타지 않았던' 자연 공간이 사람들에 의해 사라질 운명에 처해 있었지만 문화재로 지정이 되고 체험학습을 위한 인위적인 관광 상품이 되면서 역설적으로 사구는 보존되고 있다.[22] 사구의 자연성과 상징적 이미지는 관광객들을 끌어 모으고 있는 대가로 보존되고 있는 것이다.

그런데 얼마 전부터 신두리 사구를 경계 짓는 수로 옆 넓은 양식장 평지에 18홀 대형 골프장이 건설 중에 있다. 잘 알려진 바와 같이 골프장은 자연의 이미지

는 과정을 거쳐 정당한 보상이 주어져야 할 것이다.

[22] 앞서 살펴본 것과 같이 자연의 상품화 과정은 자연에 대한 파괴의 과정을 동반하는 동시에 새로운 자연의 창출 가능성과 적극적인 상품화 전략을 통한 보존의 가능성을 가질 수 있는 이중적 과정임을 상기해볼 필요가 있다.

를 가져다주는 인위적인 허구적인 자연 공간이다. 골프장은 넓은 잔디와 툭 트인 시야, 주변의 나무들 등 얼핏 자연물로 구성된 자연 공간 같지만 가장 인위적으로 조성된, 그리고 아직까지는 한국에서는 매우 비싼 레저 상품의 인프라이다. 골프장은 잔디의 보존을 위해 엄청난 양의 제초제, 살충제를 뿌리고 주변의 습지나 지하수의 물을 대량 흡수하여 사막화를 주도하는 대표적인 반환경적인 레저 상품 공간으로서 생태적으로 부정적인 평가를 받는 대상이다. 그러나 지방정부는 지역경제를 활성화한다는 명분 아래 골프장을 건설, 관광객을 유치하고 지방 세수를 올리는 기업가적 정부의 역할을 하고, 레저 자본은 이윤 창출의 기회로 삼으려 하고 있다. 토착 자본과 지역의 다양한 조직들, 일부 이해관계가 걸린 주민들 등 '개발 연합'은 이에 부응하려 했을 것이다(이 책의 제7장 참조). 태안 기름 유출사건 이후 전 국민적인 생태 복원 활동이 있었던 이곳에 시민단체의 반대와 우려에도 불구하고 골프장은 지방정부로부터 정식으로 인허가 되었으며, 법은 오히려 기업의 환경 파괴를 정당화시켜주는 역할을 하게 되었다.[23] 신두리 사구와 두웅습지의 운명은 향후 어떻게 될지 모른다. 토건개발 국가에 의한 산업화 시기의 자연에 대한 일방적 점유와 파괴로부터 보존과 상생이라는 인식이 높아진 것은 분명한 사실이다. 그러나 이명박 정부의 4대강 사업에서 나타나듯 자연은 다시 한 번 거대한 성장의 대상으로 전락했다. 오히려 개발론자들은 서슴지 않고 녹색 담론을 동원 자신들의 환경 파괴를 정당화시키는 이데올로기로 남발하고 있으며, 녹색 성장이라는 미명하에 개발(파괴)과 자연보존의 시소 게임이 본격적으로 진행되고 있다.

---

[23] 2000년대 초 신두리 일대에 골프장 건설이 추진되면서 다양한 시민, 환경 단체의 반대에도 불구하고 골프장 건설은 강행됐다. 보다 최근에는 골프장 조성과정에서 주변 경관 정리를 이유로 해안 사구의 해송 수십 그루의 윗부분을 잘라냈고, 골프장 건설 과정에서 매립에 석탄재를 사용하면서 석탄재 침출수가 인근 물고기 집단 폐사를 일으켰다는 의혹이 제기되고 있다.

제7장 계급, 공간, 생활세계의 불평등

제1절 도시계급의 구성과 공간분할

1. 계급과 생활양식

고전적 정의에 의하면 계급은 "생산수단의 소유 여부에 의해, 역사적으로 형성된 생산조직에서의 역할과 기능에 의해 부의 점유 방식과 분배의 양이 규정되는 집단"이다(Lenin, 1982: 57). 계급은 1차적으로는 생산관계 속에서 규정된다. 그러나 계급 형성이 여기에서 멈추는 것이 아니다. 계급은 또한 재생산 영역, 즉 생활세계의 문화 교육 소비 여가 등 다양한 사회적 실천들을 통해 '형성'된다. 예컨대 부르주아 계급은 그 집단만의 독특한 생활양식, 가치, 이데올로기 등을 통해 그 계급의 영역을 완성한다.

계급론에서 쟁점이 되는 주제 중의 하나는 "계급을 어떻게 범주화할 것인가? 계급을 판별하는 잣대는 무엇인가?" 하는 것이다. 그리고 이 문제는 바로 계급의식의 문제, 즉 즉자 계급(class-in-itself)과 대자 계급(class-for-itself)의 대항 관계에 대한 논의로 이어진다. 구조주의자들은 계급의식 없이도 계급은 객관적으로 존재한다고 보고 있다. 계급의 존재 여부를 생산수단과 권력의 객관적 기준으로 범주화하고 고도의 이론적 판별 모델을 적용하려는 이들에게 계급 문화나 계급의식은 일단 관심 밖의 일이다. [1] 이에 반해 계급 형성사론자들은 다양한 생활 방식과 이데올로기, 규범, 행태 등이 동원되면서 역사적으로 어떻게 계급이 형성되어왔는지를 주로 노동계급에 초점을 두어 추적하고 있다. [2] 계급의 분석은 구성원들의 경험과 상관없이 자본주의 체계의 구조 차원에서 이루어질 수도 있고, 삶의 방식이나 조직, 노동시장의 차원에서 이루어질 수도 있다. 그리고 공통의 경험과 가치를 소유하는 계급의식이나 집단 행위 등의 차원에서 분석이 가능하다 (Kaznelson and Zolberg, 1986). 그러나 중요한 것은 연구자들의 이론적 작업이 아니라 계급의 구성원들, 즉 주체들이 어떻게 계급을 만들어가는가 하는 데 있다.

나는 계급을 생생한 경험과 의식, 일련의 사건들을 통일시켜 나아가는 역사적 현상으로 이해한다. (…) 나는 계급을 구조로서도 더구나 어떤 범주로도 보지 않으며 인간관계 속에서 실제로 일어나는 것으로 간주한다. (…) 나는 계급을 일종의 사회적, 문화적 형성체로 보지 않으면 결코 이해할 수 없음을 확신한다. [3]

계급 형성사가 주는 가장 큰 암시는 계급 형성이 총체적인 사회과정이라는 것이다. 소비 행태와 교육, 혼인망이나 삶의 관행 등을 통해 집단은 서로 구분되고 영역화된다. 삶의 방식을 규정하는 계급은 다시 삶의 방식을 통해 형성되고, 재

---

[1] 구조주의자들은 계급의식 없이도 계급은 존재한다고 주장하면서 고도의 이론적 모델을 제시하고 있다. 알튀세르의 인식론을 그대로 따르고 있는 풀란차스는 경제적 기준으로 생산적 노동과 비생산적 노동, 정치적 기준으로 감독 노동과 비감독 노동, 이데올로기 기준으로 정신노동과 육체노동의 기준을 마련하여 매우 엄격하게 계급 판별 모델을 제시하고 있다 (Poulantzas, 1975). 풀란차스 논의를 잘 요약하고 비판한 Wright(1985), 제2장.

[2] 구조주의에 대한 톰슨의 비판은 매우 준엄하다. "알튀세르와 그 잔당들은 몰역사적 이론주의에 빠져 (…) 학문적 제국주의를 범하고 있으며 (…) 마르크스주의의 지적 기형으로서 (…) 정태주의 구조주의에 빠져 (…) 모순과 변화, 계급투쟁을 설명할 적절한 범주도 없이 (…) 사회의식과 존재 간의 담론을 간과하고 (…) 인간의 실천을 물상화시켰다(Thompson, 1978: 1~20, 97~103).

[3] Thompson(1966: 1~11). 이 밖에 계급 형성론의 대표적 저서로는 Hobsbaum(1984), Kaznelson and Zolberg(1986).

생산되는 것이다. 즉, 각 계급 구성원들은 그들의 이데올로기 언어 교육 소비 주거 오락 여가 등을 통해 그들의 존재를 재생산하는 것이다.[4]

계급 형성에는 계급 구성원들이 살고 있는 공간, 즉 지역의 특징들이 영향을 미친다. 계급과 공간의 관계가 주목을 끄는 이유는 공간이 계급에 의해 점유되고 생산될 뿐 아니라 또한 기존의 특정한 사회성을 지니고 있는 공간이 계급 형성 과정에 직접적인 영향을 미치기 때문이다. 자본주의 특징 중의 하나는 작업 공간과 거주 공간 혹은 생산 공간과 소비 공간이 뚜렷이 분화되었다는 점이다.[5] 특정한 지역의 전통이나 가족 및 친족제도 지역감정 이웃 관계 지방정부 등이 계급의식을 고양시키기도 하고 때로 약화시킨다.[6] 노동자들은 작업장 안에서는 노동자의 저항의식을 갖다가도 집에 들어오면 자본주의 문화에 심취하기도 한다. 광산 지역의 노동자들은 그들의 독특한 생활문화를 만들기도 하고, 영남 지역의 노동자들과 호남 지역의 노동자들이 서로 다른 정치적 성향을 보이기도 한다.[7] 계급은 지역의 특징을 규정하면서 동시에 지역성(locality)으로부터 영향을 받는 것이다. "지역은 물리적, 문화적 특성이 다른 지역과 구별되는 동질적 영역으로서 동일시의 감각을 갖게 하는 단위이며, 상호작용과 사회관계의 체계가 일정하게 자율성을 갖는 유기적 구성체로서 어느 정도의 독자적 특성을 갖는 구체적이고 현실적인 공간 단위이다"(나간채, 1996: 64). 따라서 가족 이웃, 교육 등 비계급적인 생

---

[4] 실천은 총체적인 생활양식과 사회관계를 재생산한다. "자본주의 생산과정을 여러 관련들 속에서 고찰하면 (재생산 과정에서) 그것은 상품만을 생산하거나 잉여가치만을 생산하는 것이 아니라 자본 관계 그 자체를 생산하고 재생산하는 것이다. (…) (임노동을 전제로 하고 임노동은 자본을 전제로 한다. 그것들은 서로를 제약하고 서로를 창출한다. 면직 공장의 노동자는 오로지 면포만을 생산하는가? 그렇지 않다. 그는 자본을 생산한다)"(마르크스, 1987: 656. 괄호는 각주 20).

[5] 공간은 사회 실체를 규정하는 인과력으로 작용한다는 인식이 대두되면서 계급이론에 적극 수용되기 시작한다(Bagguley et al., 1990).

[6] 따라서 카츠넬슨은 '특정한 시공간에서의 특정한 계급연구'를 주장한다. 공간은 기본적으로 노동자들이 거주하는 장소이다. 사람들은 모두 특정한 장소에서 살아가고 있다(Kaznelson, 1982).

[7] 영국의 각 지역의 특성이 계급 형성에 영향을 주고 있음을 경험적으로 밝히고 있는 글들로, Thrift and Williams(1987). 또한 특정 계급의 집중에 따라 지역을 분류한 Urry(1981).

활공간의 요소들이 계급 형성에 영향을 미치고 있는 것이다.

생활세계에서의 소비 행위는 계급 형성과 재생산에 가장 중요한 실천 중의 하나이다. 자본주의 생활세계에서 재생산 수단은 곧 상품이다. 상품의 소비는 단순히 물질적 필요뿐 아니라 정신적 욕망을 충족시키는 행위로서 상품 속에 내재되어 있는 사회적 의미, 즉 상징을 획득하는 과정이기도 하다.[8] 고가의 외국산 수입 의류에 붙은 상표, 고급 승용차, 대형 가전제품, 유명 화가의 미술품 등은 위세와 부, 품격을 대변하는 상류계급의 상징물이다. 상류계급은 그와 같은 상품의 소비를 통해 타 계급과 구분 짓기를 시도하여 자신들의 독특한 계급 영역을 형성한다. 소비의 차이를 통해 계급의 구조화가 진행되는 것이다.

서구의 일부 학자들은 이미 계급을 생산영역에서만 논하던 입장을 벗어나 소비 영역에서의 계급 형성에 주목하기 시작했다.[9] 이는 단지 소비가 생산의 부차적 현상이 아니라 적극적으로 계급의 실체를 구성하는 사회과정이란 것을 의미한다. 더구나 후기자본주의는 생산의 시대가 아니라 소비의 시대라 할 만큼 사회의 정체성이나 행위 양식을 설명하기 위해서는 생산이 아닌 소비 과정에 초점을 두어야 한다는 주장이 강력히 대두되고 있다.[10] 소비 관행이 계급 형성 특히 계급의 정체성과 계급의식에 큰 영향을 미치고 있는 것이다.

소비지출에서 계급 간 차이는 확연하다. 계급 간 소비지출의 항목을 연구한 한 조사에 의하면 상층은 중간층의 5배, 하층의 10배 이상의 소비지출을 보이고 있다. 고소득 수입층의 월평균 외식비는 하층의 20배 이상이다.[11] 소비 행태에

---

8) 상품은 단지 마르크스의 『자본론』에서 묘사된 물신화뿐 아니라 상징적인 사회적 의미를 획득함으로서 더욱 신비화된다. 상품은 물질적 욕구뿐 아니라 문화적인 욕구가 덧붙여져 '욕구(need)'의 수준으로부터 '욕망(desire)'의 대상이 되는 것이다. 이 책의 제3장 제1절을 볼 것. 또한 소비는 주체들에게 새로운 시공간의 개념을 가져다준다(Shields, 1992).

9) 물론 베버가 제시한 계급 기준으로서의 생활 기회(life chance), 신분 기준으로서의 생활양식(life style)이라는 개념들이 소비와 계급 간의 밀접한 관계를 암시한다. 그리고 본격적으로는 베블렌(T. Veblen)이 선구적인 업적을 남겼다(Veblen, 1975).

10) 일군의 학자들은 생산에서의 계급의 의미는 사라지고 대신 소비 과정이 더 중요해졌다고 말한다. 물론 다 동의하는 것은 아니지만 계급 분석에 새로운 인식이 필요한 것은 사실이다(Crompton, 1996: 113).

관한 많은 연구들은 소비의 계급 차별성이 어떻게 나타나고 있는가를 잘 보여준다. 가령 상류계급은 소스타인 베블런(Thorstein Veblen)이 묘사한 대로 전시를 위한 '과시 소비(conspicuous consumption)'의 행태를 보이는가 하면 중간층은 상류계급으로 상승하고자 하는 '모방 소비의 행태'를 보인다(Veblen, 1975; Bocock, 1993). 쇼핑 행태나 음식, 의류 등의 소비에서도 계급별 구분 짓기가 나타난다. 중·상류층은 '상품의 진열'과 '자극'을 즐기는 반면, 하층일수록 가정용품 등의 생필품 소비에 치중한다든가, 음식의 메뉴는 물론 식당, 식사예절 등에서 계급 간 차이를 보인다든가 하는 연구들이 이를 잘 뒷받침하고 있다(Goody, 1996). 구독하는 신문과 잡지 역시 계급 구분의 한 징표이다. 최근 한국사회에는 상류계급을 목표로 한 고급 잡지 등이 출간되고 있는데, 값비싼 외제 브랜드의 상품과 여행, 음악회 등을 소개하는 그 잡지들은 품격과 권위를 명분으로 타 계급의 접근을 배제한다.[12] 외양(appearance)은 타인들에게 신분을 확인시키는 중요한 방법이다(Corrigan, 1997: 60).

이처럼 모든 소비는 계급에 따라 차별적으로 발생하고 차별화된 소비양식은 타자와의 구별 짓기를 통해 계급 형성에 기여한다. 앞서 말한 바와 같이 소비는 물적 재료뿐 아니라 상품 속에 투영된 사회적 의미로서의 상징을 동시에 획득하는 것이다. 상류계급일수록 이 상징에 대한 소비 욕구가 강하게 나타난다. 그 자체가 바로 자본이기 때문이다. 피에르 부르디외는 미술 음악 영화 등의 취향과 정치의식 및 생활 방식들, 학력 등을 통해 계급이 어떻게 구별되는지를 잘 설명하고 있다. 계급을 규정하는 자본은 경제자본 외에 '문화 자본(cultural capital)'이 있다. 이를테면 학력과 특정한 예의범절, 취향 등은 오랜 동안의 시간과 돈을 지출한 대가로 얻어지는 것으로서 계급을 구별 짓는 문화 자본의 요소들이다.[13]

---

11) 세목별로 본다면 식료품 부문(외식비 제외) 최저 소득층과 최고 소득층 간에 100 : 479.5 정도의 차이를 보이고 있지만, 가사 사용품에서는 100 : 4,290, 교통통신에 있어서는 100 : 3,181, 기타 지출에 있어서는 100 : 2,141 정도의 차이를 보이고 있다(이용규, 1993: 282~283).

12) 1990년 중반 이후 ≪오뜨≫, ≪노블리스≫, ≪더 네이버≫ 등 소위 상류층 20만 명을 상대한다는 잡지들이 발간되기 시작했다.

13) "예술 작품을 전유하는 것, 그것은 그 작품이나 그 작품에 대한 진실한 취향의 배타적인 보유

계급 형성 과정은 특정한 자원을 독점하려는 사회적인 봉쇄(social closure) 과정으로서 또한 타 계급에 대한 배제전략을 포함하고 있다.[14)]

욕구와 욕망의 소비가 계급별로 차등화 되듯이 공간의 소비 역시 그렇다. 부와 권력, 교육 등의 사회적 자원이 계급에 의해 분배되는 것과 마찬가지로 '공간' 역시 계급에 의해 점유되고 분할되는 자원이다. 장소와 토지는 이윤이 발생하는 생산수단인 동시에 소비의 대상이다. "보다 전망 좋은 곳, 보다 공기와 물이 좋은 곳" 등 특별한 사용가치를 지니는 자연 공간은 소수의 역량 있는 계급에 의해 소유된다. 그러나 자연 공간이 계급에 의해 소유되고 재생산되는 순간 그 공간은 사회 공간으로 변화한다. 공간은 사회적 실천의 산물이기 때문이다. 별장이 지어진 호젓한 강변의 자연 공간은 더 이상 자연 공간 그 자체가 아니다. 그 곳은 상류계급에 의해 '생성된 공간'으로서 상류계급을 위한 물적 자원은 물론 사회적 의미와 상징을 부여하는 사회적 공간인 것이다.[15)]

부유층의 소비 공간이나 주거 공간도 마찬가지이다. 상류계급은 특정한 공간에 웅장하고 호화로운 주택을 짓고, 보안시설을 설치하며 침묵의 분위기를 만들어 마침내 사회적 상징(예컨대, 베벌리힐스는 상류층의 위세를 상징한다)을 끌어들임으로써 그 공간을 사회적으로 생성하는 것이다.[16)] 상류계급은 또한 그들만의 계급 역량으로 접근할 수 있는 소비 공간을 창출한다. 소비 공간은 상품의 교환뿐 아니라 누구나 참여할 수 있다는 정치적 이데올로기를 유포하는 장소이기도 하다.[17)] 자본주의와 함께 등장한 대표적인 소비 공간은 '아케이드'였고[18)] 대량생

자임을 자인하는 것이다"(부르디외, 1995: 468).

14) 그러나 배제된 집단은 '유대(solidarism)'를 통해 배제하는 집단에 도전한다(Parkin, 1974: 1~17).

15) '공간의 사회성'을 말한다. 이에 대해 이 책의 제2장 제1절을 볼 것.

16) 서울의 강남과 봉천동, 시카고의 '북부(North)'과 '남부(South)'의 언술이 주는 의미를 상기해 보라. 서울 강남과 시카고의 북부는 부와 위세를 상징하고, 봉천동과 시카고의 남부는 가난과 주변을 상징한다. 각 공간의 이름은 더 이상 지리적 개념이 아니다.

17) 그러나 실제로는 경제적 능력에 따라 소비의 차별이 생긴다. 소비 공간의 출현과 이데올로기에 관해, 강내희(1997).

18) 베냐민이 꿈과 희망의 장소로 주목한 곳은 파리의 아케이드였다. 이 책의 제2장 제2절을 볼 것.

산/대량 소비 시대와 함께 출현한 소비 공간은 백화점이었다. 그러나 백화점 역시 계급에 따라 접근의 차별화가 나타난다. 진열된 상품의 가격으로부터 이미지, 공간의 배열 등은 각 계급의 취향과 역량을 반영한다.[19] 압구정, 청담동, 논현동 등의 상류계급을 주 고객으로 하는 G백화점의 경우 여성의류 가격은 최저 25만 원에서 150만 원 가량이고, 상표는 기비, 보티첼리, 지방시 등 해외 유명브랜드 제품이 주축을 이룬다. 분당과 서초 등 중산층을 겨냥하고 있는 S백화점은 보다 다양한 상표와 12만 원에서 15만 원 가량의 의류가 주를 이룬다. 그런가하면 구로동 지역의 중하층을 주고객으로 하는 A백화점은 상품의 인지도가 그리 높지 않은 상표들 그리고 보다 저렴한 가격의 의류들이 판매된다. 백화점 내부의 상품 이미지 전달 전략이나 진열에도 차별을 보인다. 상류계급을 주 고객으로 하는 G백화점은 주로 '폐쇄적 부티크' 형태가 많이 나타난다. 이는 고가의 상품에 대한 고급스러운 분위기를 연출할 수 있기 때문이다. 또한 필요 구입 시 '목적객'과 '배회객'의 선별을 가능하게 하고 목적객으로 하여금 다른 사람이 영향을 받지 않고 자신만의 공간임을 느끼게 하는 심리적 욕구를 만족시키고자 한다. 또한 매장의 진열도 시각적이고 자극적이며 감각적이고 유행을 많이 따르는 연출을 보인다. 반면 중산층을 주 고객으로 하는 S나 A백화점은 개방적이고 편안한 분위기를 조성하고, 상품 자체로 진열하는 방식을 보인다(김정혜, 1998: 76~79).

이와 같이 소비 공간은 계급에 따라 차별적으로 점유되고 생산된다. 상류계급의 구별 짓기는 더욱 능동적이고 적극적이다. 구별 짓기를 위한 역량(부, 권력, 학력 등의 자본)을 갖추었다는 점에서 상류계급의 계급 영역화 역량은 타 계급에 비해 훨씬 강하다. 상류계급은 제도와 기구를 동원해 자원과 상징을 독점하고, 다양한 가치와 생활양식, 결혼과 같은 연줄망을 통해 자원과 상징을 유지하면서, 타 계급의 도전과 접근을 배제한다. 기본적으로 타 계급에 대한 상류계급의 전략은 '배제'이다.

---

19) "부르주아가 된다는 것은 이제 외양의 문제가 되었다. 외양은 백화점이 만들어낸 모델에 의해 규정된다"(Corrigan, 1997: 60).

2. 계급과 거주 공간의 분화

인간은 주거 공간을 통해 삶의 뿌리를 내리고, 안정성을 확립하며, 주거 공간을 통해 자신의 정체성과 생활의 의미, 환경에 대한 귀속감 등을 갖게 된다. 그러나 이러한 주거 공간은 희소한 자원으로서 계급에 의해 차별적으로 분배되고 점유된다. 렉스(J. Rex)와 무어(R.Moor)는 '주택 계급(housing class)'이란 개념을 통해 주거 공간의 불평등한 분배 과정을 논의했다. 도시 주거 집단은 부의 소유 정도에 따라 대략 세 가지의 유형으로 구분되는데 이들은 또한 독특한 공동체적 생활 방식을 보인다. 첫째는 중상위계급으로, 이들은 공장 등의 불쾌한 환경과는 떨어져 있으면서 상업 및 문화 중심지와 근접한 비교적 큰 주택을 소유하고 있다. 둘째는 노동계급으로, 소형 주택을 임차하여 거주하고 있으며 일상적인 빈곤에 대한 경험을 통해 강한 집단적 일체감과 공조 의식을 갖고 있다. 셋째는 중하위계급으로 임대주택에 거주하면서도 부르주아 주택 소유자의 생활을 갈망하는 성향이 강하다(Rex and Moor, 1967).

이들은 영역으로 나뉜 공간에 그들만이 전유할 수 있는 주택 구조와 형태 그리고 내부 시설 등을 통해 차별화와 구별 짓기를 시도한다. 구별 짓기를 시도하기 위해 단순히 물적 재료만을 동원하는 것이 아니라 상징 혹은 사회적 의미를 동원한다. 특정한 공간에는 위세의 이미지가 부여됨으로서 그 구분 짓기의 완성도가 높아지게 된다.

거대도시 서울은 이질적인 계급집단이 모여 있는 곳이다. 대기업가는 물론 행정 고위 관료, 정치인을 비롯하여 지역구 국회의원들의 가족 모두가 서울에 몰려 있다. 그런가 하면 노점상, 행상, 노숙자 등 도시 비공식 부문의 주변 빈민 계급이 몰려 있는 곳도 서울이다. 주거와 소비를 통한 서울의 공간 분할도 다양한 계급 분포를 보여주고 있다. 성북과 강남의 일부지역은 상류계급의 생활공간으로 영역화되고 있다. 유력 정치인, 유력 법조인, 고위군, 경찰, 고위 공무원의 85% 이상이 서울에 거주하고 있고, 그들의 새 거주지는 강남구와 서초구이다. 전 인구의 2%밖에 거주하지 않는 이 두 구역 내에 유력 정치인의 22.9%, 유력 법조인의 35.7%, 고위 군·경찰의 33.9%, 고위 공무원의 39.6%가 산다(송복, 1993: 42~44). 서울의 상위층 주거지는 한강을 따라 건설된 압구정 신사 서빙고 잠실 청담 삼성동 등 고급 아파트들이 많이 밀집된 지역이다. 아파트 외에도 방배동 일대의 '현대단지' '동광단지' '글로리아 타운' 양재동의 '호화빌라단지' '평창동의 고급주택단지' 성북동 340번지 속칭 '대교단지' 등을 비롯해 여러 곳에 산재해 있다. 이러한 고급주택이 밀집한 최상층 주거지들은 산을 끼고 있거나 한강변에 자리를 잡고 있는 등 환경과 경관이 좋고 도심과도 멀지 않은 좋은 입지를 차지하고 있다.[20] 대단위 아파트단지가 들어선 목동이나, 일산, 분당 등 서울 근교의 신도시지역은 서울을 생활 근거지로 한 중간층의 생활공간으로 영역화되고 있다. 그런가 하면 구로구 등과 같은 전통적 공업지역과 성남, 부천 등의 서울의 주변 지역은 생산직 노동자층이나 도시 비공식 부문의 종사자들이 광범위하게 분포되어 있다.[21] 주택의 소유 상황도 강남 일대와 여의도 일대는 자기 소유자가 많지만, 관악구 영등포구 구로구 일대는 월세가 상대적으로 많이 분포한다. 지가(地價) 역시 지역별 큰 차등을 나타내고 있다.[22]

도시 빈곤은 자본주의 도시의 보편적 현상이다. 도시 빈민층의 거주지는 도시 재개발의 주요 대상이었고, 중간층에 의해 '침식-계승'의 생태학적 계급역학이 실현된 곳이다. 급속한 산업화 기간 동안 엄청난 인구들이 도시에 집중하면서 1980년 중반까지도 서울에는 빈민들이 집단적으로 거주하고 있는 빈민촌이 227 개 지구에 이르고, 서울 인구의 1/3 정도가 이곳에 거주하고 있었다.[23] 도시 비

---

[20] 물론 일부 고급 거주지는 길 하나를 사이에 두고 저소득층 주거지와 마주 서 있기도 하다(서종균·고은아·박세훈, 1993, 345~346).

[21] 한 연구에 의하면 전문직과 관리직이 주로 분포하는 지역은 강남과 여의도 일대, 마포구 일부와 상계동, 성북동 등으로 나타나고 있고, 저소득층이라 할 수 있는 노동직은 영등포구와 관악구, 양천구, 도봉구, 성동구 등지에 밀집해 있으며, 일산, 분당 등 서울시 외곽에 중산층의 공간이 형성되고 있는 것으로 나타나고 있다(한주연, 1991).

[22] 참고로, 1991년 지가가 제곱미터당 종로 94만 3000원, 중구 147만 3000원, 구로 101만 3000원인 데 비해 강남, 서초는 각각 264만 6000원과 224만 3000원으로 거의 두 배 가량 높은 것으로 나타났다(토지개발공사, 1992).

[23] "상계동, 중계동, 난곡, 봉천5·6동, 삼양동, 하월곡동, 정릉 3·4동, 가리봉동, 목동, 양동, 신

공식 부문의 무허가 불량 주택의 경우에는 지속된 철거에도 불구하고 1990년까지 1만 호 가량이 남아 있었고, 성동구 동대문구 성북구 도봉구 노원구 관악구 등에 이들 지역이 전체의 55% 가량을 차지하고 있었다.[24] 물론 오늘날에는 도시 빈민 지역 중 상당수가 재개발되어 그 수가 격감하고, 도시 빈민층으로 분류되는 생활 보호대상자는 서울의 경우 3만 9000여 가구에 8만 9000명으로 나타난다.[25] 외환위기 이후 도시 빈민층은 다시 증가하는 추세를 보이고 있는데 서울역과 지하철역사, 도시공원의 벤치 곳곳에는 생활 능력을 상실한 노숙자들이 쉽게 눈에 띤다.

17일 오전 1시 30분 지하철 1호선 서울역 지하도 퇴계로 방면 방향 통로는 종이 박스와 신문지를 깔고, 덮고 양편으로 드러누워 잠자는 노숙자들로 발 디딜 틈이 없었다. 종교 단체에서 무료급식 하는 남대문 5가 지하도에는 200여 명이 모인다. (…) 같은 시각 지하철 2호선 을지로입구역 안의 8각형 벤치들도 노숙자들이 점령했다. (…) 노숙자 수용 시설인 서울 자유의집에도 10월 이후 꾸준히 수용자가 늘어나 12월 현재 1000명이 생활하고 있다.[26]

도시 비공식 부문을 이루는 노점상 등의 수도 증가하고 있고, 이들의 주거 실태를 보면 자가가 20.3%, 전세 41.6%, 월세 33.9%, 기타 등으로 나타나 70%이

정동 등이다. 모두 산둥성이에 다닥다닥 붙어 있는 블록 집들로 이루어졌다. 봉천6동 산101번지 안에 2만 4000여 명이 2500여 채의 집에 살고 있다. 가리봉동 등의 구로공단 지역에 가보면 더욱 극심해져 한 집에 100여 개의 방이 있는 곳도 있어 200~300여 명이 우글거리며 살고 있다. 서울시민의 주거 실태를 보면 7평 미만의 집에 6명 이상이 거주하는 집이 6,614채, 1가구가 방 하나를 사용하는 가구가 73만 6000가구에 이르고 있다. 반면 100평 이상의 집에 3명 이하가 사는 집은 831채로 나타나고 있었다"(정동익, 1985: 11). 물론 오늘날에는 이 지역의 상당 부분들이 재개발되어 대규모 아파트단지가 들어서고 중산층의 거주지로 바뀌고 있다.

24) 도시 빈민의 주택에 대해 한상진(1988).
25) 서울특별시(1998). 서울의 생활보호대상자 가구는 노원(6,186), 강서(5,183), 중랑(2,307), 강남(2,857), 강북(1,927), 마포(1,655) 등에 분포되어 있는데 서울 인구의 0.9%를 차지한다.
26) ≪조선일보≫, 1999년 12월 20일.

<그림 7-1> 계층에 따른 서울 거주지의 공간 분포

* 상류층 거주지 주요 분포
  (월평균소득, 만 원)

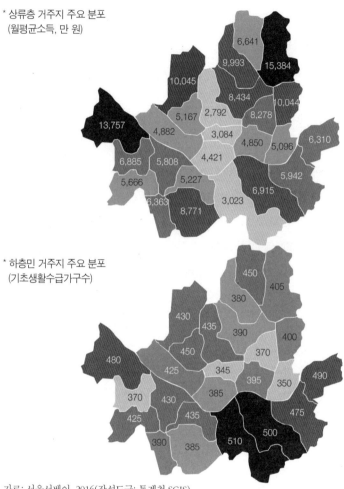

* 하층민 거주지 주요 분포
  (기초생활수급가구수)

자료: 서울서베이, 2016(작성도구: 통계청 SGIS).

상의 도시 저소득층들이 불안정한 주거 공간 속에 살고 있다.[27] 참고로 서울의

---

[27] 노점상의 수에 대해서는 다양한 조사 수치들이 있다. 서울대 환경계획연구소에서는 서울에 11만 8026개, 대한국토학회는 서울에 2만 305개, 전국노점상협회는 서울에 30만 개, 전국에 100만 개(1998년), 서울시는 서울에 1만 3551개, 전국에 5만 9935개(1998년), 노점환경개선협의회는 서울에 15만 8551개, 전국에 58만 3935개(1999년)로 추정하고 있다(한국도시연구소, 1999a: 40).

계층에 따른 거주지 분할의 지도(〈그림 7-1〉)를 살펴보자.

거주 공간은 계급 역량의 표현이며 또한 계급 갈등을 유발하는 자원이다. 지난 국가 주도의 급속한 산업화 기간 동안 한국사회에서 계급 간 역학이 가장 역동적으로 응축되어 나타난 곳이 바로 주택이었다. 직접 가치를 생산하지 않는 '의제(擬製)자본'임에도 불구하고 토지는 한국의 자본가들에게 부를 증식하는 가장 중요한 생산수단이었고, 주택은 서구 복지국가와 달리 독과점 이윤을 보장하는 상품이었다. 기업들이 재테크에 한참 열을 올린 1980년대에 아파트 분양을 통해 발생한 자본 이득은 대기업의 생산성을 훨씬 능가했다. 도시재개발과 주택 공급은 건설 자본가들에게 막대한 이윤을 창출해주었던 것이다.[28] 주택은 마르크스 정치경제학자들이 지적하는 바와 같이 노동력 재생산을 위해 가장 필수적인 요소이다. 체제 관리자로서의 국가는 '자본'의 생산을 보장함과 동시에 노동력 재생산 과정에 간여하지 않을 수 없다. 국가는 대중들로부터 정당성을 토대로 존립하기 때문이다. 1980년대 후반에 이르면 서울의 주거는 노동력 재생산 문제와 함께 국가 정당성의 문제를 야기하는 주요 현안으로 떠오르게 되었다.[29] 주택 건설은 국가가 개별 자본을 동원한 민관 합동식의 거대한 정치 프로젝트로 등장하게 되었다. 일산, 분당 등의 신도시의 건설이 본격적으로 시행된 것도 이와 때를 같이 한다.[30] 한편 토지와 주택은 일반 한국 사람들에게도 자산 증식을 위한 가장 요긴한 수단이었다. 또한 사회이동이 그 어느 사회보다 급격했던 산업화 기간 동안 전세금의 지속적인 상승으로 오는 생활의 불안정함을 지우기 위해서라도 '집 장만'을 해야 했고, 사회적 위신을 위해서라도 집을 마련해야 했다. '내

---

[28] 1989년 당시 30대 재벌이 소유한 부동산은 1억 3258평(토지 1억 2297만 평, 건물 961만 평)으로 서울시 70%에 해당하는 규모이다. 한 해 동안만도 이들이 보유한 지가는 32%로 상승했다(민족민주운동연구소, 1990: 74~83). 또한 개발 이익과 관련한 실증적 연구로는 이정우(1991), 장세훈(1989), 백욱인(1990) 등을 볼 것.

[29] 물론 당시 200만 호의 구호가 정부의 취약한 정당성을 만회하기 위한 이데올로기로 작용한 측면도 있다.

[30] 신도시계획이 발표된 때는 전국적으로 주택 가격이 폭등 일로에 있던 1989년 일이었다. 건설 개요를 보면 분당은 총 540만 평, 일산은 총 460만 평이고 주택 건설 호는 각 각 10만 5000호와 7만 5000호, 수용 인구는 42만 명과 30만 명이었다.

집 장만'이야말로 한국인들의 생활에서 가장 일차적인 목표가 되었다. 주택은 땅을 자신의 세계관의 모체로 삼고 있었던 한국인들의 의식과 맞물려 모든 계급들과 국가의 관심이 모아진 '각축장'이었다. 그러나 앞서 말한 바대로 그 양적이고 질적인 배분은 계급 역량에 달려 있다. 신도시 주택은 일반 서민들을 위한 주택 공급과는 거리가 멀었다.[31] 또한 거주 공간은 국가 권력과 계급 간의 갈등의 생성지이다. 도시재개발을 둘러싼 철거와 보상, 탄압과 저항 등이 이를 잘 대변하고 있다.[32]

3. 서울의 '베벌리힐스'[33]와 '쪽방' 공간

1) 상류계급의 주거 공간

서울 강남의 반포4동, 서래마을, 압구정동, 청담동, 그리고 성북2동과 평창동은 상류계급의 공간 거주지로 이름난 곳이다. 우선 출근시간에 방문하면 주차된 차량의 종류를 알 수 있다. 대부분의 경우 차종은 대형차(그랜저, 아카디아, 에쿠스, BMW, 벤츠 등)이고, 대부분 운전기사가 딸려 있다. 또한 모든 차들의 차창은 한결같이 검게 태닝(tanning) 되어 있는 게 특징이다. 이는 권위를 상징하기도 하려니와 외부의 시선으로부터 자신을 구분하려는 상류층의 폐쇄적 습성을 나타낸다.

① 서초구 서래마을

서초구 서래마을의 경우 고급 커피숍이나 부동산, 단 하나의 편의점을 제외하면 동네 슈퍼와 같은 상점은 어느 곳에도 찾아볼 수 없다. 그리고 거의 한 골목마다 한 개 이상의 방범 초소가 있다.[34] 프랑스대사관 주변에 프랑스인들이 많이

---

31) 우선 분양 평수가 중대형으로 이루어졌고, 당시 평당 70만 원 하던 55평형의 경우 상한액을 적어낸 신청자만이 당첨되었다. 또한 4조 원 이상의 건설 경기를 불러일으켜 건설 자본가들에게 엄청난 이익을 챙겨주었다(민족민주운동연구소, 1990: 92~93).

32) 도시개발을 둘러싼 운동사례의 연구로, 이득연(1985).

33) 서울 서래마을, 성북동, 평창동 등의 참여 관찰과 면담은 2000년에 연세대학교 인문학부 서지연, 박지혜, 이주희 학생들과 함께 이루어졌다.

살고 있다고 하여 '몽마르트의 거리'라는 문화의 거리를 만들겠다고 한 적이 있는 곳이다. 방범 초소 담당자, 기사, 청소하는 사람을 제외하고는 이곳저곳을 돌아다니는 행인의 모습을 찾아볼 수 없다.

이 지역은 순수 주거지역으로 아무런 생활시설이 없다. 이러한 현상은 그 지역의 사람들이 자신들의 생활공간에 타인들의 출입을 용인하고 있지 않음을 간접적으로 시사한다. 또한 그들의 활동 반경이 주거지역으로만 한정되어 있지 않음을 의미하기도 한다. 적어도 생활물품을 사기 위해서, 운동을 하기 위해서라도 전업 주부조차 주거지 밖으로 상당히 먼 거리까지 이동해야 함을 의미한다. 즉 타인과 접촉하는 사회생활 공간과 개인의 사생활이 이루어지는 거주 공간이 엄격하게 분리되어 있음을 알 수 있다.

보통의 빌라에는 특별히 담이 존재하지 않는다. 그런데 이 지역의 모든 건물, 단독주택이나 빌라에 모두 담이 있다. 담은 공공도로인 골목과 자신의 집과의 경계를 확실히 하고, 집안을 가려줌으로써 사생활을 보호하는 기능을 하고 있다. 또한 집마다 나름대로 개성 있는 담과 대문은 각 소유주의 취향을 나타내기도 한다. 토담과 같은 토착적 분위기의 담이 있는가 하면, 다양한 문양의 철문, 나무대문 등이 있다. 정원의 나무들 역시 담의 사생활 보호 기능과 미관상 기능을 분담하고 있다.

각 집마다 감시 카메라가 설치되어 있어 타자들의 접근이 용이하지 않다. 눈에 띄게 장치한 카메라는 단지 보는 것만으로도 위압감을 느끼게 한다. 또한 각집(단독주택, 빌라)에는 개인 경비들이 상주하고 있고, 이들 역시 타인의 눈에 띄는 장소에서 내부를 보호하고 있다. 이러한 보안 체계는 실질적인 감시 기능 외에도 이 지역이 외부와 차별화한 공간이라는 점을 타인에게 선언하는 것이다.

주로 흰색을 기본으로 밝은 색의 집들이 주종을 이루고, 담과 대문은 소유주들 각각의 감각과 개성을 표현한 것처럼 보인다. 그러나 그 지역 전체를 보면, '유럽식 빌라, 미국식 주택' 등 서구 지향적인 취향이 지배적임을 알 수 있다. 즉

---

34) 이곳 주변에 프랑스, 부르나이 대사관이 위치하고 있다.

〈사진 7-1〉 상류계급의 거주지역

서구의 모양을 본 뜬 개성과 미관을 추구하고 있는 것이다. 빌라의 경우 그 이름 역시도 '베버리 힐즈 빌라' '꼬레아 빌라'와 같이 외국의 부촌 이름을 직접 따오거나 외국 발음을 그대로 옮긴 것들이다. 그리고 한국식 문패 대신에 미국식의 주소판이 부착되어 있다.

담과 보안체계의 일차적 기의(denotation)는 상류계급의 사생활과 재산을 보호하는 것이다. 그러나 그 함축 의미(connotation)는 자신들의 거주치가 타 지역과 다른 지역, 자신들이 타인들과 다른 부류의 집단임을 간접적으로 과시하는 것이다. 집의 외관 역시 과시성에서 비롯된다. 특히 그들은 미국이나 유럽 상류계급의 거주 공간의 '이름'을 모방 소비함으로써 한국의 타 계급으로부터 더욱 구별되고자 한다.

② 성북2동의 부촌

이 지역은 전체가 순수 주거지역으로서 타 지역과 극도로 고립된 특성을 보여주고 있다. 주택이라 부를 수 없을 정도로 단일 집의 크기가 엄청나기 때문이다. 이 지역은 민간 경비업체와 개인이 고용한 경비에 의해서 보안이 이루어지고 있다. 이 지역은 이러한 민간경비 외에도 일부 골목길에는 2인 1조의 제복 경찰들이 보초를 서고 있는 것을 볼 수 있다.[35)]

'담'은 '성벽'이라고 불러야 더 적절하다. 한 집의 담의 경우 그 높이가 아파트 3층 정도의 높이에 달할 정도로 높았고 그 길이 역시 매우 길어서 어디서 어디까지가 한 집인지 구분조차 제대로 되지 않는다. 이 지역의 보안체계는 단순한 과시용이 아닌 실제적인 보안을 주목적으로 하고 있다는 것을 알 수 있다.

이 지역의 특징 중의 하나는 빌라나 아파트가 없고 모두 단독 개인 저택만이 있다는 점이다. 담의 높이 때문에 그들이 어떠한 이미지를 선호하는지조차 알 수 없다. 단지 유럽 성들의 성벽을 보는 듯한 느낌이 들 뿐으로 이곳에 사는 사람은 '귀족' 내지는 '왕족' 의식을 갖는 것이 아닌가라는 생각이 든다. 도둑을 막기 위해서라는 명분만으로 아파트 3~4층 높이의 담을 쌓을 이유는 없다고 생각한다. 자신의 사생활을 철저히 가리기 위해서라고도 생각되지 않는다. 상류계급들이 경쟁적으로 높이 쌓는 담은 그들을 성의 귀족 신분으로 상징하려는, 혹은 자신들만의 왕국을 건설하고 싶어 하는 계급 심리가 반영되어 있다고 할 것이다.

③ 평창동

평창동의 부촌은 북악산 비탈에 위치하고 있다. 사람이 오르내릴 수 있는 정도의 비탈에 주거지를 형성하여 계단식 골목이 상당히 많다. 위쪽의 주거지역과 연결된 길은 서래마을, 압구정동, 청담동의 경우와 마찬가지로 좁고 비탈져 있다. 주택 사이의 골목길은 차 두 대 정도가 겨우 비껴 지나다닐 정도로 좁다. 물론 대중교통망과는 연결되어 있지 않으며 그 아래 지역에는 고급 카페(Coffee Shop)와 음식점이 소수 자리 잡고 있다. 성북동 집들의 축소판 같은 주택들이 많이 있지만, 성북동보다 주택의 수도 많고 주거지역의 전체적인 규모는 성북동보다 크다.

---

35) 이 지역에는 대사 공관이 다수 위치하고 있다. 감시 카메라의 경우, 우리는 직접 눈으로 그 존재 여부를 확인할 수 없었지만 있을 것이라 추측하여도 큰 무리가 될 것 같지 않다.

몇몇 차이가 있음에도 불구하고 이들 상류계급의 거주 공간은 몇 가지 특징들을 안고 있다. 첫째는 상류계급의 주거지는 지리적으로 고지대에 위치하고 있다는 점이다. 방배동, 서래마을, 청담동과 압구정의 빌라촌은 타 지역보다 어느 정도 높은 구릉지대에 위치하고 있으며, 성북동과 평창동은 북악산 주위에 위치하고 있다. 성북동의 경우 북악산 정상에 가까이 위치하고 있어 우리나라 주거지 중 가장 높은 곳이 아닌가라는 생각이 든다. 상류계급의 주거지는 다 '높은 지대'에 위치하고 있다!

둘째는 대중교통과 연결되지 않아 거주자 외에는 일반인들이 접근을 배제하고 있다는 것이다. 성북동을 제외한 주거지역은 마을버스 정도는 연결되어 있지만, 성북동 지역에는 어떠한 대중 교통수단도 연결되어 있지 않다. 마을버스가 운행된다 하더라도 그 운행 위치는 상층의 주거지역과는 상당한 공간적 거리를 두고 있어 이를 이용하기 위해서는 서래마을의 경우 500m 정도를 걸어 내려와야 한다. 대중교통을 이용할 정도의 생활수준인 사람들이 상층의 주거지에 우연이라도 접근할 수 있는 가능성을 차단하는 원인이 되기도 한다.

셋째는 이 공간은 순수 주거지역으로 주위에 상권이 형성되어 있지 않다는 것이다. 일부 지역에서 소수의 고급 식당, 카페 정도 등은 찾아볼 수 있지만 여타 공간에 흔히 있는 동네 슈퍼나 세탁소 등은 찾아볼 수 없다. 이것은 상층의 주거지가 타 계급과 공간적으로 분리되어 있을 뿐 아니라 그들 계급 성원들의 일상생활을 위한 소비 공간이 따로 있음을 의미한다.

넷째는 상류계급의 거주 공간은 철저한 보안체계에 의해 영역화되어 있다는 점이다. 모든 지역에서 감시카메라와 민간 보안업체(SECOM, CAPS)의 시스템을 찾아볼 수 있다. 높은 담도 일종의 보안 시스템으로 볼 수 있다. 이러한 보안 체계는 상층의 사생활 보호와 안전을 위한 것이기도 하겠지만, "나와 내 가족은 보호받아야 할 특별한 대상" 혹은 "나의 집은 다른 곳과는 구별되는 특별한 세계"라는 특권 의식을 간접적으로 보여주는 것이다.

다섯째는 상층 거주지는 공간적으로 폐쇄되어 있고 고립되어 있다. 이러한 폐쇄성은 상류계급의 생활양식을 대표적으로 반영하는 것이다. 공간과 생활양식

〈사진 7-2〉 상류층의 집 내부 인테리어 중 하나.

의 고립성은 타 계급과는 언제나 일정한 거리를 두고 있고 그들의 접근을 배제하는 상류계급의 적극적인 구별 짓기의 한 양상이다.

그러면 이런 주거지의 주택 안의 공간 구조는 어떠한가?

우선 주택 내부에서의 공간 분할이 뚜렷하다는 것이다. 거의 모든 집이 '사생활 공간'과 손님을 접대하는 '공공의 공간'으로 분리되어 있다. 단독 주택의 경우 1층은 거의 손님 접대를 위해 쓰이고 있고, 2, 3층 등은 가족들의 생활공간이 주를 차지하고 있다. 특히 가족만의 놀이 공간을 집의 꼭대기 층이나 지하에 마련하고 있다. 아이들의 놀이방이 따로 있고, 노래방 기계, 당구대, 바(bar) 등을 설치하여 가족 및 동류 집단 간의 유대감을 강화하는 공간을 집안에 두고 있다. 각 공간 간의 분리를 엄격히 하여 모든 공간의 기능을 구체화하고 있는 것이다. 일반 주택에서 통합적으로 쓰이는 주방 식당 거실의 공간들은 상류계급의 집안에서는 각각 분리되어 있다.

가구와 장식은 외제 상품이 주를 이루고 있는 것도 특징이다. 특히 바닥재와 벽지 등은 거의 외제를 선호하는 경향이 있고, 식기 역시 국내산보다는 외국산을 주로 이용하며 실용성보다는 장식성을 중요시한다. 이러한 성향은 수도꼭지를 칠보로 꾸미는 사례에서 절정을 이룬다. 가구의 구입이나 장식품의 구입에서 상층의 사람들은 얼핏 보기에 각각의 개성을 중요시하는 것처럼 보인다. 물론 그러한 경향이 있기는 하지만, 상류계급들 간에도 '유행'에 의한 동조적 행태들이 많이 발견된다. 한 예로 그 형태나 배치는 어느 정도 다양성을 보여주었지만 모든 집에는 '벽난로'가 빠짐없이 놓여 있다.

고가의 미술품과 골동품은 집안 장식의 필수품이다. 거실에 유명한 화가들이 그린 유화 한 점은 기본으로 걸려 있다.

그러면 이와 같은 인테리어를 통해 나타난 상류계급의 의식은 어떠한가?

송복은 그의 상층 연구에서 급속한 산업화 기간 동안 '엄청나게 빠른' 사회이동으로 인하여 한국사회의 계급 구조화의 기간은 매우 짧았다고 주장한다. 그 결과 한국의 상류층은 모두 신흥 부자(new rich)이며 신흥 고위직층(new high)으로서 그들만의 독특한 생활양식과 가치, 규범을 형성하지 못했다고 본다. 그들이 쓰는 언사는 하층민의 그것이나 다름없고, 유럽이나 미국의 상류계급과는 달리 아무런 지도자적 윤리와 도덕성을 보여주지 못하고 있다는 것이다(송복, 1993). 나는 기본적으로 이러한 진단에 동의한다. 더구나 신흥부자들의 경우에는 학력이나 문화적 자산과 상관없이 졸부들이 많이 포진되어 있다는 점에서 더욱 그렇다. 그러나 구조화 기간이 짧음에도 불구하고 한국의 상류계급 역시 다양한 생활양식을 통해 그들을 타 계급과 구별 지으려는 전략을 행사하고 있다. 그리고 그 구별 짓기는 규범이나 윤리성과 같은 가치가 아니라 소비를 통한 것이 특징이다. 제한적이지만 주택을 통해 나타난 그들의 구별 짓기는 어떻게 나타나고 있는가? 한국의 상류계급은 서구 문화를 지향 및 모방하고 있다. 주택의 구조물, 벽난로, 주거단지의 유럽 및 미국식 외관과 이름 등 그들은 서구의 물품을 선호하고 있고 서구식의 주거 양식을 모방하고 있다. 오늘날의 소비는 단순히 물리적 재료만이 아닌 이미지나 상징을 충족하는 행위이다. 상류계급의 서구 모방적 소비 양식은 '서구 우월주의가 코드화된 한국사회'에서 자신의 우월성을 표현하기 위해 외국의 물품과 이미지를 적극적으로 수용하고 있음을 반영한다. 한국의 상류계급에

게 '서구(The West)'는 타 계급과 자신들의 계급을 구별 짓기 위한 핵심적인 자원이다.[36)

한국의 상류계급은 '문화 자본'의 중요성을 인지하고 있다. 모든 상류층이 미술품과 골동품의 소장을 원하고 있다. 이러한 현상은 개인의 취향만으로 설명될 수 없다. 미술품의 소장은 높은 학벌과 함께 우리 사회의 상류계급의 필수 요건이 되고 있다. 즉 미술품을 소장하고 있지 않거나 학벌이 낮은 사람의 경우 상류 공동체에서는 인정을 받기가 어렵다. 이러한 현상은 한국의 상류계급 의식이 단순히 자산의 많고 적음뿐 아니라 문화적 자산의 정도에도 있다는 것을 보여준다.

한국의 상류계급은 그들만의 정체성을 통해 타 계급과의 차별화를 추구하고 있다. 상류계급은 집안 외장에서부터 인테리어에 이르기까지 자신들만의 정체성을 드러내려 한다. 일상용품에서 외제품을 사용하는 것만으로는 한국사회에서 상층만의 정체성을 확인하기에 역부족이다. 이들은 거주 공간을 자신들의 정체성을 나타내는 도구로 활용하여 타 계급이 넘보지 못할 자신들만의 문화 정체성을 이루고자 한다. 미술품 소장 욕구도 이러한 측면의 하나라고 할 수 있다. 상류계급이 그들대로의 유행을 만드는 이유는 집단으로서의 정체성을 갖기 위한 것이다.

그러면 이들은 어떠한 일상생활을 보이고 있는가? 상류층의 한 주부의 사례를 보도록 하자.

〈사례 1〉 30대 재벌의 고문

자신은 그룹자산 규모의 20~30%의 지분을 소유하고 있으며 또한 30대 재벌가의 일원으로서의 지위를 누리고 있다. 현재 명목상 그룹의 고문직을 맡고 있어 2일에서 3일 정도는 회사에 출근하여 업무를 보고 있다. 그러나 4일에서 5일 정도의 시간은 기업이 소유한 종합 행락시설에 머물면서 골프 등을 치며 여가시간을 갖는다. 겨울이 되면 미국 L.A.의 집으로 거처를 옮겨 긴 휴가를 보내고 온다. 그녀는 국경과 같은 장벽

---

36) 예외 없이 상류계급의 자녀들은 유학을 떠난다. 유학과 외국대학 학위는 상류계급의 학력 자본의 핵심적 요소이다.

이나 제도적 틀에 얽매여 있지 않고 자신의 필요에 따라 모든 상황을 조절하며 산다. 과거 호텔을 경영했던 경험이 있어서 맛을 알고 맛을 찾아다니는 취미를 가지게 되어 식도락가로서의 취향을 즐기기도 한다. 음식을 대접하는 음식점은 그녀의 방문을 오히려 영광으로 알 정도로 음식에 대한 관심과 품격이 높다. 또한 미술품에 대한 조예가 매우 깊고, 미술품을 소장하기를 좋아한다. 금액에 구애받지 않고 구입하여 평균 2~3억대에 이르는 미술품도 다수 소장하고 있다.

〈사례 2〉 종로구 구기동 거주: 가장의 직업 ― 대표이사(기업주)

빌라의 입구에 들어가기 이전에 경비실의 제재가 만만치 않다. CCTV로 가득 찬 경비실에서부터 연구진이 방문하려고 하는 집 호수와 가는 이유 그리고 집주인과의 관계를 자세히 밝힌 후에야 통과할 수 있었다. 빌라에 들어서는 현관에는 또 다시 SECOM이라는 보안시스템이 작동하고 있다. 아침을 아직 못 먹었다며 양해를 구하는 면담 대상자는 "우리는 식생활이 서구화되어서……"라고 말하면서 아침으로 빵을 먹는 이유를 설명하며 케이크를 권했다.

그녀는 취미가 독서와 시 쓰기, 그리고 좋은 음악을 듣는 것이라 했다. 실제로 면담 시간 내내 클래식 음악이 흘렀고, 자신이 지은 시를 직접 보여 주기도 했다. 그래서 오페라 음악회에 가는 것을 즐기며 틈나는 대로 교보문고에 가 읽을 책을 사는 것을 좋아한다고 한다. 물론 이러한 취미를 같이 즐기는 모임이 있다. 연세대학교나 이화여자대학교에서 개최되는 여성특강(평생교육) 등의 강좌를 통해 조직된 모임이다. 이러한 모임은 대학동창이라든지 자녀들의 사립국민학교, 중고등학교 모임을 통해 계속 연결된다고 한다. 그녀는 여행을 무척 즐기는데, 주로 해외여행을 자주 다닌다. 자녀들은 모두 조기 유학을 떠나 미국에서 고등학교와 대학교를 다니고 있다. 그녀는 미국뿐 아니라 세계 여러 나라를 외국 친구들과 ― 이때 그녀의 외국 친구는 주로 남편이 사업상 만났던 외국 바이어들의 부인들이다 ― 같이 여행하는 것을 좋아한다고 덧붙였다. 거실의 손님용 탁자 위에는 남편이 읽는다는 ≪타임(Times)≫지와 쇼핑을 갈 때 주로 참조한다는 ≪행복이 가득한 집≫이라는 잡지가 놓여 있었다.

상류계급의 주부의 일상과 비교하기 위해 도시 프티부르주아 가정의 주부의 일상을 보자.

〈사례 3〉

마포구에 사는 김 씨(여)는 슈퍼마켓을 운영하고 있다. 9시에 문을 열어 밤 12시까지 꼼짝도 못하고 하루 종일 가게를 지킨다. 특히 휴일도 없는 일이라 몸이 피곤하기 이를 데 없다. 한 달에 잘 벌면 200만 원 가량 수입을 올리지만 IMF 사태 이후 매상이 급락했다. 더구나 주위에 농산물시장이 생기고, 퍼블릭마트 편의점이 생겨 많은 사람들이 그 곳을 이용하고 있어 타격이 더 크다. 또 실직자들이 여기저기 가게를 열어 더욱 힘이 든다. 서른일곱의 나이지만 사십의 중반 나이로 보인다. 쇼핑이나 운동을 하면서 여유 있는 삶은 꿈에 지나지 않는다. 자신의 생활을 권태롭게 느끼고 시간이 없어 친목계 같은 정기모임을 가질 수도 없다.

김 씨는 15평짜리 조그만 아파트에 살고 있는데 거기에 두 딸과 시부모 등 여섯 식구가 살고 있다. 김 씨는 ≪동아일보≫를 보고 있는 데 잡지는 신문보급소에서 ≪여성동아≫를 무료로 갖다 주어 구독하고 있다.

2) 도시 빈민의 주거 공간: 쪽방[37]

도시 빈민 지역은 지난 1980년대 이후 재개발사업으로 급속하게 줄어들었지만 일종의 무허가 불량주택인 '쪽방'이 도시 곳곳에 산재해 있다.[38] 쪽방은 대규모 불량 거주지와는 다른 양상을 보인다. 대규모 불량 주거지와 달리 규모가 작고, 가족보다는 단신 노동자들이 살면서 일세(日貰)의 형태를 띠고 있다. 최근 조사에 의하면 극빈층 노동자들이 이용하는 쪽방은 서울 도심에만 2500여 개가 있는 것으로 추정되고 있다.[39] 이러한 쪽방들이 밀집한 대표적인 지역으로는 영등

---

37) 이하의 내용은 서종균(1999)을 요약한 것이다.
38) 참고로, 1966년 서울의 37.7%의 주택이 불량 주택이었다. 이 비중은 1980년 15.5%로 줄어들었다.
39) 서울시는 270개 건물에 2462개의 쪽방이 있고 하루 1600명이 이를 이용하고 있는 것으로 집

포구 영등포동, 종로구 돈의동, 종로구 창신동, 중구 남대문로 5가 등을 들 수 있다. 이 지역에는 300개 이상의 쪽방이 대규모로 집중되어 있다.

대부분 이들 거주자들은 도시 비공식 부문의 전형적인 노동자들, 즉 행상, 앵벌이, 일용 건설 노동자, 일용 식당 근로자들이다. 현재 쪽방은 약 0.5~1평 정도의 크기에 가로, 세로는 각각 1.2~2 m, 높이는 대개 1.7~2m 정도가 일반적으로 키가 큰 성인 한 사람이 바로 서 있기가 조금 불편한 정도이다. 대부분의 쪽방은 방수를 늘리기 위해 여러 가지 방법이 동원된 것을 볼 수 있다. 영등포의 경우 원래 1층 건물을 개조해서 반 2층을 만들었는데, 쪽방에 살고 있는 사람들은 이런 건물을 '중이층(中二層)'이라고 부른다. 중이층 건물의 2층방에 들어가기 위해서는 외부에 설치된 철제 계단이나 사다리 혹은 내부에 설치된 나무 사다리 등을 이용해야 한다. 2층 방의 높이는 1~1.2m 정도로 매우 낮아서 허리를 완전히 구부리고 기어가야 하고, 방안에서는 허리를 펴기가 어렵다. 이 밖에도 방을 늘리기 위해 여러 가지 방법을 썼는데 집과 집 사이의 공간에 지붕을 덮어 방으로 쓰기도 하고, 화장실로 쓰던 곳을 방으로 변경하거나, 보일러나 집기를 넣어 두는 창고를 방으로 이용하는 것이 그 대표적이다(서종균, 1999: 75~76). 쪽방이 있는 건물의 형태는 지역에 따라 다를 뿐 아니라 한 지역 내에서도 몇 가지 형태로 구분이 가능하다. 쪽방 건물의 소재는 벽돌로 되어 있는 곳도 있지만 판잣집의 형태인 곳도 많다. 구체적으로 서울역의 주변 지역인 남대문로 5가 지역에는 거의 대부분 3~4층 정도의 건물이 주종을 이루고 있으며 종로구의 돈의동은 화재가 난 곳에 새로 지어진 3~4층 짜리 벽돌 건물과 예전부터 있었던 낡은 2층 정도의 건물이 섞여 있다. 이 집들 중에는 흙벽이 흘러내려 벽을 판자 등으로 덧댄 곳도 많았다. 지붕은 비닐포장 등을 씌우고 그 위에 기와나 돌을 얹어두었는데 이는 비가 와서 새는 경우를 대비하기 위해서이다. 화장실과 같은 편의시설은 지역에 따라 약간씩 다르지만 전체적으로 열악하기 짝이 없다. 쪽방 건물 전체에 한 개의 화장실이 있는 경우가 일반적이다. 세면이나 세탁을 할 수 있는 공간도 한 건

계하고 있다. 하룻밤 숙박료는 6000~7000원, 월세는 10만~15만 원이다. 행정적으로는 '단신 생활자용 유료숙박시설'이라고 부른다(≪조선일보≫, 2000.2.11).

물에 하나 정도씩 마련되어 있지만 비좁기 때문에 두 명 이상 동시에 사용하기는 어렵다.

쪽방의 운영은 크게 두 가지로 구분된다. 건물주가 직접 쪽방을 관리하는 경우와 다른 사람에게 세를 주어 관리하는 경우로 나눌 수 있다. 반면 여러 채의 쪽방 건물을 소유하고 있는 사람들은 다른 사람에게 세를 주는 방식으로 쪽방을 운영하고 있다. 방이 많은 경우에는 세를 얻은 사람이 또 다른 사람들에게 쪽방을 다시 세주기도 한다. 이 경우 한 사람의 관리자가 작게는 5개, 많게는 20개 정도의 방을 맡아서 운영한다. 한편 쪽방은 보증금 없이 일세나 월세로 이용되는 것이 일반적이다. 일세는 하루 평균 4000원에서 7000원 정도이며, 월세는 10만 원에서 15만 원 정도이다. 그렇지만 방값은 지역이나 방의 특성에 따라 약간씩 다를 뿐 아니라 손님이 오는 시각에 따라 달라지기도 한다.

4. 서구 도시의 계급 구성과 생활양식

현대 거대도시는 다양한 계급들에 의해 모자이크화되어 있다. 그러나 세계 정치경제의 재구조화 과정과 함께 거대도시의 계급구조가 점차 양극화하고 있다는 주장이 설득력을 얻어가고 있다. 세계 정치경제의 재구조화 과정은 두 가지 상반되는 공간적 함의를 지니고 있다. 포드주의의 표준생산 체제에서는 값싼 노동력을 찾아 생산자본이 분산되는 반면, 금융 및 서비스 기능은 특정한 지역에 집중하는 경향을 보인다. 오늘날 뉴욕, 런던, 도쿄와 같은 세계도시(Global City)는 금융자본 및 생산자 서비스가 집약적으로 집중된 공간이다. 그러나 동시에 제3세계의 도시의 특징으로 간주되었던 '도시 비공식 부문'이 재등장하게 된다. 요약컨대, 세계 도시는 금융, 정보 및 생산자 서비스 부분이 급속한 증대함과 동시에 도시 비공식 부문이 팽창하는 이중적 극화의 경향을 보이고 있는 것이다.[40] '분할된 도시(divided city)' 혹은 '이원화된 도시(dual city)'라는 표현들이 암시하

---

[40] 글로벌 조립 생산 라인은 경영과 통제 및 계획의 집중을 요구한다. 생산자 서비스는 증가하는 반면 기존의 공공서비스 및 소비자 서비스는 감소한다(Sassen, 1996:. 68~69).

듯 세계경제체제의 재구조화는 거대도시의 계급구조의 판도를 바꾸어놓고 있다.[41] 제조업 일자리의 감소로 인하여 단일 사업장 중심의 노조 활동은 극히 위축되고, 도시 비공식 부문의 성장으로 임시 고용자, 여성 및 소수민족의 고용이 급격하게 증가하면서 상대적으로 도시 중간계층이 소멸되어 가고 있다는 것이다.

정보기술의 발달과 함께 노동의 기능이 한편에서는 고도로 숙련화하는 반면 다른 한편에서는 탈숙련화함으로써, 거대도시의 노동층은 상위 노동층과 많은 단순 사무 및 서비스, 생산 노동자층으로 양극화되는 경향이 있다는 노동시장의 연구도 같은 맥락에 서 있다(Castells, 1989). 정보기술의 발달을 전제로 하는 유연적 축적 체계하에서 기업가들은 정기적인 대규모 고용보다는 시장 상황에 신축적으로 대응할 수 있도록 임시 노동자나 파트타임을 선호하는 경향이 크다. 또한 도시 비공식 부문의 소규모 기업 소유자들은 그동안 노동시장에서 배제되어 왔던 여성이나 이민자들을 저임금으로 고용하고 있으며, 이들 노동자층은 실업자군과 함께 도시의 '하류계급'을 형성하고 있다.

1970년대 제3세계의 도시의 빈곤을 설명하기 위해 제기되었던 도시 비공식 부문은 공식 통계에 잡히지 않은 소규모 영세업체, 가내 하청, 노점상 등과 같은 비공식 경제 활동을 총칭하는 용어로 쓰이고 있었다.[42] 산업화를 수반하지 못한 과잉 도시화로 인하여 제3세계의 많은 이농 인구들은 생계를 위해 여러 소규모의 경제활동들을 벌이고 있다. 전통적인 저급의 기술과 소규모 자본으로도 진입이 용이하고, 가족 노동과 극도의 노동 집약적 경제활동에 의존하는 것이 도시 비공식 부문의 특징이다. 그러나 비공식 부문의 경제활동이 공식 부문과 단절된 것이 아니다. 비공식 부문에 속한 영세업

---

41) 뉴욕의 경우 1977년에서 1989년 사이 제조업 부문과 유통 부문에서는 21만 6000개의 직업이 줄어든 반면 생산자 서비스와 소비자 서비스 분야에서는 각 각 26만 7000개, 16만 2000개의 일자리가 새로 생겼다. 생산자 서비스의 증대와 함께 제조업과 반숙련 노동자의 고용 감소 현상이 두드러지게 나타난다. 런던의 경우 제조업 등의 사양산업의 일자리는 1971년 273만 5000개에서 178만 9000개로 급속히 감소했다(Gordon and Sassen, 1992: 109~110). 미국과 남미 등 여러 도시의 연구 사례를 묶은 Smith and Feagin(1991).

42) 이에 대한 다양한 글들을 묶은 Bromley(1979).

〈표 7-1〉 도시 계급과 생활양식

공동체	주요 특성
최부유층 명문가 공동체 (Blue Blood Estate)	전체의 6%에 불과하지만 워싱턴의 물질주의를 대표한다.
신흥 실력자 공동체 (Young Influentials)	최대 집단. 상당한 소득을 올리는 화이트칼라 직종의 독신이나 경력직 부부. 여피 생활. BMWs 자동차를 선호하고 고급 음식점의 단골 고객. ≪고메(Gourmet)≫라는 잡지를 구독. TV를 볼 시간이 거의 없음.
유복한 상승 이동적 공동체 (Furs & Station Wagons)	10대의 자녀가 있는 30~40대 부부. 테니스장, 수영장 등과 같은 편의시설을 갖춘 신축 주거지역 거주. 3/4 이상이 자동차 소유, 자녀에게 피아노 레슨이나 축구 훈련을 받게 함.
교외 지역 젊은 가구 공동체 (Young Suburbia)	전체의 10%. 초등학생이 있는 젊은 가구. 교외 지역의 고밀도 주거지역 거주. 저렴한 자동차, 공장 직매장, 셀프 서비스 상점 이용. 미래 상승 이동 욕구가 큼. ≪머니(Money)≫라는 잡지 구독.
부유한 흑인 공동체 (Black Enterprise)	중산층 주거 지역. 1988년 기준 8만~15만 달러 주택 소유. 백인 교외 지역 중산층처럼 독서클럽 회원이면서 운동을 좋아함. VCRs, PC, CD 오디오 시스템, 무비카메라 소유.
흑인노동자계급 공동체 (Emergent Minorities)	저층 주택과 아파트 지역. 맥주를 마시고 맨솔 담배를 피움. TV에서 레슬링 프로 시청. 르노(Renault) 자동차를 몬다.
최하층 흑인 공동체 (Downtown Dixie Style)	오래된 도심 슬럼 지역 거주. 30% 이상의 높은 실업률. 낮은 교육 성취도. 높은 빈곤 수준. 범죄, 약물 남용. TV를 렌트하며 저급 소형 자동차를 구매. ≪소프 오페라 다이제스트(Soap Opera Digest)≫를 읽음. 한탕주의적 투기.
보헤미안 혼합 Bohemian Mix	맨 처음 단계의 젠트리피케이션(gentrification)을 이룬 집단. 점이지대에 해당. 독신, 이혼자, 노소, 흑백인. 도시성에 매료된 집단.
신흥 전문가 밀집 도심 (Money & Brain)	기존의 노후화된 중상층 주택에 거주. 회계사, 법률가, 과학자 등 신흥부르주아. 유럽의 호화 자동차, 고급 의상을 구입. 주식, 채권 투자. ≪뉴요커(New Yorker)≫를 읽음.

자료: P. Knox(1993). 김용창(1995: 90)에서 재인용.

체는 하청 고리를 통해 공식 부문과 연결되어 있거나, 공식 부분의 노동자들에게 값싼 생필품을 제공함으로서 노동력 재생산 비용을 줄이는 효과를 가져온다. 이러한 비공식 부문이 선진 자본주의의 대도시에서도 지속적으로 재생산되고 있다.[43] 특히 미국 대도시의 비공식 부문은 불법 이민자들이 값싼 노동자들로 충원되는 특징을 갖고 있다. 뉴욕 맨해튼의 비공식 부문의 사례들은 여성과 아이들 그리고 아주 드물게는 남성

---

[43] 비공식 부문에 대한 시각들은 몇 가지로 나뉘는데 카스텔은 최소임금제, 사회보장, 보건이나 안전기준 등 국가의 기업규제를 피하기 위한 소규모 기업가들의 전략으로 비공식 부분이 확대되고 있다고 보고 있다(Portes, Castells and Benton, 1989).

의류의 생산 부분에 널리 퍼져 있다. 착취 업소와 가내 노동은 정장, 모피, 자수품, 장난감, 인형옷 등의 분야에서 성장하고 있다. 가내 노동자들의 인터뷰에 따르면 그들은 시간당 매우 낮은 임금을 받고 있다. 그러나 또한 한 단계 상승한 내용도 발견된다. 일부 자유 계약자나 독립 디자이너들이 이민 노동자들을 데리고 집으로 데리고 오는 경우이다. (…) 일부 중간계급의 여인 등은 비싼 옷을 입기도 하는데 중산층 지역의 중국인이나 한국인들 사이에 발견된다.[44]

이처럼 도시공간은 상류계급과 하류계급들이 공존하면서 다양한 생활상의 스펙트럼을 보인다. 〈표 7-1〉은 계급들과 그들의 생활 방식의 한 사례이다.

제2절 계급과 지역 불균등 발전

1. 인식의 전환

'자본'은 '균등화'와 '차별화'를 동시에 진행시키는 힘을 갖고 있다. 전 세계의 모든 지역을 자본주의의 공간체제로 편입시키는 한편(균등화), 저임금의 저수지를 확보하고 잉여의 이전을 위해 공간의 차별화를 발생시키는(차별화) 자본의 움직임은 '시소'와도 같은 것이다. 자본이 그 게임을 멈추지 않는 한 자본주의사회에서 산업 간, 부문 간, 기업 간 그리고 계급 간 불평등과 지역불균형은 필연적 귀결이다. 불균등 현상이 자본축적 과정의 조건이든 결과이든 "자본주의 체계와 불균등 발전 법칙은 상호 함수관계에 있음"을 부정할 수 없기 때문이다(만델, 1985: 27).

공간의 모자이크화는 모든 지역이 불균등하게 구조화되고 있음을 의미한다.[45] 지난날 급속한 산업화 과정에서 생산과 소득, 생활기회, 생활 조건 등의

---

44) "작지만 일부 고도의 숙련된 노동 형태도 보인다"(Sassen, 1992: 89).
45) 한국지역사회의 불균등발전에 관해서는 김영정(1997); 김덕현(1992).

지역 간 균열이 급격히 발생하고 있다. 한국은 "모든 것이 서울과 수도권에 몰려 있다"고 할 정도로 서울 수도권에 상당한 부분의 자원이 집중되어 있다. 전 국토 면적의 11.8%인 수도권에 전 인구의 44.5%가 몰려 있고, 그중 0.6%에 불과한 서울은 인구 천만을 넘어 전체 인구의 4분의 1을 차지한다. 국내총생산은 물론 대학, 병원, 자동차 수의 절반 가까이가 서울과 수도권에 몰려 있다.46) 서울을 포함한 인근 수도권은 일자리, 소득, 생활환경(교육, 상수도 보급률 등), 대기업 본사 등을 총괄한 생활 기회 지수에서 지방에 비해 거의 두 배나 높은 수치를 기록하고 있다.47) 단순히 양적으로만 자원이 집중되어 있다는 것이 아니라 질적으로도 우세한 자원이 몰려 있다. 물론 여기에는 전통적으로 중앙집권적 관료 사회의 영향을 무시할 수 없다. 관료 사회에서 서울은 지방을 아우르는 중추 공간이었고, 계급 상승의 기회 지역이었기 때문이다.

나는 여기에서 두 가지 질문을 던지고자 한다. 그렇다면 수도(서울)와 지방의 지역 불균등 발전을 어떻게 볼 것인가, 즉 왜 지역 불균등 발전 현상이 발생하고 있는가 하는 것이고, 다른 하나는 통념에서 벗어나 과연 서울이 잘 사는가 하는 것이다. 서울이 타 지역에 비해 평균 소득이 높고, 양적, 질적인 자원이 집중되어 있는 것은 분명한 사실이다. 그러나 "서울이 잘산다"고 했을 때 엄밀히 말하면 서울의 일부 계급이 잘사는 것이다. 다시 말해 소득이 높고 자산이 많은 상위계급이 타 지역에 비해 서울에 많이 모여 살기 때문이지, 서울 그 자체가 잘 사는 것이 아니다. 서울에는 전국에서도 제일 많은 도시 빈민들과 노숙자들이 모여 있다!48)

---

46) 참고로 차량 등록 대수는 서울(수도권)이 23.0%(46.5%), 극장수 28%(49.6%), 박물관 수는 35%(44.0)%, 학교 수 16.5%(35.6%)이며, 금융 예출금액의 경우 서울은 55%, 수도권을 포함하면 전체의 64%를 차지하고 있다(행정자치부, 1998).

47) 1990년 종합기회지수는 수도권 대 지방이 131.52 : 67.3으로 나타났다(행정자치부, 1992).

48) 참고로 정부의 저소득 주민 분포에 의하면 서울은 약 4만 가구 9만여 명으로 전국에서 1위를 차지한다. 전국 비율은 11.8%, 수도권으로 계산하면 25%에 해당한다. 저소득층의 사분의 일이 수도권에 분포하고 있는 것이다(행정자치부, 1998).

2. 공간 분업(spatial division of labor)과 계급의 지역 분화

계급은 가치 배분의 귀착점으로서 생활양식과 조건의 불평등을 재생산하는 집단이다. 계급은 '사회적 분업(the social division of labor)'에 기초하여 구성된다. 마르크스는 분업의 종류를 크게 다음과 같이 나누어 설명하고 있다.

오로지 노동 그 자체만을 고려한다면 농업이나 공업 따위와 같은 큰 속(屬)으로 사회적 생산이 분할됨을 일반적 분업, 이들 생산 내의 종(種)이나 아종(亞種)으로 구분됨을 특수적 분업, 그리고 한 작업장 내에서의 분업을 개별적 분업이라고 부를 수 있다(마르크스, 1987: 407~408).

그러나 오늘날 사회적 분업을 일으키는 요인은 매우 다양하고 복잡하다. 사회적 분업은 '산업 부문'으로 불리는 생산 분야들과, 생산과정에서 파생되는 연구개발, 수리 및 서비스 등의 분화에서 발생한다. 사회적 분업은 또한 생산과 유통(교환) 부문, 그리고 기업 조직 단위들의 분화로부터 발생한다(Walker, 1985: 174). 이러한 분업의 요인들이 공간적으로 분포되어 나타날 때 이른바 '공간 분업(spatial division of labor)'이 발생하고 공간 분업은 계급의 지역적 분화를 일으키는 기반이 된다.[49]

한국사회의 계급 구성 변화의 특성은 몇몇 논쟁에도 불구하고 "농민층의 급속한 감소, 노동자층과 신중간층의 증가"로 요약해볼 수 있다.[50] 자본주의의 발달

---

[49] "공간의 유형을 결정하는 것은 생산관계 내에서 다양한 기능을 수행하는 사회집단 간의 분업에 의해 규정된다. (…) 다양한 직업 범주들을 취합하여 계급지위와 연관시켜본다면 (지역 간 불균등 발전의 본질을 규명할 수 있다)"(Massey, 1984: 110). 괄호는 필자.

[50] 기존의 연구에 나타난 계층 혹은 계급의 양적 추이는 범주 설정에 따라 차이를 나타낼 수밖에 없다. 특히 중간층과 관련하여 한국사회의 계층 구조와 변화 과정에 대해 서로 다른 주장들이 맞서고 있다. 하나는 중간층의 비중이 증가하고 있다는 견해이다(대표적인 연구로 홍두승, 1983). 다른 하나는 상대적으로 중간층의 비중이 줄어 계급의 양극화 현상이 발생하고 있다는 견해이다(서관모, 1986).

과 함께 등장한 새로운 임노동의 범주들(예컨대 하위 사무직 노동, 판매 및 서비스 노동)을 어떻게 보느냐에 따라 계급 범주의 구성 비율은 크게 달라진다. 협의의 관점에서 본다면 노동자층은 '직접 잉여가치를 생산하는 생산적 노동자'로 규정된다. 그러나 광의의 관점에서 본다면 노동계급은 노동력의 판매자, 즉 피고용자 일반을 포함한다. 노동자층은 생산수단에 대한 소유나 경영에서 분리되어 자본에 의해 고용되고, 노동과정에서 주로 '실행(execution)'의 기능을 담당하며, 따라서 이들의 소득은 노동력 판매의 대가로서 임금(wage)의 성격을 지닌다. 이때 노동자층에는 하위 사무직 종사자와 판매, 서비스, 운수, 건설 노동자 및 광업 노동자 그리고 '전형적 노동자'로서 제조업 노동자가 포함된다(서울대학교 한국사회발전 연구회, 1986: 16).

제조업 분야에 종사하고 있는 생산직 근로자들을 전형적인 노동계급으로 보았을 때 노동자층은 '수도권'과 '영남권'에 80여%가 집중되어 있다. 한국사회의 산업화가 두 공간 축을 골간으로 이루어져 왔다는 점에서 노동자층의 이극(二極) 집중 현상은 당연한 귀결이라고 할 것이다. 이 중에서도 제조업 인구의 70~80%가 생산직으로 구성되어 있는 '거대 산업 콤플렉스'지역인 동남해안 일대의 공업 집적 지역은 전형적인 '노동자 커뮤니티'를 이루고 있다.

한편 계급론에서 가장 쟁점이 되고 있는 것은 자본축적과정에서 파생된, 그러나 오늘날 자본주의의 사회에서 큰 비중을 차지하고 있는 '화이트칼라층'의 계급적 성격에 관한 것이다. 화이트칼라층의 '스펙트럼'이 너무 넓기 때문에 그 상층부(경영, 전문, 기술직)와 하층부(단순 사무 노동, 판매, 유통 종사자)를 동일한 계급 범주로 묶을 수 있는지에 대해 많은 논란이 있다. 특히 자본주의의 기능의 분화와 함께 생산수단이나 타인의 노동력을 관리, 통제하는 경영자들의 계급적 귀속에 대해서는 다양한 견해들이 있어 왔다. 화이트칼라층의 분파들은 원칙적으로 피고용자들이라는 점에서 동일한 성격을 지니고 있지만 생산과정과 유통, 판매 등에서의 역할과 기능에 대해서는 많은 차별성을 보이고 있다.[51] 화이트칼라층

---

51) 이들 층을 일반적으로 신중간층이라 부르기도 한다. 그러나 중간 계층에 대한 논의는 계급의 양극화 테제와 맞물려, 마르크스주의 진영과 비마르크스주의 진영 간에, 그리고 그 내부에서

모두를 일반적인 하나의 카테고리에 넣는 것은 현실적인 무리가 따른다. 상대적으로 '잘 교육된 화이트칼라 고용인(well-qualified whitecollar employees)'들은 비생산적 노동을 한다는 점에서, 주로 자본의 기능(통제와 감독 등)을 대행한다고 하는 점에서, 노동자들로부터 산출된 잉여가치를 취득한다고 하는 점에서 하위 화이트칼라 노동층과 구별된다. 또한 그들의 '시장조건' 역시 노동자들과 다르다. 임노동자의 경우 상대적으로 단기간에 걸쳐 노동이 계약되지만 전문지식이나 자격증 등을 소유한 상층의 화이트칼라층은 비교적 장기간에 걸쳐, 조직에 대한 '신임(trust)'을 바탕으로 시장 조건이 형성된다. 그렇기 때문에 그들에 대한 지불은 노동에 대한 대가로 주어지는 '임금'이라기보다는 의무의 이행에 따른 '보상(compensation)'의 성격을 지닌다.[52)]

한국사회의 전문, 기술, 사무직, 판매직 등으로 구성되는 화이트칼라층을 넓

도 큰 쟁점이 되고 있다. 중간층의 계급적 성격에 대한 논의는 크게 네 가지로 윤곽을 그려볼 수 있다. 첫째는 중간계급의 존재는 이데올로기적 환상에 지나지 않는 것으로 자본주의 계급 구조는 이미 마르크스가 지적한 대로 양극화하고 있다는 주장이다. 이 입장은 중간계급의 존재 자체를 부정하는 것이다. 탈숙련화 과정과 관련하여 '프롤레타리아화'를 주장하는 브레이 버먼의 경우를 들 수 있겠다(Braverman, 1987). 둘째는 중간계급을 타 계급의 한 분파로 보고, '신프티부르주아지' 혹은 '신노동계급'으로 범주화하는 경우이다. 전자로 해석하는 입장은 대표적으로 풀란차스를 들 수 있으며 후자의 대표적인 예는 말레(Mallet), 고르츠(Gorz) 등이다 (Poulantzas, 1978a; Mallet, 1975). 셋째는 중간층은 부르주아나 프롤레타리아, 프티부르주아 등과 엄연히 구별되는 '그 자체'로서 일정한 성격을 갖는 새로운 계급이라는 것이다. 그리고 때때로 그 계급은 특정한 이름으로 명명되기도 하는데 '전문 경영자 계급' '새 계급(New Class)' 등이다(Ehrenreich and Ehrenreich, 1977; Gouldner, 1979). 넷째는 중간층의 지위들을 어느 한 계급에 귀속시키기보다는 다양한 지위들을 차지하고 있음을 감안, 이른바 '모순적 지위 (contradictory location)'로 파악하려는 입장이다. 자본가계급과 노동자계급 사이에는 다양한 경영자층이 존재하며, 자본가계급과 프티부르주아 사이에는 소규모 자본가들이, 프티부르주아와 노동자계급 사이에는 반자율적 피고용자들(예컨대, 교수나 연구원)들이 모순적 지위로서 존재한다(Wright, 1985).

52) 그들이 받는 '봉급(salary)'은 기본적으로 노동자층의 '임금(wage)'과 다르다는 것이다. 에버크롬비와 어리는 이들 전문가나 행정관료, 경영자 집단을 특별히 '서비스 계급'으로 부른다. 이들 계급은 평범한 세일즈 노동자들이나 기술자, 직공장 여타 감독 기능을 담당하는 고용인들과 유사한 점이 있음에도 불구하고 신분이나 경력, 고용조건이나 시장 조건, 기능 등의 차이로 그들과 또한 구분된다(어리·애버크롬비, 1986; Renner, 1978).

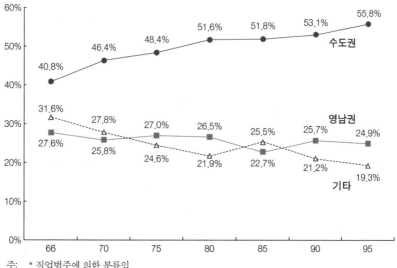

〈그림 7-2〉 신중간층의 지역별 분포와 추이*

주:　　* 직업범주에 의한 분류임.
　　　** 1995년도는 판매직 종사자를 제외함.
　　　직업취업자의 구분: 1. 입법공무원, 고위 임직원 및 관리자,
　　　　　　　　　　　　2. 전문가, 3. 기술공 및 준전문가, 4. 사무직원.
자료: 통계청, 『인구 및 주택 센서스 보고서』, 각년도.

은 의미의 신중간층이라 보았을 때 신중간층은 지난 경제성장 기간 동안 급속히 증대되어 오고 있고,53) 그리고 이들 층의 53% 이상이 수도권에 집중되어 있다.

　　전문기술직, 행정관리직, 사무직 등 전형적인 화이트칼라층을 넓은 의미의 신중간계급으로 보았을 때 우리는 이 표를 통해서 수도권(서울)에 신중간층이 밀집되어 오고 있음을 보게 된다.54) 보다 치밀하게 종사상 지위와 직업 범주를 교차

---

53) 화이트칼라층에 대한 논의로 정근식(1986).

54) 신중간계급의 직업 범주에는 전문기술직 종사자, 사무직 종사자 그리고 판매직 종사자(도소매 자영업자와 행상 등 제외)와 서비스 종사자가 포함된다. 문제는 종사상의 지위와 (고용주, 피고용의 관계) 생산과정 내에서의 기능에 의해 화이트칼라층이 신중간계급과 노동자계급(하위 사무직, 판매, 서비스)으로 나누어질 수 있다는 것이다. 엄밀히 말하면 계급은 생산관계에서 규정되는 집단이고 계층은 연구자의 임의적 기준에 의해 규정되는 집단이다. 센서스 보고서에서 알 수 있는 것은 사실 직업 범주에 의한 구분, 즉 직업계층에 관한 것이다. 그러나 이 글에

시켜 '계급' 연구에 충실했던 기존의 한 연구를 통해 신중간계급의 공간 분화 현상을 살펴보더라도 이미 위에서 본 바와 같이 신중간층의 지역 분포와 거의 동일한 모습을 보이고 있다. 강희경의 연구 자료에 의하면 노동계급의 81.6%가 수도권과 영남권에 집중되어 있고 나머지가 기타 지역에 분산되어 있어 노동자계급의 지역적 양극화가 이루어지고 있다. 신중간계급의 경우 역시 양 지역이 76.2%를 차지하고 있는데 이 중 50.4%가 수도권에 집중, 신중간 계급의 지역적 일극 집중화 과정을 보여주고 있다.[55]

3. 기업조직과 자본 기능의 공간 분화

1) 자본기능의 분화: 소유와 경영(경제적 소유와 점유)

자본주의가 발달하면서 나타나는 두드러진 특징 중의 하나는 자본 기능이 분화한다는 것이다. 즉 '소유와 경영' 혹은 '경제적 소유(economic ownership)'와 '점유(possession)'의 분리 현상이다. 대기업의 경우 주식의 분산과 새로운 전문 경영인들의 등장으로 전통적인 가족 경영과 자본가들의 지배가 약화되고 따라서 기업 통제권의 탈집중화가 진행되고 있다.[56] 이른바 '기능을 상실한 자본가'와 '자

서는 직업 대분류 중에서 1, 2, 3,에 해당하는 범주들을 크게 신중간층에 모두 포함시킨다.

[55] 강희경은 직업과 종사상의 지위를 교차시킨 자료를 이용, 광의의 행정구역을 단위로 노동계급과 신중간계급의 분포를 통계적으로 계측하고 특히 신중간계급의 노동 기능에 주목(감독, 재생산, 가치 실현, 기술 혁신), 지역 간의 특성을 보여주고 있다(강희경, 1990). 신중간계급의 기능에 관해서는 Burris(1980). 직업 분류에 의한 '도시중산층'의 동향도 그와 동일한 모습을 보여주고 있다. "인구의 39%를 차지하는 수도권은 노동자 계급의 46%, 판매, 서비스직의 48%, 도시 중산층의 56%를 차지하고 있는데 이것은 인구의 29%와 노동자계급의 34%를 차지하는 영남지방이 도시 중산층의 경우 22%인 사실과 너무나 대조적이라 아니할 수 없다"(타까자와 히데끼, 1990: 115).

[56] "주식회사의 출현은 초기 자본주의의 기업 관행을 완전히 파괴해버렸다. 자본가와는 다른 새로운 경영자 집단이 형성되어 소유와 경영이 분리되는 이른바 경영 혁명의 시대가 도래했다"(다렌도프, 1980: 69). 그러나 자이틀린(Zeitlin) 이나 브뢰이(Vroey) 등은 경영 혁명을 주장하는 사람들이 지나치게 소유와 경영의 변화 과정을 과대평가하고 있다고 반박한다(Zeitlin, 1974; De Vroey, 1975).

〈표 7-2〉 경제적 소유권(소유) 및 점유(경영)의 위계관계

	경제적 소유권	점유		자신 노동력 판매
	투자, 자원에 대한 통제	물적 생산수단 통제	타인의 노동력 통제	
대기업가층:				
전통적 부르조아지	+	+	+	-
최고경영층	부분적	+	+	부분적
소규모 고용주	+	+	극소	-
신중간층:				
중간경영자	극소	부분적	부분적	+
기술관료	극소	극소	극소	+
직공장 및 감독	-	-	극소	+
반자율적 고용인(R&D)	극소	극소	-	+
구중산층	+	+	-	-
노동자층				+

범례: + = 완전 통제, 부분적 = 약소한 통제, 극소= 주변적 통제, - = 비통제.

주: 라이트(Wright)는 최고 경영자를 비롯해 중하위 경영자 및 직공장 감독, 소규모 고용주(10명에서 50명 수준의 고용주), 반자율적 고용인을 모순적 지위의 범주로 취급함.

본을 상실한 경영자'들이 등장하게 되었다.

자본의 '집적'과 '집중'으로 자본의 기능은 더 이상 단일 자본가들에 의해 수행될 수 없는 지경에 이르렀다. 자본의 기능은 생산물에 통제권, 또는 생산수단을 할당하는 권리인 '경제적 소유(economic ownership)'와, 생산과정이나 조직을 통제하는 권리로서의 경영 혹은 점유(possession),[57] 그리고 자산에 대한 형식적 권리인 법적 소유(legal ownership)로 분화된다(Poulantzas, 1978: 119). 또한 생산의 기술적 분업이 증대되면서 노동과정이 복잡하게 세분화함에 따라 기업조직은 수많은 운영 단위로 분화되고 이러한 운영 단위는 다양한 대행자(agent)에 의해 수행된다. 즉 단일 자본가에 의해 수행되던 '자본의 기능'이 다양한 경영자들에게 위임된다. 높은 위계수준에 있는 경영자들은 전반적인 생산수단을 통제하고, 중간 경영자들은 각 부분의 생산과정을, 그리고 하위 수준의 감독자들이 직접적인 생산과

---

57) 소유와 점유(경영)는 모두 '통제'의 권한이다. 전자는 투자와 자원에 대한 통제능력이며 후자는 노동력과 물적 생산수단에 대한 통제능력이다(De Vroey, 1980: 214). 점유의 개념 속에는 생산수단에 대한 통제력뿐 아니라 기업조직의 운영능력(의사 결정권)이 포함된다.

정에서 약간의 통제를 담당한다. [58]

'경제적 소유'(소유)와 '점유'(경영)의 행사 수준은 다양하다. 전형적으로 자본가는 소유와 점유권을 모두 행사하지만, 기능 자본가들은 '소유'권을 부분적으로 행사하면서 '점유'권을 전적으로 행사하고, 중하위 경영자들과 감독자들, 반자율적 고용인들은 일정한 부분의 '점유' 권한을 행사한다. [59] 라이트(E. Wright)의 계급 구분에 준하여 소유와 점유의 위계를 그려보면 〈표 7-2〉와 같다.

경영자들이 행사하는 통제권은 투자에 대한 의사 결정과 자원 할당 그리고 생산과정과 노동자 등 다양한 영역에 걸쳐 실행되고 있다. '통제'는 '표준화한 조직의 규율'을 노동자들에게 강제하고, 의사 결정 과정에서 노동자의 간섭을 배제하는 능력이다(Salaman, 1982: 48). 경영 기능은 더 많은 이윤을 성취하기 위해 기업의 통제 전략과 노동 관리의 원칙들을 고안하고 창출하는 역할이다. 경영이 출현한 직접적인 동기는 직접 생산과정에서 노동자와 노동 수단에 대한 통제에 있지만, 경영은 판매 유통 인사 회계 등 매우 다양한 영역에 펼쳐 있다. 특히 마케팅은 기업 이윤을 결정하는 핵심 요인으로서 현대 자본주의의 조직에서 그 경영의 중요성이 더욱 커져가고 있다.

일반적으로 경영자층은 최고 경영자와 중간 관리자, 하급 관리자 등으로 나뉘어, 최고 경영자에는 대표이사와 부사장 등이 포함되고 중간 관리자는 부분별 감독자나 부서 담당자, 지역별 판매 담당자, 인사관리 담당자 등으로 분류된다. 하급 관리자의 경우에는 보통 라인 감독자, 단위 책임자, 팀장 및 직장 등으로 구성되며 중간 및 최고 경영자층의 계획과 방침을 매일 '수행'하는 역할을 한다.

기업 조직의 측면에서 보았을 때 이러한 경영 기능의 대부분은 본사에서 수행

---

58) 카르케디(Carchedi)는 노동의 기능을 '총체적 자본기능(global function of capital)'과 '집합적 노동 기능(function of collective worker)'으로 구분하고 다양한 기능을 수행하는 대행자들은 이 중 하나를 선택하여 실행하거나 또는 양자를 모두 행사하는 집단에 속하게 된다고 말한다(Carchedi, 1977: 56~58).

59) 연구원과 같은 반자율적 고용인의 경우 직접 사람을 통제하지는 않지만 생산과정상의 기술과 보존에 관련되어 그 자신의 노동과정을 통제함으로써 넓은 의미의 감독과 통제 기능(점유권)을 행사한다.

〈표 7-3〉 의사 결정이 본사에서 이루어지는 비율(%)*

의사 결정 사항	전적으로 본사	대부분 본사	거의 반반	대부분 공장	전적으로 공장
법률 서비스 선정	37	45.7	13	4.3	-
공장 이전, 확장	58.7	30.4	4.3	4.3	2.2
신규 공장 입지	63	19.6	10.9	6.5	-
신상품 개발	39.1	23.9	10.9	19.6	6.5
신생산기술 및 설비 도입	32.6	26.1	19.6	17.4	4.3
대졸 사원 채용	58.7	26.1	10.9	2.2	2.2
일반직 채용	30.4	21.7	19.6	19.6	8.7
생산직 채용	26.1	13	15.2	21.7	23.9
판매 촉진 전략	32.6	50	4.3	10.9	2.2
제품 가격 결정	43.5	37	8.7	6.5	4.3
원자재, 부품 구입	17.4	39.1	21.7	19.6	2.2
거래 은행 선정	45.7	37	10.9	4.3	2.2
하청 업체 선정	23.9	28.3	28.3	17.4	2.2

* 이 조사는 1994년 6월에서 8월 기간 동안 총 135개 업체 중 본사와 공장이 분리된 46개 업체를 대상으로 직접 방문 조사한 것이다. 이와 유사한 연구결과로는 이미 박삼옥(1985), 김진석(1989), 강현수(1989)가 있으므로 참고할 것.

된다. 기업의 중추 사령부로서 본사 조직은 전반적인 운영과 계획이 수립되는 '의사 결정'의 본거지이다. 생산과정에서의 물적 자원과 노동력에 대한 일부 통제 권한을 제외하면 전반적인 조직 운영과 마케팅 인사 관리 재무 등과 관련된 업무의 계획 수립 인사 충원 지휘 통제 등의 의사 결정사항은 대부분 본사 경영자들의 소관이다. 몇몇 내용(생산직 사원의 채용과 급여, 원자재 부품 구입, 기타 부분)을 제외하면 현지의 공장의 의사 결정 수준은 매우 미약한 것으로 나타나고 있으며, 대부분의 의사 결정이 공장과 분리되어 있는 본사에서 이루어지고 있음을 알 수 있다(〈표 7-3〉).

특히 대기업에서는 일반적으로 신규 공장의 투자, 공장의 재입지, 시설 확장, 기술 투자 등의 의사 결정은 대부분 그룹 차원의 본사에서 그리고 공장의 일반 원료 공급, 부정기적 인력 공급은 현지 공장에서 결정되는 것으로 나타나고 있다. 개별 공장에서는 저급 노동력의 수급에 관한 결정권만을 행사하며 연구개발,

마케팅, 공장의 신규 투자, 인력의 승진 및 봉급 인상의 결정권이 거의 없는 것으로 나타나고 있다.

2) 자본 기능의 분화: 기업의 사례

다음은 G그룹의 사례이다.

판매 전략: 판매 전략의 기본 계획이라고 할 수 있는 1차 사업 계획은 각 사업부에서 실시한다. 예컨대 TV전자관의 경우 현지 사업부에서 판매 전략에 대한 초안을 작성, 본사의 영업관리실과 영업지역담당실로 보낸다. 본사와 영업지역담당실에서도 각자의 안(案)을 마련한다. 본사의 영업관리실과 지역담당 영업부 그리고 사업부의 마케팅부가 3자 협의를 하여 최종 결정안을 내놓는다. 이때 3자 간에 종종 의견의 마찰이 있을 수 있는데 본사는 사업부와 영업담당 간의 의견을 중재하고 조정한다. 현지 사업부의 의견이 많이 참작되는 추세에 있으나 현지 사업부의 마케팅 부장은 본사 지역에 상주하고 있다.

가격 결정: 가격 결정의 절차도 판매 전략과 비슷한 경로를 거친다. 사업부장의 승인 아래 사업장의 기획관리실에서 원가 구조를 책정하면 본사의 기획부와 지역담당영업부서 등과 3자 협의를 거쳐 결정한다. 만약 의견이 일치하지 않을 경우 사업부의 의견을 존중하는데, 사업부장의 승인 아래 판매량, 가격 등을 결정하도록 하는 대신 손익을 책임지도록 한다.

공장 확장, 신규 투자 및 자금: 공장의 이전 또는 확장에 관해서는 해당 공장에서 소요 인원, 설비 투자 비용 등의 항목을 세세하게 작성한 '품의서'를 사업부장의 인가를 얻어 본사 경영위원회의에 넘긴다. 그러면 전무급 이상의 경영회의에서 최종 결정을 짓는다. 신규 공장 투자도 본사의 경영심사실에서 최종 결정한다. 이 사업의 결정 사항은 각 개별 기업 차원이 아니라 전 사(社) 차원의 일로 보아야 한다. 거래 은행 선정과 자금 회전은 본사의 자금부에서 총괄적으로 관장한다.

구매: 원자재 및 부품 구입처 그리고 하청 업체의 선정은 공장 사업부에서 담당한다.

인사와 노동력 충원: 대졸 사원의 충원은 크게 3가지 루트로 되어 있다. 하나는

개별사에서 인원계획서를 작성하여 그룹의 담당 부서에 제출하면 그룹 차원에서 인원을 선발, 각 개별사에 배치한다. 두 번째는 개별사 자체에서 충원하는 방법이다. 각 공장 사업부와 지역 영업담당 부서에서 인원 계획을 상정하여 본사에 배당 요청을 하면 본사에서 인원을 선발, 전공이나 근무 의사, 지역연고 등을 고려하여 각 공장이나 영업부서에 발령을 내린다. 세 번째는 사업부장이 자체적으로 인원을 보충하는 방법이다. 예를 들어 TV 사업부장이 공장 인사과의 채용 요청에 따라 필요하다고 인정되는 요원을 선발하고 본사에 승인을 얻는다. 이런 경우 본사지역에서 인원을 채용할 수도 있고 현지 공장이 소재하고 있는 지역의 대학에서 인원을 선발하기도 한다. 최종 승인은 본사에서 행하고 있는 데 대졸 이상의 사무, 관리직 충원과 인사는 그룹 본사나 개별 기업 본사에서 담당하고 있다고 보는 것이 타당하다.

과장급 이상의 승진에 관한 최종 결정권은 본사의 인사과 담당이다. TV 사업부의 경우 현지 공장에서 인사 고과의 결과에 따라 사업부장에게 진급을 요청하면 사업부장이 이에 허가를 내리고 본사에 승인을 요청한다. 본사에서는 인사과에서 심의를 거쳐 사장의 최종 결재를 얻어 '관리자 진급 명령'을 내린다. 생산직 사원의 충원은 물론 현지 공장(사업부)의 소관이다. 생산직 종업원의 승진 등은 현지 사업부장이 관할하며 임금인상 문제는 회사 전체 수준의 일이기 때문에 본사에서 다루고 있다.

노무관리: 본사에는 노사협력부 아래 노사기획팀과 노사협력팀을 두어 전반적인 노무관리에 대한 사업을 계획하고 각 사업장의 노사 관계 업무를 지원한다. 생산공장에는 인사부 내에 노사협력과가 있어 사업장의 노사 업무를 담당하고 있는데, 본사 노무부서와는 통제 관계라기보다는 상호 보완 관계라고 보는 것이 타당하다. 본사의 노무관리는 각 사업장의 업무 흐름을 원활하게 하는 것이라고 볼 수 있는 데 예를 들어 주택융자기금의 총액을 각 사업장별로 배분한다든지 노사 갈등 또는 노동조합의 동향 등에 관련된 정보를 전 사 차원에서 공유할 수 있도록 한다. 본사에서는 정기적으로 인사부장회의를 개최, 분기별 관리공장장회의를 통해 사업장의 향후 노사 관련 업무의 방향 등을 설정하고 제도 개선에 관

한 의견을 교환한다.

　대졸 이상의 사무직, 관리직에 대한 임금 인상이나 승진 등은 본사의 인사부에서 담당하지만 생산직의 급여 사항은 본사에서 노조와의 협상을 통해 결정한다.

　한편 전기제품을 생산하는 GJ기업은 3000명 정도의 종업원을 두고 있는 대기업으로서 의사 결정의 현황을 보면 아래와 같다.

　자금 부분: 거래 은행의 선정은 물론 본사의 소관이다. 자금 유형은 크게 '차입금'과 '수금'으로 나누어볼 수 있는데 본사나 공장 할 것 없이 모든 자금은 일단 본사로 집결된다. 그리고 그 해의 운영 계획에 따라 본사의 주관 아래 각 개별 공장으로 배분된다. 현지 공장은 자금의 집행 기구에 불과하다고 볼 수 있다. 다만 현지 공장에서는 공장장의 전권으로 사소한 항목들 예컨대 매입 물품의 취소, 불량품의 반환, 기타 부수품의 매출에 관련된 일정한 양의 자금을 운영할 수 있다. 그리고 자금의 양이 비교적 적고 시간이 촉박한 경우 일단 현지 공장에서 어음을 발행하게 하고 추후 본사에서 결재를 하기도 한다. 현지 공장에서도 영업을 담당하는 데 판매 자금의 입금은 본사 영업부에서 총괄하고 있다.

　인사와 노동력 충원: 대졸 사원의 채용은 철저하게 본사 소관이라고 해도 과언이 아니다. 본사에서 총괄적으로 인원을 채용하고 각 현지 공장에 배분을 한다. 대졸 사원을 선발할 때는 사장이 직접 면담을 한다. 고졸 사원 사무직의 경우 대개 여성들인데 본사에서 요구되는 사원과 현지 공장에서 요구되는 사원은 각 단위부서에서 재량으로 뽑는다. 과장급 이상 관리직의 승진과 봉급 인상은 본사에서 관장한다. 생산직 사원은 사업장에 권한을 위임하고 있다. 관리직이나 대졸 사무직은 공장에서 공장장이 인원을 요청하면 본사에서 발령, 파견한다. 생산직의 경우 학력은 최근 들어 거의 고졸 출신이 대부분이며 대졸 이상의 사무, 관리직을 현지 지역 내에서 충원하는 경우는 거의 없다.

4. 함축적 의미들

기업 조직과 자본 기능의 공간 분화, 그리고 계급과 지역 불균등 발전과의 관계는 무엇인가? 본사 조직은 최고 수준의 통제권과 '구상' 기능이 행사되는 곳이며 본사로부터 '지시'를 받는 공장은 하위 수준의 통제권과 직접 '실행'이 행해지는 곳이다. 본사 조직이 밀집되어 지역에는 높은 수준의 소유권과 경영권(점유)을 행사하는 계급이, 공장 조직이 입지해 있는 지역은 일부 또는 중하위 수준의 경영(점유)권을 행사하는 계급이 지배적으로 분포되어 있다. 본사 지역에는 자본가, 최고 경영자(기능 자본가)들과 다양한 신중간계급이 편재해 있고, 공장 지역에는 경영 계층의 일부와 직접 생산을 담당하는 노동자 계급이 지배적이다. 이는 생산 단위가 입지해 있는 지역이 외부의 통제를 받는 것으로 귀결되며 따라서 이와 같은 공업지역은 '외향적 축적'의 성격을 갖는 재생산 구조를 보이게 된다.[60] 여기에 지역 위계와 불균등 발전이 형성되는 본질적 요소가 숨어 있다.

대기업의 90% 이상의 본사가 밀집되어 있는 서울은 통제와 관리 그리고 '구상'의 노동 기능이 밀집되어 있다. 그리고 최고의 소유와 경영을 담당하는 자본가, 경영자 및 신중간계급 등이 집중되어 있다. 서울은 중추 관리 지역으로서 생산지대를 원격으로 통제하는 '사령부'이다. 그러나 직접 생산자층, 즉 노동계급이 집중되어 있는 영남해안 일대의 공업 집적 지역은 '외향적이고 종속적인 축적구조' 속에 재생산되는 지역이다. 계급의 공간 분화가 지역 불균등 발전을 야기하는 인과력임을 나타내주는 것이다.

이것은 곧, 수도권 특히 수도에 노동과정을 통제 관리 감독하고 새로운 연구 개발하는 자리가 집중되고 있음을 극명하게 나타내는 것이다. 동남부 지역의 비중 감소가 이를 단적으로 반증한다. 한국이 1970년대 초 집약적 축적 체계에 진입하면서 국가의 의도적인 공간 정책에 의해 중화학 공업 공장이 대거 입지한 경북과 경남(부산 포함)의 동남부 지역도 신중간계급의 비중은 줄어들고 있는 것이

---

[60] 그 결과 외부의 통제를 받는 공업생산지역은 자본축적 구조의 주기적 변화에 따라 기업의 폐업이 일차적으로 진행되어 지역공동화 위기의 잠재성을 내포하게 된다.

〈그림 7-3〉 기업조직과 계급, 지역 불균등 발전의 관계

지역(서울 및 수도권) = 중추(中樞)지역
1. 노동 기능: 경영, 인사, 관리, 금융, 연구개발
2. 계급분포: 자본가,경영자, 신중간계층
3. 본사조직의 집중
고위 수준의 경제적 소유(ecnomic owenership)와 점유(possession)(소유와 경영)의 행사: 의사 결정의 행사

지역(영남권, 동남해안의 공업집접지역) = 부심(副心)지역
=1. 노동 기능: 숙련, 반숙련, 미숙련 등의 직접 생산노동
2. 계급분포: 직접생산과정에 관여하는 경영자,   신중간계층의 일부, 다양한 노동자층
3. 생산 조직의 집중
하위수준의 경제적 소유와 점유행사: 하위수준의 의사 결정

다. 이것은 한국의 자본축적 과정에서 동남부지역이 비록 중요한 역할을 담당했지만 그것은 어디까지나 생산 활동에 국한되었으며 생산과정을 통제 감독하는 외부 통제의 중심지는 수도 서울이라는 것을 말해주는 것이다(강희경, 1990: 116).

이 과정을 그림으로 요약하면 〈그림 7-3〉와 같다.[61]

계급의 공간 분화와 지역 간의 불균등 발전의 관계를 통해 얻을 수 있는 공간적 함의는 무엇인가? 이는 일정한 지역에서 생산한 부가 타 지역으로 이전되고 있다는 것이다. 즉 '가치의 지리적 이전'이 발생하고 있음을 의미한다.[62] 상위 계

---

61) 충청, 호남, 강원 등 기타 지역 역시 이 원리로 설명할 수 있을 것이다. 그러나 기타 지역의 경우에는 농민, 자영업자 등 소상품 생산양식과 자본제 간의 관계가 거론되어야 할 것이다.

62) 가치의 지리적 이전에 대한 논의는 이미 임마뉴엘(Emanuel), 아민(Amin), 만델(Mandel) 등에 의해 정교화된 '부등가 교환론'에 근거를 두고 있다. 한 국가 내에서 발생하고 있는 가치의 지리적 이전에 관한 실증적인 작업으로는 Hadjimichalis(1984)를 들 수 있다. 그는 가치의 지리적 이전(GTV: Geographical Transfer of Value)이 일어나는 메커니즘을 직접적 가치 이전과 간접적 가치 이전으로 나눈다. 전자는 직접적인 폭력 수단이나 전쟁으로부터 국가의 조세정책이나 가격정책을 통해 후자는 상품의 가치와 시장가격의 차이를 통한 자본주의의 시장메커니즘을 통해 이루어진다. 우리나라의 경우 기존의 통계자료를 가지고 가치 이전 문제를 다루기는 어렵다. 다만 제조업 분야의 산업 연관표에 의거, 실증적 작업을 시도한 사례들이 있다. 그 결과에 의하면 광주공업단지나 이리, 전주공단의 경우 생산된 부의 절반 이상이 외부로

급이 집중되어 있는 수도권은 부의 수혜 지역으로서 그리고 단순 생산조직이 집중적으로 밀집되어 있는 공업지역은 부의 유출 지역으로 재생산되고 있다. 화폐 및 신용 자본의 공간적 흐름은 그와 같은 사정을 잘 반영해준다고 할 것이다.[63]

부('가치')의 배분이 귀착되는 지점으로서 계급은 또한 생활 기회 혹은 생활양식의 차별을 나타낸다. 자본가와 고위 경영자들, 신중간층이 상대적으로 많이 분포되어 있는 수도권으로 지역 소득과 생활 기회들이 집중되어 있는 현상은 바로 계급 구성에 의한 '공간적 가치 배분의' 결과인 것이다.

유출되고 있음을 알 수 있다(박종희, 1983; 박시현, 1986).

[63] 울산 소재 은행 금융기관 점포의 본·지점 간 자금 거래 동향을 보면 자금 운용이 조달의 5배 정도에 달하는 만성적인 본지점차(本支店借: 지점에서 본점에 자금을 공급한 양) 초과 현상을 보이고 있으며 제2금융권의 확대와 함께 서울로의 자금 유출이 더욱 심화하고 있다(박동환, 1989).

제8장 도시 재생과 젠트리피케이션

제1절 한국의 도시계획 역사와 도시 재생 이론

도시는 발달의 과정과 쇠퇴의 과정을 반복적으로 경험하는 곳이다. 정치적, 경제적, 사회적 이유로 도시는 부흥하기도 하고 쇠퇴하여 죽음을 맞이하기도 한다. 도시 공간의 삶과 죽음의 과정은 다양한 사회적 역학의 작동을 통해 이뤄지고, 사회적 활동들은 도시를 매개로 진행되곤 한다. 도시의 과정들은 때때로 대규모 자본을 통해 그 삶의 궤적들을 바꿔가기도 하고, 국가권력에 의해 변해가기도 한다. 여기서는 도시를 다시 부흥시키려는 다양한 시도들을 검토해보고자 한다. 도시 재생을 바라봐온 기존의 도시 연구들은 통일되지 않은 용어로 인해 개념적 정의에 있어서 다소간 혼란이 일어나고 있다. 전쟁 복구를 목적으로 1950년대 널리 쓰인 도시재건사업(urban reconstruction)을 시작으로, 1960년대 도시재활성화사업(urban revitalization), 1970년대와 1980년대에 와서는 도시재개발사업(urban renewal, urban redevelopment) 등의 용어가 사용되어왔다. 각각의 용어들은 도시 재생의 주체와 그 내용에 따라 각기 다르게 불려왔다. 최근에는 도시의 물리적 경관의 재구성을 넘어서 삶의 질 향상과 도시 경쟁력, 지속 가능성 등을 포용하기 위해 도시 재생(urban regeneration)의 개념을 포괄적 의미로 사용하고 있다(Robert & Syker, 2000; 상남규, 2010).

한국에서도 2000년대 초반을 시작으로 쇠퇴한 도시지역을 재활성화하기 위한 목적으로 도시 재생의 개념이 도입되었다. 그러나 모호한 개념적 정의와 서구의 이론적 개념들로 인해 정책적, 이론적 혼란을 가중시키고 있는 것이 사실이다(조명래, 2011). 그러나 2013년 '도시 재생 활성화 및 지원에 관한 특별법'이 발효되면서 도시 재생에 대한 정책적, 법적 정의가 이뤄졌다. 이에 따르면 도시 재생은 "인구의 감소, 산업구조의 변화, 도시의 무분별한 확장, 주거환경의 노후화 등으로 쇠퇴하는 도시를 지역 역량의 강화, 새로운 기능의 도입, 창출 및 지역 자원의 활용을 통하여 경제적, 사회적, 물리적, 환경적으로 활성화시키는 것"이다. 이 법적 정의는 기존의 도시 재생을 물리적 경관 재조정만을 다루는 좁은 의미의 도시 재생 정의를 넘어서 사회적, 환경적 재조정을 포괄하는 광의의 정의를 도입하고 있지만, 다른 법조항과의 충돌 가능성이 존재하는 것으로 평가되고 있다.

서구의 도시 재생 개념은 장기간에 걸친 도시의 형성과 변화 과정, 오랜 시간 축적되어온 회색 지대(brown field)에 대한 국가, 자본, 사회 영역의 개입에 대한 필요성과 합의, 단순한 물리적 경관 조정만으로는 충족될 수 없는 요구 등을 통해서 사회적, 경제적 과정들에 대한 조정을 포함하는 종합적 도시 재생 개념으로 등장한 것이다(김혜천, 2013). 그러나 한국은 50년에 걸친 비교적 빠른 속도의 압축적, 발전주의적 도시화 과정을 통해 도시가 만들어지고, 한국의 부동산 시장은 개발 이익과 투기로 집중되어 있어서 여전히 성장 잠재력을 강하게 가지고 있는 도시적 특성을 가지고 있기 때문에 도시 쇠퇴로 인한 도시 재생의 개념은 어불성설이라는 비판도 제기되고 있다(조명래, 2011). 도시 재생의 모호한 개념 정의와 한국 도시로의 적용 가능성에 대한 의문에도 불구하고, 한국에서도 나름대로의 도시 재개발 사업의 역사적 흐름이 있어왔다.

한국에서 도시 재개발 혹은 도시 개발, 계획의 역사는 일제강점기까지 거슬러 올라갈 수 있다. 제국주의 시기 경성의 도시는 이중 도시(dual city)의 형세를 취하고 있었는데, 남대문을 중심으로는 일본인 거주지, 종로를 중심으로는 조선인 거주지로 양분되어 있었다.[1] 여기서 특히 주목해야 할 인물이 있는데, 바로 정

〈사진 8-1〉

정세권이 계획한 도심형 한옥경관(익선동)

정세권이 활동하고 기증한 조선어학회 터

세권 선생(1888~1965)이다. 정세권은 일제 강점기 당시 종로 익선동, 가회동, 삼
청동 북촌 한옥마을을 비롯해 봉익동, 성북동, 혜화동, 창신동, 서대문, 왕십리,
행당동 등 대규모의 한옥 대단지를 조성한 '건축왕'이다(김경민, 2017). 특히 일제
의 도시개발계획에 맞서 종로에 도시형 한옥 대단지를 조성하고, 빈민층이 월납
(月納)으로 주택을 살 수 있는 제도를 처음 고안했다. 그는 중일전쟁으로 원자재 가
격이 급등하자 신축을 그만두고, 주택임대 사업을 시작했다(김경민, 2017: 69~71).

　정세권이 주목받는 이유는 일제에 대항한 민족 자본가 도시개발 계획을 추진
했다는 점과 더불어 적극적인 독립운동을 실천한 인물이기 때문이다. 정세권은
신간회, 조선물산장려 회관 기증과 재정지원, 조선어학회 회관 기증 등 다양한
차원의 독립운동을 지원하기도 했다. 실제로 이를 계기로 정세권은 일제에 탄압
과 투옥, 고문 등의 비극도 경험한다. 이처럼 정세권은 일제시기 최초의 민족주
의 도시 계획가이자 사회운동가였으며, 빈민층을 위한 부동산 거래 제도를 고안
해낸 인물이다(〈사진 8-1〉).

　한국전쟁 이후 본격적인 산업화 시기인 1960년대부터 서울의 도시계획은 전
형적으로 발전주의의 특징들을 보여준다. 군부 출신인 김현옥 14대 서울시장
(1966~1970년)은 '불도저 시장'으로 불렸다. 그는 서울시장을 지내면서 서울시의
전면적인 도시 구조 변화를 계획했다. 서울시 불량 주택 전면 철거와 한국 최초

---

1) 물론 당시 경성이 엄밀한 의미의 이중 도시가 아닌가에 대한 논쟁도 있었지만, 최근 진행된
　연구에서는 경성의 이중 도시론을 실증적으로 반박하는 논의도 나오고 있다(김종근, 2014).

〈사진 8-2〉 마포구 와우아파트 부지는 철거되고 와우공원으로 대체되었다.

의 '주상 복합' 세운상가, 여의도 제방 구축, 지금은 철거된 아현고가로, 서울역 고가로, 남산 1, 2호 터널, 삼청터널, 사직터널, 청계천고가도로 등의 서울시의 주요 인프라를 건설한 시기가 바로 이 시기이다.

　김현옥 서울시장이 불도저 시장으로 불린 이유는 당시 서울 시내 곳곳에 만연한 불량 주택, 무허가 주택들에 대한 전면 철거와 아파트 건설을 단행했기 때문이다. 이 당시 김현옥 서울시장은 박정희 대통령의 지시로 무허가 건물 13만 6650동 중 4만 6650동을 '양성화'하고, 나머지 9만 동을 '시민아파트'에 이주시키거나 경기도 광주로 이주시킨다는 계획을 세웠다. 결국 1969년 당시 서울시 전체 예산의 12.4%에 해당하는 51억 원을 시민아파트를 짓는 데 투입하기도 했다. 그러나 원자재 절감을 위한 부실 공사와 단기간의 빠른 목표 달성을 위한 무리한 공사 등은 결국 대형 참사로 이어지기도 했다. 마포구 와우산 일대 건설된 시민아파트는 1970년 4월 8일 붕괴됐다. 이 참사로 총 34명이 사망하고 40여 명이 부상을 당하는 일이 발생했다. 그뿐만 아니라 1971년 8월 경기도 광주로 이주된 5만여 명의 시민들은 자체적으로 생업이 가능한 도시로 이주한다는 정부의 약속과 다르게 어떠한 생계 대책도 없이 시행된 이주에 반발해 들고일어났다. 광주대단지 사건으로 불리는 이 사건은 최초의 대규모 도시 빈민운동이었고, 김현옥 서울시장 이후 양탁식 서울시장의 주민들의 요구를 수용함으로써 투쟁은 막을 내렸다(〈사진 8-2〉).[2]

　불량 주택, 무허가 주택의 철거 방식과 도시계획의 역사는 한국의 국가주의적인 도시 재개발 사업을 극명히 보여준다. 1970년대부터 시작된 '도시 재생'운동은 주로 물리적 경관의 재조정과 도시 인프라 건설, 주거 환경 개선 등이 동반된 대규모 토목 건설 사업이었다. 한편 이 시기 새마을운동 역시 도시 재생 운동의 한 축으로 볼 수 있는데, 농촌지역뿐만 아니라 '도시 새마을운동'이라는 다양한 국가 프로젝트들이 진행되었다. 뒷골목, 가로 정비, 도시 녹화, 새마을 청소, 분리수거, 건전 소비 풍토, 법질서 준수, 시민 의식 계발 사업들은 '도시 새마을 운동'이라는 이름으로 추진되었다.

한국의 도시계획과 재개발의 중요한 축이 된 사건은 1986년 아시안 게임과 1988년 서울올림픽이라고 볼 수 있다.[3] 서울을 '명품 도시' 반열에 올리고, 정권의 정당성 확보와 북한과의 체계 경쟁에서 우위를 차지하고자 진행된 메가 이벤트의 유치와 개최는 한국 도시계획, 개발, 재개발에 있어서 중요한 역사적 사건으로 자리매김한다. 이 당시 목동, 사당 3동, 상계 5동 등의 강제철거 집행 과정에서 도시 빈민운동이 극렬히 일어나기도 했다. '공영 개발' 방식으로 진행된 목동의 경우 신시가지를 조성하기 위해 서울시가 토지와 건물을 수용하고 아파트를 건설하는 계획이었지만, 당시 5200세대(세입자 2846가구, 가옥주 2359가구) 중 절반 이상이 무허가 주택에 살고 있었고, 무허가 주택이 수용되어 아파트 분양권을 받더라도 실제 입주할 능력이 없는 가구가 많았기 때문에 무허가 주택 주인과 세입자들은 임대주택 건설과 입주권 보장을 요구하고 시위에 나섰다. 100 차례가 넘는 집회와 시위가 2년 넘게 지속되었다. 그중 1984년 8월 양화대교 점거 농성, 12월 경인고속도로 차단 등을 통해 아파트 입주권 부여와 임대아파트 보장 등의 성과를 얻어내기도 했다. 목동 철거 반대 투쟁은 세입자, 가옥주, 학생운동권, 종교계, 빈민운동 세력 등 다양한 행위자들이 결합된 형태의 운동이었다(이득연, 1985).

같은 시기 상계동 지역의 도심 재개발 과정을 살펴보면, 1960년대부터 서울

---

[2] 한국의 도시빈민의 삶과 역사를 담고 있는 최인기(2012)를 참고할 것.

[3] 올림픽과 강남의 개발의 물리적, 사회적 효과에 주목한 김백영(2017)과 일본의 올림픽과 도시 변화 과정에 주목한 김은혜(2011)를 참조.

도심에서 쫓겨난 철거민들이 모여들어 살게 된 지역이었다. 이 지역이 목동의 사례와 다른 점은 집주인과 세입자들 사이의 갈등이 짙게 나타났다는 점이다. 철거민들이 모여 살던 상계 5동의 경우 지하철 4호선이 개통되면서 재개발 사업 예정지구로 지정됐다. 당시 1524가구(집주인 943가구, 세입자 581가구) 중 1986년 3월 철거가 예정되자 집주인들은 빠른 철거를, 세입자들은 주거 대책을 요구하며 대치하게 된다. 결국 집주인들은 '용역 깡패'를 동원하고, 서울시는 행정 대집행을 통해 세입자들을 강제 철거했다. 쫓겨난 사람들은 명동성당에 기거하다 남양주와 부천 등지로 흩어지게 된다.

이와 같은 도시 재개발은 1982년부터 추진된 '합동 재개발' 방식으로, 재개발의 광풍을 불러왔다. 주민들이 조합을 결성하고, 건설사가 공사비를 선투자하는 합동 재개발 방식은 민간 주도로 시행된 재개발 사업이다. 앞서 살펴본 목동 철거의 '공영개발' 방식과 상계동의 '합동 재개발' 방식은 같은 철거와 재개발이었지만, 그 시행사와 자본의 투입, 국가의 개입 여부에 따라 서로 상이한 이해관계를 형성한 세입자와 집주인의 협조와 갈등이 나타났다. 이처럼 재개발 방식에 따라 서로 다른 사회적 행위자들의 이합집산이 드러나는 것은 결국 재개발과 도시 재생의 방식과 주체에 따라 그 이해관계가 달라지기 때문이다. 최근에 와서는 재개발의 주체가 기업이 되기도 하고, 국가가 되기도 하며, 이 두 행위자가 결합된 형태로도 나타나곤 한다.

1990년대 후반부터 시작된 한국사회의 신자유주의화 경향성은 도시 재개발과 도시 재생 사업에도 본격적으로 나타난다. 대표적으로 드러난 사례가 뉴타운(newtown) 사업이다.[4] 본격적인 민-관 합동재개발이 일어나고, 부동산을 통한 수익성 사업이 각광받으면서 대규모의 '뉴타운(newtown)' 지구 조성과 철거 및 재개발이 일어났다. 특히 뉴타운 사업은 이명박, 오세훈 전 서울시장들이 내건 대규모 '신도시'를 표방한 사업이었지만, 실제 사업이 일어난 방식은 '뉴타운', 즉 새로운 도심 개발이라기보다는 대규모의 구도심 재개발 사업이었다. 특히 계획

---

4) 참고로 한국사회의 아파트 주거 집중에 대해서는 전상인(2009).

〈사진 8-3〉 용산 참사가 일어난 남일당 건물 부지는 신축 공사가 진행 중이고, 투쟁은 여전히 지속되고 있다.

도시 강남에 비해 '계획'되지 못한 강북지역에 사업지구 설정이 집중되면서 2000년대 서울에 다시금 건설 붐을 일으켰다. 2002년 처음 시작된 뉴타운 사업은 크게 주거 중심형, 도심형, 신시가지형으로 3가지 유형으로 구분된다(서울특별시 균형발전본부, 2010). 주거 중심형은 노후 불량 주거 밀집지역에 대한 철거와 재개발을 목표로 두고 있다. 도심형 사업은 도심이나 인근 지역에 주거, 상업, 업무 기능을 담당하는 대형 상가, 문화시설, 관공서, 업무시설, 주상복합빌딩 등을 재개발하는 사업이다. 마지막으로 신시가지형은 미개발지, 저개발지 등에 대한 주거, 상업, 생태, 문화 기능을 가진 신시가지 조성을 목표로 하고 있다.

지역 균형 발전을 목표로 시작된 뉴타운 사업은 서울시에만 35개 지구가 설정되어 각종 투기 문제와 사업 진행 부진, 철거민 발생 등과 같은 사회문제들을 촉발하기도 했다. 가장 극명하게 드러난 문제가 2009년 1월 발생한 용산참사이다. 용산 4구역 뉴타운 지정지에 겨울철 강제 철거가 일어나면서 세입자들에 대한 주거 이전 비용에 대한 불충분한 보상 등이 문제가 되면서 시위에 대해 경찰의 무리한 강제 진압 시도로 결국 5명이 사망하고 23명이 부상을 당하는 참사가 일어났다. 최근에 와서는 뉴타운 사업의 실효성과 사업 부진, 2008년 금융위기 등이 결부되면서 문재인 정권은 사업의 축소와 사업 지구 해지 등과 같은 '뉴타운' 사업의 끝이 보이기 시작했다(〈사진 8-3〉).

지금까지 살펴본 도시 재개발의 사례들은 국가와 자본에 의해 일어난 도시공간의 재편 과정으로 볼 수 있다. 강력한 발전주의 국가 시기에는 국가 주도의 도시 재개발 사업이, 민주화 이후에는 민간기업 중심의 재개발 사업과 민·관 합동 재개발 사업이 주를 이루고 있었다. 그러나 이들의 재개발 사업은 대게 물리적 경관에 대한 재건축과 광역 단위의 재개발 사업이 주를 이루고 있다. 그러나 비교적 최근에 와서는 물리적인 건조 환경에 대한 재개발뿐만 아니라 도심 커뮤니티, 마을 만들기 등과 같이 주민 참여형 공동체 되살리기가 하나의 새로운 도시 재생사업으로 각광받고 있다. 마을만들기 사업은 서울뿐만 아니라 인천, 부산, 대구 등 전국에서 새로운 도시 재생 사업으로 대두되고 있다. 특히 기존의 도시 재생사업과는 다르게 물리적 환경개선 사업보다 사회적 주제들을 주요 골자로 하고 있다. 또한, 사업의 주체 역시 지역 주민이 직접 참여하고, 활동가와 예술가, 지자체 지원 등이 복합적으로 섞인 형태로 나타나고 있다(장세훈, 2018).

마을 만들기 사업에도 물리적 조정 사업이 포함되어 있기도 하지만 기존의 대규모 재개발 사업과는 다르게 지역 단위의 환경 개선, 기반 시설, 커뮤니티 공간 등을 만드는 비교적 작은 규모의 물리적 재생 사업을 포함하고 있다. 마을 만들기의 사회적 주제들은 지역 공동체 활성화, 지역 안전 및 방범 강화, 소수 취약계층 지원, 문화, 건강 등을 주제로 지역 활동가들과 함께하는 프로그램을 진행하고 있다. 특히 경제적 주제들도 포함되고 있는데 이는 협동조합 형태의 마을

⟨표 8-1⟩

	국가 주도형 재개발	민간 주도형 재개발		민관 합동 재개발
		시장 주도	공동체형	
공공성 확보	주택 보급, 투기 저지, 임대차인 보호	수익성 사업	공동체 회복, 사회적 재생	민간이 주도하면서 국가의 절차적 관리 및 지원
재개발 사례	임대주택 사업, 주거 환경 개선 사업	상업지구 재개발 사업, 수익성 동산 개발 사업	물리적 재개발보다 커뮤니티 회복에 집중	뉴타운, 주택 재개발 사업
주요 행위자	국가 기구	민간 자본, 기업형	마을 주민 참여형, 활동가, 예술가	기업 + 국가
사업 내용	도시 정비, 도시 재생	재개발, 부동산 개발, 물리적 건조 환경 개선	마을 만들기, 커뮤니티, 근린 회복	주거지 재생 사업, 상가 및 노후 산업단지 재생 사업

기업 양성과 지원, 기업 경제 자문, 마을 축제 활성화와 마을 스토리텔링 발굴 등과 같은 콘텐츠 사업 등이 포함된다. 지금까지 살펴본 다양한 형태의 도시 재생 사업들은 시기와 사업 주체, 사업 방식 등에 따라 아주 다른 형태로 존재해왔다. 앞서 바라본 서양의 다양한 형태의 도시 재생 용어들이 한국에서는 각기 다른 형태로 혼재되어왔다. 한국에서 진행되고 있는 도시 재생의 주체와 내용, 주요 행위자들을 정리해보면 〈표 8-1〉과 같이 정리할 수 있다.

제2절 젠트리피케이션: 이론과 현실

젠트리피케이션(gentrification)이라는 개념은 1964년 영국의 도시사회학자 루스 글래스(Ruth Glass)에 의해 처음 등장한 용어로 알려져 있다. 젠트리(gentry) 계급의 도심지 이탈과 도심 재진출 현상을 설명하기 위해 고안된 이 용어는 이후에 도시 공간의 사회적, 물리적 변화 과정을 설명하기 위한 광범위하게 사용되기 시작했다. 그러나 말루타스(Maloutas, 2011)와 같은 학자는 젠트리피케이션이라는 용어는 20세기 영국 도심 주거지역의 특수성을 반영한 것으로 매우 제한적인 의미를 가지고 있다고 주장한다. 또한, 거트너(Ghertner, 2015)는 젠트리피케이션 개념이 토지와 주택의 사적 소유권 개념을 발전시켜온 서구 사회에 유효한 개념이고, 비공식 부문이 발달한 비서구 사회의 도시 현상에는 적합하지 않다고 지적하기도 한다. 그러나 오늘날 신자유주의의 확산과 자본주의의 전 세계화, 초국적 자본이동 등의 확산으로 인해 전 지구적으로 비슷한 유형의 젠트리피케이션이 발생하고 있기 때문에 이 용어를 보다 일반적으로 적용할 수 있다는 주장이 설득력을 얻어가고 있다(Clark, 2005; Lees, Shin, and López-Morales, 2016).

젠트리피케이션의 발생 원인을 설명하는 대표적인 연구자는 닐 스미스와 데이비드 레이(David Ley)가 있다. 스미스(Smith, 1986)는 젠트리피케이션의 발생 원인을 '지대 격차 이론'으로 설명한다. 지대격차이론은 현재의 지대 가치가 잠재적으로 미래에 얻을 수 있는 가치보다 낮아 도심으로 자본투자가 일어나면서 일어나는 현상으로 바라본다. 반면 레이(Ley, 1986)는 교외에 거주하던 중산층이 다양한 '라이프스타일'을 추구하기 위해 어메니티(amenities)가 많은 도심으로 다시 회귀하는 현상 때문에 젠트리피케이션이 발생한다고 보았다. 이런 설명 방식들은 젠트리피케이션 현상의 고전경제학에 의거 '수요-공급'의 측면에서 바라보고 있다. 그러나 이런 접근들은 젠트리피케이션 공급의 주체를 당연시하고 개별 행위자들의 다양한 해석, 결정 과정 등을 간과하고 있다는 비판을 받게 되었다 (김걸, 2007: 37~49). 이를 보완하기 위해 함네트(Hamnett, 1991)는 좀 더 복합적인 수요-공급의 측면에서 젠트리피케이션이 발생하는 조건들을 제시했다. 즉, 젠트리피케이션 발생 지역의 공급, 젠트리피케이션 발생의 주체 존재, 매력 있는 도심의 어메니티 환경, 도심 주거를 선호하는 서비스 계층의 존재 등이 그것이다. 이외에도 젠트리피케이션 현상의 결과적 측면에 주목한 연구도 있다. 주킨 (Zukin, 1991)은 젠트리피케이션 현상이 지닌 도심 내부로의 새로운 문화적 어메니티를 불러올 수 있음에 주목한다.[5]

젠트리피케이션 현상을 둘러싸고 이를 이론적으로 설명하려는 시도와 함께 경험적인 조사들도 꾸준히 진행되었다. 젠트리피케이션과 비자발적 이주에 대한 연구(Atkinson, 2000; Millard-Ball, 2002; Newman & Whly, 2006)와 소득 수준과 젠트리피케이션의 연관 관계 연구(Freeman & Braconi, 2004), 젠트리피케이션 현상과 젠더 불평등(Bondi, 1991), 지역 불균형 개발, 계층 분석 연구 등이 대표적이다. 이와 같이 해외 연구자들의 젠트리피케이션 연구는 1990년대 이후부터 이론적, 경험적으로 활발히 진행되어왔다.

한편 젠트리피케이션의 효과와 관련하여 뜨거운 논쟁이 진행되고 있는데 간단히 말하자면 젠트리피케이션이 불러온 '긍정적 효과' 혹은 '부정적 효과'에 주목하느냐에 따라 입장이 나뉜다. 젠트리피케이션의 '긍정적 측면'을 강조한 연구들은 젠트리피케이션의 경제적인 효과를 부각시키고 있다. 낙후되거나 쇠락한 주거지역을 젠트리피케이션을 통해 활성화시키는 '도시재생'의 측면에서 바라보

---

[5] 예이츠(Yeates, 1990)는 도심 재개발과 젠트리피케이션을 구분하면서 도시 공간의 물리적 환경을 보존하면서 지역 구성원의 변화만을 불러오는 현상으로 접근하고 있다.

는 입장이다. 긍정적 입장은 젠트리피케이션의 결과로 새로운 상업시설이 입지하고, 주민들의 소비활동 기회와 편의성이 확대됨을 강조한다(Freeman, 2006; Doucet, 2009; Sullivan and Shaw, 2011). 또한 젠트리피케이션의 결과 주거지역의 물리적 환경이 개선되고, 고용기회가 증가하며, 주민들의 소득이 증대한다는 긍정적 효과를 강조하는가 하면 별도의 재정 투자 없이도 도시재생이 가능하다는 점을 들고 있다(주킨, 2015; Wang, 2011; 김현아·서정렬, 2016). 경제적인 측면 이외에도 젠트리피케이션의 의도치 않은 결과로 새로운 문화 경관의 형성 가능성이 제기되기도 한다(이기웅, 2015).

그러나 젠트리피케이션의 부정적 결과를 강조하는 입장은 거주민들의 추출(displacement) 현상에 주목하고 있다. 젠트리피케이션은 임대료와 같은 지대를 상승시켜 사회적 하위 주체들의 비자발적 이주를 불러온다는 것이다. 그러나 젠트리피게이션의 행위자는 매우 복합적이라는 사실을 인지할 필요가 있다. 브라이언 두세(Brian Doucet)의 지적과 같이 젠트리피케이션은 결코 젠트리파이어(gentrifier)와 축출된 사람들(the displaced)들만의 문제가 아니라 다양한 행위자들(예컨대 행정가, 소유자, 세입자, 투자자, 자영업자 등) 의 이해관계가 복잡하게 연결되어 있는 현상이기 때문에 긍정적 혹은 부정적 효과가 다양하게 드러난다는 것이다.

서구 도시의 현상을 중심으로 젠트리피케이션에 대한 논의가 활발히 진행되는 가운데 동아시아나 한국적 상황의 맥락 속에서 젠트리피케이션 현상을 설명하려는 시도들이 있어왔다. 신현준·이기웅(2016)은 서구의 젠트리피케이션 이론을 차용해 적용하는 것에 대해 비판적 입장을 취하면서, 국가 주도의 발전주의 산업화 과정에서 성장한 동아시아의 도시와 어바니즘(urbanism)이 획일적인 경향을 보이는 것이 아니라 크게 소비와 문화라는 두 축 사이에서 다양하게 재현되고 있음을 보여주고 있다.[6] 러셀 무어(Russel Moore)는 동아시아의 젠트리피케

---

6) 신현준·이기웅(2016)은 동아시 4개 도시에서 일어나는 젠트리피케이션 사례를 통해 젠트리피케이션 현상의 정치경제학적 접근뿐만 아니라 문화적 요소의 작동을 설명하고, 동시에 국가와 자본의 성격에 따라 복잡하게 일어나는 현상으로서 젠트리피케이션에 대한 재인식을 강

이션 과정에서 나타나는 국가개입에 주목한다. 강력한 국가에 의해 추동되는 동아시아 도시의 젠트리피케이션 현상을 도시 미화와 경관 변화에 방점을 둔 "신축 젠트리피케이션"을 통해 설명한다(Moore, 2013). 그는 동아시아의 신축 젠트리피케이션의 과정을 보다 세분화하여, '철거 후 건축 젠트리피케이션(Slash and build gentrification)', '오리엔탈화 젠트리피케이션(orientalising gentrification)', '타워블록 젠트리피케이션(tower-block gentrification)', '논-밭 젠트리피케이션(rice-paddy gentrification)'으로 정의했다(Waley, 2016). '철거 후 건축'은 강력한 국가 주도의 전면적인 물리 경관 재조정 사업을 통한 젠트리피케이션을 설명하기 위한 개념이고 '오리엔탈화'는 이전의 식민 경험의 유산들을 상업화하면서 공간에 대한 자본 축적의 가능성을 보이고 있는 특징을 나타낸 것이며, '타워블록'의 경우 일본에서 많이 나타나는 유형으로서, 이전의 산업단지였던 지역에 점진적으로 거주 콘도미니엄(condominiums)들이 들어서면서 나타나는 '빗장 커뮤니티(gated community)'의 등장을 의미한다. 마지막으로 '논-밭 젠트리피케이션'의 경우 대도시 주변에 산재한 농촌 전이 지대에서 일어나는 젠트리피케이션을 설명하는 개념이다.

한국 도시의 젠트리피케이션 연구는 비교적 최근의 일로서 2000년대 이후부터 본격적인 지역 단위의 사례 연구들이 나타난다. 한국 도시연구자들의 젠트리피케이션 개념 역시 대부분 앞서 살펴본 해외 이론가들에게 의존하고 있다. 젠트리피케이션 현상에 대한 실증적 연구들의 변수들을 그대로 차용하여 사용하거나 약간의 변형을 통해 한국의 젠트리피케이션을 검증해보고 있다(오동훈; 2005, 김걸; 2006, 이희연; 2009, 임하경; 2009, 이지현; 2011).[7]

그런데 최근 서구 지리학자들의 논의 속에서 한국 도시 상황에 적용 가능한 개념들이 발견되고 있다. 예컨대 앞서 말한 '신축(new-build) 젠트리피케이션'의 개념인데 이는 앞서 살펴본 일종의 도시 재개발에 의한 젠트리피케이션으로 볼

조한다.

[7] 주로 변수로는 주거이동 패턴, 주거 재정착비용, 지역의 사회적 지위지수. 주택 지대 격차, 인구 공동화, 재정자립도, 후기 산업 도시지수(4차 산업), 가족 규모, 인구밀도 등이다.

수 있다(Davidson & Lees, 2010). 신축 젠트리피케이션 개념은 기존 공간의 철거와 재개발뿐만 아니라 불모지, 버려진 산업단지, 공터 등의 개발을 통해 주변 지역의 지대 상승과 이에 따른 거주민들의 축출 가능성의 증대를 설명한다. 한편 한국의 젠트리피케이션의 특징을 설명하기 위해 일군의 학자들은 도심의 상업화 현상에 주목하기도 한다(허자연·정창무·김상일, 2016). 즉, 상업 젠트리피케이션은 도시 구획 전체의 철거와 축출보다는 건물 단위로 일어나는 재건축, 리모델링 등의 투자를 통해 기존의 건물 세입자가 쫓겨나는 현상이다. 한국에서는 특히 자본의 크기에 비례해서 일어난 상업 젠트리피케이션의 경향성이 강하게 나타나고, 대기업의 프랜차이즈 사업을 통해 젠트리피케이션이 추동되기도 한다(신현방, 2016). 또한 김필호(2015)는 서울 강남 가로수길과 방배동의 젠트리피케이션 현상을 '소비' 과정에 초점을 두고, '신중간 계급'의 미적 감각과 문화적 취향들이 어떻게 도시공간의 변화 과정에 반영되고 있는지를 밝히고 있다. 이외에도 신현방(Shin & Kim, 2016) 등은 동아시아 젠트리피케이션은 서구의 전통적인 젠트리피케이션 분석 틀로는 포착될 수 없는 현상이 발견되기 때문에 이에 대한 적절한 개념적 정의가 필요함을 지적한다.

닐 스미스는 서양에서의 젠트리피케이션의 3가지 흐름이 있어 왔음을 지적했다(Smith, 1996; Hackworth & Smith, 2001). 이 세 가지 흐름은 1950~1970년대까지 국가 주도의 도심 재활성화 과정과 1970년대부터 1980년대까지의 시장주도의 주택시장 활성화, 1990년대 이후 오늘날까지의 국가와 대자본의 전격적인 도시 개입으로 일어나는 광범위한 젠트리피케이션이다. 이 정의에 따르면 오늘날 일어나는 젠트리피케이션 현상은 글로벌 젠트리피케이션(global gentrification) 혹은 행성적 젠트리피케이션(planetary gentrification) 등으로 정의될 수 있다(Lees et at, 2016). 이러한 논의의 흐름에 비추어본다면 최근 신자유주의화와 발전주의가 결합된 형태의 독특한 한국의 젠트리피케이션 현상을 가늠해 볼 수 있을 것이다.

이처럼 동아시아 지역이나 한국에서 일어나는 젠트리피케이션은 서구의 경우와는 다소 다른 형태로 일어나고 있는데 국가 개입에 의한 도시 공간의 재편 과정이 젠트리피케이션 그 자체 현상인지 도시 계획과 재생의 과정이 복합된 형태인지에 대한 논의가 여전히 분분하다. 즉 학문적, 경험적으로 엄밀하게 정의는 물론 경계가 불명확한 상황 속에서 어떤 현상을 젠트리피케이션으로 바라볼지, 젠트리피케이션의 효과는 무엇인지에 대해서는 아직 많은 이견들이 존재한다. 그럼에도 불구하고 우리는 젠트리피케이션에 의해 '쫓겨나는 사람들'에 대해 주목할 필요가 있다.[8] 추출의 위기에 놓인 사람들은 이에 대항하기 위해 다양한 정치적, 사회적 운동들, 즉, 안티-젠트리피케이션 운동을 전개하기도 하고, 행정기관으로 하여금 방지법을 제정하도록 하는가 하면 대안을 모색해오기도 한다.

이른바 '젠트리피케이션 방지법'으로 불리는 몇 가지 법안과 조례들을 살펴보자. 젠트리피케이션 방지법으로 불리는 법안들 중 가장 대표적으로 부각되고 있는 것이 바로 '임대차보호법'이다. 임대차보호법은 다시 크게 '주택임대차보호법'과 '상가건물 임대차보호법'으로 구분되는데, 각각의 법안은 시행령으로 제정되어 주택임대차보호법의 경우 2017년 5월 30일 부로, 상가건물 임대차보호법의 경우 2018년 1월 26일을 각각의 시행일로 정하고 있다. 이 중 특히 상가건물 임대차보호법을 속칭 젠트리피케이션 방지법으로 두루 불리는 법안이다. 상가건물 임대차보호법은 젠트리피케이션 방지 및 임차 상인의 영업권을 보장하고자 하는 취지로 입법된 법안으로, 주요 골자를 크게 3가지 정도로 요약할 수 있다.

첫째는 계약갱신요구 기간의 연장이다. 상가건물 임차인이 상권을 꾸리고 지역을 활성화시키고 명소화하면서 지역 가치를 창출해내는 과정에서 수익을 보존받으며, 안정적으로 영업권을 보장해주기 위해 기존의 계약갱신 기간 5년을 10년으로 확대하는 안이다. 즉 임대인이 5년 후 상가임대료 인상을 통해 임차인이 기여한 상권에서 추출당하는 것을 방지하기 위한 방안이다. 두 번째 조절 방안은 임대료 인상률 상한선을 조절하는 방안이다. 경실련(경제정의실천시민연합, 2017)에 따르면, 젠트리피케이션 발생 지역의 임대료 상승률은 최저 40%에서 최대 150%까지 나타나고 있으며, 이는 법정 인상률을 초과하는 것이다(〈표 8-2〉).

---

8) 서울에서 일어나고 있는 젠트리피케이션 현상과 그 양산에 대한 구체적인 소개는 최근에 출판된 성공회대 동아시아연구소(2016)에 자세한 사례들이 소개되어 있다.

<표 8-2> 도시 젠트리피케이션과 임대료 상승

지역	연간 상승률	비고(최근 5년 내외)
홍대	49%	(2012~2015년)
서촌	150%	(2013~2015년)
연남동	40%	(2011~2017년)
가로수길	74%	(2013~2015년)
경리단길	40%	(2013~2017년)
한남동	50%	(2012~2017년)
해방촌	63%	(2012~2016년)

자료: 경실련(2017).

이에 대해서 젠트리피케이션 방지법에서는 연간 임대료 인상률을 5% 범위 내까지만 인상할 수 있는 조항이 시행령에 포함되었지만, 강제성이나 처벌 규정이 없기에 그 실효성에 대해서는 의문이 제기되고 있다. 마지막으로, 건물의 철거 및 재건축 시 임차인의 우선 입주권을 보장하거나 퇴거에 따른 보상 방책이 뒤따라야 하는 조항이 들어갔다는 특징이 있다. 이와 같은 법안들이 시행령의 형태로 최근 만들어지고 있지만, 용산 참사 등과 같은 도시민 강제철거와 이에 따른 충돌과 참사를 방지하기 위해서라도 강제 퇴거 금지법과 같은 법안의 필요성이 커지고 있다.

이외에도 서울시의 경우 시 차원에서 젠트리피케이션 대응 방안을 마련하고, 공청회와 지역 조례 제정 등을 통한 움직임이 활발히 일어나고 있다. 특히 젠트리피케이션 발생 형태와 진행 방식에 따라 서울시는 크게 4가지 정도로 대응 방안을 마련하고 있는데, 이는 문화 자산(대학로, 인사동, 신촌·홍대·합정 지역), 전통전승(북촌, 서촌), 마을공동체(성미산), 도시 재생(해방촌, 세운상가, 성수동 등)의 형태로 젠트리피케이션의 발생 지역을 구획하여 각 지역의 상황에 맞는 대안을 바련하는 것이다(서울특별시, 2015). 서울시의 대응과 구 단위에서도 조례안이 제정되고 지역 내에서 상생 가능성을 제고하고 있는 것이 바로 2015년 제정된 "서울특별시 성동구 지역 공동체 상호협력 및 지속 가능발전구역 지정에 관한 조례"이다. 이 조례는 지역 구 내에서 '지속 가능한 발전구역'을 지정하여 광범위하게 일

〈사진 8-4〉 서울시 유산으로 선정됐지만 젠트리피케이션으로 분리된 '공씨책방'과 성동구의 안심상가

어나고 있는 젠트리피케이션 현상에 대응하고자 제정되었지만 그 강제성의 여부 실질적인 효과에 대해서는 한계를 안고 있다.

젠트리피케이션 현상에 대한 저항과 규제법 제정 등 대응에도 불구하고 결국에는 그로 인해 '비자발적 이주'로 결론이 나는 경우가 대부분이다. 젠트리피케이션 현상에 의한 비자발적 이주를 여러 번 경험하면서도 동시에 장소의 정체성을 유지해나가고 있는 두 사례를 보고자 한다. 이태원의 '테이크아웃드로잉'과 '공씨책방'의 사례를 통해 임차인이 강제 추출 당하는 이른바 '도시재난9)'과 이에 대응한 방식에 대해 살펴보자(〈사진 8-4〉).

먼저 테이크아웃 드로잉(이하 드로잉)의 경우 2006년 강남구 삼성동에 처음 문을 연 전시공간이자 카페로, 임대료 상승에 따라 모두 네 번의 이주를 경험한 업체이다. 삼성동을 거쳐 성북동, 대학로 등지로 이주하던 드로잉은 2010년 용산구 한남동에 자리를 잡았다. 2010년 한남동에서 카페와 예술가들의 작품 활동과 전시를 지원하던 드로잉이 문제가 생긴 것은 정착한 지 2년이 안된 시기에 건물주가 바뀌면서였다. 당시 이전 건물주는 건물 재건축을 이유로 드로잉 측과 명도 소송을 진행했고, 건물주가 승소하지만, 판사의 조정으로 2년 간 더 영업을 할 수 있게 합의가 됐다.

하지만 이 상태에서 건물주가 또 바뀌면서 문제가 커지기 시작했다. 새 건물

---

9) 테이크아웃드로잉 측은 철거 용역을 동원한 강제 철거와 그 사이에 발생하는 폭력, 비자발적 이주 등 강제 추출이 발생하는 것을 '도시재난'으로 규정하고 있다.

주는 이전 주인과 드로잉 측이 맺은 2년간의 영업 조정안의 유효성을 주장하는 한편 드로잉 측은 '거짓 재건축'을 빌미로 진행된 조정안의 무효를 주장하면서 충돌했다. 프랜차이즈 카페를 임대하려고 하던 새 주인과 드로잉 측의 충돌은 약 1년간의 법정 투쟁과 수차례의 철거 용역들의 진입 등으로 갈등의 골은 깊어져갔다. 결국 몇 차례의 소송전이 오갔고, 드로잉은 2016년 8월까지 운영하는 것으로 결론이 났고 이후에 드로잉은 4번의 이주 끝에 현재 녹사평에 자리를 잡고 있다.

드로잉은 예술가들에게 작업공간과 전시 공간 등을 제공하면서 영화 〈건축학개론〉의 촬영지로도 이용되었었다. 드로잉은 단순히 하나의 카페를 넘어서 예술가들의 활동을 지원하고, 나아가 문화를 생산하는 하나의 장소성을 가진 곳으로서 그 가치는 단순히 자본으로 환원될 수 없었다. 드로잉의 사례는 문화 생산자가 대자본 앞에 속절없이 추출되는 것과 더불어 임대차보호법의 강화, 강제화 등의 법적 개정뿐만 아니라 이 사건이 진행되는 동안 다양한 계층들 간의 문화적, 사회적 지지와 비판 등 젠트리피케이션 현상을 놓고 일어나는 사회적 역학과 연대의 가능성을 보여주고 있다.

두 번째 사례인 '공씨책방'도 상황은 비슷하다. 그나마 드로잉의 사례보다 나은 점이 있다면, 앞서 살펴본 성동구의 젠트리피케이션 방지 대책의 일환으로 최근 폐점 위기에서 다시 성동구가 직접 운영하는 '안심상가'에 자리를 잡았다는 점이다. 공씨책방은 한국의 1세대 헌책방으로 지금은 서울시 미래유산으로 지정될 만큼 그 문화적, 역사적 가치를 지닌 공간이다. 공씨책방은 1972년 동대문구 회기동을 시작으로, 1980년대 광화문에 자리 잡고, 당시 전국 최대 규모의 헌책방으로 명성을 날렸다. 이후 1990년대 광화문 일대가 재개발 되면서 1995년 신촌 대로변으로 자리를 옮긴다. 1995년부터 2017년까지 한 곳에서 자리를 지켜온 공씨책방은 신촌-홍대의 대학 문화는 물론 헌책방의 역사성을 46년간 지켜왔지만, 2017년 바뀐 건물 주인이 월임대료를 130만 원에서 300만 원으로 인상 요구하면서 자리를 옮겨야 했다. 물론 이 과정에서 건물주와 공씨책방 간의 건물명도 소송이 발생했고, 결국 건물주의 승소로 끝났다. 결국 25년 간 한 자리를 지켜온 공씨책방은 매장 규모를 줄이고 임대료가 상대적으로 싼 인근 지하로 자리를 옮겼다. 그나마 공씨책방이 그 명맥을 지킬 수 있었던 것은 서울시가 서울 미래유산으로 공씨책방을 선정하고, 성동구의 젠트리피케이션 대응 정책들이 작동하면서 가능했다. 그럼에도 불구하고 공씨책방은 25년 간 지켜온 자리에서 추출되었고, 가게는 결국 신촌과 성동구로 나누어졌다.

이처럼 젠트리피케이션 현상의 피해를 받는 계층은 임대료 상승에 따라 추출당할 수밖에 없는 위치에 서 있다. 앞서 본 드로잉의 사례와 공씨책방의 사례는 우리의 도시가 무엇을 보존하며, 무엇을 추구할 것인지에 대한 근본적인 질문들을 불러오게 한다. 특히 도시의 문화와 역사성을 자본축적이란 이름으로 훼손되는 것을 막고, 도시 내의 비자발적 이주 현상이 일어나는 것을 방지하기 위한 강제력 있는 법안 제정이 시급함을 알려주고 있다.

제9장 도시 정치와 지역운동

제1절 도시 정부와 권력 구조

1. 도시(지역) 정치의 조건

지방자치와 지역 정치에 관련된 일련의 담론들이 한국사회의 수면으로 급부상하고 있다. 해방 이후 반세기 만에 부활된 지방선거는 민주화의 과정을 실험하고 있으며, 환경 교통 주택 등 지역 생활권을 바탕으로 한 다양한 문제들이 새로운 사회운동의 쟁점으로 부각되면서 지역에 대한 관심이 한층 높아지고 있다(강인재 외, 1995; 김병준, 1994; 유영국, 1995). 서구 선진 자본주의 국가에서도 국지적 삶의 현장을 주목하고 있는 포스트모던의 시대에 이르러 지역 정치에 대한 관심이 새롭게 일고 있다. 세계 자본주의의 재구조화와 함께 등장한 신보수주의(neo-liberalism) 체제는 국민국가 단위의 총체적 공간보다는 개별적 지역 공간 단위를 중시하는 정책을 지향하고 있다.[1] 신보수주의 정부의 복지 지출의 삭감으로 생산과 소비의 모든 분야에서 보다 능동적이고 적극적인 활동을 추진해야 할 지방정부의 역할

---

[1] 포스트모더니즘의 인식론과 지방성(locality)의 논쟁에 관해 한국공간환경연구회(1993), 와프(1995) 참조.

과 위상이 강조되고 있는 것이다.[2]

이제 막 걸음마 단계에 접어든 한국사회의 지역 정치의 실체와 결과들을 논의하는 것은 시기상조가 아닐 수 없다. 그러나 민주주의와 복지국가를 지향하는 필연적 과정으로서 지역 정치에 대한 기대가 커짐과 동시에 지역 정치가 일부 세력의 기득권을 보장하는 정치 행위로 변질되고 있다는 비판의 소리가 끊이지 않고 있다. 지역 생활 현장 주체들의 직접적 참여는 오직 일회적인 선거 행위로 국한되어 있고, 지방선거가 정치지망생들의 도약을 위한 발판으로 이용되고 있는가 하면, 중앙권력의 대리 행위로 지역 정치가 이용되고 있다. 그렇기 때문에 지방의회의 무용론이 제기되는가 하면 지역 간 이기주의에 대해 우려의 목소리가 높이 일고 있는 것이다.[3]

한국사회에서는 지역 정치에 대한 관심이 선거 행위와 중앙권력의 분산이라는 지극히 행정적이고 정치적인 관점에서만 이해되고 있다.[4] 지역 정치가 권력의 분산화를 통해 민주주의의 기초가 된다는 원론적 의의가 강조되면서 지방정부의 기구나 의회구성, 선거 등 정치적 과정에 대부분의 관심이 쏠리고 있다. 한국사회의 지역 정치의 담론은 우선적으로 기존 정치권의 권력구도 속에서 파생된 것이다. 지역 정치는 권력분배의 이해관계가 명백한 제도권 정치집단 간의 정치적 거래에 의해 민주주의를 실현하는 상징적 구호로 등장했던 것이다.

---

[2] 포스트모더니즘의 사회복지체계와 지방국가와의 관계에 관해 Burrows & Loader(1994), ch. 2 참조.

[3] 지방의회에 대한 한 평을 보자. "집행부의 독주를 견제하고, 지방정부의 살림살이와 집행 업무를 감시·감독하는 지방의회의 사명은 실로 중차대하다. 그러나 지금 많은 국민들은 이 같은 지방의원들의 역할에 회의적이다. 출범한 지 3년이 지난 지방의회가 세무 비리 등을 선도적으로 규명하고, 주민들의 편에서 예방, 단속 활동을 펴오기는커녕 오히려 못된 공무원과 결탁, 사익 챙기기에 급급한 사례마저 있기 때문이다. 지방의회 의원들이·뇌물을 받은 것으로 밝혀졌다. 그런가 하면 상당수 지역의 지방 의원들이 공무원, 지역유지 등과 갖가지 이름의 친목모임을 만들어 이른바 토호 세력화하고 있다는 얘기도 들린다. 서울시의 경우에도 올 들어 비리 등으로 구속된 지방 의원만 6명에 이른다"(≪조선일보≫, 1994.12.6).

[4] 주로 정치학이나 행정학 등의 학문 분야나 언론 등에서 이루어지고 있는 논의들이 지배적이다. 한편 지역감정이나 투표 등의 지역주의와 정치 과정을 살피려는 시도도 있어 왔다(한국사회학회, 1992).

그러나 오늘날 지역 정치는 정치·행정 영역의 차원에서만 설명될 수 없다. 지역 정치는 시민사회의 전제이며 결과이다. 즉, 지역 정치를 통해 시민사회의 영역이 확장되어가는 동시에 시민사회의 확장을 통해 지역 정치가 가능하다. 중간층 및 노동계급의 확대, 시장의 팽창 및 기타 사유 부문의 확장 등의 지표들이 반영해주듯, 빠른 산업화와 함께 시민사회의 물적 조건들이 역시 급속히 발달해왔다(김성국, 1992). 산업사회가 곧 다원사회인만큼 시민사회의 갈등의 폭과 내용도 역시 다양하게 표출되기 시작했고, 이 같은 시민사회의 갈등을 중앙정부가 모두 관리하고 해소하는 데에는 일정한 한계가 노출되었다. 시민들의 권력 분산에 대한 요구, 환경 주택, 공공 소비와 관련된 일상생활에 대한 다양한 욕구들이 사회의 갈등으로 표출되고, 이에 대한 완충 기능의 담당자로서 지방정부의 역할이 중요하게 부각되었다. 거대한 시민사회의 역량이 중앙정부의 관리 역량을 넘어선 것이다. 이런 정치경제적 상황이 오늘날 한국사회에서 지방자치와 지역 정치의 담론을 성행하게 하는 하나의 조건인 것이다.

지역 정치는 정치영역은 물론 경제, 문화 등 총체적인 사회 과정의 반영이다. 지역 정치는 단순히 고전적 의미의 정치영역에 국한된 것이 아니라 경제, 문화 등 총체적인 지역의 '구조화' 과정에서 발생한다. 즉 지역 정치의 조건은 지역의 산업구조나 인구 및 계급 구성, 그리고 역사문화적으로 형성된 총체적인 지역의 '맥락'에 있으며 그 맥락을 낳게 하는 메커니즘 속에 있다. 그렇기 때문에 지역 정치에 대한 이해를 위해서는 단순히 선거 행정 및 의회기구, 권력 분배 과정 등 정치적 영역에 그칠 것이 아니라 지역 정치의 조건이 되는 복합적이고 다양한 '총체적 사회과정(total social process)'에 대한 접근이 필요하다. 다시 말해 정치 경제 문화 등의 사회과정이 각 지역에서 구조화되어 나타나는 '지역성(locality)'에 대한 이해를 전제로 할 때 지역 정치를 체계적으로 이해하게 된다.

자본주의의 사회에서 지역 구조화의 동력인 축적 메커니즘은 지역 정치의 핵심적 조건이다. 지역 정치의 쟁점이 되고 있는 지역 불균등 발전의 문제나 환경, 교통, 주택, 기타 사회 공공서비스 등의 집합적 소비 수단의 분배, 세금 등 생활영역과 관련된 문제들은 자본축적의 불균등한 공간적 결과로 나타나기 때문이다.

오늘날 선진 자본주의의 지역 정치 역시 세계 차원의 자본축적 과정과 그 재구조화 과정에 의해 지대한 영향을 받고 있다. 영국이나 미국 등 서구 선진 자본주의 국가의 지방정부의 정책 수립과 변화는 곧 세계 차원의 자본축적 구조의 변동에 기인하고 있다. 예컨대 유연적 축적 체계는 새로운 숙련노동과 기술을 일정한 공간에 집중시킴으로써 기존과 다른 지역 정치의 전략을 요구하는가 하면, 기존 공업지역으로부터의 자본의 이탈은 지방정부로 하여금 실업 방지와 지역경제의 활성화를 위한 다양한 전략을 수립하도록 만들고 있다. 쇠퇴하고 있는 공간을 되살리기 위한 지방정부의 도시개발 전략으로 부동산 자본가나 기타 금리업자들이 개발의 주역으로 등장하고 있으며, 도시 이미지의 판촉 활동이나 새로운 소비 공간의 창출을 통한 지역경제의 활성화 전략이 활발히 진행되고 있다.[5]

자본축적과 지역 재구조화의 관계에 대한 논의들은 오늘날 지역 정치의 조건을 이해하는 데 많은 의미를 제시해주고 있다.[6] 특히 노동의 공간 분화나 계급의 지역 편재 등에 관한 논의는 지역 정치의 역학 구도와 생활상의 쟁점 등을 이해하는 데에 유익한 시각을 제시하고 있다. 생산 공정의 공간 분할로 인한 분업이 형성됨으로써 특정한 계급적 특성을 지니는 지역들이 나타난다. 물론 지역적 특성이 계급에 의해 모두 규정되는 것은 아니지만 계급은 그 지역의 공간적 특성은 물론, 지역 간의 관계를 규정짓는 데에 핵심적 요인이다.[7] 계급의 공간 분화는 지역의 특성들, 예컨대 지역 불균등 발전, 정치적 지향이나 생활의 기회, 삶의 양식 등을 규정하면서 지역 정치의 조건을 이룬다.

간단히 말해, 지역 정치의 성격과 내용은 자본축적의 과정을 바탕으로 하는 총체적인 사회과정에 의해 규정된다는 점을 인식할 필요가 있다. 곧 지역 정치의 정치경제적 조건이라고 볼 수 있는 다양하고 복합적인 요소들을 분석수준에 끌어들일 때 지역 정치의 실체와 과정을 면면히 벗겨내고 앞으로의 적절한 대안을

---

5) 도시 이미지는 더욱 중요한 판촉 전략이다(새비지·와드, 1996).

6) 대표적으로 조명래(1992), 조명래·김왕배·강현수(1991), 김덕현(1992), 한상진(1994).

7) 계급은 생산수단의 소유 여부와 부의 분배 몫에 의해 규정되는 실체이기 때문이다. 이 책의 제 6장을 볼 것. 한편 노동의 공간 분화에 관해서는 강현수(1989).

내놓을 수 있다.

2. 지방정부의 자율성

전통적인 견해에 의하면 지방정부는 다원주의를 원리로 하는 시민민주주의의 하부 제도로서 이익집단들의 상호 경쟁을 조정하는 대의제에 기초한 제도이다. 지방정부는 분산된 권력을 바탕으로 국지적 이익에 기초한 의사 결정권자들이 서로 상호작용하는 장으로 인식되고 있다. 그러나 지방정부의 성격에 대해서는 서로 엇갈리는 견해들이 있다. 첫째는 도구주의 견해로서 지방정부는 사회체계를 관리하고 유지하는 국가의 짐을 대신 떠맡아 체제를 위협하는 국가 수준의 갈등을 완충시키는 범퍼 기능을 담당한다는 것이다. 이 견해에 의하면 지방정부는 체제 유지를 위한 국가의 하부제도로서 중앙정부의 대리인에 불과하다. 둘째는 지방정부는 중앙정부로부터 일정한 자율성을 갖고 있으며 기본적으로 정치경제적 궤도에 따라 기능한다고 하는 관점이다.[8] 지방정부는 국민국가(중앙정부)와는 일정하게 독립된 그 독특한 역할을 담당하고 있다는 것이다.[9] 지방정부가 중앙정부로부터 자율적 존재인가 아니면 중앙국가의 대리 기관인가 하는 논쟁은 마치 자본주의 체제의 국가가 계급의 도구인가 아니면 계급으로부터 일정 정도 자율성을 부여받은 실체인가를 논의했던 국가론 논쟁과도 흡사하다.[10]

지역 정치를 구성하는 집단 간 관계는 분석상 크게 중앙-지방정부, 지방정부와 지역시민, 지방정부기구 내 관계(지방자치단체와 의회)로 나누어볼 수 있다.[11]

---

[8] 좀 더 자세한 내용은 강명구(1992).

[9] 대비되는 견해로 Cokburn(1977), Duncan & Goodwin(1988).

[10] 이른바 밀리반드(Milliband)의 도구주의적 견해와 풀란차스(Poulantzas)의 구조주의 논쟁이다(Poulantzas, 1976; 1978b; Milliband, 1973).

[11] "지방정부의 개념을 확장하게 되면 지방정부란 일반적으로 중앙정부와 구별한다는 의미에서 사용하는 용어로서, 지방 단위에 존재하는 모든 제도적 공공기관을 포괄적으로 지칭하는 것이다. 그러나 일반적으로 사용하는 지방정부란 지방자치단체를 의미하며, 우리 나라의 경우 크게 의회와 집행부로 구성된다"(이재원, 1992).

그중에서도 특히 중앙정부로부터 지방정부의 자율성 확보가 당면의 과제이다.

권위주의적인 중앙집권적 체제 속에서 지방자치의 실현이 오랜 동안 유보되었던 한국사회에서 지방정부는 아직도 강력한 중앙정부의 통제 우산 속에 있으며, 중앙정부의 역할을 대행하는 '대리기구'로서의 기능을 담당하고 있는 실정이다.12) 가장 최근의 조사연구 결과 지방자치단체장들이 중앙정부의 행정권한 독점현상에 대해 강력히 반발하고 있는 사실이 이를 잘 대변해주고 있는데13) 이는 재정자립도가 매우 빈약한 지방정부가 중앙정부에 의존하지 않고는 자립할 수 없는 현실 때문이기도 하다.14)

그러나 지방정부는 중앙정부와 종종 갈등상황에 처하거나 혹은 그 잠재적 갈등을 보유하고 있는데, 지방정부의 존립 근거는 바로 지역시민들의 지지 즉 지역구성원에 의한 정당성에 있기 때문이다. 국가나 지방정부 할 것 없이 그 존립 근거는 정당성에 있다. 지방정부의 정책이 바로 주민들의 생활에 직결되므로 지방정부는 어느 특정한 계급이나 집단보다는 일반 지역 주민들의 이해관계를 대변해야 한다. 한편 지방정부는 지역 시민들의 소비 생활과 관련된 의료, 주택, 공공설비 등의 집합적 소비 수단을 제공해야 하므로 많은 재정을 필요로 하는데, 그 재정의 원천은 다름 아닌 세금이며, 따라서 늘 세금 반란의 위협을 안고 있다. 그렇기 때문에 지방정부는 중앙정부의 재정 지원과 보조를 요구하고, 중앙정부가 지원을 삭감할 경우 반발할 여지가 있다.

---

12) 이은진(1994: 326). 부산시의 경우 총 3681종의 단위 사무 중 기관위임된 국가사무가 1516종으로 전체의 42.4%나 되며 특히 부산시 지역경제국의 경우 711건의 소관 업무 중 위임 업무가 682건에 달하여 도소매업 허가 등 극히 제한적인 부문 이외는 중앙 국가의 감독을 받도록 되어 있다.

13) 시도 지사 15명 설문조사에 의하면 "지방자치 시행 이후에도 중앙정부가 행정 권한의 대부분을 독점하고 있어 명실상부한 지방자치가 이루어지지 못하고 있다고 생각하는 것으로 조사됐다"(≪조선일보≫, 1995.10.8).

14) 참고로 1990년 현재 지방자치단체의 재정자립도를 보면 전국 평균이 64.8%에 불과하다. 이 중 서울의 재정자립도는 97.4%를 기록하고 있는 반면, 도와 군은 각각 33.6%와 28.5%에 그치고 있다. 그나마 부산 대구 인천 대전 등의 직할시와 수도권인 경기의 재정자립도가 60%를 넘어서는 까닭에 여타 지방의 재정자립도는 상대적으로 더욱 열악한 형편이다(국민호, 1994, 148~149).

때때로 지방정부는 중앙정부와 이해관계를 달리 하면서 직접적인 갈등 관계를 맺기도 한다. 예컨대 국경을 초월하여 이윤 활동을 벌이는 초국적기업이 자원 및 시장의 고갈, 임금 상승 등으로 인하여 어느 특정 지역에서 자본을 철수할 경우 지역 주민들의 정당성을 토대로 존립할 수밖에 없는 지방정부는 지역 공동화 현상을 막기 위해 독점 자본의 철수를 보장하는 중앙정부에 대항하기도 한다.[15] 이밖에도 보다 자율적 활동의 폭을 넓히려는 지방정부와 자기의 통제권 아래에 두려는 중앙정부 사이에 마찰 가능성이 상존하고 있으며 공해시설의 지역 이전 및 건립에 대해 지방정부와 중앙정부가 대립을 보이는 경우도 있다.[16]

그러나 지방정부는 원칙적으로 중앙정부의 지원으로 존립 가능하기 때문에 지방정부가 중앙정부와 수평적인 갈등 관계를 유지하기는 현실적으로 어렵다. 특히 한국사회에서 강력한 국가의 전통은 최근 무한 경쟁의 세계화시대에서 더욱 강해지고 있으며, 분단의 현실과 통일 이데올로기가 현존하는 한 국가의 힘이 해체되거나 이완될 조짐은 보이지 않는다. 따라서 유럽과 같이 광역의 지역 공동체(EC) 국가와 국지적 지방정부 간의 직접적 관계를 맺는 따라서, 국민국가의 이중적 해체 현상의 가능성은 한국사회에서는 거의 기대하기 힘들다.[17]

3. 지방정부의 성장 연합: 생산의 정치와 소비의 정치

자본주의 체제를 관리하고 유지해야 하는 국가의 중앙정부는 원칙적으로 독점계급의 이익과 생산활동을 보장해주는 '생산의 정치'를 담당해야 하는 반면 지

---

15) 자본의 투자 및 회수와 지역 갈등에 관한 사례연구로 Johnston(1986).

16) 한 사례로 서울시의회와 중앙정부 간 갈등 사례가 그런 조짐을 보이고 있다. 거대 도시로서 수도의 특수성을 주장하는 서울시의회와 서울을 하나의 지방자치단체로 보려는 중앙정부의 입장이 충돌한 사례를 볼 수 있다(류민우, 1993: 515). 이 밖에도 시의회와 자치단체의 집행부 사이의 갈등도 나타난다. 시의원 보좌관 시설이나 서울시 집행부에 대한 행정사무감사 및 조사권 등에 대한 갈등이 그 대표적 경우이다.

17) 세계화와 함께 국민국가의 이중적 해체가 최근 관심의 대상이 되고 있다. 이에 대해서는 조명래(1995).

역 수준의 지방정부는 지역시민들의 소비생활을 관장하는 '소비의 정치'를 담당한다는 주장이 일반적 견해이다.[18] 이른바 '이원국가론'의 테제에 의하면 중앙정부의 기능과 구분되는 지방정부의 독특한 역할이 강조되고 있는데, 공공시설이나 의료, 주택 등과 같이 노동력을 재생산하는 집합적 소비 수단을 제공하는 임무를 지방정부가 담당한다는 것이다.[19]

논리상 지방정부의 정책이 지역시민의 생활상의 문제와 직접 부딪히기 때문에 지방정부의 주요한 정치적 관행은 기본적으로 주택, 의료, 교육 등 공공서비스 공급과 같은 '소비 정치'에 우선할 것으로 보인다. 그러나 지방정부가 중앙정부로부터 자율적이고 독립적인 재정 확보를 위해서는 스스로 기업가적인 역할을 담당하지 않을 수 없다. 다시 말해 지방정부가 소비의 정치를 위한 재정 확보를 위해 지역 성장 전략을 추진할 수밖에 없다. 지방정부는 도심 재개발 같은 전략을 통해 지역 경제의 활성화를 꾀하고, 다양한 유인 정책을 통해 기업 투자를 도모한다. 지역 경제의 활성화 혹은 공동화 지역의 재활성화를 위해 자본의 유입을 위한 다양한 전략을 시행하는 지방정부가 스스로 기업가적 국가의 역할을 담당함으로써 생산의 정치가 지방정부의 몫이 되는 것이다.

이미 선진 자본주의사회의 경우 지역경제의 재구조화 과정과 맞물려 지방정부의 전략은 큰 변화를 맞이하고 있다. 대량생산, 대량 소비 시대의 포드주의적 축적 체계가 지배적이던 시기에 사회 전반의 복지와 하부구조의 제공을 담당하고 있던 국가는 복지시설의 대행자로서 지방정부의 역할을 강조했다. 핵심적인

---

18) 이른바 사운더스의 이원국가론의 입장이다. Saunders(1981)의 ch.7을 참고할 것.
19) 이원국가 명제를 요약하면 다음과 같다.

	생산의 정치	소비의 정치
사회적 기반	계급의 이해	소비 부문의 이해
이해 중재 양식	조합주의적	경쟁주의적
조직의 수준	중앙정부	지방정부
지배 이념	사유재산권	시민권
적당한 국가론	도구주의(계급이론)	다원주의

자료: Saunders(1985a).

계획 수립과 주요 의사 결정은 중앙정부에 의해 수행되었고, 지방정부는 국가의 보조 아래 교육, 주택, 의료 등 공공서비스를 제공하는 대행자의 역할을 담당함으로써 중앙정부에 종속적인 위치에 놓이게 되었다. 이 시기의 지역정책은 규모의 경제와 표준화된 공공서비스 제공을 원칙으로 하는 케인스주의적인 복지국가의 계획 아래 지역 간 불균형의 해소, 즉 지역 간 형평성에 역점이 주어졌다.[20]

그러나 이른바 포스트포드주의 혹은 유연적 축적 체계로의 변화와 함께 지방정부의 역할과 위상이 달라지는 현상을 발견할 수 있다. 국가 재정의 과다 지출로 인한 재정 위기는 곧 복지정책의 변화를 불러일으킬 수밖에 없게 되었다. 1980년대 초 등장한 유럽과 미국의 신보수주의의 정권의 정책은 간단히 말해 사회 전반에 걸친 국가의 개입을 축소한다는 것이다. 신보수주의 정책은 공공경제 부분의 민영화를 추진하고, 시장 기제의 자율성을 높이며, 사회복지 지출의 삭감을 통해 재정 부담을 줄이는 것을 골자로 하고 있다. 지역정책에 있어서도 역시 지방정부에 대한 지원을 줄이는 대신 규제를 완화함으로써 지방정부의 역할을 보다 확대시키는 것이었다. 중앙정부의 지원 아래 공공복지시설의 공급을 주로 담당하던 지방정부는 이제 스스로 재원을 마련해야 하고 지역경제를 활성화시켜야 하는 임무를 떠맡게되었다. 지역 발전과 복지에 대한 재정적 책임은 물론 정치적 책임을 넘겨받은 지방정부는 지역 생산력 제고를 위한 '기업가적 국가'로의 변신을 모색하고 있다. 즉, 지방정부는 지역경제의 성장을 위해 우선적으로 자본 유치를 적극적으로 추진하게 되었다.

'기업가적 국가'란 간단히 말해 국가가 시장의 경제의 효율성을 추구하는 기업의 원리를 통해 수익 창출을 도모하는 정부활동의 형태를 말한다. 물론 이윤을 추구하는 기업과 달리 정부는 국가 구성원의 세금과 선거에 의해 움직인다는 점에서 명백한 차이가 있지만 예산의 지출이 아니라 사업 감각을 적용, 부실 국영기업의 민영화를 추진하고 기타 수익사업을 벌인다는 점에서 기업가적이다.[21]

---

20) Stoker(1989). 위의 글 내용에 관해서는 이재원·류민우(1995: 232~238).

21) 정병순(1995: 306)에서 재인용. 기업가적 국가의 개념은 앞서 말한 바와 같이 1980년대에 이르러 등장한 신보수주의 정권과 맥을 같이 하고 있고, 이른바 포드주의의 대량생산·대량 소비

지방정부는 기업가적 국가의 미시적 활동체라고 볼 수 있다. 기업가적 지방정부는 특히 민간 합동의 도시개발정책을 통해 지역경제의 활성화를 도모하고 있다. 지방정부는 도시개발을 관리하고 실행함으로써 성장을 추구하려는 집단체, 즉 '성장 연합(growth coalition)'을 구성한다. 성장 연합이란 토지와 자산으로부터 집약적인 이득을 얻는 지대 추구자(rentier)를 주축으로 대학, 문화기관, 노동조합, 지방정부 등의 개발 연합체를 의미한다.[22] 지역경제의 활성화를 추구하기 위한 기업가적 지방정부의 전략은 성장 연합의 정치를 통해 달성된다.

지방정부의 주된 역할이 생산의 정치인가, 소비의 정치인가 하는 것은 이처럼 역사적 상황에 따라 변화한다. 서구 선진 자본주의 경우, 포드주의적 복지국가 체계하에서 중앙정부는 일반적으로 독점기업의 생산을 위한 기능을 담당하고, 지방정부는 중앙정부의 위임과 지원하에 공공서비스 공급을 내용으로 하는 소비의 정치를 담당한다고 볼 수 있을 것이다. 그러나 재정위기와 함께 등장한 신보수주의 체제와 포스트포드주의 축적 방식으로의 이행하는 과정에서 지방정부는 성장 연합의 메커니즘을 통한 생산의 정치로 선회하고 있다고 윤곽을 잡아볼 수 있을 것이다.

한국사회의 경우 지방정부의 자율성과 재정 자립 그리고 전면적 활동이 매우 제한된 현시점에서 지방정부의 생산의 정치와 소비의 정치, 그리고 그 복합적인 기능을 논의한다는 자체가 적절하지 않을 수 있다. 그러나 재정 자립과 확충을 위해 지방정부는 적극적인 기업유치 전략을 실행하고 있는가 하면, 지역 성장을 위한 다양한 생산 전략을 구상, 적용하려 하고 있다. 지방정부는 지역성장주의의 실현이 지역 주민들로부터 정당성 확보로 이어질 것이라는 기대하에 개발 전략을 적극 추진하고 있다. 최근 지방단체장들이 역점사업으로 환경이나 교통,

---

하의 관리주의적 정부와 대비되는 것이다. 이에 관련된 논문으로 Fainstein(1990), Gaffinkin & Warf(1993).

[22] Molotch(1976), Logan & Molotch(1987), ch. 3 참조. 성장 연합을 구성하는 집단들은 공식적·비공식적인 모든 집단에 상관없이 해당 지역의 성장을 제고하기 위해 지방정부를 이용하려 한다.

복지보다 경제 활성화를 우선시하고 있는 경우나[23] 이른바 기업 유치 현상인 '핌피' 현상은 이를 잘 반영해주고 있다.[24] 공공서비스나 복지 등과 관련된 소비 수단의 제공이 지방정부의 현안이긴 하지만 중앙정부로부터의 보조나 자체 재정이 매우 미흡한 실정에서 공공서비스의 제공과 관련된 소비의 정치에는 많은 한계가 있을 수밖에 없다. 특히 한국사회에서 복지지출과 관련된 사회비용은 주로 민간 부문(보다 정확히 말하자면 개인 부문)에서 직접 충당되고 있었다고 볼 수 있다. 노인의 가족 부양, 사교육비 지출, 의료비 부담 등 여러 지표가 이런 실정을 잘 대변해주고 있다.[25]

생산의 정치인가, 소비의 정치인가 하는 지방정부의 2원적 전략은 앞으로의 연구 과제이다. 다만 한국사회의 지방정부의 역할에 대해 다음과 같은 추론이 가능할 것으로 보인다. 우선 한국사회의 지방정부는 성장 연합의 전략을 통해 지역 경제를 활성화하는 축으로 지역의 토착 중소자본 특히 부동산, 상업자본 그리고 기타 유력자 집단을 동원할 것이며 이 과정에서 지역 주민의 참여는 개발 이익의

---

[23] 지자제 실시 100일을 맞이하여 15개 광역단체장에 대한 설문조사에서 나타난 결과이다. 자치장들은 앞으로의 역점 사업으로 경제 활성화(44.9%)를 으뜸으로 꼽고 있으며, 다음으로 환경 개선(16.3%), 교통(12.2%), 문화예술 및 관광 진흥(8.2%), 복지 향상(6.1%) 등을 들고 있다 (≪조선일보≫, 1995.10.8).

[24] 핌피(please in my front yard: PIMFY) 현상은 기업을 자기 지역에 유치하기 위해 다양한 환경 조성을 꾀하고 홍보하는 것으로 지방정부의 경쟁이 치열해지고 있는 현상을 의미한다. 핌피 현상은 쓰레기 매립장이나 원자력발전소, 공해 산업 등의 유치를 적극 반대하는 님비(not in my back yard: NIMBY) 현상과 대비되는 것이다.

[25] 다음의 표에서 볼 수 있는 바와 같이 한국사회에서 복지 지출은 세계 그 어느 나라보다도 미약하다.

국가군별 복지 분야 예산 규모(총예산 대비)

소득수준(달러)	국가 수	복지비 비율	비 고
500~2,000	5개국	2.6%	인도네시아, 필리핀, 태국, 중국, 폴란드
2,000~10,000	5개국	20.5%	한국, 대만, 말레이시아, 체코, 헝가리
10,000~20,000	7개국	29.2%	영국, 호주, 이탈리아, 스페인, 홍콩, 싱가폴
20,000 이상	7개국	41.0%	미국, 일본, 독일, 프랑스, 캐나다, 스웨덴

주: 한국의 경우 1990년 9.67%

자료: 한국사회과학연구소 사회복지연구실(1995: 36)에서 재인용.

이데올로기와 이해관계의 강도에 따라 달라질 것이다.

그러나 지방정부가 개발 연합을 통해 생산의 정치를 담당한다 하더라도 중앙정부와의 2원적 성격은 그대로 남아 있을 것이다. 즉 중앙정부는 여전히 독점자본의 이익을 옹호하고 독점자본의 국적을 담보하는 생산의 정치 역할을 담당할 것이며 이 과정에서 중앙정부는 지방정부의 개발 연합체와 갈등을 빚을 수도 있을 것이다.

4. 지역사회 권력 구조

지역 정치는 "지역구성원의 자발적인 참여와 책임하에 의사 결정을 내리는 과정"이다.[26] 즉 지역 정치란 권력의 분산성과 자치성을 토대로 지역구성원의 자발적 참여로 이루어지는 정치 형태로서, 흔히 거론되고 있는 바와 같이 풀뿌리 민주주의이며, 직접민주주의의 이상을 실험하는 장으로 인식되고 있다(전상인, 1997).[27] 그러나 지역 정치의 딜레마는 항상 이론과 실제가 어긋나 있다는 것이다. 즉 지역 정치의 과정에서 주민들의 일반적 이해가 대변되어야 하지만 실제로는 특정 계급(층)에 의해 의사 결정이 이루어진다는 것이다. 지역 정치는 지역 주민의 직접 참여에 의한 의사 결정을 고유한 이상으로 삼으면서도 정작 의사 결정 과정에서는 지역시민이 배제된 채 특정 이익집단에 의해 장악되고 있는 것이다.

지역사회의 어느 계급 혹은 어느 집단이 지역사회의 의사 결정에 궁극적인 영향력을 행사하는가? 어느 계급이 주로 의사 결정 과정에서 자신들의 이해를 반영하려 하는가? 이에 대한 실증적 연구는 다양한 '지역사회 권력 구조론' 속에 제시되어 있다. 그들 연구는 도시 혹은 지역 수준의 권력의 소재를 파악함으로써

---

26) 지방자치가 민주주의 교육의 장이라는 유명한 브라이스(J. Bryce)의 논의나, 자유에 대한 개념은 지방자치제를 통해 가능하다는 토크빌(Tocqueville)의 주장을 상기해보라(Bryce, 1921; Tocqueville, 1980).

27) 물론 지방자치가 곧 민주주의의 조건인가에 대해서는 회의적인 논의도 있다. 공방에 관련된 글로 Langrod(1953)과 Murin(1982)에 실린 다양한 논문을 참조할 것.

〈그림 9-1〉 지역권력 구조: 사례

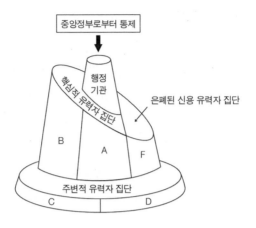

집단 A: 각 사단법인체의 장(예: 문화원장, 군 정화위원장, 재향군인회장 등).

집단 B: 중앙정부로부터 합법적 지위를 인정받는 유력자 집단(예: 민주평화통일자문위원).

집단 C: 지역정책 결정에 참여하고 있지는 않지만 비교적 활발한 사회활동을 전개하고 있는 유력자 집단. 주로 전문직에 종사(예: 의사, 변호사, 언론계).

집단 D: 지역정책 결정으로부터 배제되어 있을 뿐만 아니라 사회적 활동도 활발하지 못하며, 점차 영향력이 몰락하는 유력자 집단. 주로 한학자로 구성되어 있으며, 향교에 관여.

집단 F: 은폐된 신흥 유력자 집단. 명망은 없으나 막대한 경제력을 바탕으로 행정기관과 밀착되어 지역정책 결정에 부분적으로 참여하는 유력자 집단.

자료: 김왕배(1985).

〈그림 9-2〉 지역사회권력 구조와 연줄망: 사례들

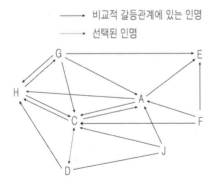

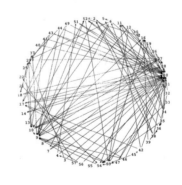

자료: 장세진(1987). 자료: 홍현주(1997).

자유민주주의의 실체를 벗겨내려는 의도로 이루어졌다. 일원론적 엘리트주의자들은 지역의 권력 구조의 정점에 기업가나 금융가들이 위치해 있고, 그 하부에 지방행정관료들이 그리고 그 하부에 교사 등의 직위를 가진 층들이 피라미드 형태로 포진해 있어 사실상 권력이 일부 소수의 집단에 장악되어 있다고 주장한다 (Hunter, 1953). 이에 반해 다원주의 엘리트론자들은 여러 사안들에 따라 권력의 층들이 다양하게 분산되어 있다는 결과를 내세우면서 일원론자들의 견해를 반박하고 있다.[28]

역사적으로 강력한 중앙집권적인 한국사회에서 권력의 축은 중앙정부에 있다. 지역자치의 흔적은 오히려 지역의 토호 세력들이 향교와 향약 등의 제도를 통해 중앙정부 권력의 대행자인 수령을 견제하는 모습을 보였던 조선시대의 군현제도 속에서 찾아 볼 수 있다.[29] 그러나 식민지하의 전제적 국가의 전통과 해방 이후 국가 주도의 산업화 과정에서 모든 권력은 중앙으로 그 어느 나라보다 더 강력하게 집중되었다.[30] 이런 맥락에서 선진 자본주의 국가의 지역권력 구조에 관한 연구방법론은 한국 지역사회 권력 구조 연구에 많은 한계를 가질 수밖에 없다.

한국사회의 지역사회 권력 구조를 보면 일반적으로 중앙행정기구의 대리 기능을 담당하는 지방 행정 단체를 축으로 흔히 '유력자'로 대칭되는 개인들 혹은 유력자 집단들이 일정한 연줄망을 형성하고 있는 형태로 나타나 있다.[31] 이들

---

28) Dahl(1959). 엘리트 연구의 분석 단위를 국가영역으로 확대시킨 밀스(C. W. Mills)는 미국 사회의 권력이 대기업가와 군부, 그리고 정부의 고위관리에 의해 장악되어 있다고 주장한다 (Mills, 1956). 이와 함께 돔호프 역시 독점자본주의의 성숙과 군사체계의 확대로 인해 그 영역의 최고 지위자들이 의사 결정권을 장악하고 있다고 주장한다(Domhoff, 1967).

29) 조선시대의 군현(郡縣)은 중앙집권 체계의 기반이었다. 조선조는 어느 정도 자치권이 인정되는 군현제도를 중앙집권 체계의 기반으로 삼고 있었다(고승제, 1979). 그리고 중앙정부와 향권(鄕權)의 관계에 대해서는 김인걸(1981)을 참조할 것.

30) 일제는 식민지적 관료 통치를 통해 그나마 전통적으로 실행되어오던 지방자치권을 완전히 말살했다(염인호, 1983). 물론 해방 이후 몇 차례에 걸친 지방선거가 이루어지기도 했다(김원동, 1997).

31) 한국 지역사회의 권력 구조에 관한 연구는 흔하지 않다(진덕규, 1974; 장세진, 1983; 신행철, 1989).

유력자 집단은 대개 건설, 부동산, 각 기관의 장, 의사 등 중상층들로 구성되어, 행정기관의 자문을 담당하거나 개인적 연줄을 통해 지역사업에 영향력을 행사한다. 물론 지방정부 자체가 위에서 언급한 것처럼 중앙정부의 행정을 위임하는 역할에 치중하기 때문에 지역 권력 집단의 영향력은 매우 제한적이며, 지역사업에 국한된 것들이다. 그러나 지역경제에 영향을 미치는 개발사업 등에는 민감한 세력 다툼이 전개되고 있고, 연결망을 통한 자신들의 입지 확보에 주력하고 있다.[32]

비교적 오래 전의 연구 결과이기는 하지만 지역권력 구조에 관한 한 사례 연구의 결과를 보면 각 유형의 유력자 집단의 연결망과 세력 관계가 잘 나타나 있다.

최근의 한 연구에 의하면 지역의 상층 권력자들은 중앙 권력자들로서 지역사회에 영향을 미치고 있으며, 상대적으로 큰 영향을 미치고 있는 권력자들은 행정과 정치 분야의 관련자들이고, 중앙권력자들은 토착 기반이 약한 반면 지역권력자들은 지역사회의 연고를 통해 권력 기반을 닦고 있는 것으로 나타나고 있다(강희경, 1997).

이들 유력자층은 지역의 자본가계급이나 상층 계급에 속해 있다. 최근 지방의회선거의 결과가 이를 잘 드러내주고 있는데 지방의회 의원들은 대개 건설, 부동산 등의 중소 자본가들로 충원되고 있다.[33] 따라서 지방의회는 그들 집단들의 기득권을 확장, 유지하려는 계급 이익의 도구 기능을 할 여지가 매우 크다. 지방의회 의원에 대해 한 연구자는 다음과 같이 말했다.

전체적으로는 지역민을 소비자로 사업이 이루어지는 업체를 보유하고 있는 직업으로 추정되는 운수업, 출판업, 상업, 의사, 약사 등이 35.9%를 차지하고 있으며, 지역

---

[32] 최근 지방의회 의원들의 연결망 연구에 관한 것으로, 서규석(1995).

[33] 물론 다양한 지역에 대한 실증적 연구가 요구된다. 하나의 대표적 연구로 이은진의 앞의 글을 들 수 있다. 이 글에서 필자는 경상남도 의회의원의 직업 분포를 제시하고 있는데, 당선자 중 상업(18.0%), 농업(16.9%), 공업(12.4%), 의사·약사(11.2%), 건설업(7.4%) 등의 순위로 나타나고 있다. "직업 분포를 보면 더욱 명확하게 드러나는 것은 사업체를 갖고 있는 사람들의 수가 대부분이고, 특히 농업 관련이라고 하더라도 직접 농사를 짓는 농민과 이해관계가 상반되거나 농민을 통제해온 조합의 장(이다)"(이은진, 1994: 333~334).

민을 노동력으로 구성하고 있는 사업체를 소유하고 있는 사람이 수산업, 공업, 광업 등이 21.4%, 그리고 고객과 노동력을 동시에 구성하는 건설업, 농업이 24.8%를 차지하고 있다. 더욱 중요한 것은 사업체를 소유한 사람들이 도의회를 장악함으로써 지역민들의 삶의 이해보다는 소유권에 대한 이해에 의회 활동을 집중할 가능성이 높다는 것이다. 이는 다른 말로 바꾸면, 시의 행정을 소유권과 사업체의 이익을 보장하는 방향으로 몰고 갈 가능성이 높다는 것을 의미한다(이은진, 1994: 332~334).

서울시 의회 의원의 경우에도 70% 이상이 자신의 기업 및 회사를 소유·경영하고 있는 것으로 나타나고 있다. 그 외 정당 간부 및 지구당 의원장 등을 제외하면 한의사, 약사, 의사 등 전문직이 많고(17.4%), 건축·주택 관련 분야 종사자들이 그 뒤를 잇고 있다(류민우, 1993).

이들 집단은 전체 지역 일반의 이해를 대변하는 것처럼 지역 성장의 개발 이데올로기를 동원하고 그 과정에서 지역시민 일반의 참여를 독려할 수도 있다. 그러나 그들 집단이 정작 지역 주민들의 일반 이해를 대변하려 하고 있는가에 대해서는 회의적이다. 지역시민은 사실상 형식적 투표권을 제외하고는 의사 결정과정에서 배제되고, 일부 특정한 유력자 집단이나 상위 계급에 의해 의사 결정권이 독점되고 있기 때문이다. 지역 유력자층이 기본적으로 개발 연합의 가장 큰 수혜자인 부동산 자본가들이나 각 지역의 중소 자본가들인 것을 고려할 때 문제 해결은 이들 계급 혹은 집단의 이해관계가 주민들의 의사나 이해와 관계없이, 혹은 때때로 그에 반하여 이루어질 가능성이 매우 크다는 것이다.[34]

따라서 지역 내 계급 간 긴장과 가능의 잠재성은 늘 상존한다. 독점자본이나 지역 토착 자본이 지역시민의 후견인(patron) 자격으로 지역시민을 동원하기도 하고, 따라서 개발 연합의 과정에 다계급적인 지역시민을 통합할 수도 있으나 의사 결정과 이익 분배의 과정에서는 많은 갈등이 빚어질 수 있다는 것이다.[35] 이

---

[34] 서울시의 경우 국가가 지정한 토지이용계획을 취소, 혹은 완화해달라는 청원이나 개인 사업을 위한 허가 요구 등(사회 투자를 위한 청원)이 가장 빈번하며 환경, 주거권, 주민 여가 등의 설치 등 사회적 소비를 위한 청원은 매우 적었다(류민우, 1993: 522~523).

과정에서 지방정부는 난관에 빠질 수도 있다. 왜냐하면 지역 성장 전략이 실질적 권한을 장악하고 있는 계급에 의해 주도되고 있는 상황에서 지방정부는 이들의 도구적 혹은 지원자 역할을 할 수밖에 없는 반면, 지방정부의 존립 근거는 지역의 모든 다계급의 투표에 의한 정당성에 있기 때문이다. 물론 지방정부는 자본가 계급의 특수 이익을 지역민 전체 이익의 논리로 이데올로기화하는 작업을 병행함으로써 정당성을 인정받으려 할 것이다.

5. 장소의 정치

지역 정치는 장소의 정치를 말한다. 장소(place)는 생활의 토대를 이루는 공간적 근거로서 이 장소를 바탕으로 사람들은 일상적인 상호작용을 하며 자기 정체성을 형성해간다.[36] 장소의 정치는 곧 지역시민들의 주체적인 성찰의 과정이다. "내가 살고 있는 이 공간의 의미는 무엇인가? 이 공간의 문제는 무엇이며 나의 주체성의 확립을 위한 공간적 행위는 무엇인가?" 지역 정치가 장소의 정치인 이유는 장소에 대한 자기 성찰이 지역 정치의 바탕이 되는 참여를 유발하기 때문이다.[37]

장소의 정치는 일차적으로 특정한 공간에서 발생하는 사안들을 정치의 쟁점으로 부각시키고 다양한 구성원들의 의사소통의 행위를 통해 그 사안들을 해결해가는 정치이다. 따라서 장소의 정치로서의 지역 정치는 지역의 특수성과 상황성을 기반으로 성립하는 '맥락화(contextualization)'의 정치이다.[38] 즉 장소의 정

---

35) 물론 한 지역 내에서 그것들을 둘러싸고 계급 간 이해 갈등이 있을 수 있지만, 지역 공동의 이해로 인식될 때 다계급 연합의 가능성을 주기도 한다. 카스텔은 오늘날 도시 정치의 발단과 중심 전략은 '집합적 소비'에 있으며 집합적 소비를 둘러싸고 도시 내 다계급 연합이 가능하다고 본다. 이 책의 제5장을 볼 것.

36) Micheal & Pile(1993), Bondi(1993). 지역시민의 정체성을 위한 지역 정치의 중요한 전략 중의 하나는 도시나 지역의 상징을 통해 시민들을 동원하고 응집하는 것이다. 한편 도시 상징은 비단 지역 주민들의 정체성 확립뿐 아니라 쇠퇴해가는 지역경제를 활성화하고 기존 지역의 성장을 꾀하려는 지방정부의 중요한 경제적 전략의 대상이기도 하다.

37) 물론 이 정체성은 인종이나 계급, 지역, 종교 등 매우 다양한 범주들에 의해 영향을 받는다(정근식, 1997).

치는 모든 장소, 모든 시간에 동등하게 이루어지는 정치가 아니라 구체적인 공간 상의 차이를 인식하고 방법화하는 정치인 것이다.

한국사회에서 장소와 생활의 정치로서 지역 정치는 이제 겨우 실험의 대상이 되어 있을 뿐이다. 무엇을 어떻게 인식하고 어떤 과제를 지향할 것인가? 이미 서두에서 지적한 것처럼 지역 정치의 조건은 지역 구조의 맥락화에 따른 것이며, 이는 곧 한국 자본주의의 총체적인 사회과정의 반영이다. 그렇기 때문에 한국 자본주의의 축적 과정과 공간적 함의에 대한 이해가 지역 정치를 보다 깊게 이해하기 위한 조건이다. 아울러 지방정부의 자율성, 지방정부의 정책, 그리고 지역권력 구조의 역학과 계급 구성 등은 지역 정치를 구체적으로 이해하기 위한 영역별 연구 과제가 된다. 그리고 이러한 연구의 조건들은 단지 연구 차원이 아니라 실제로 지역 정치의 이념을 달성하기 위한 조건이기도 하다.

한국사회에 왜소하게 남아 있는 지역 정치는 자본축적 과정을 주도하고 사회체제를 관리하는 국가와 계급 지배를 강화하는 독점자본의 이중적인 강력한 통제의 이중적 결과이다. 따라서 국가권력의 지역 분산화는 물론 독점자본의 통제권력의 분산화 역시 지역 정치의 이념을 달성하는 조건이다. 민주적 지방자치는 국가와 독점자본의 무정부적 개발과 공공재의 파괴에 의해 생활권에 위협을 받는 국민들의 생활을 지키는 조직으로 이루어져야 하기 때문이다(김장권, 1992: 425).

지역시민의 계급적 구성은 매우 다양하다. 따라서 지역 정치는 어느 특정한 계급의 정치 행위가 아니라 지역적 문제(특히 생활공간의 문제)들을 다양한 지역 구성층들이 참여를 통해 자발적으로 해결해나가는 과정으로 이루어져야 한다.39) 지역 정치는 일정한 공간에서 이해관계를 공유하는 다양한 계급들의 연대를 기초로 하여 이루어져야 함을 원칙으로 한다. 그러나 지역 정치의 역사가 매

---

38) 장소의 정치와 지역운동을 잘 연관 지어본 글로 박영민(1995).

39) "민족적 시민은 다원화, 자율화, 분산화의 촉진제 역할을 한다. (…) 시민사회의 성숙에 집적적으로 기여하는 시민운동은 지역운동으로서 전개될 때 그 효율성을 잘 발휘할 수 있다"(김성국, 1992: 165).

우 짧은 한국사회에서 지역 정치의 권력 역학은 특정 계급에 의해 좌우되는 경향이 짙다. 지역시민들의 사회 참여와 사회운동의 역량이 낙후된 상황에서 지방자치단체와 지방의회는 지역의 자산가들로 구성된 유력자층의 기득권을 보장하고 확장하려는 정치적 장치로 변질할 우려를 낳고 있다. 그렇기 때문에 지역시민들의 주체적 참여라는 원론이 다시 한 번 강조되지 않을 수 없다.

제2절 공동체운동으로서의 주민운동

1. 도시(지역)운동의 의의

지역주민운동은 협동 정신, 자발적 참여, 공공 이익의 실현이라는 공동체 이념을 표방한다. 지역운동은 지역 구성원인 주민들이 특정한 생활상의 문제를 놓고 '해결해나가는 과정'으로서 타자에 대한 성찰, 계약과 신뢰, 상호 협동 및 비판이라는 민주주의 원리를 체험하는 삶의 정치이다. 지역주민운동은 이런 점에서 시민사회의 형성을 위한 기초적인 단위 운동이다. 지역운동은 주체들의 '생활 정주권'이라는 공간적 개념을 강하게 갖고 있는 사회운동이다. 사회의 민주화, 통일, 인권 및 반핵, 환경 등 국가적이고 세계적인 문제들을 주제로 하고 있는 시민운동과 결합되기도 하지만, 일반적으로 지역주민운동은 그 지역 구성원들의 생활상의 문제들, 예컨대 지역 환경, 소비, 교육, 의료, 교통 등의 문제들과 직접 연관되어 있다.

지역 주민운동은 시민운동의 모체이다. 군이 분석적으로 시민운동과 구분하자면, 시민사회 운동이 국가 영역으로부터 시민들의 자율 영역, 즉 공공 영역(public sphere)을 확보해나가는 데 주력하는 운동이라 했을 때(즉 국가체계에 대응하는 개념) 지역 주민운동은 개인들의 생활세계의 영역을 보다 넓게 확보해나가는 운동이라고 할 수 있다.[40] 그러나 실제로는 지역주민운동과 시민운동은 매우 중첩적이고, 불가분의 관계에 있다. 궁극적으로 추구하는 협동 정신과 민주주의 절차, 자발적 참여, 공공선의 목표는 동일하기 때문이다.

지역주민운동은 풀뿌리운동이다. 추상적이고 거시 담론에 관여하는 운동이라기보다는 구체적이고 체험 가능한 자신들의 생활세계에서 부딪히는 문제를 해결해가는 과정으로서, '장소의 정체성'에 바탕을 둔 운동이기도 하다.

지역주민운동의 가장 큰 특징은 운동의 이슈가 구성원의 생활공간의 문제, 이를테면 도시 재개발, 교육시설, 환경 및 생태 보존, 지역 세금과 직접 관련되어 있다는 점이다. 이는 어느 특정한 계급이나 집단과 관련되어 있기보다는 지역 주민 전체의 이해와 관련되어 있는 것이 보통이다.[41] 지역 주민운동은 주민들이 생산영역, 소비 영역, 정치영역, 정체성 등의 영역 등 다양한 영역에서의 문제들을 조직화함으로서 발생한다. 생산 분야와 관련하여서는 산업과 산업공해 등의 문제가, 소비 분야에서는 복지, 의료, 교육 등 사회복지와 관련된 '집합적 소비 수단'의 분배를 비롯해, 환경, 위해 식품의 감시, 그리고 교통, 통신, 건축, 재개발 등이 주된 문제이다. 정치 영역에서는 자치단체에 대한 감시, 정보공개, 행정 개혁 등이 주요 현안들이 된다(김수현, 1995). 그러나 지역 주민운동은 주민의 자발적 참여를 통한 삶의 공동체를 이루는 과정이라는 점에서 물질적 이해관계를 넘어서 탈물질적 가치가 접합된 운동이다. 지역 문화재 보호 및 장애자, 노인 봉사 활동을 통해 자원주의의 가치와 규범을 배우고 내면화함으로써 주민들은 공동체의 이상을 지향한다.

---

40) 개인들의 생활영역이 공적으로 제도화된 부분을 시민사회의 영역이라고 할 수 있을 것이다. 시민사회 운동이 보다 제도화된 공개념을 추구한다면 지역주민운동은 상대적으로 사(私)의 개념을 추구한다. 그러나 이는 상대적 비교일 뿐 모두 공동체를 추구한다고 하는 면에서 동일한 속성을 지니고 있다.

41) 도시지역운동이 다계급적 성격을 갖는다는 카스텔의 주장도 여기에 기반을 두고 있다. 즉 그는 현대 자본주의의 도시에서 발생하는 갈등은 '집합적 소비 수단'(의료, 주택, 교통, 등 사회복지와 관련된 공공시설 등)의 분배와 관련되어 있다고 주장한다. 집합적 소비 수단의 분배는 모든 계급에게 다 중요하다. 따라서 이 분배를 둘러싼 운동에는 다계급 연합이 가능하다. 이 책의 제5장 제1절을 볼 것.

2. 지역 공동체의 원리

근대 산업사회로의 이행은 곧 공동체의 와해 과정이었다. 초기 서구의 많은
사회이론가들이 주목했던 것은 바로 산업사회로 이행하는 과정에서 공동체의
원리가 깨어져 가는 현실 그리고 그 과정에서 파생되는 사회의 질병에 있었다고
해도 과언이 아니다.[42] 물론 동서양을 막론하고 이상사회로서의 공동체에 대한
꿈은 일찍부터 있어 왔다. 예컨대 『홍길동전』에 나오는 '율도국'이나 토마스 모
어의 『유토피아』 사상 등이 대표적이다. 산업사회에서의 공동체 사상은 보다 현
실 실험적인 것으로 나타나기도 했다. 19세기 일부 사상가들이 도시계획을 통해
공동체의 이상을 직접 구현해보려 했다. 예를 들어 로버트 오언(Robert Owen,
1771~1858년)은 300명에서 2000명 정도의 인구와 직사각형의 광장, 그 주변의 공
동 침실, 저장실, 진료소 그리고 중앙의 교회와 학교, 그리고 바깥쪽으로 농경지
와 공장 등의 시설이 담긴 공동체를 구체화하려 했다(박호강, 1984: 115).[43]

일반적으로 '공동체'의 이념형은 여러 각도에서 제기되고 있는데 그 개념상의
혼란에도 불구하고 보통은 지리적 영역, 사회적 상호작용 및 공동의 유대라는 세
요소를 포함한다(Bernard, 1973; Nisbet, 1966). 그러나 그 구체적 내용은 역사적
맥락에 따라 다르다. 한국사회에서 지역 공동체의 원형은 혈연이나 지연에 바탕
을 둔 '마을'에서 발견된다. 마을의 구성원들이 상부상조의 원리로서 공동체 의
식과 그 조직을 발전시켜왔던 것이다. 몇 가지 대표적인 것들을 보면 우선 부조
(扶助)를 들 수 있다. 부조는 대사를 치르는 집에 금품을 공여하는 것을 말한다.
이를테면 마을에서 누군가가 집을 지을 때 일할 도구와 점심을 들고 가 도와주는
것도 부조라 했고, 농사를 짓지 않는 사람이나 과부, 홀아비, 노인만 사는 집의

---

42) 이에 대한 자세한 논의로 박노영(1987).

43) 오언은 1789년 스코틀랜드의 뉴라나르크에 2500명의 노동자를 고용한 방적공장을 시작하
여, 높은 임금 짧은 노동시간의 양질의 노동조건과 주택을 제공했다. 오언은 그의 유토피아 원
리를 구체화하기 위해 미국 인디애나에 3만 에이커의 땅을 구입하여 1826년 그의 가족과 8000
명의 추종자와 더불어 뉴하모니(New Harmony)를 창설했으나 실패로 끝났다(박호강, 1984).

지붕을 이어줄 때도 부조라 했다. 공동체 원리가 가장 잘 나타난 형태는 '두레'였다. 두레란 둘레, 즉 원주(圓柱)의 뜻으로 풀이되는데, 촌락 단위로 구성된 농민들의 상호 협동체를 말한다. 두레는 촌락 공동체 내부 질서 즉 공동 방위, 공동 노동, 공동 예배, 공동 유흥, 상호 규찰(規察), 상호부조 및 공동 소유의 협동 조직체로서 촌락 자치 질서를 이끌어온 모체였다. 마을 사람들은 이 두레 조직을 통해 수렵, 어로, 자연재해와 외적 침입 방비에 이르기까지 공동 작업을 수행했다 (허병섭, 1992). 두레는 마을의 성인 남자의 공동체적 의무였으며, 두레의 탈퇴도 마을공동체의 규제를 받는 등 철저한 공동체적 민주주의가 지배하고 있었다. 두레의 작업은 매우 규율 있고 능률적인 공동 노동에 의해 수행되었고, 작업 농경지는 그 마을의 전체 농지였다. 그리고 불우한 처지에 있는 이웃에 대해 공동 부조를 했다. 두레는 또한 '한솥밥'을 먹음으로써 공동 노동의 결속과 공동체적 결속을 더욱 강화했고, 오락도 공동으로 했다. 두레의 농악과 춤은 두레꾼들이 모두 모여 행하는 공동 오락, 공동 음악, 공동 춤이었다.[44]

'품앗이'는 부락 내 농민들이 노동력을 차용하여 교환하는 양식이었다. 계(契)는 한국사회 특유의 조합적 성질을 지닌 협동 조직으로 전통적 생활 구조의 사회적, 경제적 측면을 집약적으로 반영한 조직인 동시에 우리 사회의 자생적 구조였다. 계는 어떤 목적을 수행, 달성하기 위해 구성원들의 자발적인 참여와 합의(약속)에 의해 의도적으로 만든 비교적 지속적이고, 조직적인 모임(단체)이다.[45]

이상이 일반 농민층들에 의해 자발적으로 조직화된 공동체의 원리였다면 향약(鄕約)은 마을의 지배층을 중심으로 조직된 결사의 원리였다. 향약은 유교주의 가치관을 마을 주민에게 보급함으로서 순화와 교화를 목적으로 했다.[46] 또한

---

44) 한 마을의 16세 이상 55세 이하의 모든 성인 청장년 남자는 의무적으로 두레에 가입하여 두레꾼(패)이 되었다(신용하, 1987).

45) 김필동(1987: 428). 물론 계(契)와 공동체를 구분하는 입장이 있다. 계는 이해 관계를 우선으로 하는 결사체였고 '게마인샤프트적'인 공동체와는 다르다는 것이다(최재석, 1969).

46) "향촌의 유교 교육장소로 역할해왔던 향교를 거점으로 향약이 시행되었기 때문에 생활공동체의 전통과 관습을 토대로 하는 인보제도(隣保制度)의 수단으로 역할을 할 수가 있게 되었다"(고승제, 19 77: 234~235).

346 도시, 공간, 생활세계

조선 후기에는 공동체에 대한 급진 사상도 있었다. 다산 정약용은 여전제(閭田制)라는 혁신적인 농지 개혁을 통해 공동 소유 및 공동 생산 그리고 노동량만큼 분배가 이루어지도록 강조하기도 했다. 1려(閭)는 약 30여 가구로 구성되고, 토지의 공동 생산을 통한 분배는, 즉 여민 순소득은 총산출량 － (국가 세금 ＋ 여장 봉급)이며, 가족별 분배량은 여민 순소득을 여민 총노동일 수로 나눈 후 가족별 노동일 수를 곱한 양, 즉 가족별 여민 순소득 = (여민 순소득 / 여민 총노동일 수) × 가족별 노동일 수로 표시된다.[47]

전통사회의 공동체적 원리는 산업화와 도시화 과정을 겪으면서 급속히 와해되었다. 산업사회의 도래와 함께 농촌을 기반으로 한 생활 공간의 공동체 원리들은 매우 빠른 속도로 소멸되었다. 그러나 도시에서 일차적 공동체 관계가 모두 와해된 것은 아니다. 갠스(Gans)가 관찰한 것처럼 도시 내에서도 특정한 집단들이 공동체의 가치를 유지하고 있었다. 갠스는 기존 도시사회학자들, 특히 워스가 주장했던 것처럼 과연 도시인들은 고립되고, 외롭고, 익명적 관계 속에서 살아가는가 하는 질문을 던졌다. 그는 이탈리아계 미국인의 사례 연구를 통해 도시 내에도 '공통된 윤리관이나 세계관을 지닌 사람들' '특정한 하위문화를 공유한 집단들'의 존재를 간파했다. 그는 도시 중심부에서도 혈연과 근린 관계가 강력하게 존재하고 있음을 보여 주었던 것이다(Gans, 1962).

혈연과 지연에 의한 귀속 의식이 매우 강한 한국인들 역시 계와 부조의 기본적인 원리는 지속적으로 계승하고 있다. 이러한 현상은 특히 이민사회에서 더욱 명확하게 발견된다. 시카고의 한인들은 거의 다 한 사람당 500달러에서 1만 달러에 이르기까지 계를 들고 있으며 이 조직을 통해 사업자금 등을 마련하는가 하면, 각 가정의 돌, 결혼, 장례 등의 대소사에 부조를 하는 등 한국적 관행을 그대로 답습하고 있다. 비공식적인 부조나 계, 연줄망을 통해 소수민족으로서의 '게마인샤프트적'인 유대 관계를 강화하고 있는 것이다.[48]

---

47) 이에 대해 황인호(1986).

48) 각종의 비공식 모임들이 이를 잘 반영한다. 고등학교 동창회와 대학 동창회는 물론 향우회, 해병전우회, 그리고 준이익 결사체로 사업자 친목회 등 다양한 연줄망 조직들이 존재한다. 물

한국사회의 경우에도 급속한 산업화의 압력에도 불구하고 근린성에 바탕을 둔 공동체성은 여전히 남아 있었다. 그러나 구체적인 생활상의 문제를 내걸며, 적극적이고 조직적인 운동의 형태를 통해 공동체를 회복하려고 하는 시도는 최근의 일이다.[49]

한국에서의 지역운동의 장(場)은 극히 제한적이었다. 국가 주도의 산업화 과정에서 모든 일상생활은 철저히 통제되었고, 지역 정치는 유보되어 '자치'의 개념이 존재할 수 없었다. 통, 반장과 관변단체로 이어지는 오가작통(五家作統)의 원리와 일제 식민지 전체주의 전통이 권위주의 국가하에서 그대로 적용되었던 것이다. 국가권력은 지역 곳곳에 모세관처럼 스며들어 생활세계에 대한 주민들의 비판적 해석의 가능성은 모두 차단당해왔다.

지역운동의 담론이 본격적으로 등장한 것은 1980년대 중반의 일이다. 그러나 당시의 지역운동에 대한 인식은 각 지역적 특성에 기초한 노동운동의 전략 수립이라는 측면에서 출발했다. 예를 들어 구로공단지역의 특징이 무엇인가? 그 특징에 기초한 노동운동의 전략은 무엇인가? 또한 서울 및 수도권 중심의 사회운동이 지방으로 확대되어야 한다는 인식에 따라 각 지방 중심의 연구가 진행되기도 했다.[50] 지역운동연구는 그동안 도시 빈민 지역 및 농촌지역 등 음지에서 산발적으로 진행되어왔던, 그러나 노동운동이나 학생운동에 가려 제대로 조명받지 못하던 빈민운동, 탁아운동, 야학운동 등이 수면 위로 등장하면서 활기를 띠기 시작했다.[51] 그러다가 환경 및 생태, 인권 및 여성, 소비자 보호 등의 시민사회 운동과 운동론 등이 활기를 띠는 1990년대 초 지역운동은 시민운동의 기초 범주로서 인식되기에 이르렀고, 1992년 지방자치가 시행되면서 한층 지역 주민

론 한인 이민의 역사가 짧아 거의 1세들에 해당하는 경우이다. 2, 3세의 한인들에게도 이러한 유대성이 존재할지는 차후 연구 과제가 될 것이다.

[49] 성남시를 사례로 도시공동체의 다양한 연대성을 논의한 이수철(2011)을 참고할 것. 역시 성남시를 사례로 다양한 결사체 및 운동조직에 대한 연구로 한도현 외(2007).

[50] 대표적으로 한국기독교사회문제연구원(1986; 1986b; 1986c; 1988).

[51] 숭실대 기독교사회연구소에서는 1980년대 말부터 빈민, 탁아, 야학 등 주민운동가들을 초청, 워크샵을 진행하고 주민운동에 대한 글들을 간행한다(숭실대기독교사회연구소, 1990).

운동에 대한 관심이 높아지게 되었다.

3. 지역 주민운동의 사례들

지역 주민운동은 내용에 따라 다양한 범주로 구분된다. 예컨대 기존 생활세계의 해체를 반대하는 '저지형', 국가나 지방정부에 생활 조건의 공급을 요청하는 '요구형', 새로운 목표를 설정하여 실현코자 하는 '창조형' 등으로 구분할 수 있다. 그런가 하면 공장이나 기업 공해, 항공기나 철도 공해로부터 생활을 보호하고자 하는 '생존 방위형', 혹은 문화재 보호, 천연기념물 보존 같은 '문화 방위형' 운동 등으로 구분할 수 있다.[52]

그러나 보다 더 구체적으로 지역 주민운동은 운동이 지향하는 목표, 리더십, 구성원 등에 따라 다양하게 분류될 수 있다. 즉 그 운동이 생활상의 문제 전반을 다루면서 다양한 주제와 프로그램을 갖느냐, 아니면 지역 환경문제나 건강, 교육 등 특정한 문제를 주요 관심사로 하고 있느냐에 따라 '종합형'과 '단종형' 등으로 분류된다(신명호, 1999). 종합형 운동은 지역 정치, 교육, 문화, 복지 등의 다양한 주제와 관련된 사업들을 추진하고(예를 들어 열린 사회 시민연합 구 지부, 평화와 참여로 가는 인천연대, 관악주민연대), 단종형 지역운동은 특정한 주제와 관련된 일상적인 프로그램을 운영하면서 사업을 추진한다(안성천 살리기 모임, 과천시민모임, 의정부 생활협동조합 등). 현재 한국사회에서 나타나고 있는 단종형 운동은 주로 지역 환경과 소비라고 하는 특화된 주제를 자신들의 전문 활동 영역으로 삼고 있다. 물론 사업을 전개시키는 방식은 둘 다 다양하게 전개되고 있다. 사업의 내용은 크게 지역민의 생활상의 이해를 집단 민원화하거나 캠페인, 주민들의 지적, 정서적 욕구를 충족시키는 일상적 프로그램 등이다.[53]

---

[52] 강형기는 ① 저항적 주민운동, ② 참여적 주민운동, ③ 동조적 주민운동, ④ 자조운동 등으로 지역 주민운동을 분류하고 있다(강형기, 1990).

[53] 각종 어린이교실을 마련한다든지, 탁아소 및 유아학교, 견학, 도서실 운영 등의 교육활동을 한다든지, 풍물강습, 주민교양강좌(역사기행, 자녀교육, 건강 등)를 실시한다. 이밖에도 거리

운동조직의 구성원의 배경 역시 조직을 유형화하는 한 요소이다. 지역 내 다양한 계층이나 집단을 포괄하는 경우와 지역 내 특정 계층이나 집단(저소득 노동자, 철거민)에 기반하고 있는 조직의 경우이다.[54] 또한 '단종형'과 같이 지역환경 등의 단일한 주제를 매개로 하는 조직의 경우 비교적 동질적인 문제의식을 공유하는 사람들이 모이는 반면, '종합형'과 같이 프로그램이 다양한 경우 모인 구성원의 태도나 인식에 큰 편차를 보이기도 한다.

지도자들의 성향 역시 지역주민운동의 조직 구성에 큰 영향을 미친다. 과거 1970~1980년대 학생운동이나 기타 사회운동에 적극적으로 참여한 경력이 있는 집단이 조직의 리더들로 있는가 하면(권위주의 정권과 사회체계에 비판적 의식을 갖고 있던 이른바 운동권 출신들이 중심을 이루고 있는 조직: 열린 사회강서·양천시민회), 현실 참여형 지식인이나 주부들이 중심이 된 경우(과천시민모임), 그리고 다른 차원의 생활의 변혁을 추구하던 사람들이 주도하는 조직체 등이 있다(의정부생활협동조합)(신명호, 1999).

공동체운동으로서의 지역주민운동의 몇 사례들을 살펴보기로 하겠다.[55]

1) 생활협동조합운동

상부상조의 정신(공동구매 공급사업)을 바탕으로 생필품을 공동 구매하는 협동체로서 생산자와 소비자 사이의 공동체 관계를 유지하여 친자연적 생산을 지향하는 운동이다. 우리나라에서 생활협동조합이 시작된 것은 1980년대 초부터이다. 초기에는 일반 생활용품(공산품)을 나누는 구판장 형태가 많았으나, 1980년

축제 등의 문화활동, 그리고 생태 환경 탐사, 환경 교실 운영, 쓰레기 자원화 환경 견학, 무의탁 노인 돕기, 실직 돕기 등의 복지사업, 의정 감시 활동, 구청장 판공비 공개 캠페인 등의 정치성 사업 등 매우 다양하다.

54) 안성천 살리기 시민모임, 의정부 생활협동조합은 다양한 계층적 배경을 지닌 지역 주민들이 참여하는 경우이고 관악주민연대 등은 특정 계층이 참여하는 경우이다.

55) 이하의 내용은 한국도시연구소(1999c; 1999d; 1999e) 그리고 한국도시연구소(1999b)에서 발췌했다. 참고로 세계의 공동체 사례를 보인 책으로 Popenoe and Popenoe(1993). 이 책의 저자들은 8개국의 18개의 다양한 공동체를 조사하고 있다. 대개는 종교적 영성을 기반으로 하는 매우 강력한 연대를 지닌 공동체들을 집중연구하고 있다.

대 중반부터는 유기농산물을 취급하는 공동 구입형 조합이 설립되기 시작했으며, 특히 1990년대 이후부터는 생명운동, 환경운동과 긴밀히 연결되고 있다. 현재 소비자 생활협동조합 중앙회에 가입되어 있는 단위 생협은 모두 80개이며 그 외 유사조합, 종교단체, 지역 YMCA, 대학 등의 생활협동조직 등 모두 150여 개에 이른다. 조합원 수는 약 12만 가구로 추산되며, 조합원들의 출자액은 약 40억 원 정도, 그리고 월평균 공급액은 60여 억 원 정도이다.

〈사례〉 의정부 생활협동조합의 멍석 공동체: 의정부 생협의 모태는 현재 신우신용협동조합(이하 '신우신협')이다. 신우신협은 천주교 신자들이 중심이 돼서 설립한 의정부의 지역조합으로, 금융 사업이라는 틀에 얽매이지 않고 본래의 신협 정신대로 끊임없이 지역사회운동을 모색하는 모범 사례로 꼽히는 조합이다. 의정부생협이 1994년 별도의 조합으로 독립하기 전까지 1992년 2년간은 신우신협의 유기 농산물 직거래 사업이라는 형태로 운영되었다. 멍석 공동체 초기 회원은 의정부 성당에 다니는 친구 또는 선후배 사이의 30대 초반 남자 교우들이었다. 이들 아홉 쌍의 부부는 1985년 멍석 공동체라는 생활공동체 모임을 결성하고 정기적으로 모여서 토론하고 과제를 실천해 나갔다. 초기 공동체는 가치관의 개혁과 환경 친화적인 삶을 실천하고 확산하려는 노력을 시도했다. 공동으로 우리 밀 식당을 개업한다든지 '참교육학부모회' 의정부 조직 결성에 앞장서기도 했다. 1992년에 이들 공동체를 바탕으로 신우신협 내에 14개의 '뜸'(생협의 단위 조직)이 생겨났다.[56] 이 뜸을 중심으로 처음에는 계란과 쌀, 단 2가지 품목을 가지고 생협 활동이 시작되었다. 이를 바탕으로 신협회원을 조합원으로 삼아 신협으로부터 독립했다. 조합의 가입 단위는 원칙적으로 3가구 이상으로 이루어진 그룹이다. 이 하나의 그룹을 뜸이라 한다. 서로 가까운 이웃 3가구 이상—평균 5가구—이 뜸을 형성하여 집단으로 가입하게 되는 것이다. 물품의 구입은 뜸을 통

---

[56] '뜸'이란 마을이나 부락보다 작은 형태로 몇몇 집이 따로 떨어져 있는 것을 뜻하는 순우리말이다. 수시로 만나고 모이는 작은 거주 집단을 뜻하는데, 영화 제목인 〈길소뜸〉은 몇 집 안 되는 작은 마을을 일컫는다. 여타 생협운동에서는 일반적으로 반(班)이라 부른다(한국도시연구소, 1999b: 23).

해 하며, 뜸을 대표하는 뜸지기의 집에 주문한 물건이 배달되면 조합원들은 그 뜸지기의 집에 가서 자기가 신청한 물품을 찾아간다. 첫째 주는 기름, 소금. 현미차, 둘째 주는 고기류, 쌀, 잡곡, 셋째 주는 미역, 죽염, 다시마… 하는 식으로 주마다 배달되는 품목이 다르다. 조합원들은 한 달에 최소 3000원씩을 출자해야 할 의무가 있다. 개인 뜸조합원한테 반드시 현금으로 3000원을 받되, 일반 뜸의 조합원들에게는 각 개인이 구입한 금액, 즉 이용가의 2.5%(1998년부터 1%로 낮추고, 그 차액을 불우 이웃 돕기 성금으로 전환키로 했음)에 해당하는 돈을 개인의 출자금 구좌로 돌려준다. 총회의 위임 사항을 결정하는 이사회는 보통 4~6명으로 구성되는데 상무직을 맡고 있는 최상환씨를 제외하면 모두가 여성이다. 평상시 운영에 관한 주요 사항은 모두 이사회에서 결정한다. 그 외의 기구로 감사외 교육위원회가 있는 데 주로 자녀들의 교육문제를 상의한다(한국도시연구소, 1999b: 21~24).

2) 녹색가게운동

지역의 상설 물물교환 센터로서 물품의 수명을 최대로 늘리고, 재사용하는 나눔의 생활문화인 동시에 녹색지역사회를 만들기 위한 공동체운동이며, 미래를 생각하는 녹색 소비 실천운동이다. 시민들의 소비 영역에서 사회의 지속 가능성을 이끌어내자는 것이 주요 실천 목표이다.

〈사례〉교육 및 토론회: 녹색가게 운영 자원봉사자 교육 및 자원봉사자 월례회, 지속 가능한 소비에 관한 워크숍, 재활용 강좌(우유팩 재활용강좌), 출판 홍보—녹색가게 소식지, 녹색가게 홈페이지(http://greenshop.ymca.or.kr) 구축, 녹색 휴가 보내기, 교복 물려 입기, 초등학교 교과서 물려주기, 어린이 알뜰장, 자원 재활용품 아이디어 작품전, 장바구니들기 캠페인, 소년소녀가장 반찬 만들어주기, IMF 실직 쉼터 운영, 실직 노숙자 결식 아동 돕기(한국도시연구소, 1999b: 33).

3) 녹색 아파트 만들기운동

도시로 인구가 집중하면서 아파트 주민의 수가 급증하고 있다. 농촌지역에 이르기까지 아파트가 급속히 번지고 있으며 도시의 특정구는 모두 아파트로 구성되어 있다. 최병두는 아파트가 한편으론 무관심과 폐쇄된 주거 공간을 만들어내었지만 다른 한편으로 대면적 접촉의 기회의 가능성과 소모임을 통한 인원 동원의 잠재력이 크고, 실제 공동으로 대처해야 할 많은 문제들이 발생하기 때문에 공동체운동의 좋은 조건이 되고 있다고 주장한다.[57] 아파트 자치운동은 주거권 보장, 철거 반대, 보상 요구 등의 주거권 확보 운동, 관리규약, 정보 공유 등을 내용으로 하는 자치관리운동, 취미, 환경, 알뜰시장 등의 공동공간을 활용하는 생활문화운동 그리고 공동구매, 공동소비, 공동생산 등을 내용으로 하는 공동체운동의 유형으로 구분된다. 전자로 갈수록 보상적 공동체의 성격을 띤다면 후자로 갈수록 규범적 공동체의 성격을 띤다(최병두, 1999: 43).

〈사례〉 아파트학교는 1994년 광주 YMCA에서 시작되었고, 이후 전국의 YMCA로 확산되고 있다. 아파트의 하자 보수, 관리 등의 문제에 대해 주민교육이 이루어졌다. 1998년에 출범한 아파트공동체연구소는 1997년부터 수원, 일산, 시흥 등 수도권 여러 지역에서 아파트 시민학교를 해오고 있는데 지역의 주민조직이나 시민단체들과 협력하여 이를 수행한다. 전국의 시민단체들과 아파트단지의 주민 모임들은 여러 가지 녹색운동을 전개하고 있다. 음식물 쓰레기 줄이기 운동, 생쓰레기 퇴비화 혹은 사료화 운동, 재활용쓰레기 배출 운동, 녹색 소비를 위한 운동, 소비 절약 운동, 환경 답사 등이다. 녹색 아파트 교실을 운영한다든지, 알뜰 수선, 수리 센터를 운영, 환경호르몬과 먹거리 강좌, 공동체 문화 활동 등을 시행하고 있다(한국도시연구소, 1999b: 56).

4) 지역 환경 살리기 운동

지역환경운동은 훼손 위기에 처한 지역 환경을 살려내고 파괴된 지역 환경을 복원하기 위한 활동을 전개한다. 하천 복개, 간석지 매립, 시설 유치로 발생하는

---

57) 아파트 주거 형태가 점차 늘어 전체 주택의 40% 이상을 차지하고 있고, 특정 구의 경우 80~100%에 이른다. 아파트 1개 단지는 농촌의 1개면이나 동과 같은 규모의 인구와 경제활동이 벌어지고 있다(최병두, 1999).

녹지 훼손, 지하수 개발 등 지역 환경 파괴 행위에 대응하고 우려되는 지역 사안을 발굴하여 이를 지켜내기 위한 조사연구를 병행하는 운동으로 지역 구성원들의 참여와 구체적 역할이 부각되는 운동이다.

〈사례〉 안성천살리기 시민모임의 화두는 생명이다. 풀뿌리 민주주의의 실현을 위해 지역의 작은 민심들을 읽어가며 그것을 통합하려고 노력한다. 그래서 이 모임은 지역 환경에 주요 관심을 갖지만 그 이외에도 주민들의 삶의 자리에서 만들어지는 온갖 이야기들에 관심을 갖고 작은 실천의 매개들을 포착한다. 이 모임은 1995년 녹색 자치의 실현을 위해 만들어져 현재 160여 명의 회원을 거느리고 있다. (…) 안성천이 우리의 젖줄임을 인식하고 인간을 포함한 생태계의 보존을 위하여 생활 실천, 감시 활동, 교육 활동 등 모든 가능한 활동들을 하며 나아가 지속 가능한 개발을 통한 녹색 도시로서의 안성이 만들어질 수 있도록 함을 목적으로 한다.

이 모임의 시발은 교인 10여 명 남짓의 작은 개척교회인 백성교회에서이다. 이 교회는 나눔, 섬김의 생명 공동체라는 작은 슬로건을 내걸고 지역에서 더불어 사는 작은 공동체의 모범을 가꾸고자 하는 갸륵하고도 큰 뜻이다. (…) 지역의 인간관계의 회복이라는 운동에 '안성천'이라는 상징적 매개를 통해 그들은 선택하게 된 것이다. 대부분 낮에는 생업에 종사하고 퇴근 후 시간을 쪼개어 저녁시간을 이용해 만난다. (…) 처음에는 지역의 주민이나 지방자치 단체와 관계가 소원했으나 현재 초창기 회원이 안성 시장으로 당선되면서 여러 정책들을 함께 나누고 있다. 안성천살리기 시민모임의 구성원은 그야말로 지역의 각계각층의 사람들로 이루어져 있다.

모임의 일상 활동에 지속적인 관심을 갖고 참여하는 정회원들은 대부분 안성지역에 거주하는 사람들로 교수, 의사, 종교인, 교사, 주부, 직장인, 농민 등으로 구성되어 있으며, 주로 초등학생들로 이루어진 청소년회원, 그리고 가족 간의로 가입을 하는 가족회원, 안성농민회나 안성의교 생활협동조합, 안성 세차장협의회 등 단체로 가입하는 단체회원, 타 지역에 살지만 모임의 재정적 후원을 일부 담당해주는 후원회원 등으로 이루어져 있다. 대부분 대졸 이상의 학력을 가지고 있다. 푸른 시민의 교실(환경 강좌, 연 1회), 푸른 안성 어린이 학교(환경 캠프, 매년 여름방학에 1회), 안성천 사랑방

(매월 1회) 및 안성 소하천 정기탐사(연 2회), 교육 탐사(필요에 따라 수시로), 공해 배출 감시 활동, 쓰레기 정책의 시민 참여, 안성천 수질 상황 및 오염원에 관한 관찰 기록, '지방의 21' 작성, 생명 문화 활동으로 식목일, 환경의 날, 물의 날 등 기념일의 의미를 살릴 수 있는 지역행사와 환경 콘서트, 생활 실천으로 주부 환경 캠페인, 음식물 찌꺼기 줄이기, 물 아껴 쓰기, 그리고 매월 소식지 등을 발행한다(한국도시연구소, 1999b: 76~90).

지역주민운동은 자발적 참여를 통해 공동선과 공동이익의 실현을 추구한다. 나아가 장소와 타자 그리고 자신(주체)에 대한 '성찰'을 통한 생활 정치로서의 의의를 갖는다. 한국의 지역공동체운동이 시민운동의 축과 맞물려 사회의 수면 위로 급부상한 것은 비교적 최근의 일이다. 짧은 역사를 안고 있는 만큼 지역주민운동은 아직도 소수의 참여자나 지도자를 중심으로 시행되고 있고, 또 매우 파편적이어서 시민사회 변혁의 역량으로 결집되지 못하고 있다. 또한 현실적으로 활동에 필요한 충분한 재정적, 인적 자원이 부족하다. 대부분 지역운동의 목표들은 또한 소비, 환경 문제로 집중되어 있다. 지역주민운동은 교육, 도로, 복지, 주거, 지방자치 등 보다 다양한 문제로 확산될 필요가 있고, 규범 지향의 운동 논리로 승화될 필요가 있다.[58]

지역 주민운동은 기본적으로 생활권의 주체들에 의해 전개되는 것이다. '미시 동원 맥락'은 주민운동을 이해하는 데 있어서뿐 아니라 그 실천 전략으로도 매우 유용하다. 미시 동원의 문맥이란 "집합 행동에 필요한 동원을 창출하기 위해 집합적 비판 의식 과정이 원초적 조직의 형태와 결합된 소집단 상황"을 말한다(정철희, 1995: 218). 미시 동원은 따라서 구성원, 지도자, 장소, 연락망 등에 대한 구체적인 정보의 교환과 구성원들 사이의 접촉과 담론의 기회를 통해 운동의 내용과 그 실천적 의미를 보다 명확히 해주는 전략이다.

---

[58] 이런 점에서 담배 자판기 거부 운동을 벌인 '부천 시민운동'은 매우 인상적이다. 이에 대해 정수복(1993).

제3절 대안적 도시공간의 구성

1. 물리 경관의 보존을 통한 대안적 접근

지금까지 살펴본 한국의 도시공간 형성과 재구성의 과정들은 일종의 근대화, 발전주의 축적의 전략에서 행해진 다양한 개발들과 깊은 관련을 맺고 있다. 특히 도시 재생과 재활성화를 명목으로 진행된 물리적 경관에 대한 재개발의 과정 속에서 사람들에 대한 배려와 보상의 부재는 다양한 사회적 갈등과 문제들을 촉발해왔다. 따라서 여기서는 물리적 경관을 전면적으로 고치는 방식의 도시 재활성화의 반대하여 대안적 도시를 구성하고자 하는 서울의 사례를 살펴보고자 한다. 대표적으로 물리적 구조를 보존하면서 그 '쓰임'을 전환하여 대안적 도시성을 확보한 사례가 바로 선유도 공원과 세운상가로 볼 수 있다. 물론 각각의 사례들에는 여전히 많은 논쟁들이 진행되고 있다. 즉 그 효용과 대안성에 의문들이 제기되기도 하지만 동시에 과거의 철거 후 재건축이라는 공식에 대비되는 보존 후 재활용이라는 점에서 주목할 만한 사례들이다.

선유도 공원은 1934년 일제강점기 당시 도시계획법령이었던 '조선시가지계획령'의 토지구획정리사업의 일환으로 서울의 행정구역으로 편입됐다. 선유도는 원래 섬이 아니라 선유봉으로 신선들이 노닐던 아름다운 언덕으로 불렸지만, 1960년대부터 본격화된 서울의 발전주의 도시화 과정 속에서 선유봉의 모래가 한강제방 및 강변도로 공사에 준설토로 사용되고, 1965년 제2한강대교(양화대교)가 건설되면서 섬이 되었다. 같은 시기 서울시에 공급할 상수도 확보가 시급한 문제로 다가왔다. 이에 1978년 선유도에 정수장 신설 계획을 세우고, 펌프실, 여과지, 침전지, 정수실 등의 정수 시설물이 들어서면서 1978년 본격 가동을 시작했다. 선유도 정수장은 하루에 40만 톤의 한강물을 정수해 서울 서남부 지역에 물을 공급했다. 그러나 지속적인 한강 하류의 수질 악화로 1989년 서울 수돗물 파동이 일어났다. 결국 선유도 정수장은 2000년 12월 정수장으로서의 기능을 마감하고, 자연생태공원으로 활용되었다. 선유도 공원은 1999년 선유도 공원화

사업을 시민 공모하여 당선작을 바탕으로 설계되었다(〈사진 9-3〉).

〈사례〉 한강을 되살리려는 '새서울 우리 한강사업'의 일환으로 서울시에 의하여 '선유도 공원화 사업'이 기획되었다. 서울시는 강북정수장의 증설과 급수 계통의 변경 등으로 인하여 2000년 11월 '기존의 정수장 시설을 최대한으로 이용하여 쾌적한 문화와 휴식, 관광의 명소로 제공하고, 한강의 역사와 생태를 배울 수 있는 환경 친화적 공원으로 조성한다는 지침 아래 '선유도 공원화 사업 현상 설계'를 공모했다.

6개의 응모안 중 서안 컨소시움(조경설계서안+조성룡도시건축+다산컨설턴트)의 설계안이 당선되었고(1999.12) 그후 8개월 간의 설계(2000.8)와 공사(2000.12 착공)를 거쳐 2002년 4월 26일 개원하였다. 선유도공원은 합정동과 당산동을 잇는 양화대교의 중간 지점에 위치하고 있고 양화대교를 이용하거나 양평동과 선유도를 연결하는 보행자 전용 다리인 선유교를 통하여 접근할 수 있다. 한강과 서울을 한눈에 조망할 수 있는 선유도공원은 한강 주변의 자연 생태와 한강의 역사를 배우고 느낄 수 있는 교육, 회의, 전시, 공연 등 다양한 프로그램을 수용하는 특수한 주제를 가진 공원의 성격과 선유교를 통한 편리한 접근성으로, 인근 주민들을 위한 근린공원의 성격을 함께 띠고 있다. 선유도공원은 크고 작은 선유 정수장의 기존 시설 중에서 주요한 몇몇의 건물과 구조물을 선별, 재활용하여 다양한 식생 환경에서 자라나는 200여 종의 자생 식물들을 관찰할 수 있는 수질 정화원, 녹색 기둥의 정원, 수생 식물원, 시간의 정원 등의 주제 정원들과 녹지 공간, 환경 물놀이터, 환경 놀이마당, 원형 소극장 등의

〈사진 9-3〉 기존의 상수도 시설의 물리 경관을 그대로 활용하여 공원을 조성한 선유도 공원 내부

놀이와 문화의 공간, 한강 전시관, 방문자 안내소, 환경 아뜰리에 등의 정보, 교육, 전시공간, 카페테리아, 화장실 등 편의시설로 조성하였다. 근대 산업시설 유적지를 이용하여 공원을 조성한 예는 독일 루르지방의 거대한 제련소를 공원화한 뒤스부르크-노르트(Duisburg-Nord)의 란트샤프트 공원(Landschaftpark)과 미국 시애틀(Seattle)의 가스웍스공원(Gasworks Park) 등 외국의 예에서 찾아볼 수 있으며 이는 지난 세기 동안의 산업화 과정에서 생겨난 무수한 흔적들 위에 환경과 생태의 문제가 어떻게 결합되는가에 대한 선례를 보여준다.

선유도를 공원으로 만드는 작업은 시간과 공간을 넘어서 풍경의 연속성을 유지하는 일이며 도시공간의 자연 회복에 대한 밝은 희망과 상징성을 담고 있는 21세기 도시환경계획의 한 방향을 제시하는 일이다(정영선·조성룡, 2002).

다음 사례는 세운상가이다. 세운상가는 서울시 종로구에 1968년 국내 최초의 종합전자상가이자 최초의 주상복합단지로, 김수근 건축가에 의해 설계됐다. 1968년 당시 '서울의 명물' 중 하나로 불리며, 동양 최대 규모의 상가아파트라는 타이틀과 함께 김현옥 전 서울시장의 자랑이자 박정희 대통령의 발전주의 업적으로 상징화된 건축물이다. 세운상가의 '세운(世運)'이라는 명칭은 그 이름에서 알 수 있듯이 김현옥 시장이 "세계로 뻗는 기운을 담고 있다"라며 직접 이름을 지은 것으로 알려져 있다.[59] 세운상가 건설에는 현대, 대림, 풍전, 신성, 진양, 삼풍 등 당시 굴지의 6대 건설사들이 참여했다. 또한, 당시에 흔치 않던 엘리베이터를 설치한 건물로, '최첨단'의 건축물로 불렸다. 세운상가 개점 당시 국회의원 회관이 세운상가에 들어서는 등 당시 한국에서 가장 각광받는 건축물 중 하나였다. 원래 세운상가가 자리한 터는 일제강점기에 태평양 전쟁이 한참일 때 폭격으로 인한 도심 화재를 방지하고자 빈 공터로 두었던 곳이고, 해방 이후에는 이 자리에 판자촌이 들어서고, 곧이어는 속칭 '종삼(종로3가)' 집창촌이 자리를 잡기도 했던 곳이다. 그러나 이와 같은 장소성은 곧이어 발전주의 과정 속에서 사라지고,

---

59) "서울에 또 하나의 명물 세운상가 아파트", ≪동아일보≫, 1967.07.26.

〈사진 9-4〉 세운상가 건설 당시 박정희 전 대통령과 김현옥 서울시장의 모습과 오늘날 '다시 세운' 프로젝트가 한참 진행 중이다.

당시의 최신식 건물로 탈바꿈을 한 것이다.

세운상가는 1970년대부터 가전제품을 중심으로 상권을 형성하게 되고, 발전주의 시기 한국의 전기, 전자 기술을 상징하는 장소로 도약했다. 1980년대에는 PC산업 발전과 소프트웨어를 불법 복제하여 판매하는 '카피집'들이 세운상가와 그 일대에 포진하면서 그 전성기를 누려갔다. 그러나 1987년 용산에 신전자상가가 세워지고, 세운상가에 입점했던 많은 업체들이 세운상가를 떠나갔다. 1990년대 이후부터는 꾸준히 쇠락의 길을 가던 세운상가는 결국 2006년 당시 오세훈 전 서울시장은 1조 4000억 원을 들여, 세운상가의 전면적인 철거와 도심 공원화 조성 부지 및 36층(122m)의 업무, 도심 활성화 시설을 건설하는 계획을 세웠다. 그러나 2009년 5월 세운상가 철거 작업 중 문화재청이 종묘의 경관 훼손을 이유로 신축 건설계획을 122m에서 75m로 낮추길 요구하면서 상황이 달라졌다. 건물 고도 제한은 곧 용적률 하락과 상업 축적에 따른 이윤 저하와 직결되어 곧 오세훈 시장의 재개발 사업은 전면 재검토 후 사업 철회로 이어졌다.

재개발에 대한 기대는 세운상가 일대의 부동산 가격의 급격한 인상을 불러오기도 했다. 그러나 사업이 철회되면서 서울시는 새로운 도심 재생의 활로가 필요했고, 결국 박원순 서울시장은 '다시-세운 프로젝트'라는 이름으로 세운상가의 재활성화 사업을 시작했다. '다시-세운 프로젝트'는 기존의 전면 철거 후 재건축의 재생 방식에서 탈피해서 물리적 경관을 그대로 보존 혹은 보수 및 리모델링을 통해 적극적으로 인프라를 활용하는 재생방식을 채택하고 있다. 보다 구체적으로 바라보면, 사업은 크게 3가지 축으로 진행되고 있는데 이는 '보행 재생', '산업 재생', '공동체 재생'이라는 사회경제적 재생을 포함하고 있는 도심재생 방식이라고 볼 수 있다.

먼저 보행 재생은 종묘에서 남산까지 이어지는 세운상가를 모두 '걸을 수 있는 곳'으로 조정하기 위해 데크 연결, 보행로 개선, 보행교 설치 등과 같이 기존의 물리 환경들을 최대로 활용해 세운상가 전체를 걸을 수 있는 곳으로 만들고 있다. 또한 산업 재생은 세운상가와 그 일대를 중심으로 형성된 기술 장인들과 산업 자원을 외부의 문화예술 창작자와 청년 혁신 그룹을 연결시키는 "다시 세운 협업지원센터"를 형성하고 서울시 사회적 경제 지원센터와 산업 연구소, 시립대 시티 캠퍼스 등을 연결함으로써 세운상가의 기존 산업 자원과 외부 자원의 융합을 통한 산업 재생을 시도하고 있다. 마지막으로 공동체 재생은 '다시 세운 시민협의회'와 세운상가 일대 장인의 기술을 중심으로 한 '수리 협동조합', 세운상가의 기술 장인과 상인이 강사가 되는 '세운상가는 대학' 등과 같은 프로그램을 통해 공동체 재생을 모색하고 있다. 이처럼 세운상가는 기존의 철거 방식이 작동하지 못한 의도치 않은 결과에 의해 새로운 도시-사회 재생의 한 사례를 보여주고 있다.

지금까지 살펴본 선유도와 세운상가의 사례는 모두 물리 경관을 부수고 새로 짓는 기존의 도시 재생, 활성화 등과는 다르게 이전에 사용하던 물리 경관을 그대로 활용하거나 리모델링 등을 통해 재활용하는 방식으로 진행되고 있는 대안적 접근법을 보여주고 있다. 서울시에는 이외에도 서울역 고가차로의 공원화 프로젝트인 '서울역 7017', 마포 석유비축기지를 활용한 '문화비축기지' 등과 같은 다양한 대안적 도시 실험들이 진행되고 있다. 하지만 항상 모든 것이 잘 작동하고 있는 것은 아니다. 위의 사례들 중 일부는 미관과 효율성 비용 부분에서 사회적 효과를 보기 어렵다는 비판이 제기되기도 한다. 또한 지대와 임대료 상승의 문제를 동반하는 고질적인 부동산 문제가 결부되어 있어서 무엇이 옳은지 무엇이 잘못된 것인지 쉽게 판단하기 어렵다. 그럼에도 불구하고, 이와 같은 대안적 도시성에 대한 추구는 지속적으로 한국 도시에서도 실험될 만한 의의가 있다.

2. 지속 가능한 도시

지속 가능한 발전이라는 용어는 2000년대 들어서 UN의 새천년 개발 목표 (Millenium Development Goals: MDGs)를 통해 널리 쓰이기 시작한 용어이다. 특히 기후 변화, 고령화, 환경 오염, 도시 집중화, 성장의 한계 등과 같은 문제 지속적으로 대두되면서 미래 세대를 위해 지속 가능한 발전의 지향을 의미하는 용어로 사용되고 있다. 특히 지속 가능한 발전이라는 용어는 2015년 UN에서는 선진국과 개도국 사이의 지속 가능성한 경제와 환경, 사회를 추구하고자 새천년 개발 목표에 지속 가능한 발전 목표(Sustainable Developmental Goals: SDGs)에 포함되었다. 지속 가능한 발전의 목표(SDGs)에는 도시의 회복 탄력성(Resilience)에 관한 세부 목표와 지표들을 제시하고 있는데, 도시의 회복 탄력성이란 곧 "자연 및 산업 재해, 온실가스 및 미세먼지 배출을 비롯한 환경문제 등 예측 불가능한 도시 내, 외부의 변화에 적절히 대처할 수 있는 능력"을 의미한다(한상미·이명훈, 2017).

예상할 수 없는 변화, 특히 환경적 변화에 대한 대응 능력을 의미하는 도시의 회복 탄력성은 각종 도시 재난을 비롯한 환경 위기, 식량, 물, 공기 등 환경적 재난뿐만 아니라 도시의 사회적, 경제적 위기에 대한 대응 능력을 포괄하는 개념이다. 그렇다면 지속 가능한 도시를 구성하고 계획하며, 실천하는 것에는 어떤 사례들을 찾아볼 수 있을까? 여기서는 가장 성공적인 생태도시 혹은 지속 가능한 도시로 손꼽히는 브라질의 쿠리치바(Curitiba)와 한국의 도시 농업을 선도하고 있는 종로구 행촌 성곽마을의 사례를 살펴보고자 한다.

브라질에 남부에 위치한 도시 쿠리치바는 그 독특한 도시계획의 방식과 역사성으로 인해 지속 가능한 도시, 스마트 도시, 꿈과 희망의 도시의 대표적인 사례로 손꼽힌다. 이처럼 쿠리치바에 대해 극찬이 쏟아지는 이유는 무엇일까? 여기에서 쿠리치바에 대한 모든 것을 살펴볼 수는 없음으로, 보다 개괄적인 쿠리치바의 계획사와 이 도시가 가진 지속 가능성의 함의에 대해서 살펴보자.[60] 쿠리치바는 1940년대까지 인구 12만 명의 전형적인 브라질의 농촌 도시와 다른 점이 없었다. 1943년 이른바 '아가쉬 계획'으로 불리는 쿠리치바의 첫 번째 도시계획을 시작으로 수차례 실패 끝에 당시 쿠리치바 도시계획 연구소(IPPUC)를 기반으로, 쿠리치바 종합계획을 만들어갔다. 이 계획안은 정부, 기업들이 참여할 뿐만 아니라 주민들을 참여시키고, 토론회 등 다양한 의견을 수렴하여 완성됐다. 당시 연구 소장이던 자이메 레르네르(Jaime Lerner)가 1971년 쿠리치바 시장으로 취임하면서 본격적인 이 계획안이 반영된 도시 건설이 시작됐다.

쿠리치바 계획의 핵심은 도심부의 혼잡성을 줄이기 위해 고안된 독특한 교통 체계와 인프라 구조 분포 상태 개선, 기술 및 행정 지원의 집중과 집행에서의 분산, 지역사회의 도시 의사 결정 참여 등과 같이 단순히 물리적 경관을 조정하는 도시계획을 넘어서 사회정책들과도 조응을 이루며 진행됐다. 특히 지속 가능한 도시를 위해 역사적 유산들에 대한 보존과 오래된 건물을 새롭게 이용하는 '건물 재활용', 도심 공원의 활성화와 광범위한 도심 녹지 조성 등과 같이 생태적 측면에서도 균형 잡힌 계획안을 만들어 실행했다.

오늘날 200만 명이 넘는 인구를 갖춘 쿠리치바 광역권은 심지어 도심풍(都市風)을 이용한 경관 설계, 눈의 피로도를 줄이기 위한 경관 색상, 자동차 줄이기, 버스를 통한 전 구간 순환 등과 같이 인간 중심적인 도시 설계와 경관 조정을 통해 인간의 도시로 거듭나고 있다. 또한, 쿠리치바에 홍수를 불러오던 이구아수 강의 범람을 막기 위해 유수지, 즉 강물이 '머무를 수 있는 호수'를 조성해 공원으로 활용하는 생태 친화적, 시민 친화적 도시로 성장했다. 쿠리치바의 성공적인 도시계획의 사례는 이후에 세계의 많은 도시들에서 그 모델을 차용해 적용하는 모범적인 사례로 꼽히고 있다. 한국에서는 토건적 성격이 강하긴 했지만, 버스 중앙차선제도의 도입이 바로 쿠리치바의 친환경적 대중교통 체계를 그 원형으로 하고 있다.

이처럼 쿠리치바의 사례는 인간 중심적인 도시의 형성의 가능성을 보여주는 동시에 도시 계획의 측면에서 국가나 자본의 작동뿐만 아니라 시민사회의 참여

---

60) 쿠리치바의 정치, 경제, 사회 문화적 측면과 도시 계획사에 대해 상세히 다루고 있는 박용남(2000)을 참조할 것.

가능성, 도시계획에서 시민의 의견 반영 가능성, 시민과 자연에 대한 친화적인 도시의 가능성을 함의하고 있다는 점에서 상당히 주목할 만한 사례라고 할 수 있다. 특히 지구 인구의 절반 이상이 도시에 거주하는 시대에 도시의 지속 가능성은 인류의 지속 가능성과도 운명을 함께하고 있다.

서울의 경우 최근 본격적으로 도시의 시민 담론과 지속 가능한 도시, 자연 친화적 도시의 담론들이 나타나기 시작했는데, 특히 주목할 만한 것이 바로 '도시 농업(urban agriculture)'이다. 서울에서도 비교적 최근 소개되고 있으며 아직은 실험적 단계에서 진행되고 있지만, 도시 양봉, 도심 농장 등 다양한 '녹색 도시주의(green urbanism)'의 대안적 시도들이 나타나고 있다. 도심의 대규모 부지를 통한 농업이 아니라 도심의 '자투리 공간'을 활용한 텃밭 가꾸기, 공터를 활용한 농업 등과 같이 도심의 유휴 공간을 활용한 도심 농업은 공간의 활용성은 물론, 도심 속에서 자연을 경험할 수 있는 하나의 창구로 작동하고 있다.

서울 강북지역의 옛 도성의 성곽 길은 그 문화적 가치와 보존의 필요성으로 인해 도심부의 철거 후 재개발의 한계가 노정되는 공간이다. 따라서 서울시에서는 2014년부터 한양 도성 보존과 주거지 개선, 공동체 활성화를 목표로 9개 권역 22개 성곽 주변 마을에 대한 '성곽마을 재생계획'을 시행했다. 성곽 지역의 특성상 구릉지가 많고, 채광과 공기의 질이 도심지보다 좋은 조건을 가지고 있어서 도시 농업의 입지로 떠오르고 있기도 하다. 여기서는 대표적으로 종로구 행촌 성곽마을에 자리한 도심 농업의 사례를 소개하고자 한다.

행촌공(共)터 사업으로 알려진 도시 농업 프로젝트는 행촌동 인왕산 자락에 위치하고 있으며, '도시 농업 시범마을'로 지정됐다. 행촌공터 사업에는 지역 주민들이 자발적으로 참여하여 주민협의체를 구성하고, 시의 지원을 받아 행촌공터 앵커 시설 3개소를 운영하고 있다. 여기서는 육묘장, 도시텃밭, 양봉장 등을 운영, 교육하고 있으며, 주민들의 주택에서는 옥상텃밭, 비닐하우스 등 '옥상 경작소'를 운영하여 농산물을 재배하여, 도시 농업 공동체를 통해 위탁 판매를 하고 있다.

처음에는 도시 농업 자체에 대한 비관적 시선과 단순한 취미활동 정도로 치부

〈사진 9-5〉 행촌공터 프로젝트는 도심 농업을 통한 마을 공동체 회복과 실질적인 수익을 창출하고 있다.

되어왔던 것이 사실이다. 그러나 최근에 와서는 수익성 작물, 예컨대 과일과 버섯, 모종 등의 작물을 도심 텃밭에서 재배하기 시작하면서 하나의 수익사업으로 떠오르고 있다. 특히 버섯 재배의 경우 서울시의 옛 도성 성곽 지역뿐만 아니라 광진구, 성북구, 노원구 등지의 임대아파트 지하공간에서 재배되고 있으며, 180여 개의 일자리와 고수익 작물 재배로 인한 수익도 발생시키고 있다. 이처럼 재배 작물의 다양성이 도심 곳곳에서 커지고, 동시에 그 규모도 커지고 있는 추세라고 볼 수 있다. 현재 진행되고 있는 도시 농업들은 지역 커뮤니티를 중심으로 사회적 재생 혹은 지역 공동체 유지 사업의 일환으로 진행되고 있다는 점에서 농업을 통한 수익성 사업 이상의 의미를 가지고 있다.

도시 농업은 우리가 앞서 살펴본 지속 가능한 도시의 가능성을 품고 있는 하나의 대안적 도시성을 보여준다. 특히 먹거리 위기, 수입 식량 의존도의 증가, 환경오염 등 도시의 다양한 생태적 위험에 맞서 도시가 스스로 자급할 방법 중 하나인 것이다. 최근 홍콩과 런던, 뉴욕 등지에서는 수요가 많은 어종을 실내 양어장에서 길러 공급하는 이른바 '도시 수산업'도 상업화가 진행되고 있다. 즉 대안적 도시 혹은 인본주의적 도시의 재구성을 위한 다양한 사회적, 정치적 실험들이 펼쳐지고 있다.

3. 공공 공간의 실천 가능성

도시공간은 복잡한 사회적, 정치적, 경제적 논리에 의해 '누군가'에 의해 구성되고 생산되며, 다시금 재현의 과정을 반복한다. 앙리 르페브르(Henri Lefebvre)는 사회적 공간의 생산과정을 '공간의 재현' - '재현의 공간' - '공간적 실천'의 과정임을 밝힘으로써 공간의 사회적 구성성과 더불어 '누군가의' 공간 전유(appropriation) 가능성을 타진하고 있다. 그렇다면 여기서 공간적 실천이란 무엇일까? 해석에 따라 다르게 읽히기도 하지만 혹자는 공간적 실천을 '지각 공간(불어로 l'espace perçu)'으로 해석하기도 한다(노대명, 2000; 장세룡, 2006). 즉 르페브르의 실천 개념 속에는 어떤 혁명적 속성의 실천과 더불어 일상생활세계 속에서 삶을 구조화시키고, 사회 속에 보다 잘 순응하도록 만드는 실태, 움직임, 규율(discipline) 등을 포함하는 개념이다. 보다 구체적으로, 르페브르의 실천 개념을 크게 두 가지 스케일로 나눠볼 수 있는데, 하나는 "사적 공간"에서 진행되는 규범, 즉 지배이데올로기 기제로서의 문화를 나타내는 것과 집단적 움직임 속에서 나타나는 실천, 즉 사회의 정치경제학적 관계나 조건에 따라 일어나는 것을 상정해볼 수 있다(김남주, 2000).

'공공(public)'은 '사적(private)'인 것과는 다른 영역이다. "누군가는 공공"이 될 수 있지만 누군가는 공공이 될 수 없는 배제의 논리가 작동하고 있음에도 불구하고 공공의 공간은 마치 "모두에게 열린" 것과 같은 착각을 불러오는 용어다. 특히 한국의 발전주의 과정 속에서 국가에 의해 부여된 공공성은 "도덕적이며, 선하고, 착한, 이성애 기반의 것"을 내포하고 있다. 그러나 이와 같은 '공공'은 그 자체로 정치적 투쟁의 과정을 포함하고 있으며, 공공의 공간은 "있어야 할 것"과 "있어서는 안 될 것"이 교차하는 영토적 투쟁의 장인 것이다(Mitchell, 1995; Crilley, 1993). 그러나 공공 공간의 이와 같은 헤게모니는 결코 완결되거나 고정된 것이 아니다. 즉, 공공성을 규정하고 공공 공간을 "전유할 자격"은 끊임없이 해체당하고 변화해왔다.[61]

특히 최근에 촛불집회와 태극기 집회, 퀴어축제 등은 공공 공간의 전유를 놓

〈사진 9-6〉태극기 집회와 촛불집회, 퀴어 축제는 공공 공간의 전유 문제를 놓고 드러나는 권력의 문제를 보여 준다.

고 투쟁하는 인정 투쟁이자 정체성의 정치이며, 동시에 정치운동 그 자체이기도 하다. 그뿐만 아니라 도시 공간의 안전 담론의 확산과 도심 테러 등에 대한 공포로 많은 공간에 '접근 금지'가 이뤄졌고, 국가 시설, 폐쇄된 공간 등 도시 공간 내에 대중(public)의 접근에 대한 많은 규제와 금지 조치가 이뤄지고 있다. 이에 대해 자칭 새로운 '공간 전유의 주체를 꿈꾸는 탐험가'들은 국가에 의해 규정된 공간과 신자유주의적 안전 담론에 대한 과감한 도전을 벌이고 있다. 예컨대 "도시 해킹(urban hacking)"과 같이 금단의 공간에 들어가 그 공간을 전유하는 활동을 벌이거나(Garrett, 2013), '도시 커먼즈(urban commons)' 운동처럼 국가 공유지를 점거하여 시민의 것으로 이용하려 하는 움직임들이다(Borch & Kornberger, 2015). 서울에서는 아직 미약하지만 다양한 대안 도시에 대한 실험과 더불어 경의선 공유지 점거 운동('경의선 공유지 시민행동')과 같은 일종의 커먼즈 운동이 벌어지기도 하고, 토지 공개념의 헌법적 적용, 녹색헌법 등과 같은 다양한 도시의

---

61) 최근 공공공간론에 대한 이론적 설명과 다양한 사례연구를 시도한 김동완, 김현철, 한윤애, 김동일(2017)을 참조할 것

대안 실험들이 이뤄지고 있다.[62]

우리가 대안적 도시성의 확보와 도시에 대한 권리(Right to the city)를 논의하기 위해서는 이처럼 마치 열린 공간(open space)처럼 보이게 하는 공공 공간의 헤게모니를 파악하고, 비판적으로 수용할 필요가 있겠다. 또한, 공공 공간 전유의 과정 속에서 드러나는 다양한 차이의 정치와 끊임없이 재현되고 생산되는 발화와 기호에 대한 분석을 통해 '공적인 것'과 '사적인 것' 사이의 이분법에 균열을 내고, 진정한 의미의 공공성이란 무엇인지 다시금 상상해볼 수 있어야만 대안적 도시성의 확보가 가능하리라 생각한다. 즉, 우리가 살고 있는 일상생활세계의 도시 공간은 과연 누구에 의해 기획됐으며, 어떤 헤게모니가 작동하고 있고, 그렇다면 과연 도시란 누구의 것인지에 대한 도시-사회학적 상상력을 통해 새로운 대안을 모색해볼 수 있지 않을까?

---

[62] 경의선 공유지 시민행동은 최근 한국의 대표적인 도시 커먼즈 운동으로서, 마포구 공덕동 경의선 국유지를 시민들이 점거하여 기업과 국가에 의한 재개발을 저지하고 있다. 한편 최근 한국에서도 시도되고 있는 녹색헌법 운동을 참고할 것(녹색전환연구소, 2018).

제10장 결론

수세대에 걸쳐 진행되었던 서구의 근대화 과정이 불과 한 세대 만에 이루어졌다는 점에서 한국의 미증유의 경제성장은 '압축 성장'으로 묘사되기도 한다. 물론 그 압축 성장은 정치의 민주화나 계몽의 정신, 자기 성찰이 억제되고 결여된 물질적인 양적 성장에 국한된 것이었다. 압축 성장이었던 것만큼 시공간적인 삶의 경험은 그 어느 사회보다도 과격하고 급작스럽게 변해왔다. 오늘날 우리 사회에는 조선시대의 유교적 규범과, 식민 제국의 전체주의적이고 권위주의적 사고로 사회화를 경험하고, 해방 이후 좌우익의 첨예한 이데올로기 갈등에 휩쓸리면서 1960년대 이래 급속한 산업화와 최근 세계 금융자본의 족쇄를 한 평생 안에서 모두 경험하는 세대가 존재하고 있다. 헨더슨(G. Henderson)이 묘사했던 20세기 초 한국사회의 '소용돌이'는 그만큼 오랫동안 지속되고 있었던 것이다.[1] 그런가 하면 한국사회는 '비동시성의 동시성'이 극대로 존재하는 사회라고 말할 정도로 세대 간의 차별적인 삶의 방식들이 심하게 중첩되어 있다.

압축 성장이었던 만큼 사회의 분화와 이동도 그 어느 사회보다 급격하고 빠르게 이루어졌다. 시간과 공간을 따라 일상의 경로가 진행되는 장소로서의 도시는 대부분 사람들의 삶의 터가 되어 있고, 근대성으로서의 도시 경험은 매우 복합적

---

[1] 헨더슨(G. Henderson)은 구한말의 상황을 '소용돌이의 정치'(politics of the Vortex)라고 불렀다(Henderson, 1968).

인 모습으로 나타나고 있다. 전이성(시간), 유동성(공간) 그리고 불확정의 인과성 등으로 묘사되는 근대적 삶의 경험은 '서구(The West)'가 거대한 세력으로 한반도에 몰려오던 시기로부터 시작되었다. 자연의 주기와 순환에 의존하던 한국인의 전통적 삶은 모든 것이 균질하고 계산 가능한 근대의 시공간, 즉 '시계의 시간'으로 규정되기 시작했고 도시의 삶은 추상적이고 계산 가능한 근대적 시공간의 일상으로 급속히 바뀌었다.

한국의 산업화는 국가의 거대한 '프로젝트'에 의해 이루어졌다. 서구 자유방임주의자들이 찬미했던 '보이지 않는 손'의 논리는 한국의 시장에서는 거의 존재하지 않았다. 우리의 삶을 통제하는 거대한 조직으로서 국가는 처음부터 '보이는 주먹'으로 나타나 체제를 통제하고 관리했다. 우리는 반성적 사고를 정지시킨 채 반공과 조국 근대화의 이데올로기에 모든 사유를 지향시켜야 했고, 모든 일상적 생활을 산업화의 궤도에 맞추어야 했다. 끊임없이 유동하는 세계경제체제 속에 대량생산과 대량 소비 그리고 유연적 생산과 소비의 변화들이 귀착되는 지점으로서 도시는 국가 주도 산업화의 산물들이 응결된 공간으로 급속히 번창했다. 특히 거대도시 서울은 근대화의 사령탑으로 우뚝 서 경제성장의 신화를 보여주고 있었다. 그러나 그 이면에는 근대화의 부정적 모습들, 예컨대 혼잡과 무질서, 갈등과 모순의 생활 교란 현상들이 공존하고 있다.

도시는 부와 가난이 날카롭게 대결하는 불평등의 공간이다. 상류계급은 한강변과 북한산 기슭을 따라 부와 위세를 상징하는 공간을 점유하고 있고, 타 계급의 접근을 배제하는 구별 짓기 전략의 일환으로 독특한 소비 양식과 소비 공간을 창출하고 있다. 거대한 담과 벽으로 둘러싸인 상류계급의 주거지 바로 아래에는 거적을 얹고 사는 빈민들과, 콘크리트를 침대로 삼고 있는 노숙자들이 자고 있다. 공간을 둘러싼 계급의 힘겨루기와 '침략'과 '계승'이라는 적자생존의 생태학적 과정이 도시공간에 쉼 없이 벌어지고 있는 것이다.

국가 주도의 자본축적을 통해 경제성장을 이룬 한국사회의 도시공간에는 조악한 기능주의와 서구 건물의 모방, 전통과 자연에 대한 무자비한 파괴 등 그 근대화의 특징들이 그대로 투영되어 있다. 사과박스 같은 콘크리트 건물들, 과장된 국가권력의 표현체들, 그리고 건물의 몸통을 모두 가린 난삽한 간판들, 주변 경관과 어울리지 않는 서구 모방의 표현체들이 거리를 가득 메우고 있다. 전통의 복원을 통해 인간화를 추구하려는 포스트모던의 이념은 오간 데 없이 상업주의와 편승된 '서구 모방품'들이 등장하고, 만화에 나올 듯한 원색 궁전 모양의 결혼식장들이 도시의 경관을 형성하고 있다.[2] '비움(虛)'의 여유와 자연(自然)에 대한 철학은 가차 없이 사라져 고층건물들이 산과 하늘을 가리는 '건설'만이 진행되고 있다. 여기엔 '자본'의 이윤 논리와 한국인들의 내 집 장만에 대한 강한 욕구가 맞아떨어진 개발 그리고 개발 독재의 흔적들이 강하게 결속되어 있다. 도시의 경관 속엔 정제되고 절제된 미학을 찾아 볼 수가 없다. 도시의 거리는 온통 상품의 판매와 교환을 위한 무절제한 간판의 외침들만이 난무할 뿐이다. 이러한 급박함 속에서 도시의 삶은 윤전기처럼 진행된다.

> 이 도시의 시민들은 아무도 죽지 않는다.
>
> 어제 분명히 죽었는데도
>
> 오늘은 또 거뜬히 살아나서…
>
> 그것은 위대한 생명공학의 승리(이형기, 1994)

그러나 근대성으로서의 도시 경험이 이렇게 삭막한 것만은 아니다. 주위를 살펴보면 협동과 자원주의, 공공선의 원리를 추구하는 작은 공동체운동이 곳곳에서 보인다. 생활협동조합으로부터 삶터의 환경생태의 파괴를 우려하는 이들의 모임, 교육과 건강한 삶을 추구하는 공동체운동들이 있다. 공동체란 더불어 사는 삶의 터전이다. 공동체는 타자 지향적 의식을 지닌 도덕적 개인들로 구성된 집단으로서 "높은 인격을 바탕으로 근린성, 친밀감과 깊은 정서적, 도덕적 헌신 그리고 연속적인 사회적 응집력" 등으로 결합된 코뮌(commune)이다. 주체들의 참여와 비판을 조건으로 하는 공동체 운동은 자신과 가족의 울타리를 넘어 타인

---

[2] 이뿐이 아니다. 강변엔 주변 환경과 어울리지 않는 서구 궁전식 모텔들이 즐비하고, 자연의 색을 배신하는 음식점과 휴게소들이 호객을 하고 있다.

과 사회를 배려하는 열린 자세와 자아 성찰을 전제로 한다.[3]

한국사회의 도시 경험이 척박하고 숨 가쁜 것이었다면 '공동체 이념의 복원'이라는 숙제를 던져보지 않을 수 없다. 물론 공동체 논의는 진부하기 짝이 없고, 더 이상 자본주의의 현실적 대안으로 마땅치 않을 수 있다. 정약용의 여전제(閭田制)나 두레공동체, 푸리에나 오언이 실험했던 가족과 공장의 공동체, 혹은 다양한 종교집단의 공동체의 원리는 단순사회에서나 가능한 대안일지도 모른다.[4] 초국적 기업과 세계기구, 국가 등 소위 '체제'의 강압력이 커질 대로 커져 있는 상황에서 과연 이 공동체 정신의 복원이 가능한 것인가? 계급 간 불평등의 골이 더욱 깊어져 삶의 양식들이 파편화되어 있는 상황에서 공동체 정신이란 것이 무슨 의미가 있는가? 물질적 필요에 의해 만들어진 공동체들 역시 그 목표가 해소되는 순간 구성원들이 뿔뿔이 흩어져나가는 사례를 우리는 보고 있다. 예컨대 도시 빈민들이 생존투쟁을 통해 이룩한 '복음자리 마을'엔 결코 그 2세들이 자리 잡으려 하지 않는다.[5] 공동 생산과 공동 소비의 이념이 가장 잘 외화(外化)되어 있다고 하는 '키부츠' 공동체마저 불안하게 버티고 있다. 특히 우리에게 식민지와 전쟁, 경제성장과 정치의 혼돈이 남겨준 것은 도덕적 개인과는 거리가 먼, 가족주의와 결합한 극도의 이기주의적이고 경제주의적인 개인들뿐이다. 우리를 온통 지배하고 있는 것은 '경제주의'이다. 순수 인문학조차 당장 정책을 통해 과실(果實)을 산출하라는 이(利)의 논리에 압박당하고 있다.

그러나 역설적이게도 바로 이러한 상황이기 때문에 우리는 공동체의 이상을 논한다. 집단의 규모가 커지면 커질수록 전체는 추상화되고, 개인적 총화와 공동체적 의

---

3) 이러한 성찰의 대상은 또한 자연을 포함한다.

4) 다산(茶山)의 전론(田論)에서 볼 수 있는 것은 토지 공유와 공동 생산, 평등사상, 농병(農兵) 일치, 가족과 전체의 조화로움이다. 비록 시행되지는 않았지만, 그의 사상 속에는 가히 혁신적이라고 할 만한 공동체의 원리가 발견되고 있다. 한편 서구의 산업화기간 동안 유토피아적 도시계획을 통해 공동체를 실험하려던 시도들을 상기해보라.

5) "주민들은 잃어버렸던 자아를 되돌려 갖고 이 주체들이 모여 공동체적 터전을 조성해갈 수 있었다. 그러나 시간이 지나면서 거주지 마련이라는 공동의 목표가 현실화되고 다시 가족 중심의 개체주의적 관심이 증대되고 있다. 담과 대문이 생겨난 것이나 조직운영에서 부딪히는 문제들은 그러한 맥락에서 이해될 수 있다"(김찬호, 1986: 71).

무가 불일치하며, 공적인 일에는 서로 방관하게 되는 것이 일반적인 추세이다. 올슨 (M. Olson)은 이를 공적 선의 딜레마라고 하면서 그 대안으로 소집단의 편제를 제시했다(Olson, 1965: 50). 어쩌면 원심력에 대한 구심력의 대항이 필연적이고, 거시에 대한 미시의 반응이 당연한 귀결일지 모른다.

공동체의 역설 속에는 '자아와 주체'에 대한 자기 성찰이 있다. 자연법사상에 근거한 서양의 개인과는 다른 차원에서 동양의 선학(先學)들은 인간의 본성과 수양에 대해 매우 치밀한 논의를 전개시켜왔다. 그러나 서양학자들이 보기에 동양사회는 국가 전체주의와 가부장주의가 지배하는 미분화(未分化)된 공동체 사회였다. 헤겔은 역사의 시대정신이야말로 바로 유럽만이 갖는 특권이라고 말했고, 마르크스는 '아시아적 생산양식'이란 개념을 통해 사회진보의 조건인 토지의 사적 분할 과정이 동양사회에 존재하지 않았다고 했다. 비트포겔(F. Wittfogel)은 그러한 동양적 사회를 아예 전체주의로 규정해버렸다.[6] 한마디로 동양사회에서는 '개인'이 존재할 여지가 없는 전체의 사회 원리가 지배적이었다는 것이다. 나는 그들의 논의에 동의하지 않지만 그 대신 그들의 논의가 주는 함의, 즉 개인과 공동체, 개별자와 전체자의 의미를 생각해보고자 한다.

공동체의 원리란 '개인과 전체가 조화를 이루는 개념'이다. 조화란 비단 개인과 개인뿐 아니라 개인과 자연물과의 균형도 의미한다.[7] 예는 사회 상호작용의 근본이 되는 사회원리로서 공동체의 근본이념으로 세울 만하다. 예의 기본 원리는 상호적 관계로서 호혜적이고 협동적인 인간관계이다. 송복은 그의 저서 『동양적 가치란 무엇인가?』에서 예의 사회적 논리를 다음과 같이 논하고 있다.

논어에서의 화(和)는 조화 혹은 조화된 상태를 가리킨다. 조화된 상태는 균형된 상

---

[6] "중국 민족은 자유로운 인륜과 도덕 등이 결핍해 있다. 황제는 항상 존엄과 자애와 온정으로 인민을 대하지만 인민은 스스로를 황제 폐하의 권력의 수레를 끌어주기 위해 탄생했다고 믿는다. 노예로 팔리고 예속의 쓰디쓴 맛을 보는 것도 별로 무서운 일이 아니다"(헤겔, 1989: 196~197). 아시아적 생산양식에 대해 신용하(1989).

[7] 자연이란 그대로 있음을 의미하는 것이지 눈에 보이고 잡히는 산과 들, 돌 등의 물체를 의미하는 것은 아니다. 덜 가공된 것, 덜 부순 것이 자연의 사고이다.

태이고 동시에 사리에 맞는 상태를 이른다. (…) 예의 기본인 조화에는 사회적 조화와 개인적 조화로 나뉜다. 전자는 사회내의 각 부문들의 관계를 조화롭게 하는 동시에, 조화로운 사회관계의 바탕 위에서만 구현될 수 있는 것이다. 전통과 혁신의 조화, 보수와 진보의 조화를 의미하기도 한다. 그리고 이 사회적 화(和)는 가족과 사회와의 조화를 의미한다. 전통사회와 비교해서 가족의 기능이 크게 축소된 현대사회에서도 가족과 사회의 조화는 사회 안정의 중심 요소가 된다. 그리고 가족 내에 가장 기본이 되는 예의 규범은 효(孝)와 제(悌)이다. (…) 효는 부모와 자식 간의 사랑을 바탕으로 한 종족이 규범이고 제는 형제간의 경애를 바탕으로 한 횡적 규범이다. 개인적 화의 내용은 무엇인가? 수사학적 개인은 전인격체(全人格體)로서의 개인인 동시에 전인격체로서의 개인이 되기 위한 수기(修己)하는 개인이어야 하고 이 수기를 통해 기본적 행위 규범들을 완전히 내면화한 이후 그 남은 여력으로 사회 참여를 하는 개인이어야 한다. 이 개인은 오늘날 분화된 사회에서의 개인과는 완전히 다른 개인이다. 오늘날 개인은 직업적 기능 수행을 위한 훈련에 전념하는 개인이고, 개별성 이기성을 중시하는 개인주의적 개인이며 상호 의존의 면에서 타자와 조화를 시도하는 보완적 조화의 개인이다. 유교적 논리나 윤리에서는 가족과 친족, 국가만 있고 개별성을 지닌 개인이 없는 것으로 이해한다. 그러나 예(禮)에서 보듯 조화된 인격체로서의 개인 온전한 개별성을 지닌 개체로서의 개인을 가장 바람직한 인간상으로 하고 있다. (…) 이들은 예의 실현, 인(仁)—휴머니즘이라는 대의를 위해선 단합하고 화합하지만 어디까지나 자기 자신을 살린다. 자신의 주관, 자신의 이념과 사상, 그리고 자신의 지식을 독특하게 발휘해서 국가와 사회의 발전에 자기 특유의 창조적 공헌을 한다. (…) 개성 없이 남을 추종해서 흐름에 부화(附和)하려 하지 않는다. 이는 전인격적인 존재, 조화된 인격에로서 오로지 자기를 수련해서 자기를 살리고 자기를 드러내서 자아를 구현하려는 인간상이다. 이야말로 가장 강하게 개별성을 지향하는 인간상이며, 그러면서 타자와 화합하고 조화하는 인간상이다. 이는 곧 '나'라는 개인이 존재하면서 '우리'가 있고, '우리'라는 전체가 존재하면서 그 속에 독특한 '내'가 존재하는 인간상인 것이다(송복, 1999: 197~205).

필자는 이 예(禮)의 원리 속에 오늘날 도시 공동체의 이념형이 가장 잘 투영되어 있다고 본다. 공동체운동은 '나'를 성찰하는 과정이다. 그러나 '나'는 '나' 혼자만으로 존재할 수 없다. '나'는 항상 타자 지향적이며 '타자'와의 관계 속에서 그 의미가 구현된다. 공동체운동이 바로 나에 대한 성찰의 기회를 주는 이유는 공공선을 추구해가는 과정에서 타자와 상호 협동을 전개하고, 그 과정에서 타자와 나를 해석해보기 때문이다. '해석학적 성찰과 시민민주주의 원리'란 바로 이런 과정 속에서 탄생한 '나'를 기초로 한다.[8] 나와 타자 즉, 공동체가 별도로 분리되어 존재하는 것도 아니며, 그렇다고 어느 하나가 함몰된 상태도 아니다.

사회 진보의 측면에서 근대화는 제도의 분화와 시공간의 거리화가 증대됨을 의미한다. 그러나 반드시 빼놓을 수 없는 요소는 근대화는 곧 '자아 성찰'의 확대라고 하는 것이다. 서구 계몽주의는 신에 대항하는 자아 성찰의 산물로 등장했다. 그러나 우리의 역사에서 '자아'를 구현해보려는 기회가 얼마나 있었는가? 자기 수양의 규범들이 가부장의 이데올로기와 지배자들의 통치 논리로 변질되었을 때 그 덕목은 '나'를 가두는 족쇄에 지나지 않는다. 식민지로 전락하면서 자아 성찰의 기회가 상실되었고, 국가 주도의 산업화 기간 동안 자아 성찰의 기회가 유보되었다. 우리에겐 즉자적 나 외의 '나'는 존재하지 않는다.[9]

나의 성찰이 부족했다고 하는 것은 곧 타자(공동체)에 대한 성찰 역시 결핍되었다는 것을 의미한다. 우리는 경제적이고 물질적인 이익에 대해서는 과잉 성찰된 모습을 보이고 있지만 공동체적 규범과 사회윤리에 대해서는 지극히 과소 성찰되어 있다. 기껏해야 공동체의 범위는 가족을 넘지 못했다. 그나마 개인들의 삶 구석구석에 파고들어 있는 그 가족주의는 진정한 사회 동학의 원리가 될 수 없었다.[10] 국가에 의해 동원된 참여의 경험은 많으나 자원주의에 터한 자발적

---

8) 해석학의 궁극적인 실천적 의미를 생각해보라. 이 책의 제4장 1절을 참조. "시민의식은 법적 범주가 아니다. 그것은 상대에 대한 해석을 통해 의미를 공유함으로써, 즉 세계관을 공유함으로써 고양되는 것이다"(Alejandro, 1993: 36~37).

9) 따라서 "그 동안 한국사회가 만들어낸 거대한 블랙홀, 식민지적/절충주의적/무성찰적 근대가 만들어낸 폐쇄회로를 드러내 보이려 한다"(조(한)혜정, 1998: 18).

10) "본질적으로 가족주의적인 발상은 이기적이며 사회 전체를 집합적으로 파악하기를 거부하

참여의 경험은 매우 드물다. 지역공동체운동은 바로 그런 우리에게 자아 성찰의 기회를 가져다준다. 예컨대 동네의 샛강을 살리는 운동을 통해 타자와의 부단한, 능동적 상호작용의 기회를 얻고, 자연과 인간의 조화에 대한 생태적 성찰의 기회를 얻는다. 소비협동조합운동을 통해 나눔과 절제의 삶을 배운다.

다시 예로 돌아가 보자.

예의 근본 원리는 효와 제(悌)이다. 이 중 제는 도시공동체의 근린성을 발현하는 원리로 이해될 수 있다. 궁휼히 여기는 마음으로서 제는 공동체 감성의 전제인 형제애의 표현이기 때문이다. 다시 말하면 제의 원리는 집단에 대한 자기의 의미 부여이며 정체성의 바탕이 된다.[11]

보이는 손에 의한 사회통합의 대표적 예는 법률이다. 사회 내 여러 조직들이 갖고 있는 공식적 규범들이다. (…) 이 같은 통합의 수단은 기능적인 통합을 기하는 데 유효하고, 동시에 기계적인 효율성을 올리는 데 보다 기여적일 수 있지만, 가치적 차원 정의적 차원에서의 통합성을 기하는 데는 효과적이라 보기 어렵다. (…) 예는 화를 기본으로 하는 것인 만큼 정의적 단합, 가치적 합일과 같은 상징적 통합성을 가져오게 하는 특성이 있다. (…) 예는 정체성 증대라는 또 하나의 주요 기능을 수행한다고 할 수 있다. 여기서 정체성이란 '삶의 보람'에 대한 스스로의 확인이라고 할 수 있다. (…) 중요한 것은 자기에 대한 '지속적인 의미 부여'이다. 이 의미 부여를 통해 자기의 가치 가지 인생의 목적을 확인할 수 있을 때, 개인은 비로소 자기에 대한 주관적 확립이 가능해지고 삶의 보람도 느낀다(송복, 1999: 211~218).

예를 실현하는 공동체는 타자에 대한 믿음이 전제가 되어야 한다. 다시 말하면 지역 공동체 형성은 주체 간의 신(信)이 전제되어야 한다. 한국사회의 근대성의 특징 중의 하나는 불신의 심리적 상태가 팽배해 있다는 것이다. 한국사회는

려는 지향성을 안고 있다. 바로 이러한 전통 종교의 유산에 대한 깊은 수준에서의 자기성찰적 이해가 우리 사회의 오늘을 자기 이해적으로 파악하는 열쇠가 될 것이다"(박영신, 1995: 35).
11) 예의 사회적 기능에 대해 전병재(1980).

불신의 사회적 비용을 엄청나게 치르고 있을 정도로 불신이 팽배한 사회이다. 시민들은 정치인을 못 믿고, 노동자들은 기업가들을 불신하고, 일반인들은 상류계급의 부에 대해 정당성을 부여하지 않는다.

예의 공동체 이념을 현실에 체화시키는 일은 지난한 과제이다. 그러나 나는 실험 공동체로서 예를 갖추어 생활하는 한 마을을 주시하고 있다. 충청남도 중부 지역의 한 부락에는 예를 바탕으로 상부상조하는 여덟 가구의 사람들이 살고 있다. 그들은 현대 문명을 배척하거나 도외시하지 않는다. 상투를 틀고 한복을 입은 채 컴퓨터를 익히고 있다. 그러나 공동체 구성원들 사이에는 실질적인 생활상의 이해가 공유되어야 한다. 이런 점에서 나는 또한 한 실험 공동체를 주목하고 있다. 서초구에는 동네 안의 몇몇 다양한 직업을 지닌 사람들이 무한 서비스 공급의 네트워크를 통해 서로의 필요를 해소하고 있는 지역이 있다.[12]

공동체운동은 개개인들의 삶에 보람과 즐거움을 주는 윤활유 역할을 한다. 나는 예의 공동체 원리에 하나의 원리를 더 부여하고자 한다. 그것은 '즐거움(락: 樂)의 원리'이다. 축제는 공동체에 이 원리를 부여하는 하나의 대안일 것이다. 이런 점에서 동네의 오일장의 부활은 많은 암시를 주고 있다. '근대 세계로의 대전환'은 한마디로 시장의 출현이며 시장의 원리 속에 삶과 체계가 편입되는 과정이었다(Polanyi, 1979). 교환에 기초한 자본주의 시장경제는 모든 사회적 관계를 물화시키면서 모든 행위를 시장의 가치로 환원시켰다. 비인격적이고 익명적으로 화폐를 매개로 이루어지는, 그리고 새로운 소비 공간에서 이루어지는 거래에는 단지 화폐와 인간의 만남이 있을 뿐이다. 우리는 물건을 생산한 타자에 대한 해석과 상품에 대한 음미의 여지없이 거대 소비 공간에서 위축된 수동적 소비자로 전락했다.

동네에서 열리는 오일장은 단지 상품의 교환을 위한 공간만이 아니었다. 장은 곧 작은 축제(대목장은 큰 축제)를 의미했다. 장날에는 아이와 어른 모두가 구경거리와 먹거리를 찾아 거리를 어슬렁대는 만보객이 되었다. 곡마단과 약장수를

---

12) 한 동네에 있는 세탁소 정유소 이발소 미용원 슈퍼 자동차정비소 문구점을 운영하고 있는 주민들이 연결망을 만들어 서로 간 무한서비스를 실시하고 있다.

보고, 풀빵을 먹으며, 트럭과 각양각색의 상품들을 보았다. 다섯째 날에 열리는 장은 시간의 주기로도 기능했고, 생활의 리듬이 되기도 했다. 그러나 도시화와 함께 출현한 상설 시장과 백화점은 축제의 기능을 빼앗아버렸다. 오늘날 백화점이 주관하는 다양한 행사는 상업주의의 일환으로 소비자의 주체성을 회복시키는 것과는 거리가 멀다. 벽보나 ≪벼룩시장≫의 뉴스지 등을 통해 개인 간 정보를 교환하고, 그 정보에 기초하여 필요한 만큼 교환하는 '작은 매매'들은 거대 시장에 도전하는 저항의 상징성을 띤다. 사람들이 직접 부딪히고 사람들을 거리로 불러 모으는 작은 생활 정치들이 시행될 필요가 있다.

한 밀레니엄의 시대가 저물 무렵 이론가들이 던진 큰 화두는 그 시대가 잉태하고 출산하여 성장시키고 있던 '근대성'의 정체에 관련된 것이었다. 그리고 그 근대성의 궤적들이 이제 한 국가와 지역이 아닌 전 지구로 확산되었다고 하는 점에서 세계화라는 언술이 곧 뒤를 이었다. 서구 지식인들이 한 세대를 정리하면서 탈근대의 논리와 이성의 해체, 기존의 지식과 제도에 대한 '반성적 성찰' 등을 논의할 즈음 그들의 논쟁구도를 기웃거리는 한국의 지식인들에게 '근대성 컴플렉스'는 더욱 클 수밖에 없다. 그러나 '지금/여기'에서 우리의 존재와 삶의 방식들에 대한 성찰과 '근대와 탈근대'논쟁을 통해 시대의 무게를 달아보려는 노력은 비단 서구인들만의 점유물이 될 수 없다. 도시공동체의 논의는 바로 이러한 시대의 무게중심을 달아보려는 하나의 노력인 것이다.

참고문헌

강내희. 1997. 『공간, 육체, 권력』. 현실문화연구.

강대기. 1987. 『현대도시론』. 민음사.

강만길. 1978. 『조선후기 상업자본의 발달』. 고려대학교 출판부.

강명구. 1992. 「도시 및 지방정부의 정치경제학」. 한국공간환경연구회 엮음. 『한국공간환경의 재인식』. 한울.

_____. 1994. 『소비대중문화와 포스트모더니즘』. 민음사.

강수택. 1994. 「일상생활의 비교연구」. ≪한국사회학≫, 28집.

강인재 외. 1995. 『지방자치 이렇게 해야 한다』. 한겨레신문사.

강재언. 1990. 『조선시대의 서학사』. 민음사.

강정인 외. 2002. 『민주주의의 한국적 수용』. 책세상.

강현수. 1989. 「기업조직변화와 노동의 공간적 분업 ─ 지역격차의 발생과정」. 서울대학교 환경대학원 석사학위 논문.

_____. 1993. 「80년대 후반 한국자본주의의 변화와 서울의 산업재구조화: 유연화의 확대와 지역불균형의 심화」. 한국공간환경연구회 엮음. 『서울연구』. 한울.

_____. 1995. 「지역발전이론의 전개과정과 최근 동향」. 한국공간환경연구회 엮음. 『새로운 공간환경론의 모색』. 한울.

강형기. 1990. 「주민운동론 서설」. 숭실대기독사회연구소. 『사회발전과 사회운동』. 한울.

강희경. 1990. 「신흥 공업국가의 계급의 공간적 분화: 한국과 대만의 신중간계급을 중심으로」. 서울대학교 사회학과 대학원 박사학위논문.

_____. 1997. 「지역사회 권력자의 연줄망 구조와 특성」. 성경륭 외. 『지방자치와 지역발전』. 민음사.

개럿, 브래들리(B. Garrett). 2014. 『도시해킹: 탐하라, 허락되지 않은 모든 곳을』. 오수원 옮김. 메디치.

건설교통부 토지국 토지정책과. 2002. 『서울시뉴타운』.

경성전기주식회사. 1958. 『경성전기주식회사 60년 연혁사』.

경제기획원. 1985. 『인구 및 주택센서스 보고서』.

_____. 1990. 『인구 및 주택센서스 보고서』.

_____. 1995. 『인구 및 주택센서스 보고서』.

경제정의실천시민연합(경실련). 2017. 「젠트리피케이션 실태조사」.

고승제. 1977. 『한국 촌락사회사 연구』. 일지사.

고프만, 어빙(A. Goffman). 1987. 『자아표현과 인상관리』. 김병서 옮김. 경문사.

곽신환. 1990. 『주역의 이해』. 서광사.

국민호. 1994. 「한국사회의 지방화 과정과 그 성격」. 한국사회학회 편. 『국제화시대의 한국사회와 지방화』. 나남.

권구현. 1928. 「새해에 올 유행의 한가지」. ≪별건곤≫, 1월호.

권오만. 1998. 「한국 현대시의 서울 체험 연구」. ≪서울학연구≫, 9, 215~269쪽.

권태준. 2006. 『한국의 세기 뛰어넘기: 산업화, 민주화, 시민사회』. 나남출판

권태환·김두섭. 1994. 『인구의 이해』. 서울대출판부.

그레그, 멜리사·그레고리 J. 시그워스(M. Gregg & G. J. Seigworth). 2015. 『정동이론: 몸과 문화·윤리·정치의 마주침에서 생겨난 것들에 대한 연구』. 최성희·김지영·박혜정 옮김. 갈무리.

기든스, 앤서니(Anthony Giddens). 1991. 『포스트모더니티』. 이윤희·이현희 옮김. 민영사.

_____. 1993. 『새로운 사회운동과 참여민주주의』. 정수복 편역. 문학과지성사.

기호학연대. 2002. 『기호학으로 세상 읽기』. 소명출판.

김걸. 2006. 「서울의 주택재개발과 젠트리피케이션 과정으로써의 근린변화: 월곡 4동 재개발 구역의 사례연구」. ≪국토계획≫, 41(4).

_____. 2007. 「서울시 젠트리피케이션의 발생원인과 설명요인」. ≪한국도시지리학회지≫, 10(1), 37~49.

_____. 2008. 「젠트리피케이션의 연구동향」. ≪한국도시지리학회지≫, 11(1), 75~84쪽.

김건. 1986. 「종속적 발전사회에서의 국가의 역할 및 성격-한국의 중화학 공업화 과정 (1973-1981)을 중심으로」. 서울대학교 석사학위논문.

김경민. 2017. 『건축왕, 경성을 만들다』. 이마.

김기림. 1988. 「바다의 유혹」. 『김기림전집』 5. 심설당.

김남주. 2000. 「앙리 르페브르의 재조명: 차이의 공간을 꿈꾸며: 『공간의 생산』과 실천」. ≪공간과사회≫, 14, 63~78쪽.

김덕현. 1992. 「한국의 경제발전과 공간구조의 변화」. 서울대 지리학과 박사학위논문.

김동완·김현철·한윤애·김동일. 2017. 『공공공간을 위하여: 어떻게 우리의 공적 공간을 회복 지속 확장할 것인가』. 동녘.

김두섭. 1999. 「미군정기 남한 인구 재구성」. 한림대학교 아시아 문화연구소. 『미군정기 한국의 사회변동과 사회사』 1.

김민정. 2016. 「인간과 자연의 관계에 관한 생태 마르크스 이론」. ≪ECO≫. 20(2), 165~194쪽.

김백영. 2017. 「강남 개발과 올림픽 효과」. ≪도시연구≫, (17), 67~101쪽.

김병국 외. 1999. 『한국의 보수주의』. 인간사랑.

김병준. 1994. 『한국지방자치론』. 법문사.

김봉원·권니아·길지혜. 2010. 「삼청동길의 젠트리피케이션 현상에 대한 상업화 특성분석」. ≪한국지역경제연구≫, 15, 83~102쪽.

김성국. 1992. 「한국자본주의 발전과 시민사회의 성격」. 한국사회학회·한국정치학회 편.『한국의 국가와 시민사회』. 한울.

김성기. 1991.『포스트모더니즘과 비판사회과학』. 문학과지성사.

김성도. 2014.『도시인간학: 도시 공간의 통합 기호학적 연구』. 안그라픽스.

김수아. 2015. 「신개발주의와 젠트리피케이션」. ≪황해문화≫, 86호, 43~59쪽.

김수현. 1995. 「창조적 도시사회운동의 모색」. 한국공간환경연구회 엮음.『새로운 공간환경론의 모색』. 한울.

김억·박희령·이지현. 2008.『바디 메타포: 유비쿼터스 기술과 환경』. spacetime

김영근. 1999. 「일제하 일상생활의 변화와 그 성격에 관한 연구: 경성의 도시공간을 중심으로」. 연세대학교 사회학과 박사학위논문.

김영정. 1997. 「한국 지역발전의 실태비교」. 성경륭 외.『지방자치와 지역발전』. 민음사.

김왕배. 1985. 「한국지역사회의 권력구조에 관한 연구」. 연세대학교 석사학위 논문.

_____. 1994. 「사회과학방법론의 쟁점(1)」. 연세대사회학과. ≪연세사회학≫, 제14호.

_____. 1997. 「마르크스주의 방법론과 총체성」. ≪현상과 인식≫, 21권 2호.

_____. 1999. 「일상생활세계론」. ≪경제와 사회≫, 가을호.

_____. 2000.『도시, 공간, 생활세계』. 한울.

김용섭. 1980.『조선후기농업사연구 I』. 일조각.

김용창. 1995. 「생활공간의 관점과생활세계의 식민화」. 한국공간환경연구회 엮음.『일상공간과 생활정치』. 대윤.

김용학. 1992.『구조와 행위』. 나남.

김원동. 1997. 「한국의 지방선거와 지방자치」. 성경륭 외.『지방자치와 지역발전』. 민음사.

김윤식. 1994. 「우리 근대 문학의 한 방향성」. 김성기 외.『모더니티란 무엇인가』. 민음사.

김은혜. 2011. 「2016 년 도쿄올림픽의 좌절과 도시의 정치경제」. ≪공간과 사회≫, 37, 66~103쪽.

김인걸. 1981. 「조선후기 향권의 추이와 지배동향」. ≪한국문화≫, 제2집.

김장권. 1992. 「정당정치, 지방자치의 발전과 시민사회」. 한국사회학회·한국정치학회 편.『한국의 국가와 시민사회』. 한울.

김정규. 1990. 「지역개발과정에서 대자본의 토지투기에 관한 사례 연구」. 이화여대 석사학위 논문.

김정혜. 1998, 「소비문화와 계층에 따른 백화점 판매공간의 특성에 관한 연구」. 중앙대학교 석사학위논문.

김종근. 2014. 「지역사회개발을 위한 정부주도의 쇼핑센터개발」. ≪國土計劃≫, 49(3): 243~254쪽.

김준수. 2018. 「한국의 발전주의 도시화와 '국가-자연'관계의 재조정: 감응의 통치를 통해 바라본 도시 비둘기」. ≪공간과 사회≫, 63, 55~100쪽.

김준우. 2010.『공간이론과 한국도시의 현실』. 전남대학교출판부.

김지성·남욱현·임현수. 2016. 「인류세(Anthropocene)의 시점과 의미」. ≪지질학회지≫,

52(2), 163~171쪽.

김진균. 1983. 『역사와 사회 1, 제3세계와 사회이론』. 한울.

김진석. 1989. 「공업의 공간연계와 의사결정권한에 관한 연구」. 서울대학교 지리학과 석사학위 논문.

김진송. 1999. 『현대성의 형성: 서울에 딴스홀을 許하라』. 현실문화연구.

김찬호. 1986. 「철거민 정착 공동체의 형성과 유지에 관한 연구-경기도 시흥군 소래읍 복음자리마을」. 연세대 사회학과 대학원 석사학위논문.

김철규·이지웅. 2009. 「4대강 사업과 팔당 유기농 공동체: 신진대사 균열론의 시각에서」. ≪ECO≫, 13(2), 43~67쪽.

김필동. 1987. 「고려시대 契의 단체개념」. 서울대사회학연구회 엮음. 『현대 자본주의와 공동체이론』. 한길사.

김필호. 2015. 「강남의 역류성 젠트리피케이션」. ≪도시연구≫, 14, 87~123쪽.

김한원·정진영 외. 2006. 『자유주의: 시장과 정치』. 김한원·정진영 엮음. 부키.

김현아·서정렬. 2016. 『젠트리피케이션』. 커뮤니케이션북스.

김형국 편. 1989. 『불량촌과 재개발』. 나남.

김형기. 1988. 『한국의 독점자본과 임노동』. 까치.

김혜천. 2013. 「한국적 도시재생의 개념과 유형, 정책방향에 관한 연구」. ≪도시행정학보≫, 26(3), 1~22쪽.

김호기·김영범·김정훈 편역. 1995. 『포스트포드주의와 신보수주의의 미래』. 한울.

김호기. 1990. 「국제분업의 구조적 변동과 동아시아 신흥공업국의 산업화: 한국과 대만의 사례」. ≪한국사회학≫, 제24집, 겨울호.

_____. 1993. 「그람시적 시민사회론과 비판이론의 시민사회론」. ≪경제와 사회≫, 통권 제19호.

김환석. 1993. 「신기술경제패러다임의 확산과 세계경제의 글로벌화」. ≪경제와 사회≫, 제20호, 겨울.

나간채. 1997. 「공간적 측면에서 본 계급분석과 과제」. 전남대사회과학연구소. 『지역사회연구방법의 모색』. 전남대 출판부.

남상희. 2011. 『공간과 시간을 통해 본 도시와 생애사 연구: 독일 도시의 사례를 중심으로』. 한울.

노대명. 2000. 「앙리 르페브르의 '공간생산이론'에 대한 고찰」. ≪공간과사회≫, 14, 36~62쪽.

노대환. 1996. 「조선시대 사람들은 우주와 세계를 어떻게 인식했을까」. 한국역사연구회. 『조선시대 사람들은 어떻게 살았을까 2』. 청년사.

노박, 마이클(Michael Novak). 1983. 『민주자본주의의 장래』. 김진현 옮김. 한국경제연구원.

노치준·강인철. 1997. 「해방 후 한국 종교의 특성과 변화」. 한국사회사학회. 『한국 현대사와 사회변동』. 문학과지성사.

녹색전환연구소. 2018. 『녹색 헌법』. 이매진.

다렌도프(R. Dahrendorf). 1980. 『산업사회의 계급과 계급갈등』. 정대연 옮김. 홍성사.

_____. 1984, "Class and Class Conflict in Industrial Society". 정대연(옮김). 『산업사회의 계급과 계급갈등』. 홍성사.

다쯔오 나루세(成瀬龍夫). 1994. 『생활양식론』. 백욱인 옮김. 민글.

대우경제연구소 편. 1994. 『우르과이라운드와 한국경제』. 한국경제신문사.

들뢰즈, 질·펠릭스 가타리(G. Deleuze & F. Guattari). 2001. 『천개의 고원: 자본주의와 분열증 2』. 김재인 역. 새물결.

라이트, 에릭 올린(E. O. Wright). 1985. 『국가와 계급구조』. 김왕배·박희 옮김. 화다.

라투르, 브루노(Bruno Latour). 2009. 『우리는 결코 근대인이었던 적이 없다: 대칭적 인류학을 위하여』. 홍철기 역. 갈무리.

_____. 2010. 『인간 사물 동맹: 행위자네트워크 이론과 테크노사이언스』. 홍성욱 엮음. 이음.

_____. 2018. 『판도라의 희망: 과학기술학의 참모습에 관한 에세이』. 장하원·홍성욱 역. 휴머니스트.

람푸냐니, 조반니 바티스타(V. M. Lampugnani). 1990. 『현대건축사조개관』. 김경호 옮김. 민문당

렐프. 에드워드(Edward Relph). 2005. 『장소와 장소상실』. 김덕형 외 옮김. 논형.

로건·몰로치(J. R. Logan & H. L. Molotch). 2013. 『황금도시: 장소의 정치경제학』. 김준우 옮김. 전남대학교출판부.

로빈스, 폴(Poul Robbins). 2008. 『정치생태학: 비판적 개론』. 권상철 옮김. 한울.

로크, 존(J. Locke). 1977. 『통치론』. 이극찬 옮김. 삼성출판사.

루소, 장 자크(J. J. Rousseau). 1999. 『사회계약론』. 정성환 옮김. 홍신문화사.

류민우. 1993. 「시의회 정치의 성격」. 한국공간환경연구회 엮음. 『서울연구』. 한울.

르페브르, 앙리(H. Lefebvre). 1992. 『현대세계의 일상성』. 박정자 옮김. 세계일보사.

_____. 2011. 『공간의 생산』. 양영란 옮김. 에코리브르.

마르크스, 카를(Karl Marx). 1987. 『자본』. 김영민 옮김. 이론과실천사.

만델, 에르네스트(E. Mandel). 1985. 『후기자본주의』. 이범구 옮김. 한마당.

맥퍼슨(C. B. Macpherson). 1982. 『자유민주주의에 희망은 있는가』. 이상두 옮김. 범우사.

멜루치(A. Melluci). 1993. 『새로운 사회운동과 참여민주주의』. 정수복 편역. 문학과지성사.

몬덴 야스히로(Yasuhiro Monden). 1991. 『신도요다시스템』. 송한식·홍성찬 옮김. 기아경제연구소.

무라야마 지준(村山智順). 1991. 『조선의 풍수』. 최길성 옮김. 민음사.

문순홍. 2002. 「녹색국가 논의의 구조와 과정-녹색국가의 유형 및 단계를 결정하는 변수들」. ≪현상과인식≫, 26(1), 94~123쪽.

뮐러만, 데틀레프(Detlef Müller-Mahn)·황진태. 2014. 「지리학적 위험연구의 관점들」. ≪공간과사회≫, 24(2), 287~302쪽.

미술비평연구회 엮음. 1992. 『상품미학과 문화이론』. 눈빛.

민족민주운동연구소 펴냄. 1990. 『주택문제의 인식과 대안』. 논장.

밀즈, C. W.(C. W. Mills). 1980. 『화이트칼라: 신중간계급연구』. 강희경 옮김. 돌베개.

바람과물연구소 엮음. 2002. 『한국에서의 녹색정치, 녹색국가』. 당대.

바슐라르, 가스통(Gaston Bachelard). 1990. 『공간의 시학』. 곽광수 옮김. 민음사.

박경용. 1995. 『개화기 한성부 연구』. 일지사.

박노영. 1987. 「자본주의 전개와 공동체의 해체과정」. 서울대 사회학연구회 엮음. 『현대자본주의와 공동체 이론』. 한길사.

박동환. 1989. 「금융의 지방 분산화와 실질적 자율화 통해 지역경제력 강화해야」. ≪울산상의≫, 11월호.

박배균. 2009. 「한국에서 토건국가 출현의 배경: 정치적 영역화가 토건지향성에 미친 영향에 대한 시론적 연구」. ≪공간과사회≫, 31, 49~87쪽.

_____. 2017. 「발전주의 도시화의 대안으로서 포스트 영토주의 도시성의 모색」. 『한국공간환경학회 학술대회 논문집』, 1~4쪽.

박배균·이승욱·조성찬. 2017. 『특구: 국가의 영토성과 동아시아의 예외공간』. 알트.

박배균·장세훈·김동완. 2014. 『산업경관의 탄생: 다중스케일 관점에서 본 발전주의 공업단지』. 알트.

박배균·황진태. 2017. 『강남 만들기, 강남 따라하기: 투기 지향 도시민과 투기성 도시개발의 탄생』. 동녘.

박병규. 1992. 「세계경제질서의 변화와 지역주의화의 구도」. 한국사회연구소 엮음. ≪동향과 전망≫, 봄호.

박삼옥. 1985. 「한국 대도시 지역의 공업입지 정책에 관한 연구」. ≪국토계획≫, 제29권 2호.

박세훈. 1994. 「서울시 무허가 정착지 재개발과정에서의 갈등연구」. 서울대 환경대학원 석사학위논문.

박시현. 1986. 「지역간 I-Q 표를 이용한 투자효과 분석-광주공업단지를 사례로」. 서울대학교 환경대학원 석사학위논문.

박영민. 1993. 「서울 지역정보화 과정의 정치경제」. 한국공간환경연구회 엮음. 『서울연구』. 한울.

_____. 1995. 「자치시대의 지역운동과 '장소의 정치'」. 한국공간환경연구회 엮음. ≪공간과 사회≫, 통권 제5호.

박영신. 1994. 「범세계화와 가능세계」. ≪현상과 인식≫, 제18권 1호, 봄호.

_____. 1995. 『우리사회의 성찰적 인식: 전통, 구조, 과정』. 현상과 인식.

박용남. 2000. 『꿈의 도시 꾸리찌바: 재미와 장난이 만든 생태도시 이야기』. 녹색평론사.

박우희. 2001. 『한국 자본주의의 정신』. 박영사.

박원석. 1990. 「공간적 분업과 지방노동시장의 특성에 관한 연구」. 서울대학교 지리학과 석사학위논문.

박인권. 2015. 「포용도시: 개념과 한국의 경험」. ≪공간과 사회≫, 51, 95~139쪽.

박재환. 1984. 「일상생활에 대한 사회학적 조명」. 부산대학교. 『사회과학논총』.

박종희. 1983. 「공단입지가 지역발전에 미치는 효과 분석」. 서울대학교 환경대학원 석사학위논문.

박태원. 1998. 「소설가 구보씨의 일일」. 문학과지성사.

박현채·조희연. 1997. 『한국사회구성체논쟁 I』. 한울.

박호강. 1984. 「유토피아적 도시계획에 있어서 공동체 이상과 실제」. ≪한국사회학≫, 18집

박호성. 1999. 『평등론』. 창작과비평사.

방희경·박혜영. 2018. 「탈북민 프로그램과 정동(affect)의 정치」. ≪한국언론정보학보≫, 87, 135~171쪽.

백욱인. 1989. 「노동자계급 상태연구방법론 시론」. ≪경제와 사회≫, 통권 제3호

_____. 1990. 「주택문제와 대중운동」. ≪경제와 사회≫, 7호.

_____. 1994. 「대중 소비생활구조의 변화」. ≪경제와 사회≫, 21호, 봄호.

베네볼로, 레오나르도(L. Benevolo). 1996. 『근대도시계획의 기원과 유토피아』. 장성수 옮김. 태림문화사.

버만, 마셜(M. Berman). 1995. 『현대성의 경험』. 윤호병·이만식 옮김. 현대미학사.

벤야민, 발터(Walter Benjamin). 1983. 『발터 벤야민의 문예이론』. 반성완 옮김. 민음사.

변필성. 2003. 「젠트리피케이션에 관한 일고찰: 레이와 스미스의 1980년대 연구를 중심으로」. ≪한국경제지리학회지≫, 6(2), 471~486쪽.

변형윤 외. 1985. 『한국사회의 재인식 1』. 한울.

보드리야르, 장(J. Baudrillard). 1991. 『소비의 사회』. 이상률 옮김. 문예출판사.

보비오, 노르베르토(Norberto Bobbio). 1999. 『자유주의와 민주주의』. 황주홍 옮김. 문학과지성사.

부르디외, 피에르(Pierre Bourdieu). 1995. 『구별짓기: 문화와 취향의 사회학』. 최종철 옮김. 새물결.

블레이크, 피터(P. Blake). 1979. *Form Follows Fiasco*. 윤일주 옮김. 『근대건축은 왜 실패하였는가』. 기문당.

비릴리오, 폴(Paul Virilio). 2002. 『정보과학의 폭탄』. 배영달 옮김. 울력.

_____. 2004. 『전쟁과 평화: 지각의 병참학』. 권혜원 옮김. 한나래.

_____. 2004. 『소멸의 미학』. 김경온 옮김. 연세대학교출판부.

_____. 2004. 『속도와 정치: 공간의 정치학에서 시간의 정치학으로』. 이재원 옮김. 그린비.

_____. 2006. 『탈출 속도』. 배영달 옮김. 경성대학교출판부.

빨르와, 크리스티앙(C. Palloix). 1986. 「제6장 노동과정의 역사적 전개: 포디즘에서 네오포디즘으로」. 허석렬 엮음. 『현대자본주의와 노동과정』. 이성과현실사.

사럽, 마단(M. Sarup). 1992. 『데리다와 푸코, 그리고 포스트모더니즘』. 임현규 옮김. 인간사랑.

사이드, 에드워드(E. Said). 1995. 『문화와 제국주의』. 김성곤·정정호 옮김. 도서출판 창.

사카타 미키오(板田幹男). 1989. 「국가자본주의와 신흥공업국」. 전창환 엮음. 『현대제국주의와 동아시아 신흥공업국가』. 태암.

산업기술정보원. 1999. 『시장규모총람』.

상남규. 2010. 『도시재생사업에서의 협력적 사업시행방식과 절차개선에 관한 연구』. 서울시

립대학교 박사학위논문.

새비지, 마이크·알랜 와드(M. Savage and A. Wade). 1996. 『자본주의 도시와 근대성』. 김왕배·박세훈 옮김. 한울.

서관모. 1984. 『현대 한국사회의 계급구성과 계급분화』. 한울.

서규석. 1995. 「지방의원의 사회적 관계와 정치자원 배분에 관한 연구: 연결망과 연줄망 개념을 중심으로」. 연세대학교 사회학과 대학원 박사학위논문.

서울대학교 한국사회발전연구회. 1986. 『한국노동자계급론』. 한울.

서울서베이. 2016. 「서울 열린데이터 광장」. http://data.seoul.go.kr

서울특별시. 1984. 『사진으로 보는 서울 백년』.

_____. 1987. 『서울육백년사』.

_____. 1998. 『서울통계연보』.

_____. 2015. 『서울시 젠트리피케이션 종합 대책』.

서울특별시 균형발전본부부. 2010. 『서울시 뉴타운사업 7년간의 기록 :2002~2009』.

서울특별시 한강건설사업소. 1969. 『여의도 및 한강연안 개발계획』.

서종균·고은아·박세훈. 1993. 「주택문제와 주택의 정치학」. 한국공간환경연구회. 『서울연구』. 한울.

서종균. 1999. 「쪽방사람들에 대한 기록」. 한국도시연구소. ≪도시와 빈곤≫, 5/6월.

서현. 1999. 『그대가 본 이 거리를 말하라』. 효형출판

세이어, 앤드루(Andrews Sayer). 1999. 『사회과학방법론』. 이기홍 옮김. 한울.

성공회대 동아시아연구소. 2016. 『서울, 젠트리피케이션을 말하다: 8인의 연구자가 서울 8동네에서 만난 132명의 사람들, 1095일의 현장조사』. 푸른숲.

손정목. 1977. 『한국개항기 도시변화과정 연구』. 일지사.

_____. 1996. 『일제강점기 도시사회상 연구』. 일지사.

_____. 1997. 『조선시대 도시사회연구』. 일지사.

송복. 1993. 『韓國의 上層』. 양영회학술연구논문집.

_____. 1994. 『한국사회의 갈등구조』. 현대문학사.

_____. 1999. 『동양적 가치란 무엇인가』. 미래인력연구센터.

송원섭. 2015. 「경관지리학에서 경치지리학으로: 영미권 문화역사지리학 경관연구 패러다임의 전환」. ≪대한지리학회지≫, 50(3), 305~323쪽.

송환용. 1992. 「易論에 있어서의 흐름과 머무름」. 한국주역학회 엮음. 『주역의 현대적 조명』. 범양사.

숭실대기독교사회연구소. 1990. 『사회발전과 사회운동』. 한울.

스미스, 닐(N. Smith). 2017. 『불균등발전: 자연, 자본, 공간의 생산』. 최병두·이영아·최영래·최영진·황성원 역. 한울.

스콧, 제임스(J. C. Scott). 2010. 『국가처럼 보기: 왜 국가는 계획에 실패하는가』. 전상인 옮김. 에코리브르.

승일. 1926. 「라디오, 스폿트, 키네마」. ≪별건곤≫, 12월호.

신광영. 1991. 「시민사회와 사회운동」. ≪경제와 사회≫, 겨울호.

신명호. 1999. 「지역주민운동 조직의 일반적 특성」. 한국도시연구소. ≪도시와 빈곤≫, 39호, 7/8월.

신영훈. 1998. 『한옥의 조형』. 대원사.

신용하 엮음. 1989. 『아시아적 생산양식론』. 까치.

신용하. 1987. 「두레와 농민문화」. 서울대사회학연구회. 『현대자본주의와 공동체이론』. 한길사.

신행철. 1989. 『제주 농촌 지역사회의 권력구조』. 일지사.

신현방. 2016. 「발전주의 도시화와 젠트리피케이션, 그리고 저항의 연대」. ≪공간과사회≫, 57, 5~14쪽.

신현준·이기웅. 2016. 「동아시아 젠트리피케이션의 로컬화: 네 도시의 대안적 어바니즘과 차이의 생산」. ≪로컬리티 인문학≫, 16, 131~172쪽.

안계춘 외. 1990. 『현대사회의 이해』. 법문사.

알베르, 미셸(Michel Albert). 1993. 『자본주의 對 자본주의』. 김이랑 옮김. 소학사.

야마다 케이지(山田慶兒). 1991. 『주자의 자연학』. 김석근 옮김. 통나무.

양창삼. 1985. 「민속방법론의 사회세계 인식」. 사회학연구소. ≪사회학 연구≫, 3호.

어리, 존(J. Urry). 2012. 『사회를 넘어선 사회학: 이동과 하이브리드로 사유하는 열린 사회학』. 윤여일 옮김. 휴머니스트.

_____. 2014. 『모빌리티』. 강현수·이희상 옮김. 아카넷. 2007.

어리, 존·니콜라스 애버크롬비(J. Urry & N. Abercrombie). 1986. 『현대자본주의와 중간계급』. 김진영·김원동 옮김. 한울.

엥겔스, 프리드리히(F. Engels). 1987. 『반듀링론』. 김민석 옮김. 새길.

연세대학교 사회발전연구소. 1995. 『한국근로자들의 삶의 질에 관한 연구』.

염미경. 1998. 「일본 기업도시의 재구조화에 관한 연구: 키타큐슈(北九州)의 도시정치를 중심으로」. 전남대학교 사회학과 박사학위논문.

염인호. 1983. 「일제하 지방통치에 관한 연구」. 연세대학교 석사학위논문.

오동훈. 2005. 「젠트리피케이션 사례 비교, 조사를 통한 실현가능한 도시재활성화 정책 방향 모색(1)」. ≪부동산학연구≫, 11(1), 51~67쪽.

오석천. 1999. 「모더니즘 희론(戲論)」. ≪신민≫, 1931년 6월, 김진송. 『현대성의 형성: 서울에 딴스홀을 허하라』. 현실문화연구.

오유석. 1998. 『1950년대 남북한의 선택과 굴절』. 역사비평사.

오페, 클라우스(C. Offe). 1993. 「새로운 사회운동: 제도 정치의 한계에 대한 도전」. 『새로운 사회운동과 참여민주주의』. 정수복 편역. 문학과지성사.

와프, B.(Barney Warf). 1995. 「포스트모더니즘과 지방성논쟁-존재론적 질문들 그리고 인식론적 함의」. 손명철 옮김. ≪공간과 사회≫, 통권 제5호.

왕혜숙·김준수. 2015. 「한국의 발전국가와 정체성의 정치: 박정희 시기 재일교포 기업인들의 민족주의 담론과 인정 투쟁」. ≪경제와사회≫, 107, 244~286쪽.

우실하. 1998. 『오리엔탈리즘의 해체와 우리 문화 바로 읽기』. 소나무.

월러스틴, 이매뉴얼(Immanuel Wallerstein). 1991. 『사회과학으로부터의 탈피』. 성백용 옮김. 창작과비평사.

윌슨, 에드워드(E, O. Wilson). 2010. 『바이오필리아: 우리 유전자에는 생명 사랑의 본능이 새겨져 있다』. 안소연 옮김. 사이언스북스.

유석춘·심재범. 1989. 「한국사회변혁운동의 두 가지 기반」. 한국사회학회 엮음. 『한국의 지역주의와 지역갈등』. 성원사.

유영국. 1995. 『한국민주주의와 지방자치』. 한마당.

유철규. 1992. 「80년대 후반 이후 내수확장의 성격」. ≪동향과 전망≫, 겨울.

유팔무. 1991. 「그람시 시민사회론의 이해와 한국적 수용의 문제」. ≪경제와 사회≫, 겨울.

윤상우. 2006. 「한국 발전국가의 형성, 변동과 세계체제적 조건, 1960~1990」. ≪경제와사회≫, 72, 69~94쪽.

윤인진. 1998. 「서울시의 사회계층별 주거지 분화 형태와 사회적 함의」. ≪서울학연구≫, 10호.

윤일성. 1987. 「서울시 도심재개발에 대한 정치경제학적 연구」. 서울대 대학원 석사학위논문.

윤일주. 1966. 『한국양식건축 80년사』. 야정문화사.

윤종주. 1991. 「해방 후의 인구 이동과 도시화」. 한국정신문화연구원 엮음. 『해방 후 도시 성장과 지역사회의 변화』. 한국정신문화연구원.

은기수. 1997. 「한국인구의 이동」. 한국사회사연구회. 『한국현대사회와 사회변동』. 문학과지성사.

이규태. 1992. 『한국인의 의식구조 2』. 신원문화사.

_____. 1999. 「역사에세이」. ≪조선일보≫, 3월4일.

이기웅. 2015. 「젠트리피케이션 효과」. ≪도시연구≫, 14, 43~85쪽.

이나미. 2005. 『한국 자유주의의 기원』. 책세상.

이대근 외. 1984. 『한국자본주의론』. 이대근·정운영 엮음. 까치.

이득연. 1985. 「도시개발지역 철거민 운동의 전개 양상: 목동사례」. 연세대 사회학과 석사학위 논문.

이상헌. 2001. 「물 이용을 둘러싼 환경갈등의 담론 분석: 위천국가산업단지 조성과 관련된 갈등사례를 중심으로」. 서울대학교 대학원 박사학위논문.

_____. 2002. 「지속가능발전 세계정상회의에서 NGO의 활동과 향후 과제」. ≪도시문제≫, 37(11), 45~55쪽.

_____. 2016. 「위험경관의 생산과 민주주의의 진화」. ≪동향과전망≫, 96, 113~152쪽.

이상헌·김은혜·황진태·박배균. 2017. 『위험도시를 살다: 발전주의 도시화와 핵 위험경관』. 알트.

이상헌·이보아·이정필·박배균. 2014. 『위험한 동거: 강요된 핵발전과 위험경관의 탄생』. 알트.

이상호. 1994. 「부르디외의 새로운 사회이론: '아비투스'와 '상징질서'를 중심으로」. ≪언론과 사회≫, 제5호, 가을호.

이수철. 2011. "지역 시민사회의 연대와 갈등". ≪지역사회학≫, 12, 193~224쪽.

이영희. 1994. 『포드주의와 포스트포드주의』. 한울.

이용규. 1993. 「소비의 차별화와 소비자서비스 산업의 재편과정」. 한국공간환경연구회 엮음. 『서울연구』. 한울.

이은숙. 1992. 「조선시대 서울의 교통수단과 교통로」. 한국문화역사지리학회. 『한국의 전통 지리사상』. 민음사.

이은진. 1994. 「국가, 계급, 지역공동체의 각축장으로서의 지방권력: 마산 및 경남의 사례연 구」. 한국사회학회 엮음. 『국제화 시대의 한국사회와 지방화』. 나남.

이장호·이종천·박종혁·이유진·심규영·장희연·김명진. 2016. 「환경오염 지표종인 집비둘기 의 생체조직 내 중금속 분포 특성」. ≪환경영양평가≫, 25(6), 502~513쪽.

이재원. 1992. 「마르크스주의자 지방국가론과 손더스의 이원국가론」. ≪공간환경≫, 36호.

이재원·류민우 편역. 1995. 『지방정부와 지방정치』. 장원출판.

이재희. 1990. 「한국의 독점자본형성에 관한 연구」. 서울대학교 경제학과 대학원 박사학위논 문.

이정우. 1991. 「한국의 부, 자본이득과 소득불평등」. ≪경제논집≫, 30권 3호.

이지현. 2011. 「서울시 젠트리피케이션에 대한 실증분석」. 서울시립대학교 대학원 석사학위 논문.

이진경. 1997. 『근대적 시·공간의 탄생』. 푸른숲.

이토 마모루(伊藤守). 2016. 『정동의 힘: 미디어와 공진하는 신체』. 김미정 옮김. 갈무리

이-푸 투안. 2007. 『공간과 장소』. 구동회·심승희 역. 도서출판 대윤.

_____. 2011. 『토포필리아: 환경 지각, 태도, 가치의 연구』. 이옥진 역. 에코리브르.

이형기. 1994. 「죽지 않는 도시」. 『이형기 시집』. 고려원.

이호창 편역. 1993. 『생산혁신과 노동의 변화』. 새길.

이효재·허석렬 엮음. 1983. 『제3세계의 도시화와 빈곤』. 한길사.

이희연. 2009. 「서울시 젠트리파이어 주거이동 패턴과 이주결정요인」. ≪한국도시지리학회 지≫, 12(3), 15~26쪽.

임화. 1991. 『다시 네거리에서』. 미래사.

임승빈. 2009. 『경관분석론』. 서울대출판부.

임인생. 1930. 「모더니즘」. ≪별건곤≫, 1월호.

임하경. 2009. 「도시재생에 의한 주거재정착 결정 요인 및 비용분석」. 부산대학교 대학원 박 사학위논문.

임현진. 1985. 「종속적 발전에 따른 국가의 변모」. 변형윤 외. 『한국사회의 재인식 1』. 한울.

장덕수·황진태. 2017. 「한국에서 자연의 신자유주의화의 다중스케일적 과정에 대한 연구: 강 원도 양양 케이블카 유치 갈등을 사례로」. ≪공간과사회≫, 60, 226~256쪽.

장세룡. 2006. 「앙리 르페브르와 공간의 생산」. ≪역사와경계≫, 58, 293~325쪽.

장세진. 1983. 「한국지역사회의 엘리트의 자발적 결사체에 관한 연구」. 연세대학교 석사학위 논문

_____. 1987. 「한국 중소도시의 엘리트와 자발적 결사체에 관한 사례」. ≪연세사회학≫, 제 8호.

장세훈. 1989. 「도시화, 국가, 그리고 도시빈민」. 김형국 엮음. 『불량촌과 재개발』. 나남.

_____. 2013. 「포항제철 설립의 정치사회학: '스케일의 정치'를 통해 본 사회세력 간 역학관 계를 중심으로」. ≪공간과사회≫, 44, 199~228쪽.

_____. 2017. 『냉전, 분단 그리고 도시화: 남북한 도시화의 비교와 전망』. 알트.

_____. 2018. 「마을 만들기의 정치: 부산 산복도로 르네상스 사업을 중심으로」. ≪지역사회 학≫, 19(1), 27~62쪽.

장신옥. 2016. 「사회구성주의와 자연」. ≪환경사회학연구 ECO≫, 20(2), 133~163쪽.

장원호. 2013. "서울과 동경의 '보헤미안 씬(scene)' 비교". ≪사회과학논총≫, 15, 141~161쪽.

_____. 2014. "서울과 동경의 보헤미안 장소 비교." ≪지역사회학≫, 15, 5~30쪽.

전광희. 1990. 「한국전쟁과 남북한 인구의 변화」. 한국사회학회 엮음. 『한국전쟁과 한국사회 변동』. 풀빛.

전병재. 1980. 「예(禮)의 사회적 기능」. 연세대 인문과학연구소. ≪인문과학≫, 43집.

전상인. 1997. 「지방자치와 민주주의의 이론과 역사」. 성경륭 외. 『지방자치와 지역발전』. 민 음사.

_____. 2009. 『아파트에 미치다: 현대 한국의 주거 사회학』. 이숲.

전원근. 2014. 「동아시아 최전방 낙도에서의 냉전경관 형성-1970년대 서해 5도의 요새화와 개발을 중심으로」. ≪사회와 역사≫, 104, 77~106쪽.

정건화. 1994. 「한국의 자본축적과 소비양식 변화」. ≪경제와 사회≫, 제21호 봄호.

정근식. 1986. 「화이트칼라의 성격규정을 위한 연구」. 김진균 외. 『한국사회의 계급연구 1』. 한울.

_____. 1997. 「지역정체성과 도시상징 연구를 위하여」. 전남대사회과학연구소. 『지역사회 연구방법의 모색』. 전남대 출판부.

정기용. 1994. 「광화문에서 남대문까지」. ≪문화과학≫, 봄호.

정남지. 2013. 「(정책적 함의 도출을 위한) 상업지역 젠트리피케이션 연구에 대한 비판적 검토 와 재언」. 『도시정책학회 학술대회』, 60~65쪽.

정동익. 1985. 『도시빈민연구』. 아침.

정병순. 1995. 「기업가적 정부와 미시적 공간개발의 정치: 가능성과 한계를 모색하며」. 한국 공간환경연구회 엮음. 『일상공간과 생활정치』. 대윤.

정수복 편역. 1993. 『새로운 사회운동과 참여민주주의』. 문학과지성사.

정재정 외. 1998. 『서울 근현대 역사기행』. 혜안.

정준호·송우경. 1993. 「기업구조 변화와 생산자서비스업의 성장」. 한국공간환경연구회 엮 음. 『서울연구』.

정진영. 1983. 「관료적 권위주의체제와 종속적 경제발전」. ≪역사와사회≫, 제1집, 229~287쪽.

정영선·조성룡. 2002. "건축문화". ≪월간 건축문화≫, 7월호, 33쪽.

정철희. 1995. 「미시동원, 중위동원, 그리고 생활세계제도」. ≪경제와사회≫, 제25호.

제솝, 밥(B. Jessop). 2000. 『전략관계적 국가이론: 국가의 제자리 찾기』. 유범상 옮김. 한울.

제일기획. 1992. 『광고연감』.

제임슨, 프레드릭(Fredric Jameson). 1994. 「포스트모더니즘-후기자본주의 문화논리」. 정정
        호·강내희 엮음. 『포스트모더니즘론』. 문화과학사.

조동성. 1993. 「한국기업의 국제화전략」. 사회과학원. ≪계간 사상≫, 겨울호.

조명래. 1992. 「자본의 재구조화와 지역불균형 재생산」. 한국공간환경연구회. 『일상공간환
        경의 재인식』. 한울.

_____. 1993. 「서울의 정치경제학」. 한국공간환경연구회.

_____. 1995. 「국가의 이중적 해체와 계급적 의미」. 한국공간환경연구회 엮음. 『일상공간과
        생활정치』. 대윤.

_____. 2006. 「자치시대 지역주의의 양산과 쟁점: 신지역주의와 지역민주주의의 문제를 중
        심으로」. ≪한국지역개발학회지≫, 18(2), 43~70쪽.

_____. 2011. 「문화적 도시재생과 공공성의 회복: 한국적 도시재생에 관한 비판적 성찰」.
        ≪공간과사회≫, 37, 39~65쪽.

조명래·김왕배·강현수. 1991. 「후기주변부포디즘과 지역재구조화」. 한국학술단체협의회 엮
        음. 『세계자본주의와 한국사회』. 한울.

조성룡·정영선. 2002. 「[우수작] 제주 4·3평화공원」. ≪월간 CONCEPT≫, 43, 82~89쪽.

조성윤·이준식 편역. 1986. 『도시지역운동 연구』. 세계.

조원희. 1992. 「전후 세계 경제발전의 몇 가지 주요 경향」. 한국공간환경연구회 엮음. 『한국
        공간환경의 재인식』. 한울.

조(한)혜정. 1998. 『성찰적 근대성과 페미니즘』. 또하나의 문화.

조희연. 1993. 「민중운동과 시민사회, 시민운동」. ≪실천문학≫, 겨울호.

_____. 2002. 「발전국가의 변화와 국가-시민사회, 사회운동의 변화: 한국에서의 발전주의의
        성격 및 사회운동의 변화를 중심으로」. ≪사회와철학≫, 4, 293~351쪽.

주킨, 샤론(S. Zukin). 2015. 『무방비 도시』. 민유기 옮김. 국토연구원.

中川信義. 1984. 「한국의 국가자본주의적 발전구조」, 尾崎彦朔 엮음, 『제3세계와 국가자본주
        의』. 이삭.

지연회. 1993. 「지역개발과정에서의 정부의 역할연구」. 연세대학교 대학원 석사학위논문.

진덕규. 1974. 「한국 중소도시의 권력구조의 유동화와 지역주민의 정치의식에 관한연구」.
        ≪성곡논총≫, 제5집.

진종헌. 2005. 「금강한 관광의 경험과 담론분석: '관광객의 시선'과 자연의 사회적 구성」. ≪문
        화 역사 지리≫, 17(1), 31~46쪽.

_____. 2009. 「경관연구의 환경론적 함의」. ≪문화역사지리≫, 21(1), 149~160쪽.

_____. 2013. 「재현 혹은 실천으로서의 경관: '보는 방식'으로서의 경관 이론과 그에 대한 비
        판을 중심으로」. ≪대한지리학회지≫, 48(4), 557~574쪽.

철도청. 『한국철도사』. 1974.

철학아카데미. 2002. 『기호학과 철학 그리고 예술』. 소명출판.

_____. 2004. 『공간과 도시의 의미들』. 소명출판.

최병두. 1991. 『한국의 공간과 환경』. 한길사

_____. 1999. 「도시공동체 복원을 위한 아파트 주민운동」. 한국도시연구소 연례심포지엄 발표집. 『문화, 환경 그리고 도시』.

_____. 2001. 「녹색사회, 그 유의성과 조건 및 실천 전략」. ≪공간과사회≫, 15, 352~359쪽.

_____. 2009. 「자연의 신자유주의화」. ≪마르크스주의 연구≫, 6(1), 10~56쪽.

_____. 2010. 『비판적 생태학과 환경 정의』. 한울.

최인기. 2012. 『가난의 시대: 대한민국 도시빈민은 어떻게 살았는가?』. 동녘.

최장집. 1983. 「해방 40년의 국가 계급구조: 정치변화에 대한 서설」. 『한국현대사』. 열음사.

최재석. 1969. 「계급집단연구의 성과와 과제」. 『김재원박사회갑기념논총』. 을유문화사.

최재현. 1985. 「일상생활의 이론과 노동자의 의식세계」. ≪한국사회학≫, 19권 여름호.

최종욱. 1990. 「가다머-하버마스 해석학 논쟁에 대한 비판적 소론」. 강돈구 외. 『해석학과 사회철학의 문제』. 일월서각.

_____. 1994a. 「현대의 위기와 '위험사회'의 현상학」. 최종욱 외. 『현대의 위기와 새로운 사회운동』. 문헌.

_____. 1994b. 「새로운 사회운동론에 대한 이론적 설명담론」. 최종욱 외. 『현대의 위기와 새로운 사회운동』. 문원.

최창조. 1984. 『한국의 풍수사상』. 민음사.

최혜실. 1998. 「경성의 도시화가 1930년대 한국 모더니즘 소설에 미친 영향」. ≪서울학연구≫, 9호.

최홍준 외. 1993. 「서울도시경관의 이해」, 한국공간환경연구회. 『서울연구』. 한울.

최홍준. 1993. 「1980년대 후반 이후 문화과정의 정치경제적 조건과 도시적 경험에 관한 연구」. 서울대학교 환경대학원 석사학위논문.

추호. 1920. 「서울 잡감」. ≪서울≫, 4월호.

카프라, 프리초프(Fritjof Capra). 1989. 『현대물리학과 동양사상』. 이성범·김용정 옮김. 범양출판사.

칸트, 이마누엘(Immanuel Kant). 1978. 『순수이성비판』. 정명오 옮김. 동서문화사.

콘래드(Conrads, U.). 1985. 『건축 선언문집』. 이보호 옮김. 기문당.

타끼자와 히데끼. 1990. 「한국사회의 계층구조와 지역적 특질」. ≪창작과 비평≫, 겨울호.

토지개발공사. 1992. 『토지통계연감』.

통계청. 1998a. 『도표로 보는 통계』.

_____. 1998b. 『통계로 본 대한민국 50년의 경제사회상 변화』.

투렌, 알랭(Tourraine, A). 1993. 「제2장 노동 운동의 제도화와 새로운 사회 운동의 전개」. 『새로운 사회운동과 참여민주주의』. 정수복 편역. 문학과지성사.

팔머, 사무엘 외. 1979. 『제3세계의 이해』. 형성사 편집부 엮음. 형성사.

포스터, 존 벨라미(J. B. Foster). 2016. 『마르크스의 생태학』. 김민정·황정규 옮김. 인간사랑.

포피노, 올리버·크리스 포피노(O. Popenoe, and C. Popenoe). 1993. 『세계의 공동체 마을

들』. 이천우 옮김. 정신세계사.

폴라니, 칼(Karl Polanyi). 1998. 『사람의 살림살이 I』. 박현수 옮김. 풀빛.

푸코, 미셸(M. Foucault). 1991. 『광기의 역사』. 김부영 옮김. 인간사랑.

하비, 데이비드(David Harvey). 1983. 『사회정의와 도시』. 최병두 옮김. 종로서적.

_____. 1994. 『포스트모더니티의 조건』. 박영민·구동회 옮김. 한울.

_____. 1995. 『자본의 한계』. 최병두 옮김. 한울.

_____. 1989. 『도시의 정치경제학』. 초의수 옮김. 한울.

하이데거(M. Heidegger). 1995. 『세계상의 시대』. 최상욱 옮김. 서광사.

한국개발연구원. 1987. 『지방공업의 특성과 육성정책』.

한국공간환경연구회. 1993. ≪공간환경≫, 9·10월호.

한국기독교사회문제연구원. 1986a. 『부산지역실태와 노동운동』. 민중사

_____. 1986b. 『성남지역실태와 노동운동』. 민중사.

_____. 1986c. 『지역운동과 지역실태』. 민중사.

_____. 1988. 『대구, 울산지역 실태와 노동운동』. 민중사.

한국내셔널리스트. 2004. 「바람과 모래가 만들어 낸 생명의 땅, 신두리 해안사구」. 내일신문

한국사회경제학회 엮음. 1991. 『한국자본주의의 이해』. 한울.

한국도시연구소. 1999a. ≪도시연구≫, 제5호.

_____. 1999b. 『도시에서 지역환경공동체 만들기』.

_____. 1999c. ≪도시와 빈곤≫, 39호.

_____. 1999d. ≪도시와 빈곤≫, 40호.

_____. 1999e. ≪도시와 빈곤≫, 41호.

한국사회과학연구소 사회복지연구실. 1995. 『한국사회복지의 이해』. 동풍.

한국사회연구소. 1991. 『한국경제론』. 백산서당.

_____. 1994. 『우루과이라운드와 한국경제』. ≪동향과 전망≫, 겨울·봄 합본호.

한국사회학회 엮음. 1992. 『한국의 지역주의와 지역갈등』. 성원사.

한국사회학회·한국정치학회 엮음. 1992. 『한국의 국가와 시민사회』. 한울.

한국산업기술진흥협회. 1989. 『산업기술백서』.

한국산업사회연구회. 1993a. 「시민적 개혁운동에 대한 비판적 평가: 진보적 시민운동의 활성
　　　화를 위하여」. 학술단체협의회 엮음. 『한국민주주의의 현재적 과제』. 창작과비평사.

_____. 1993b. 「한국의 시민사회와 민주주의의 전망」. 학술단체협의회 엮음. 『한국민주주
　　　의의 현재적 과제』. 창작과비평사.

한국정치연구회 사상분과 편저. 1992. 『현대민주주의론 I』. 창작과비평사.

한국주역학회 편. 1992. 『주역의 현대적 조명』. 범양사.

한국편의점산업협회. 2017. 『2016년 편의점산업현황』.

한도현 외. 2007. 『지역 결사체와 시민공동체』. 백산서당.

한상미·이명훈. 2017. 「지속가능하고 회복력 있는 도시개발 및 관리 평가지표」. ≪한국지역
　　　개발학회지≫, 29(3), 1~24.

한상진. 1983. 「관료적 권위주의와 한국사회」. 서울대사회학연구회 엮음. 『한국사회의 전통과 변화』. 법문사.

_____. 1988. 「도시빈민의 주택문제에 관한 연구」. 서울대 석사학위논문.

_____. 1994. 「1980년 이후 수도권 지역의 산업재구조화」. ≪경제와 사회≫, 22호(여름), 한울.

_____. 1998. 「왜 위험사회인가?」. ≪계간사상≫, 38, 3~25쪽.

한윤애. 2016. 「도시공유재의 인클로저와 테이크아웃드로잉의 반란적 공유 실천 운동」. ≪공간과 사회≫, 57, 42~76쪽.

한주연. 1991. 「서울시 직업별 거주지 분리현상에 관한 연구」. ≪서울대 지리교육논집≫.

한준상. 1994. 「교육개방과 한국교육의 개혁과제」. 한백연구재단. ≪포럼21≫, 제9집(봄).

행정자치부. 1998. 『한국도시연감』.

허석렬 엮음. 1986. 『현대자본주의와 노동과정』. 이성과 현실사.

허자연·정창무·김상일. 2016. 「상업공간의 젠트리피케이션과 지역상인 공동체에 관한 연구」. ≪공간과사회≫, 55, 309~335.

헤겔(F. Hegel). 1989. 『역사철학강의』. 김종호 옮김. 삼성출판사.

헬러(A. Heller). 1994. 『일상생활의 사회학』. 박재환 옮김. 한울.

홍경희. 1979. 『한국 도시 연구』. 중화당.

홍두승. 1983. 「직업분석을 통한 계층연구」. ≪사회과학과 정책연구≫, 5(3), 69~87쪽.

_____. 1991. 「계층의 공간적 분화, 1975-1985: 서울시의 경우」. 『사회계층: 이론과 실제』. 다산출판사.

홍성욱 역. 2010. 『인간·사물·동맹: 행위자네트워크 이론과 테크노사이언스』. 이음.

홍성태. 2003. 「근대화와 위험사회」. ≪문화과학≫, 35, 54~74쪽.

_____. 2005. 「개발공사와 토건국가: 개발독재와 고도성장의 구조적 유산」. ≪민주사회와 정책연구≫, 7, 17~38쪽.

_____. 2005. 〈생태문화도시 서울을 찾아서〉. 현실문화연구.

_____. 2005. 『개발공사와 토건국가』. 한울.

홍현주. 1997. 「지역사회의 권력구조에 관한 연구: 서울시 Y구의 사례를 중심으로」. 연세대학교 사회학과 대학원 석사학위논문.

황동일. 1994. 「구로공단읽기」. ≪문화과학≫, 봄호.

황인호. 1986. 「다산의 공동체론」. 연세대 사회학과 석사학위논문.

황진태·박배균. 2013. 「한국의 국가와 자연의 관계에 대한 정치생태학적 연구를 위한 시론」. ≪대한지리학회지≫, 48(3), 348~365쪽.

Adler, F. R. & C. J. Tanner. 2013. *Urban ecosystems: ecological principles for the built environment*. Cambridge University Press.

Agnew, J. et al.(eds.). 1984. *The City in Cultural Context*. Allen & Unwin.

Alejandro, R. 1993. *Hermenutics, Citizenship and the Public Sphere, State*. University of

New York Press.

Alexander, J. C. et al. (eds.). 1987. *The Micro-Macro Link*. University of California Press.

Alford, R. and R. Friedland. 1985. *Powers of Theory*. New York: Cambridge University Press.

Althusser, L. 1971. *Lenin and Philosophy and Other Essay*. London: New Left Review.

_____. 1977. *For Marx*. London: The Gresham Press.

Althusser, L. and Etienne Balibar. 1979. *Reading Capital*. Lowe & Brydon Printers.

Amin, S. 1976. *Unequal Development*. The Harvester Press.

Amseden, A. 1989. *Asia's Next Giant: South Korea and Late Industrialization*. Oxford University Press.

Anderson, B. 1991. *Imagined Communities*. Verso.

Anderson, J. & K. Erskine. 2014. "Tropophilia: A study of people, place and lifestyle travel." *Mobilities*, 9(1), pp.130~145.

Anderson, K. J. 1988. "Cultural Hegemony and the Race-definition Process in Chinatown, Vancouver: 1880-1980." *Environment and Planning D*, vol.6.

Angelo, H. 2017. "From the city lens toward urbanisation as a way of seeing: Country/ city binaries on an urbanising planet." *Urban Studies*, 54(1), pp.158~178.

Angelo, H. & D. Wachsmuth. 2015. "Urbanizing urban political ecology: A critique of methodological cityism." *International Journal of Urban and Regional Research*, 39(1), pp.16~27.

Arboleda, M. 2016. "In the Nature of the Non-City: Expanded Infrastructural Networks and the Political Ecology of Planetary Urbanisation." *Antipode*, 48(2), pp.233~251.

Atkinson, R. 2000. "Measuring Gentrification and displacement in Greater London." *Urban Studies*, 37(1), pp.149~165.

Bagguley, P. et al. (eds.). 1990. *Restructuring: Place, Class and Gender*. Sage Publication.

Bakker, K. 2005. "Neoliberalizing nature? Market environmentalism in water supply in England and Wales." *Annals of the association of American Geographers*, 95(3), pp.542-565.

_____. 2007. "The "commons" versus the "commodity": Alter-globalization, anti-privatization and the human right to water in the global south." *Antipode*, 39(3), pp.430~455.

_____. 2010. "The limits of 'neoliberal natures': Debating green neoliberalism." *Progress in Human Geography*, 34(6), pp.715~735.

Barnes, T. J. and J .S. Duncan. 1992. *Writing Worlds: Discourse, Text & Metaphor in the Representaion of landscape*. Routledge.

Barthes, R. 1986. "Semiology and the Urban." M. Gottidiener and A. Lagopolous(eds.). *The City and the Sign*. Columbia University Press.

Barua, M. 2014. "Circulating elephants: unpacking the geographies of a cosmopolitan animal." Transactions of the Institute of British Geographers, 39(4), pp. 559~573.

Basset, K. and J. R. Short. 1980. *Housing and Residential Structure*. Routledge & Kegan Paul.

Baudelaire, C. 1996. "The Painter of Modern Life." in L. Cahoone(ed). *From Modernism to Postmodernism: An Anthology*. Blackwell Publisher Ltd.

Bear, C., & S. Eden. 2011. "Thinking like a fish? Engaging with nonhuman difference through recreational angling." *Environment and Planning D*, 29(2), pp. 336~352.

Bechhofer, F. & Brian Elliot(eds.). 1981. *The Petite Bourgeoisie*. The Macmillan Press Ltd.,

Benton, Ted. 1984. *The Rise and Fall of Structural Marxism*. St.Martins Press.

Berger, A. A. 1989. *Signs in Contemporary Culture: An Introduction to Semiotics*. Sheffield Publishing Company.

Berger, P. and T. Luckmann. 1972. *The Social Construction of Reality*. Harmondsworth, Middlesex etc.: Penguin Books.

Bernard, J. 1973. *The Sociology of Community*. Foresman and Company.

Bhaskar, Roy. 1989. *The Possibility of Naturalism*. Harvester Wheatsheaf.

Blau, P. (ed). 1975. *Approaches to the Study of Social Structure*. The Free Press.

Bleicher, J. 1980. *Contemporary Hermeneutics: Hermeneutics as Method, Philo-sophy and Critique*. Routledge and Kegan Paul.

Blonsky, M. (ed.). 1985. *On Sign*. The Johns Hopkins University.

Blumer, H. 1969. *Symbolic Interactionism*. Englewood Cliffs, N.J.: Prentice-Hall.

Bocock, R. 1993. *Consumption*. Routeledge.

Bondi, L. 1991. "Gender divisions and gentrification: a critique." *Transactions of the Institute of British Geographers*, pp.190~198.

_____. 1993. "Locating Identity Politics." in K. Michael & S. Pile(eds.). *Place and The Politics of Identity*. Routledge.

Bottormore. T. and R. Nisbet(eds.). 1979. *A History of Sociology Analysis*. Heinermann Educational Books Ltd.

Bourdieu, P. 1980. *The Logic of Practice*. Stanford University Press.

_____. 1990. *The Logic of Practice*. Stanford, Calif.: Stanford University Press.

Bovone, L. 1989. "Theories of Everyday Life: A Search for Meaning or a Negation of Meaning?" *Current Sociology*, 37(1), pp.41~59.

Boyer, Hollingsworth 1997. *Contemporary Capitalism: The Embeddedness of Institutions*. Cambridge University Press.

Braverman, H. 1974. *Labor and Monopoly Capital*. N.Y.: Monthly Review Press.

Brenner, N. 2004a. *New state space*. Oxford: University Press.

_____. 2004b. "Urban governance and the production of new state spaces in Western

Europe, 1960~2000." *Review of international political economy*, 11(3), pp. 447~488.

_____. 2013. "Theses on urbanization." *Public Culture*, 25(1), pp.85~114.

Brenner, N., & C. Schmid, 2011. "Planetary urbanisation." in *Urban constellations*. Jovis. pp.10~13.

Brenner, N., B. Jessop, M. Jones, and G. Macleod(eds.). 2008. *State/space: a reader.* John Wiley & Sons.

Bromley, R(ed). 1979. *The Urban Informal Sector.* Pergamon Press.

Bruneau, T. and P. Faucher(eds.). 1981. *Authoritarian Capitalism.* Boulder: Westview Press.

Bryce, J. 1921. *Modern Democracy.* Macmillan.

Buckley, M. & K. Strauss. 2016. "With, against and beyond Lefebvre: Planetary urbanization and epistemic plurality." *Environment and Planning D:Society and Space*, 34(4), pp.617~636.

Buller, H. 2008. "Safe from the wolf: biosecurity, biodiversity, and competing philosophies of nature." *Environment and Planning A*, 40(7), pp.1583~1597.

Burkett, P. 1999. *Marx and nature: A red and green perspective.* Springer.

Burris. V. 1980. "Captial Accumulation and the Rise of the New Middle Class." *The Review of Radical Political Economics*, Vol.12.

Burrows, R. & B. Loader(eds.). 1994. *Towards a Post-Fordist Welfare State?.* Routledge.

Carchedi, G. 1977. *On the Economic Identification of Social Classes.* Routledge & Kegan Paul.

Careny, J, Ray Hudson, and J. Lewis(eds.). 1980. *Region in Crisis.* London: Croom Helm Ltd.

Carnoy, M. 1984. *The State & Political Theory.* New Jersey: Princeton Univ.

Castells, M. 1976a. "Is there an Urban Sociology?" in C. G. Pickvance(ed.). *Urban Sociology: Critical Essays.* New York: St. Martin's Press.

_____. 1976b. "Theory and Ideology in Urban Sociology." in C. G. Pickvance(ed), *Urban Sociology: Critical Essay.* St.Martins Press.

_____. 1977a. "Advanced Capitalism, Collective Consumption and the Urban Contradiction: New Source of Inequality and New Model for Change." in L. Nindberg et al.(eds.). *Stress and Contradiction in Modern Capitalism.* Lexington: D. C. Heath and Company.

_____. 1977b. *The Urban Question.* Edward Arnold Ltd.

_____. 1978. *City Class and Power.* St. Martins Press.

_____. 1989. *The Informational City: Information Technology, Economic Re-structuring and the Urban-Regional Process.* Basil Blackwell.

_____. 1997. *The Information Age: The Power of Identity*. vol.II, Blackwell Publishers.

Castree, N. 2003. "Commodifying what nature?" *Progress in human geography*, 27(3), pp.273~297.

_____. 2008. "Neoliberalising nature: the logics of deregulation and reregulation." *Environment and planning A*, 40(1), pp.131~152.

Celik, Z. 1977. *Urban Forms and Colonial Confrontation*. University of California Press.

Choi, M. A. 2016. "More-than-human Geographies of Nature: Toward a Careful Political Ecology." *Journal of the Korean Geographical Society*, 51(5), pp.613~632.

Cicourel, A. 1981. "Notes on the Intergration of Micro and Macro-levels of Analysis." K. Knor-Certina and A. Cicourel(eds.). *Advances in Social Theory and Methodology*. Routlege & Kegan Paul.

Clark, B. & R. York, 2005. "Carbon metabolism: Global capitalism, climate change, and the biospheric rift." *Theory and society*, 34(4), pp.391~428.

_____. 2005. "Dialectical materialism and nature: An alternative to economism and deep ecology." *Organization & Environment*, 18(3), pp.318~337.

Clark, E. 2005. "The order and simplicity of gentrification: a political challenge." *Gentrification in a global context: The new urban colonialism*, pp.261~269.

Cochran, T. C. 1965. "The Social Impact of the Railroad." in B. Mazlish(ed.). *The Railroad and the Space Program: An Exploration in Historical Analogy*. The M.I.T Press.

Cokburn, C. 1977. *The Local State*. Pluto Press.

Cooke, P. 1988. "Flexible Intergration, Scope Economies, Strategic Al-liance." *Environment and Planning D: Society and Space*, vol, 6.

Corrigan, P. 1997. *The Sociology of Consumption*. Sage Publication.

Crilley, D. 1993. "Megastructures and urban change: Aesthetics, ideology and design." *The restless urban landscape*. pp.127~164.

Crompton, R. 1996. "Consumption and Class Analysis." in S. Edgell, K. Hetherington and A. Warde(eds.). *Consumption Matters*. Blackwell Publisher.

Crutzen, P. J. 2006. "The anthropocene." in *Earth System Science in the Anthropocene*. pp.13~18, Berlin, Heidelberg: Pringer.

Cumings, B. 1997. *The Place in the Sun*. W.W. Norton & Company.

Dahl, R. 1959. *Who Governs?: Democracy and Power in American City*. Yale University Press.

Darier, Éric. 1996. "Environmental governmentality: The case of Canada's green plan." *Environmental Politics*, 5(4), pp.585~606.

Davidson, M. & K. Iveson, 2015. "Beyond city limits: A conceptual and political defense of 'the city'as an anchoring concept for critical urban theory." *City*, 19(5), pp.646~664.

Davidson, M. & L. Lees, 2010. "New-build gentrification: its histories, trajectories, and critical geographies." *Population, Space and Place*, 16(5), pp.395~411.

De Vroey, M. 1975. "The Separation of Ownership and Control in Large Corporations." *Review of Radical Political Economics*, 7(2), pp.1~10.

_____. 1980. "A Marxist View of Ownership and Control." in T. Nichols(ed.). *Capital and Labor*. William Collins Sons & Co. Ltd.

Deyo, F. 1987. *The Political Economy of the New Asian Industrialism*. Cornell University Press.

Diamond, L. and M. Plattner(eds.). 1993. *Capitalism, Socialism, and Democracy Revisited*. Baltimore: The Johns Hopkins University Press.

Domhoff, G. W. 1967. *Who Rules America?* Prentice Hall, Inc.

Doucet, B. 2009. "Living through gentrification: subjective experiences of local, non-gentrifying residents in Leith, Edinburgh." *Journal of Housing and the Built Environment*, 24(3), pp.299~315.

Douglas, J. D. 1970. *Understanding Everyday Life*. Chicago: Aldine Publishing Company.

Doucet, B. 2014. "A process of change and a changing process: Introduction to the special issue on contemporary gentrification." *Tijdschrift voor economische en sociale geografie*, 105(2), pp.125~139.

Duncan, J. 1990. *The City as Text: The Politics of Landscape Interpretation in the Kandyan Kingdom*. Cambridge University Press.

Duncan, James S. and Nancy G. Duncan. 1992. "Ideology Andbliss." in T. Barnes and J. Duncan. *Writing World*. Routledge.

Duncan, S. & M. Goodwin. 1988. *The Local State and Uneven Development*. Polity Press.

Durkheim, E. 1964. *The Rules of Sociological Method*. Fress Press.

Durkheim, E. 1992. *Professional Ethics and Civic Morals*. London: Routledge.

Eckert, C. 1997. *Offspring of Empire*. University of Washington Press.

Eder, K. & M. T. Ritter, 1996. *The social construction of nature: A sociology of ecological enlightenment*. Sage Publications, Inc.

Ehrenreich, B. and J. Ehrenreich. 1977. "The Professional-Managerial Class." *Radical America*, 11(2).

Eisenstadt, S. N. and A. Shachar. 1987. *Society, Culture and Urbanization*. Sage Publication.

Elias, N. 1992. *Time: An Essay*. Blackwell.

Fainstein, S. 1990. "Economics and Politics and Development Policy: The Convergency of New York and London." in J. Logan & T. Swanstrom(eds.). *Beyond City Limits: Urban Policy and Economic in Comparative Perspective*. Temple University Press.

Featherstone, M. 1990. *Global Culture*. London: SAGE Publications.

Fine, Ben and Ellen Lepord. 1993. *The World of Consumption*. Routledge.

Folin, M. 1981. "The Production of the General Condition of Social Production and Role of the State." in M Harloe and E. Lebas(eds.). *City, Class and Capital*. E. Arnold Ltd.

Forer, P. 1978. "A place for plastic space?" *Progress in Geography*, 2(2), pp.230~267.

Fornäs, J. 1995. *Cultural Theory & Late Modernity*. Sage Publication.

Freeman, L. 2006. *There goes the 'hood': views of gentrification from the ground up*. Temple University Press.

Freeman, L. & F. Braconi. 2004. "Gentrification and displacement New York City in the 1990s." *Journal of the American Planning Association*, 70(1), pp.39~52.

Frisby, D. 1985. *Fragments of Modernity*. Polity Press.

Gadamer, G. 1975. *Truth and Method*. in G. Barden and J. Cumming(eds.). Seabury Press.

―――. 1977. *Philosophical Hermeneutics*, translated and ed. by D. E. Linge, University of California Press..

Gadamer, G. and J. Cumming(eds.). 1975. *Truth and Method*. Seabury Press.

Gaffinkin, F. & B. Warf. 1993. "Urban Policy and Post-Keynesian State." *International Journal of Urban and regional Research*, 17(1).

Galikowski, M. 1998. *Art and Politics in China*. The Chinese University Press.

Gans, H. 1962. *The Urban Villagers*. Fress Press.

Garcia, J. J. 1995. *A Theory of Textuality*. State University of New York Press.

Garfinkel, H. 1967. *Studies in Ethnomethodology*. Polity Press.

Gereffi, G. and D. Wyman. 1990. *Manufacturing Miracles*. Princeton: Princeton University Press.

Ghertner, D. A. 2015. "Why gentrification theory fails in 'much of the world'." *City*, 19(4), pp.552~563.

Giddens, Anthony. 1976. *New Rules of Sociological Method*. New York: Basic Books.

―――. 1981. "Agency, Institution, and Time-space Analysis." in K. Knorr-Cetina and A. V. Ciocurel(eds.). *Advances in Social Theory and Methodology*. Routlege & Kegan Paul.

―――. 1984. *The Constitution of Society*. University of California Press.

―――. 1985. "Time, Space and Regionalization." in D. Gregory and J. Urry(eds.). *Social Relations and Spatial Structures*. London: Macmillan.

―――. 1994. *Beyond left and Right: The Future of Radical Politics*. Polity Press.

Gierlinger, S. 2015. "Food and feed supply and waste disposal in the industrialising city of Vienna(1830-1913): a special focus on urban nitrogen flows." *Regional environmental change*, 15(2), pp.317~327.

Gilloch, G. 1996. *Myth & Metropolis: Walter Benjamin and the City*. Polity Press.

Ginn, F. 2014. "Sticky lives: slugs, detachment and more-than-human ethics in the garden." *Transactions of the Institute of British Geographers*, 39(4), pp.532~544.

Gist, N. P. and S. Fava. 1971. *Urban Society.* Thomas Y. Crowell Company.

Glass, R. 1964. *Introduction: aspects of change.* London: Mackibbon and Kee.

Goldman, M. 2004. "Eco-governmentality and other transnational practices of a 'green' World Bank." in *Liberation ecologies: Environment, development, social movements*, pp.166~192.

Goody, J. 1996. *Cooking, Cuisine and Class.* Cambridge University.

Gordon, D. 1988. "The Global Economy: New Edfice or Crumbling Foundation?" *New Left Review*, no.168.

Gordon, I and S. Sassen. 1992. "Restructuring the Urban Labor Markets." in S. Fainstein and I. Gordon & M. Harloe(eds.). *Divided Cities: New York and London in the Contemporary World.* Blackwell.

Gottdiener, M. 1985. *The Social Production of Urban Space.* Austin: University of Texas Press.

_____. 1995. *Postmodern Semiotics.* Cambridge: Blackwell.

Gottidiener, M. and N. Komninos(eds.). 1989. *Capitalist Development and Crisis Theory: Accumulation, Regulation and Spatial Restructuring.* St. Martin's Press.

Gottidienere, M. and A. Lagopoulos(eds.). 1986. *The City and the Sign.* Columbia University Press.

Gouldner, A. 1979. *The Future of Intellectuals and the Rise of the New Class.* New York: Continuum.

Gramsci, A. 1971. *Selections from the Prison Notebook.* International Publisher.

Groth, P. and T. W. Bressi(eds.). 1997. *Understanding Ordinary Landscape.* Yale University Press.

Habermas, J. 1987. *Theories of Communicative Action.* Beacon Press.

Hackworth, J. & N. Smith, 2001. "The changing state of gentrification." *Tijdschrift voor economische en sociale geografie*, 92(4), pp.464~477.

Hadjimichalis, C. 1984. "The Geographical Transfer of Value." *Environment and Planning D: Society and Space*, vol.2.

Hagen, Koo. 1993. "Introduction: Beyond State-Market Relations." in Hagen, Koo(ed.). *State and Society in Contemporary Korea.* Cornell University Press.

Hall, S. 1994. "Encoding, Decoding." in S. During(ed). *The Cultural Studies Reader.* Routledge.

_____(ed.). 1997. *Representation: Cultural Representations and Signifying Practices.* Sage Publication Ltd.

Hamilton, N. 1981. "State Autonomy and Dependent Capitalism in Latin America." *British Jounal of Sociology*, Vol.32, No.3.

Hamnett, C. 1991. "The blind men and the elephant: the explanation of gentrification."

Transactions of the Institute of British Geographers, pp.173~189.

_____. 1992. "Gentrifiers or lemmings? A response to Neil Smith." *Transactions of the Institute of British Geographers*, pp.116~119.

Harloe, M.(ed). 1978. *Capitive Cities Chichester*. John Wiley & Sons.

Harvey, D. 1981. "The Urban Process Under Capitalism: a Framework for Analysis." in M. Dear and A. J. Scott(eds.). *Urbanization & Urban Planning In Capitalist Society*. Methunew.

_____. 1983. *The Urbanization of Capital*. John Hokins Uni. Press.

Hawley, A. 1984. "Human Ecological and Marxian Theories." *A. J. S.*, vol.89.

Healey, P. 2000. "Planning in relational space and time: Responding to new urban realities." *A Companion to the City*, pp.517~530.

Held, D. et al.(eds.). 1983. *States and Societies*. New York: New York University Press.

Henderson, G. 1968. *Korea: The Politics of the Vortex*. Cambridge, Mass.: Harvard University Press.

Heyen, N et al. 2006. *In the Nature of Cities: Urban Political Ecology and the Politics of Urban Metabolism*. Routledge.

Hidenobu, Jinnnai. 1995. *Tokyo: A Spatial Anthropology*. University of California Press.

Hillier B. and Hanson, J. 1988. *The Social Logic of Space*. Cambridge University Press.

Hobsbaum, E. 1984. *Workers*. Panthen Books.

Hobson, K. 2007. "Political animals? On animals as subjects in an enlarged political geography." *Political Geography*, 26(3), pp.250~267.

Hodge, R. and G. Kress. 1988. *Social Semiotics*. Ithaca: Cornell University Press.

Holl, S.(ed.). 1996. *Stretto House: Steven Holl Architects*. Monacelli Press.

Hoogvelt, A. 1997. *Globalization and The Postcolonial World*. The Johns Hopkins University Press.

Hung, Wu. 1991. "Tiananmen Square: A Political History of Monuments." *Representations*, no.35, summer.

Hunter, F. 1953. *Community Power Structure: A Study of Decision Makers*. North California Univ. Press.

Jackson, J. B. 1979. *Discovering The Vernacular Landscape*. Yale University Press.

Jay, M. 1984. *Marxism and Totality*. Polity Press.

Jencks, C. 1984. *The Language of Post-Modern Architecture*. New York: Rizzoli International Publications.Inc.

Johnson, C. 1982. *MITI and the Japanese Miracle*. Stanford University Press.

Johnston, R. J. 1986. "The State, the Region and the Division of Labor." A. Scott & M. Storper(eds.). *Production of Territory*. Allen and Unwin.

Johnston, R. J. et al.(eds.). 1995. *Geographies of Global Change*. Blackwell Publishers.

Jones, K. 1998. "Scale as Epistemology." *Political Geography*, 17(1), pp.25~28

Kaika, M., & E. Swyngedouw. 2014. "Radical urban political-ecological imaginaries. Planetary urbanization and politicizing nature." *Derive Journal*, 15.

Kanai, J. M. 2014. "On the peripheries of planetary urbanization: globalizing Manaus and its expanding impact." *Environment and Planning D: Society and Space*, 32(6), pp.1071~1087.

Kaznelson, I and A. R. Zolberg(eds.). 1986. *Working Class Formation*. Princeton University Press.

Kaznelson, I. 1982. *City Trench: Urban Politics and the Patterning of Class in the United States*. The University of Chicago Press.

Kellerman, A. 1989. *Time, Space and Society: Geographical Societal Perspective*. Kluwer Academic Publishers.

Kellet, J. R. 1969. *The Impact of Railways on Victorian Cities*. Routledge & Kegan Paul.

Kern, S. 1983. *Culture of Time and Space*. Harvard University Press.

Kim, E. M. 1997. *Big business, strong state: collusion and conflict in South Korean development, 1960-1990*. Suny Press.

Kim, Sang il and Young Chan Ro(eds.). 1984. *Hanism as Korean Mind*. LA: The Eastern Academy of Human Science.

King, A.(ed). 1980. *Building and Society: Essays on the Social Development of the Built Environment*. Routledge and Kegan Paul.

_____. 1984. "The Social Production of Building Form: Theory and Research." *Environment and Planning D: Society and Space*, vol.2.

_____. 1991. *Urbanism, Colonialism, and the World-Economy*. Routledge.

_____(ed.). 1996. *Re-Presenting the City*. New York University Press.

Kipfer, S., & K. Goonewardena. 2014. "Henri Lefebvre and "colonization": From reinterpretation to research." in *Urban Revolution Now: Henri Lefebvre in Social Research and Architecture*, pp.93~112.

Kobrin, S. J. 1998. "Back to the future: Neomedievalism and the postmodern digital world economy." *Journal of International Affairs*, pp.361~386.

Kuhn, T. S. 1962. *The Structure of Scientific Revolutions*. Chicago: University of Chicago Press.

Kwon, H. 1999. *The Urgent Future of Korea: Crisis and Opportunity*. Chicago: North Park University.

Lamarche, F. 1976. "Property Development and the Economic Foundations of the Urban Question." in C. G. Pickvance(ed.). *Urban Sociology: Critical Essays*. New York: St. Martin's Press.

Lane, B. M. 1968. *Architecture and Politics in Germany, 1918-1945*. Harvard University

Press.

Langrod, G. 1953. *Local Government and Democracy*. Public Administration, vol.XXXI.

Lash, S. and J. Urry. 1987. *The End of Organized Capitalism*. Oxford.

_____. 1996. *Economies of Signs & Space*. Sage Publication.

Latour, B. 1999. *Pandora's hope: essays on the reality of science studies*. Harvard university press.

Lebas, E. 1983. "The State in British and French Urban Research of the Crisis of the Question." in V. Pons and R Francis(eds.). *Urban Social Research Problem and Prospects*. London: Routledeg & K. Paul.

Lees, L., H. B. Shin, & E. López-Morales. 2016. *Planetary gentrification*. John Wiley & Sons.

Lee, M. J. 1993. *Consumer Culture Reborn: The Cultural Politics of Consumption*. London: Routledge.

Lefebvre, H. 1979. "Space: Social Produce and Use Value." in J. W. Freiberg(ed). *Critical Sociology*. Irving Publushers, Inc.

_____. 1982. *The Sociology of Marx*. New York: Columbia University Press.

_____. 1991a. *The Production of Space*. Cambridge: Blackwell.

_____. 1991b. *Critique of Everyday Life*. Verso.

_____. 2003. *The urban revolution*. University of Minnesota Press.

Lehmann-Haupt, H. 1954. *Art Under a Dictatorship*. Oxford University Press.

Lenin, V. I. 1982. "A Great Beginning." A. Giddens and D. Held(eds.). *Classes, Power and Conflict: Classical and Contemporary Debates*. The Macmillian Press.

Ley, D. 1986. "Alternative explanations for inner-city gentrification: a Canadian assess- ment." *Annals of the association of american geographers*, 76(4), pp.521~535.

_____. 1997. *The new middle class and the remaking of the central city*. Oxford University Press.

Leyshon, A. and N. Thrift. 1997. *Money and Space*. Routledge.

Linklater, A., & J. MacMillan. 1995. "Boundaries in question." in *Boundaries in Question*. Frances Pinter, pp.1~16.

Lipietz, A. 1982. "Towards A Global Fordism?" *New Left Review*, no.132.

Litteral, J., & E. Shochat. 2017. "The role of landscape-scale factors in shaping urban bird communities." in *Ecology and Conservation of Birds in Urban Environments*. Springer International Publishing, pp.135~159.

Loftus, A. 2012. *Everyday environmentalism: creating an urban political ecology*. U of Minnesota Press.

Lojikine, J. 1976. "Contribution to a Marxist Theory of Capitalist Urbanization." in C. G. Pickvance(ed.). *Urban Sociology: Critical Essay*. St. Matin's Press.

Lorimer, H. 2008. "Cultural geography: non-representational conditions and concerns." *Progress in Human Geography*, 32(4), pp.551~559.

Lorimer, J. 2007. "Nonhuman charisma." *Environment and Planning D: Society and Space*, 25(5), pp.911~932.

Lovering, J. 1989. "The Restructuring Debate." in R. Peet & N. Thrift(eds.). *New Models in Geography*, vol.1. Unwin Hyman Ltd.

Lynch, K. 1997. *The Image of the City*. The MIT Press.

Lukács, G. 1971. *History and Class Consciousness*. Cambridge, Mass.: MIT Press.

MacKinnon, D. 2011. "Reconstructing scale: Towards a new scalar politics." *Progress in human geography*, 35(1), pp.21~36.

Maloutas, T. 2011. "Contextual diversity in gentrification research." *Critical Sociology*, 38(1), pp.33~48.

Mallet, S. 1975. *Essays on the New Working Class*. St. Louis: Telos Press.

Marcus, C. C., & M. Barnes(eds.). 1999. *Healing gardens: Therapeutic benefits and design recommendations*. John Wiley & Sons.

Martins, Mario Rui. 1982. "The Theory of Social Space in the Work of Henri Lefebvre." in R. Forrest et al.(ed.). *Urban Political Economy and Social Theory*. Guilford: Gower.

Marx, K. 1970. *A Contribution To the Critique of Political Economy*. M. Dobb(ed.). New York: International Publisher.

_____. 1977. *The Capital*. International Publisher.

_____. 1981. *German Ideology*. International Publisher.

McFarlane, C. 2011. "Assemblage and critical urbanism." *City*, 15(2), pp.204~224.

McMichael, P. 1996. *Development and Social Change*. Thousand Oaks: Pine Forge Press.

Mead, G. H. 1962. *Mind, Self, and Society*. Chicago: University of Chicago Press.

Meinig, D. W.(ed.). 1979. *The Interpretation of Ordinary Landscape*. Oxford University Press.

Merrifield, A. 2013. "The urban question under planetary urbanization." *International Journal of Urban and Regional Research*, 37(3), pp.909~922.

Pile, Michael and Steve Pile. 1993. "The Politics of Place." in *Place and The Politics of Identity*. Routledge.

Massey, D. 1984. *Spatial Division of Labor*. London: Macmillan.

Millard-Ball, A. 2002. "Gentrification in a residential mobility framework: Social change, tenure change and chains of moves in Stockholm." *Housing Studies*, 17(6), pp.833~856.

Milliband, R. 1973. "The Capitalist State Reply to Poulantzas." *New Left Review*, 82.

Mills, C. W. 1956. *Power Elite*. Oxford University Press.

Mitchell, D. 1995. "The end of public space? People's Park, definitions of the public, and democracy." *Annals of the association of american geographers*, 85(1), pp.108~133.

Mittelman, J.(ed.). 1997. *Globalization: Critical Reflections*. Lynne Rienner Publishers, Inc.

Molotch, H. 1976. "The City as a Growth Machine: Towards a Political Economy of Place." *American Journal of Sociology*, Vol.82, no.2.

Moore, Russel. 2013. "Understanding 'Gentrification' in Southeast and East Asia." *Interdisciplinary Studies Journal*, (13), pp.116~127.

Müller-Mahn, D.(eds.). 2012. *The spatial dimension of risk: how geography shapes the emergence of riskscapes*. Routledge.

Mumford, L. 1970. *The Culture of Cities*. A Harvest/HBJ Book.

Murin, W. J.(ed.). 1982. *Classic of Urban Politics and Administration*. Oak Park, III.: Moore Pub. Co.

Natanson, M. 1973. *Phenomenology and the Social Sciences*, vol. 1. Evanston, III.: Northwestern University Press.

Newman, D. & A. Paasi, 1998. "Fences and neighbours in the postmodern world: boundary narratives in political geography." *Progress in human geography*, 22(2), pp.186~207.

Newman, K. & E. K. Wyly. 2006. "The right to stay put, revisited: gentrification and resistance to displacement in New York City." *Urban Studies*, 43(1), pp.23~57.

Newman, P. W. 1999. "Sustainability and cities: extending the metabolism model." *Landscape and urban planning*, 44(4), pp.219~226.

Nisbet, R. 1966. *The Sociological Tradition*. Basic.

Norberg-Schulz, C. 1980. *Genius loci: Towards a phenomenology of architecture*. Rizzoli.

Norich, S. 1980. "Interlocking Directorates, the Control of Large Corporations, and Patterns of Accumulation in the Capitalist Class." in M. Zeitlin(ed.). *Classes, Class Conflict and the State*. Cambridge.

Norman, E., K. Bakker, & C. Cook. 2012. "Introduction to the themed section: Water governance and the politics of scale." *Water Alternatives*, 5(1), p.52.

O'Connor, J. 1974. *The Corporation and the State: Essay in the Theory of Capitalism and Imperialism*. Harper & Row Publishers.

Olson, D. G. 1983. "The City as Work of Art." in D. Fraser & A. Sutcliffe(eds.). *The Pursuit of Urban History*. Edward Arnold.

Olson, M. 1965. *The Logic of Collective Action: Public Goods Dilemma and the Theory of Group*. Harvard University Press.

Oswin, N. 2016. "Planetary urbanization: A view from outside." *Environment and Planning D: Society and Space*, 36(3), pp.540~546.

Outhwaite, W. 1975. *Understanding Social Life*. London: George Allen & Unwin.

Pahl, R. 1978. "Manipulation and Dominance in Urban and State: Forms of Mediation, Manipulation and Dominance in Urban and Regional Development." in M. Harloe(ed). *Captive Cities*. John Wiley & Sons.

Pai, Hyungmin. 1977. "Modernism, Development and the Transformation of Seoul." in Won-Bae Kim et al.(eds.). *Culture and the City in East Asia*. Clarendon Press.

Palmer, R. E. 1969. *Hermeneutics*. Northwestern University Press.

Park, R and E. Burgess. 1967. *The City*. University of Chicago Press.

Parkin, P.(ed). 1974. *The Social Analysis of Class Structure*. Tavistoc Publications.

Perkin, H. 1971. *The Age of the Railway*. D. & C. Newtom Abbot.

Philo, C. & C. Wilbert(eds.). 2000. *Animal spaces, beastly places: new geographies of human-animal relations*. Psychology Press.

Polanyi, K. 1979. *The Great Transformation*. Beacon Press.

Portes, A., M. Castells and L. Benton(eds.). 1989. *The Informal Economy*. The Johns Hopkins University Press.

Poulantas, N. 1972. "The Problem of the Capitalist State." in R. Blackburn(ed). *Ideology in Social Science: Reading in Critical Social Theory*. A Division of Randow House.

_____. 1975. *Classes in Contemporary Capitalism*. Verso.

_____. 1976. "The Capitalist State: A Reply to Milliband and Laclau." *New Left Review*, 95.

_____. 1978a. *Classes in Contemporary Capitalism*. London: Verso.

_____. 1978b. *Political Power and Social Classes*. London: Verso.

_____. 1981. "The Capitalist State: An Anti-Structuralist Structural Method." in C. C. Lemert(ed). *French Sociology*. New York: Columbia University Press.

Preteceille, E. 1981. "Collective Consumption, The State and Crisis of Capitalist Society." in M. Harloe and E. Lebas(eds). *City, Class and Capital*. E. Arnold Ltd.

Putnam, R. "Bowling Alone." New York: Simon & Schuster Paperbacks.

Pyyhtinen, O. 2016. *More-than-human sociology: A new sociological imagination*. Springer.

Relph, E. 1987. *The Modern Urban Landscape*. Johns Hopkins University Press.

Renner, K. 1978. "The Service Class." in T. B. Bottomore and P. Goode(eds.). *Austro-Marxism*. Oxford: Clarendon Press.

Rex, J. and R. Moor. 1967. *Race, Community and Conflict*. Oxford University Press.

Robbins, P. 2012. *Lawn people: How grasses, weeds, and chemicals make us who we are*. Temple University Press.

Robbinson, M. 1965. *The Railway Age in Britain and Its Impact on the World*. Penguin Books.

Robert, P. & H. Sykes. 2000. *Urban Regeneration: A Handbook*. British urban regeneration Association.

Robin, Ron. 1992. *Enclaves of America: The Rhetoric of American Political Architecture Abroad, 1900-1965.* Princeton University Press.

Roemer, J. 1986. *Analytical Marxism.* Cambridge University Press.

Rotenberg, R and G. McDonogh(eds.). 1993. *The Cultural Meaning of Urban Space.* Bergin & Garvey.

Ruggie, J. G. 1993. "Territoriality and beyond: problematizing modernity in international relations." *International organization,* 47(1), pp.139~174.

Sack, D. 1980. *Conception of Space in Social Thought.* University of Minnesota Press.

Sack, R. D. 1986. *Human territoriality: its theory and history.* CUP Archive.

Salaman G. 1982. "Managing the Frontier of Control." in A. Giddens and G. Mackenzie (eds.). *Social Class and the Division of Labour.* Cambridge: Cambridge University Press.

Sassen, Saskia. 1992. "The Informal Economy." J. Mollenkopf and M. Castells(eds.). *Dual City: Restructuring New York.* The Russell Sage Foundation.

_____. 1996. "Global City." in S. Fainstein and S. Campbel(ed.). *Readings in Urban Theory.* Blackwell Publishers.

Saunders, P. 1981. *Social Theory and The Urban Question.* Homles & Melier Publishing Inc.

_____. 1985a. "The Forgotten Dimension of Central-local Relation: Theorising the 'Regional State'." *Environmental and Planning C,* vol.3.

_____. 1985b. "Space, the City and Urban Sociology." in D. Gregory and J. Urry(eds.). *Social Relation and Spatial Structure.* London: Macmillan.

Sayer, Sean. 1983. "Materialism, Realism and the Reflection Theory." *Radical Philosophy,* vol.33.

Schivelbusch, W. 1986. *Railway Journey: The Industrialization of Time and Space in the 19th Century.* The University of California Press.

Schmid, C. 2014. "Travelling warrior and complete urbanization in Switzerland." in *Implosions/explosions: towards a study of planetary urbanization,* Jovis, pp.90~102.

Schutz, A. 1975. *On Phenomenology and Social Relation.* H. Wagner(ed.). The Uni. of Chicago Press.

Scott A. & M. Storper(eds.). 1986. *Production of Territory.* Allen and Unwin.

Scott, A. J. 1988. *New Industrial Space.* Pion Limited.

Scott, A.(ed.). 1997. *The Limits of Globalization.* Routledge.

Scott, J. C. 1998. *Seeing Like a State.* Yale University Press.

Seamon, D. 1982. "The phenomenological contribution to environmental psychology." *Journal of environmental psychology,* 2(2), pp.119~140.

Shields, R.(ed.). 1992. *Life Style Shopping: The Subject of Consumption*. Routledge.

Shin, H. B. & S. H. Kim. 2016. "The developmental state, speculative urbanisation and the politics of displacement in gentrifying Seoul." *Urban Studies*, 53(3), pp.540~559.

Shin, H. B., L. Lees, & E. López-Morales, 2016. "Introduction: Locating gentrification in the global east." *Urban Studies*, 53(3), pp.455~470.

Silver, D. A. & Clark, T. N. 2016. *Scenescapes: How qualities of place shape social life*. Chicago & London: University of Chicago Press.

Silverberg, Miriam. 1997. "Remembering Pearl Harbor, Forgetting Charlie Chapline, and the Case of the Disappearing Western Woman: A Picture Story." in T. Barlow(ed.). *Formations of Colonial Modernity in East Asia*. Duke University Press.

Simmel, G. 1965. "The Metropolis and Mental Life." in K. Wolff. *The Sociology of George Simmel*. The Free Press.

_____. 1990. *The Philosophy of Money*. Routledge.

_____. 1991. "The Problem of Style." *Theory, Culture and Society*, vol.8(no.2).

_____. 1997. *Simmel on Culture: Selected Writings*. D. Frisby and M. Featherstone(eds.). Sage Publication.

Sklair, L. 1995. *Sociology of the Global System*. The Johns Hopkins University Press.

Smith, M.P and J. R. Feagin(eds.). 1991. *The Capitalist City*. Basil Blackwell Ltd.

Smith, N. 1986. "Gentrification, the Frontier, and the Restructuring of Urban Space." in *Gentrification of the City*. London: Alien and Unwin.

_____. 1995. "Remaking scale: competition and cooperation in prenational and post-national Europe." in *Competitive European Peripheries*. Springer, pp.59~74.

_____. 1996. *The New Urban Frontier: Gentrification and the Revanchist City*. London and New York: Routledge.

So, A. Y. 1990. *Social Change and Development*. Sage Publication.

Soja, E. 1985. "The Spatiality of Social Life." in D. Gregory and J. Urry(eds.). *Social Relations and Spatial Structures*. London: Macmillan.

Sol, D., D. M. Santos, J. Garcia, & M. Cuadrado. 1998. "Competition for food in urban pigeons: the cost of being juvenile." *Condor*, pp.298~304.

Stewart J. & G. Stoker(eds.). 1989. *The Future of Local Government*. Macmillan.

Stoker, G. 1989. "Creating a Local Government for a Post-Fordist Society: The Thatcherite Project." in J. Stewart & G. Stoker(eds.). *The Future of Local Government*. Macmillan.

Sullivan, M, D., & S. C. Shaw, 2011. "Retail gentrification and race: The case of Alberta Street in Portland Oregon." *Urban Affairs Review*, 47(3), pp.413~432.

Sum, N. L., & M. Perkmann, 2002. *Globalization, regionalization and cross-border regions*. Palgrave.

Suttles, G. 1984. "The Cumulative Texture of Local Urban Culture." *American Journal of Sociology*, 90(2).

Swyngedouw, Erik. 1996. "The city as a hybrid: on nature, society and cyborg urbanization." *Capitalism Nature Socialism*, 7(2), pp.65~80.

_____. 1997. "Power, nature, and the city. The conquest of water and the political ecology of urbanization in Guayaquil, Ecuador: 1880~1990." *Environment and planning A*, 29(2), pp.311~332.

_____. 2005. "Governance innovation and the citizen: the Janus face of governance-beyond-the-state." *Urban studies*, 42(11), 1991-2006.

_____. 2006. "Circulations and metabolisms: (hybrid) natures and (cyborg) cities." *Science as culture*, 15(2), pp.105~121.

_____. 2011. "Depoliticized environments: The end of nature, climate change and the post-political condition." *Royal Institute of Philosophy Supplements*, 69, pp.253~274.

Tartaglia, S. 2006. "A preliminary study for a new model of sense of community." *Journal of community psychology*, 34(1), pp.25~36.

Thompson, E. P. 1966. *The Making of the English Working Class*. Vintage Books.

_____. 1978. *The Poverty of Theory and Other Essay*. Monthly Review Press.

_____. 1982. "Time, Work-Discipline and Industrial Capitalism." A. Giddens and D. Held(eds.). *Classes, Power, and Conflict: Classical and Contemporary Debates*. Houndmills: Macmillan.

_____. 1991. "Time, Work-Discipline and Industrial Capitalism." A. Giddens and D. Held(eds). *Classes, Power and Conflict*. The Macmillan Press Ltd.

Thrift, N and Peter Williams(eds.). 1987. *Class and Space: The Making of Urban Society*. Routledge and Kegan Paul.

Thrift, N. 1997. "The still point: resistance, expressive embodiment and dance." *Geographies of resistance*, 124, p.51.

_____. 1990. "The Making of a Capitalist Time Consciousness." in J. Hassard(ed). *The Sociology of Time*. St. Martin's Press.

_____. 1997. "The still point: resistance, expressive embodiment and dance." in *Geographies of Resistance*. Routledge, pp.124~151.

Tietel, E. 2000, June. "The interview as a relational space." in *Forum Qualitative Sozialforschung/Forum: Qualitative Social Research*, Vol.1, No.2.

Timberlake, M.(ed.). 1985. *Urbanization in the World-Economy*. Academic Press.

Tocqueville, A. 1980. *On Democracy, Revolution and Society*. J. Stone & S. Mennel(ed.). The University of Chicago Press.

Ulrich, R. S. 1993. "Biophilia, biophobia and natural landscape." *The biophila hypothesis*,

7, pp.73~137.

Urry, J. 1981. "Class, Locality and Ideology." *International Journal of Urban and Regional Research*, vol.5.

_____. 1985. "Social Relations, Space and Time." in D. Gregory and J. Urry(eds.). *Social Relations and Spatial Structures*. London: Macmillan.

_____. 1989. "Sociology and Geography." R. Peet and N. Thrift(eds.). *New Models in Geography*. London: Unwin Hyman.

Veblen, T. 1975. *The Theory of Leisure Class*. Augustus M. Kelly.

Vogel, E. 1991. *The Four Little Dragons*. Cambridge: Harvard University Press.

Wachsmuth, D. 2012. "Three ecologies: Urban metabolism and the Society-Nature opposition." *The Sociological Quarterly*, 53(4), pp.506~523.

Wade, R. 1990. *Governing the Market*. Princeton University.

Waley, P. 2016. "Speaking gentrification in the languages of the Global East." *Urban Studies*, 53(3), pp.615~625.

Walker, R. 1985. "Class, Division of Labor and Employment in Space." in D. Gregory and J. Urry(eds.). *Social Relations and Spatial Structures*. London: Macmillan.

Wallerstein, I. 1984. *The Politics of the World-Economy*. Cambridge University Press.

Walther, Uwe-Jens. 1982. "The Making of a New Urban Sociology." in R. Forrest et al.(eds.). *Urban Political Economy and Social Theory*. Guilford: Gower Publishing Company Limited.

Wang, S. W. H. 2011. "Commercial gentrification and entrepreneurial governance in Shanghai: A case study of Taikang Road Creative Cluster." *Urban policy and research*, 29(4), pp.363~380.

Warf, B. & Arias, S.(eds.). 2008. *The spatial turn: Interdisciplinary perspectives*. Routledge.

Webber, M. J. 1991. "The Contemporary Transition." *Environment and Planning D: Society and Space*, vol.9, no.2.

Weber, M. 1968. *Economy and Society*. G. Roth and C. Wittlich(ed.). Bedminster Press.

_____. 1997. "The Protestant Ethic and the Spirit of Capitalism." New York: Routledge.

Werlen, B. 1993. *Society, Action and Space*. New York: Routledge.

Westney, D. E. 1987. *Imitation and Innovation: The Transfer of Western Organizational Patterns to Meiji Japan*. Harvard University Press.

Whatmore, Sarah. J. 2006. "Materialist returns: practising cultural geography in and for a more-than-human world." *Cultural Geographies*, 13(4), pp.600~609.

_____. 2013. "Earthly powers and affective environments: An ontological politics of flood risk." *Theory, Culture & Society*, 30(7-8), pp.33~50.

Whitehead, M., R. Jones, and M. Jones, 2007. *The nature of the state: excavating the political ecologies of the modern state*. Oxford University Press.

Williams, R. 1973. *The Country and City*. Chatto & Windus.

Wirth, L. 1938. "Urbanism as a Way of Life." *American journal of sociology*, 44(1), pp.1~24.

Wolff, K. 1965. *The Sociology of George Simmel*. The Free Press.

Wood, N. 2012. "Playing with 'Scottishness': musical performance, non-representational thinking and the 'doings' of national identity." *cultural geographies*, 19(2), pp.195~215.

Wright, E. O. et al. 1989. *The Debate on Classes*. New York: Verso.

Yeates, M. 1990. *The North American City*. New York: Harper & Row.

Zaner, R. M. 1973. *Phenomenology and existentialism*. New York: Putnam.

Zeisel, J. 1975. *Sociology and Architectural Design*. Rusell Sage Foundation.

Zeitlin, M. 1974. "Corporate Ownership and Control: The Large Corporation and the Capital Class." *American Journal of Sociology*, Vol.79.

Zhu, Z. and R. Kwok. 1997. "Beijing: The Expression of National Political Ideology." in Won-Bae Kim et al. *Culture and the City in East Asia*. Clarendon Press.

Zorbaugh, H. 1929. *The Gold Coast and the Slum*. Chicago University Press.

Zukin, S. 1991. *Landscapes of Power*. Berkeley: University of California Press.

Zumthor, P. 1998. *Peter Zumthor works: buildings and projects 1979-1997*. Lars Müller.

기타 자료

≪동아일보≫. 1967년 7월 26일.

≪동아일보≫. 1999년 9월 18일.

≪조선일보≫. 1999년 12월 20일.

찾아보기

■ 기타 ■

■ 지은이

김왕배

저자는 연세대학교 사회학과를 졸업하고 동 대학원에서 사회학 전공으로 박사학위를 받았다. 미국 버클리(Berkeley)대학교 동아시아연구소의 객원연구원으로 있던 중 시카고대학교(The University of Chicago)의 사회학과 조교수로 초빙되어 동아시아 정치경제, 한국학 그리고 도시공간과 사회이론 등을 강의했다. 현재 연세대학교 사회학과의 교수로 재직 중이다. 호혜 경제, 인권, 감정사회학 분야의 연구를 진행하고 있다.

주요 저서 및 역서:『도시, 공간, 생활세계』(2000),『산업사회의 노동과 계급의 재생산』(2001),『향수 속의 한국사회』(2017, 공저),『세월호 이후의 사회과학』(2016, 공저),『국가와 계급구조』(1985, 옮김),『자본주의 도시와 근대성』(1995, 옮김) 외 다수.

주요 논문:「맑스주의 방법론과 총체성」(1997),「도덕감정: 부채의식과 감사, 죄책감의 연대」(2013),「'호혜경제'의 탐색과 전망」(2011),「자살과 해체사회」(2010),「언어, 감정, 집합행동」(2017),「혐오 혹은 메스꺼움과 배제의 생명정치」(2017) 외 다수.

한울아카데미 2105
한울공간환경시리즈 10

도시, 공간, 생활세계(개정판)
계급과 국가 권력의 텍스트 해석

지은이 **김왕배** ǀ 펴낸이 **김종수** ǀ 펴낸곳 **한울엠플러스(주)** ǀ 편집 **조수임**

초판 1쇄 발행 **2000년 5월 8일** ǀ 개정판 1쇄 발행 **2018년 9월 10일**

주소 **10881 경기도 파주시 광인사길 153 한울시소빌딩 3층**
전화 **031-955-0655** ǀ 팩스 **031-955-0656**
홈페이지 **www.hanulmplus.kr** ǀ 등록번호 **제406-2015-000143호**